CONTROLE DEMOCRÁTICO DA ADMINISTRAÇÃO PÚBLICA

LICURGO MOURÃO
ALMIR MEGALI NETO
ARIANE SHERMAM
MARIANA BUENO RESENDE
SÍLVIA MOTTA PIANCASTELLI

Prefácio
Jorge Ulisses Jacoby Fernandes

CONTROLE DEMOCRÁTICO DA ADMINISTRAÇÃO PÚBLICA

2ª edição revista, atualizada, ampliada e de acordo com o
Novo Arcabouço Fiscal – PLP nº 93/2023

Belo Horizonte

2023

© 2017 Editora Fórum Ltda.
2023 2ª edição

É proibida a reprodução total ou parcial desta obra, por qualquer meio eletrônico, inclusive por processos xerográficos, sem autorização expressa do Editor.

Conselho Editorial

Adilson Abreu Dallari
Alécia Paolucci Nogueira Bicalho
Alexandre Coutinho Pagliarini
André Ramos Tavares
Carlos Ayres Britto
Carlos Mário da Silva Velloso
Cármen Lúcia Antunes Rocha
Cesar Augusto Guimarães Pereira
Clovis Beznos
Cristiana Fortini
Dinorá Adelaide Musetti Grotti
Diogo de Figueiredo Moreira Neto (*in memoriam*)
Egon Bockmann Moreira
Emerson Gabardo
Fabrício Motta
Fernando Rossi
Flávio Henrique Unes Pereira
Floriano de Azevedo Marques Neto
Gustavo Justino de Oliveira
Inês Virgínia Prado Soares
Jorge Ulisses Jacoby Fernandes
Juarez Freitas
Luciano Ferraz
Lúcio Delfino
Marcia Carla Pereira Ribeiro
Márcio Cammarosano
Marcos Ehrhardt Jr.
Maria Sylvia Zanella Di Pietro
Ney José de Freitas
Oswaldo Othon de Pontes Saraiva Filho
Paulo Modesto
Romeu Felipe Bacellar Filho
Sérgio Guerra
Walber de Moura Agra

FÓRUM
CONHECIMENTO JURÍDICO

Luís Cláudio Rodrigues Ferreira
Presidente e Editor

Coordenação editorial: Leonardo Eustáquio Siqueira Araújo
Aline Sobreira de Oliveira

Rua Paulo Ribeiro Bastos, 211 – Jardim Atlântico – CEP 31710-430
Belo Horizonte – Minas Gerais – Tel.: (31) 99412.0131
www.editoraforum.com.br – editoraforum@editoraforum.com.br

Técnica. Empenho. Zelo. Esses foram alguns dos cuidados aplicados na edição desta obra. No entanto, podem ocorrer erros de impressão, digitação ou mesmo restar alguma dúvida conceitual. Caso se constate algo assim, solicitamos a gentileza de nos comunicar através do *e-mail* editorial@editoraforum.com.br para que possamos esclarecer, no que couber. A sua contribuição é muito importante para mantermos a excelência editorial. A Editora Fórum agradece a sua contribuição.

Dados Internacionais de Catalogação na Publicação (CIP) de acordo com ISBD

C764	Controle democrático da Administração Pública / Licurgo Mourão, Almir Megali Neto, Ariane Shermam, Mariana Bueno Resende, Sílvia Motta Piancastelli. -- 2. ed. -- Belo Horizonte: Fórum, 2023. 400 p. 14,5x21,5cm ISBN 978-65-5518-589-8 1. Controle da Administração Pública. 2. Direito constitucional. 3. Direito administrativo. 4. Direito financeiro. 5. Arcabouço fiscal. I. Mourão, Licurgo. II. Megali Neto, Almir. III. Shermam, Ariane. IV. Resende, Mariana Bueno. V. Piancastelli, Sílvia Motta. VI. Título. CDD: 342 CDU: 342

Ficha catalográfica elaborada por Lissandra Ruas Lima – CRB/6 – 2851

Informação bibliográfica deste livro, conforme a NBR 6023:2018 da Associação Brasileira de Normas Técnicas (ABNT):

MOURÃO, Licurgo; MEGALI NETO, Almir; SHERMAM, Ariane; RESENDE, Mariana Bueno; PIANCASTELLI, Sílvia Motta. *Controle democrático da Administração Pública*. 2. ed. Belo Horizonte: Fórum, 2023. 400 p. ISBN 978-65-5518-589-8.

Ao Prof. Carlos Pinto Coelho Motta (*in memoriam*)

AGRADECIMENTOS

Ao Prof. Dr. Régis Fernandes de Oliveira, que, ainda naquela longínqua década de 1990, em sua obra *Lições de direito financeiro*, nos despertou o interesse pela ciência jurídica e, quase trinta anos depois, legou-nos lições indeléveis de culto ao conhecimento e ao saber, desafiando-nos diuturnamente a nos afirmar como pesquisadores, defender nossas ideias e buscar novos caminhos em meandros e ciências nunca antes por nós perscrutadas. Nosso muito obrigado por seu exemplo de amor ao magistério, de retidão como magistrado e de ética como parlamentar.

Aos nossos diletos professores da pós-graduação da Universidade de São Paulo, da Faculdade de Direito do Largo São Francisco, Prof. Dr. José Maurício Conti, Prof. Dr. Fernando Scaff, Prof. Dr. Paulo Ayres Barreto, Prof. Dr. Alexandre de Moraes, Profa. Dra. Elza Boiteux, Profa. Dra. Ada Pellegrini Grinover (*in memoriam*), Prof. Dr. Paulo Henrique dos Santos Lucon, Profa. Dra. Susana Henriques da Costa, Prof. Dr. Manoel Gonçalves Ferreira Filho, Profa. Dra. Fernanda Dias Menezes de Almeida, Prof. Dr. Elival da Silva Ramos, e também aos Professores Doutores Antônio Serafim e Marcelo Fernandes da Costa, do Instituto de Psicologia da Faculdade de Medicina da USP. Uma das atitudes mais admiráveis no ser humano é sua capacidade de doação e generosidade a outrem. Ao tocarem nossas vidas pela ministração de seus conhecimentos, suprimiu-se a razão: ao subtraírem de si, multiplicaram-se em nós, e nos demais alunos, conhecimento, valores, amor ao próximo.

Ao Prof. Jorge Ulisses Jacoby Fernandes e Prof. Carlos Pinto Coelho Motta (*in memoriam*), que, diretamente ou por meio de suas obras, nos motivaram, corrigiram e ofereceram muito de si para a nossa formação. Todos de alguma maneira nos influenciaram positivamente e nos inspiraram a seguir o caminho da docência.

Aos servidores do Tribunal de Contas de Minas Gerais, que doam o melhor de si para uma administração pública que sirva ao povo, em especial aos servidores do gabinete, por "tocarem o barco", mesmo nas mais tortuosas tempestades, mantendo a produtividade em alta e as coisas funcionando, nosso muito obrigado.

À nossa revisora, Cibele Silva, nossos sinceros agradecimentos.

Licurgo Mourão

Antes de mais nada, deixo um agradecimento ao Professor Licurgo Mourão pelo convite para contribuir para esta obra. Igualmente, agradeço a Ariane Shermam Moraes Vieira, Mariana Bueno Resende e Sílvia Motta Piancastelli, por gentilmente me acolherem junto a elas neste empreendimento coletivo. À Cibele Imaculada da Silva, agradeço pelo apoio durante a execução deste projeto.

Ao Professor Titular de Direito Constitucional da UFMG, Marcelo Andrade Cattoni de Oliveira, pelo trabalho e diálogo cotidiano durante a orientação de mestrado e doutorado. Pela orientação atenciosa e sempre disposta a contribuir para uma compreensão da Teoria da Constituição como chave interpretativa do Direito Constitucional, suas interconexões com os demais ramos do Direito e suas implicações não apenas normativas, mas também políticas, sociais e econômicas.

Ao Professor Doutor David F. L. Gomes da UFMG, pelo trabalho conjunto perante o Grupo de Pesquisa Constitucionalismo e Aprendizagem Social (Conapres) e o Núcleo de Estudos Constitucionalismo e Aprendizagem Social (Necons), por ele coordenados. Pela interlocução engajada com uma proposta de Teoria da Constituição como Teoria da Sociedade.

Aos meus pais, Almir e Cristina, por proporcionarem as condições para que eu possa realizar os meus sonhos. Aos meus irmãos, Henrique e João Gabriel, pela amizade de sempre. À Luiza, pelo amor e companhia de todos os dias.

Ao Victor Bicalho, ao Marcos Thadeu e à Isabella Lacerda, pela recepção afetuosa no Tribunal de Contas do Estado de Minas Gerais, que me fez sentir como se ali estivesse há mais tempo do que realmente estou.

Almir Megali Neto

Nenhuma jornada se faz sozinha.

A tarefa de atualizar, ampliar e revisar este livro não teria se concretizado sem a árdua dedicação de cada pessoa que acreditou no projeto e o fez acontecer.

Agradeço ao Dr. Licurgo, por liderar a equipe com maestria, por seu zelo com o rigor técnico, que nos faz sempre aprimorar, e pela confiança depositada em nosso trabalho.

Agradeço aos meus amigos e colegas do TCEMG, pela convivência agradável e pelo aprendizado contínuo que me proporcionam diariamente. Sem vocês, essa empreitada não teria sido possível. Agradeço especialmente à Cibele, à Mariana, à Sílvia e ao Almir, pelas ricas trocas de ideias, por sua disponibilidade e ajuda.

À minha família, por ser meu esteio e minha força.

Ariane Shermam

Agradeço aos meus pais, Keila e Júlio, por sempre apoiarem a realização dos meus sonhos e serem meu alicerce.

Às minhas avós Maria e Ordália e à minha Tia Lena, por todas as orações e pelo carinho, materializado em abraços apertados e comidas gostosas.

Aos meus familiares e amigos, que são suporte nos dias difíceis e companhia nos momentos de alegria.

À minha orientadora, Professora Cristiana Fortini, agradeço pela generosidade e estímulo incessante para que eu trilhasse o caminho acadêmico.

Ao Dr. Licurgo Mourão, pela oportunidade e pelos ensinamentos compartilhados, que tanto contribuem para o meu crescimento profissional.

Por fim, agradeço aos colegas do Tribunal de Contas do Estado de Minas Gerais, em especial Ariane, Cibele, Sílvia e Almir, pela convivência, companheirismo e aprendizado diários.

Mariana Bueno Resende

Agradeço ao Dr. Licurgo Mourão, a quem admiro profundamente, que me acolheu em seu gabinete de braços abertos em um momento delicado de minha vida, acreditou em mim e deu grandes oportunidades de estudo e evolução.

Agradeço à minha mãe, Maria Angélica, que, do alto dos seus quase 80 anos, me inspira como mulher e mãe, me instiga à leitura, ao senso crítico, ao fino trato com as pessoas, ao trabalho, à resiliência e a me fazer crer que sou capaz.

Agradeço ao meu marido, Eduardo, e ao meu filho, Carlos Eduardo, que são minha luz, meu apoio incondicional e minha alegria.

Faço um agradecimento especial ao meu pai, Carlos Pinto Coelho Motta. Ele tinha o sonho de escrevermos juntos e me motivou a enveredar pelos caminhos do Direito. Um professor de hábitos simples. Gostava de ir para a fazenda, ouvir música clássica enquanto estudava as licitações e atentar ao canto dos pássaros lá fora, mesmo nos momentos mais difíceis. Pai, sei que você está comigo.

Por fim, agradeço à Cibele, nossa maravilhosa revisora, Mariana, Ariane e Almir, queridos colegas por quem tenho profunda admiração, e a todos os demais colegas do Gabinete do Conselheiro Substituto Licurgo Mourão, que trabalham duro e são muito competentes. Vocês me inspiram diariamente.

Sílvia Motta Piancastelli

Aquele que se sabe profundo esforça-se por ser claro; aquele que gostaria de parecer profundo à multidão esforça-se por ser obscuro.

Friedrich Nietzsche (1844-1900)

LISTA DE ABREVIATURAS E SIGLAS

AC	–	Ação Cível
ADC	–	Ação Declaratória de Constitucionalidade
ADI	–	Ação Direta de Inconstitucionalidade
ADPF	–	Arguição de Descumprimento de Preceito Fundamental
AG	–	Agravo
AgR	–	Agravo Regimental
AMS	–	Agravo em Mandado de Segurança
ANEEL	–	Agência Nacional de Energia Elétrica
AP	–	Administração Pública
AResp	–	Agravo em Recurso Especial
Art.	–	Artigo
Atricon	–	Associação dos Membros dos Tribunais de Contas do Brasil
Carf	–	Conselho Administrativo de Recursos Fiscais
Ceaf	–	Cadastro de Expulsões da Administração Federal
CNJ	–	Conselho Nacional de Justiça
Conamp	–	Associação Nacional dos Membros do Ministério Público
COSO	–	Comitê de Organizações Patrocinadoras da Comissão Treadway (*Committee of Sponsoring Organizations of the Treadway Commission*)
Covid-19	–	*Coronavirus Disease 2019*
CPI	–	Comissão Parlamentar de Inquérito
CR/88	–	Constituição da República Federativa do Brasil de 1988
DF	–	Distrito Federal
DJ	–	Diário de Justiça
DJe	–	Diário de Justiça Eletrônico
DOU	–	Diário Oficial da União
DRU	–	Desvinculação de Receitas da União
EFS	–	Entidades Fiscalizadoras Superiores
Ebia	–	Estratégia Brasileira de Inteligência Artificial
EC	–	Emenda Constitucional
FCA	–	Fiat Chrysler Automobiles
FNDCT	–	Fundo Nacional de Desenvolvimento Científico e Tecnológico

Fundeb	–	Fundo de Manutenção e Desenvolvimento da Educação Básica e de Valorização dos Profissionais da Educação
GTO	–	Glossário de Termos Orçamentários
HC	–	*Habeas corpus*
IA	–	Inteligência Artificial
ICMS	–	Imposto sobre Operações Relativas à Circulação de Mercadorias e sobre Prestações de Serviços de Transporte Interestadual e Intermunicipal e de Comunicação
IDP	–	Instituto Brasiliense de Direito Público
IPCA	–	Índice Nacional de Preços ao Consumidor Amplo
INTOSAI	–	Organização Internacional de Entidades Fiscalizadoras Superiores (International Organisation of Supreme Audit Institutions)
LC	–	Lei Complementar
LDO	–	Lei de Diretrizes Orçamentárias
LGPD	–	Lei Geral de Proteção de Dados
LIA	–	Lei de Improbidade Administrativa
LINDB	–	Lei de Introdução às Normas do Direito Brasileiro
LOA	–	Lei Orçamentária Anual
LRF	–	Lei de Responsabilidade Fiscal
MS	–	Mandado de Segurança
NBC	–	Norma Brasileira de Contabilidade
NLLC	–	Nova Lei de Licitações e Contratos
ONU	–	Organização das Nações Unidas
OP	–	Orçamento Participativo
PAC	–	Programa de Aceleração do Crescimento
PADR	–	Políticas Automotivas de Desenvolvimento Regional
PEC	–	Proposta de Emenda à Constituição
PGR	–	Procuradoria-Geral da República
PL	–	Projeto de Lei
PLP	–	Projeto de Lei Complementar
PNCP	–	Portal Nacional de Contratações Públicas
PPA	–	Plano Plurianual
RDC	–	Regime Diferenciado de Contratações
RE	–	Recurso Extraordinário
RESP	–	Recurso Especial
RGF	–	Relatório de Gestão Fiscal
RGPS	–	Regime Geral de Previdência Social
RPVs	–	Requisições de Pequeno Valor
SARS-CoV-2	–	*Severe Acute Respiratory Syndrome Coronavirus 2*
SCI	–	Sistema de Controle Interno
SIC	–	Sistema de Informações de Custos

STF	–	Supremo Tribunal Federal
STJ	–	Superior Tribunal de Justiça
STN	–	Secretaria do Tesouro Nacional
TCE	–	Tomada de Contas Especial
TCM-BA	–	Tribunal de Contas dos Municípios do Estado da Bahia
TCM-GO	–	Tribunal de Contas dos Municípios do Estado de Goiás
TCM-PA	–	Tribunal de Contas dos Municípios do Estado do Pará
TCM-RJ	–	Tribunal de Contas do Município do Rio de Janeiro
TCM-SP	–	Tribunal de Contas do Município de São Paulo
TCU	–	Tribunal de Contas da União
TRFs	–	Tribunais Regionais Federais
TSE	–	Tribunal Superior Eleitoral

LISTA DE ILUSTRAÇÕES

Quadro 1 – Tribunais de Contas no Brasil... 160
Quadro 2 – Motivos das paralisações das obras constantes do banco de dados do Programa de Aceleração do Crescimento (PAC)......... 181
Figura 1 – Processo de elaboração de um programa 260
Gráfico 1 – Metas anuais para o resultado primário relativas aos exercícios financeiros de 2024, 2025 e 2026 325
Gráfico 2 – Limitação dos gastos públicos, conforme o Novo Arcabouço Fiscal 326

SUMÁRIO

PREFÁCIO
Jorge Ulisses Jacoby Fernandes.. 23

INTRODUÇÃO 25

CAPÍTULO 1
CONCEITO, FINALIDADE E ABRANGÊNCIA DO CONTROLE............ 29

CAPÍTULO 2
O SISTEMA BRASILEIRO DE CONTROLE – DEFINIÇÕES E
LEGISLAÇÃO.. 37

CAPÍTULO 3
CLASSIFICAÇÃO DAS MODALIDADES DE CONTROLE DA
ADMINISTRAÇÃO PÚBLICA 43
3.1 Quanto à natureza do controlador... 43
3.2 Quanto ao momento em que se efetua 46
3.3 Quanto à posição estrutural do órgão controlador 49
3.4 Quanto ao aspecto a ser controlado... 53
3.5 Quanto ao âmbito da administração 56

CAPÍTULO 4
CONTROLE INTERNO 59
4.1   Atuação dos administrados perante o controle interno............... 60
4.1.1 O silêncio da administração.. 62
4.1.2 Direito de petição.. 63
4.1.3 Representação 65
4.1.4 Demais modalidades de recursos administrativos...................... 65
4.1.5 Pedido de reconsideração.. 69
4.1.6 Reclamação administrativa 69

4.1.7	Recursos hierárquicos próprios e impróprios	71
4.1.8	Pedido de revisão	72
4.1.9	Processo ou procedimento administrativo	73
4.1.9.1	A verdade sabida	75
4.1.9.2	Processo administrativo tributário	76
4.1.9.3	Sindicância administrativa	77
4.2	Controle interno *ex officio*	78
4.2.1	Confirmação de atos administrativos	82
4.2.1.1	Da homologação	82
4.2.1.2	Da aprovação	83
4.2.1.3	Do visto	83
4.2.2	Da extinção de atos administrativos	83
4.2.2.1	Da extinção pela falta de um dos seus elementos	83
4.2.2.2	Da revogação e da anulação	84
4.2.2.3	Da cassação dos atos administrativos	90
4.2.3	Aproveitamento dos atos administrativos	90
4.2.4	Fiscalização hierárquica	92
4.2.5	Fiscalização contábil, financeira, orçamentária, operacional e patrimonial	93
4.2.5.1	Fiscalização contábil	94
4.2.5.2	Fiscalização financeira e orçamentária	95
4.2.5.3	Fiscalização operacional	96
4.2.5.4	Fiscalização patrimonial	97

CAPÍTULO 5
CONTROLE GERENCIAL 101

CAPÍTULO 6
COISA JULGADA ADMINISTRATIVA 109

CAPÍTULO 7
DECADÊNCIA E PRESCRIÇÃO ADMINISTRATIVAS 113

7.1	Decadência e segurança jurídica	116
7.2	Prescrição e segurança jurídica	125

CAPÍTULO 8
REFORMATIO IN PEJUS 137

CAPÍTULO 9
CONTROLE EXTERNO PELO LEGISLATIVO 141
9.1   Controle político 142
9.2   Controle financeiro 151

CAPÍTULO 10
O CONTROLE EXTERNO PELO TRIBUNAL DE CONTAS 153
10.1   Os Tribunais de Contas na Constituição de 1988 157
10.2   Da competência dos Tribunais de Contas 162
10.3   Da organização e funcionamento dos Tribunais de Contas 165
10.4   Funções dos Tribunais de Contas 172
10.4.1   Função fiscalizadora 172
10.4.1.1   A função fiscalizadora dos Tribunais de Contas na Nova Lei de Licitações e Contratos – Lei nº 14.133/2021 174
10.4.2   Função corretiva 183
10.4.3   Função opinativa 184
10.4.4   Função sancionadora 188
10.4.5   Função jurisdicional 192
10.4.6   Função informativa 198
10.4.7   Função de ouvidoria 199
10.5   Das decisões dos Tribunais de Contas 200
10.6   O procedimento da Tomada de Contas Especial (TCE) 204

CAPÍTULO 11
CONTROLE JUDICIAL DA ADMINISTRAÇÃO 209
11.1   Peculiaridades da administração pública em juízo 210
11.2   Controle especial dos atos da administração pública 212
11.2.1   Atos normativos 212
11.2.2   Atos *interna corporis* 214
11.2.3   Atos de decisão eminentemente política 215
11.3   Controle judicial dos motivos 217
11.4   Controle sobre a discricionariedade do ato 218
11.5   Instrumentos de atuação do controle judicial 220
11.5.1   *Habeas corpus* 221
11.5.2   *Habeas data* 223
11.5.3   Mandado de segurança 225
11.5.4   Ação popular 228
11.5.5   Mandado de injunção 230

11.5.6	Ação civil pública	233
11.5.7	Ação Direta de Inconstitucionalidade (ADI) e Ação Declaratória de Constitucionalidade (ADC)	236
11.5.8	Arguição de Descumprimento de Preceito Fundamental (ADPF)	239
11.5.9	Ação de improbidade administrativa	242
11.5.10	Outros meios judiciais de controle da administração	249

CAPÍTULO 12
CONTROLE DEMOCRÁTICO DA ADMINISTRAÇÃO PÚBLICA ... 253

12.1	Controle social ou extraorgânico	253
12.2	Controle democrático orçamentário	260
12.3	Formas de exercício do controle democrático	270

CAPÍTULO 13
A LEI DE RESPONSABILIDADE FISCAL E O CONTROLE DA ADMINISTRAÇÃO ... 275

13.1	Transparência da gestão fiscal (arts. 48, 48-A e 49)	282
13.2	Escrituração e consolidação das contas (arts. 50 e 51)	284
13.3	Relatório Resumido da Execução Orçamentária (arts. 52 e 53)	287
13.4	Relatório de Gestão Fiscal (arts. 54 e 55)	287
13.5	Prestação de contas (arts. 56 a 58)	288
13.6	Fiscalização da gestão fiscal (art. 59)	290
13.7	Demais normas jurídicas em matéria de responsabilidade fiscal	293
13.7.1	Leis Complementares nº 173/2020, nº 177/2021 e nº 178/2021	297
13.7.2	Emendas Constitucionais nº 106, de 7 de maio de 2020, e nº 109, de 15 de março de 2021	303
13.7.3	Emendas Constitucionais nº 123, de 14 de julho de 2022, e nº 126, de 21 de dezembro de 2022	312
13.8	Novo Arcabouço Fiscal	317
13.8.1	A avaliação do Projeto de Lei Complementar nº 93/2023 pela Consultoria de Orçamentos, Fiscalização e Controle do Senado Federal	329
13.9	Das isenções fiscais	341

CAPÍTULO 14
CONSIDERAÇÕES FINAIS ... 355

REFERÊNCIAS ... 371

PREFÁCIO

É com imensa gratidão e satisfação que prefacio a segunda edição da obra "Controle Democrático da Administração Pública". Na obra anterior buscou-se esmiuçar o tema referente ao controle público democrático, tornando-se o exemplar um verdadeiro sucesso e referência em uma prateleira estreita do Direito Administrativo do Controle.

Na segunda edição deste trabalho excepcional, buscou-se a atualização dos temas referentes aos mecanismos do controle democrático, abrangendo também as mudanças legislativas ocorridas nos últimos cinco anos e suas implicações.

Sinto-me extremamente honrado em encontrar livros de minha autoria ao lado de obras elaboradas por Licurgo Mourão, pós-doutorando (EACH-USP) e doutor em Direito Econômico, Financeiro e Tributário (USP), aliado novamente aos conhecimentos de Sílvia Motta Piancastelli, graduada em Administração de Empresas no Centro Universitário UNA, com extensão universitária na Universidad de Salamanca (USAL) e bacharel em Direito pela Faculdade Milton Campos.

A presente obra conta também com a colaboração de Almir Megali Neto, doutorando e mestre em Direito pela Universidade Federal de Minas Gerais (UFMG); Ariane Shermam, doutoranda e mestra em Direito e Administração Pública pela Universidade Federal de Minas Gerais (UFMG); e Mariana Bueno Resende, mestra em Direito e Administração Pública pela Universidade Federal de Minas Gerais (UFMG). Todos já notórios no tema.

É necessário reforçar que esta nova edição se torna singular em sua forma de sistematizar o conhecimento, explicá-lo e fornecer exemplos pertinentes, mostrando-se um verdadeiro presente a toda a sociedade e merecendo aplausos pela iniciativa. Assim, nesta segunda edição, os autores, de maneira ímpar, empenharam-se em acrescentar informações relevantes e abordar as mudanças ocorridas no cenário afeto ao âmbito do controle, tornando esta obra ainda mais valiosa como ferramenta de aprendizado e orientação aos leitores.

Professor Jorge Ulisses Jacoby Fernandes

Advogado, mestre em Direito Público, professor de Direito Administrativo, escritor, consultor, conferencista e palestrante. Desenvolveu uma longa e sólida carreira no serviço público em vários cargos, dos quais se destacam: conselheiro do Tribunal de Contas do Distrito Federal, membro do Conselho Interministerial de Desburocratização, procurador e procurador-geral do Ministério Público junto ao Tribunal de Contas do Distrito Federal, juiz do Tribunal Regional do Trabalho da 10a Região, advogado e administrador postal da Empresa Brasileira de Correios e Telégrafos e, ainda, consultor cadastrado no Banco Mundial. Publica periodicamente trabalhos principalmente na área do Direito Administrativo, com destaque para uma abundante produção de artigos científicos.

INTRODUÇÃO

A corrupção, a pouca transparência na gestão pública, a utilização do orçamento público como instrumento de dominação, o financiamento ilegal de campanhas eleitorais e o alto custo de manutenção de políticas públicas apontam para a necessidade de maior conhecimento dos meios de controle da administração pública em linguagem acessível ao grande público.

O orçamento público deve ser um instrumento estatal de planejamento, execução e controle para proporcionar vida digna ao cidadão. Entretanto, o orçamento-programa meramente incremental previsto pelo Constituinte de 1988, o desestímulo às denúncias do mau uso dos recursos públicos, a inefetividade dos órgãos públicos de controle, a não adoção de mecanismos adequados de prevenção à corrupção e a pouca transparência na execução do orçamento evidenciam a necessidade de ampla reforma institucional que proporcione a efetividade dos gastos públicos.

Nesta 2ª edição da presente obra, revista, atualizada e ampliada, discorremos acerca de todos os mecanismos de controle democrático e das alterações legislativas havidas no último quinquênio e suas implicações no controle democrático, desde a Lei de Introdução às Normas do Direito Brasileiro (Decreto-Lei nº 4.657/1942, com as alterações promovidas pela Lei nº 13.655/2018), passando pela Nova Lei de Licitações e Contratos Administrativos (Lei nº 14.133/2021), pela Lei de Improbidade Administrativa (Lei nº 8.429/1992, com redação dada pela Lei nº 14.230/2021) e por todas as novas normas editadas em decorrência da pandemia de covid-19, para desaguar no Novo Arcabouço Fiscal (Projeto de Lei Complementar – PLP nº 93/2023).

Nosso objetivo primário se manteve: difundir os meios democráticos de controle da administração pública, de modo a proporcionar conhecimento e reflexão para o efetivo combate à corrupção, a fim de alcançarmos maior efetividade das políticas públicas. Calcamo-nos em Montesquieu, posto que somente o poder pode limitar e controlar o próprio poder, motivo pelo qual desenvolveu o sistema de "freios e contrapesos" ou *checks and balances*.

Com efeito, o controle e o exercício disciplinado das atividades permitem potencializar as atividades humanas, tornando-se imprescindíveis em qualquer setor, quanto mais para o agente que administra algo como representante da sociedade (art. 1º, parágrafo único, da CR/88).

Lançando mão da experiência de mais de 30 anos acumulada junto aos órgãos de controle e à advocacia e da coleta e análise de documentos, legislações e jurisprudências, buscamos oferecer um manual eminentemente prático sem descurar do rigor científico, revigorado pelas precisas lições de jovens juristas que ora apresentamos à comunidade jurídica que aderiram ao projeto dessa segunda edição.

Nos capítulos 1 a 3, discutimos aspectos conceituais relativos ao controle da administração pública e suas classificações, por meio de significativa revisão de literatura nacional e estrangeira quanto ao órgão que o exerce, ao momento em que se efetua, à posição estrutural do órgão controlador, à atividade administrativa a ser controlada e à sua relação de subordinação.

No capítulo 4, tratamos do controle interno em seus aspectos mais generalistas, abrangendo desde a atuação dos administrados perante o controle interno às diversas formas instrumentais de controle da administração hauridas do direito de petição, entre elas a representação, os recursos administrativos, o pedido de reconsideração, a reclamação administrativa, os recursos hierárquicos próprios e impróprios, o pedido de revisão e o processo ou procedimento administrativo. Discorremos ainda acerca da verdade sabida, do processo administrativo tributário, da sindicância administrativa, do controle interno *ex officio* e da confirmação e extinção de atos administrativos, da fiscalização hierárquica, da fiscalização contábil, financeira, orçamentária, operacional e patrimonial.

No capítulo 5, abordamos o controle gerencial da administração pública.

Já nos capítulos 6, 7 e 8, consideramos temas instigantes relativos à coisa julgada administrativa, à decadência e prescrição administrativas e à *reformatio in pejus*, à luz da recentíssima jurisprudência do STF e do TCU.

Nos capítulos 9 e 10, estudamos o controle externo pelo Legislativo e pelo Tribunal de Contas, abordando as funções por eles exercidas, entre elas as funções fiscalizadora, corretiva, opinativa, sancionadora, jurisdicional, informativa e de ouvidoria, além do importantíssimo tema da tomada de contas especial, analisando em destaque a função fiscalizadora dos Tribunais de Contas na Nova Lei de Licitações e Contratos – Lei nº 14.133/2021.

No capítulo 11, tratamos do controle judicial da administração e dos instrumentos de atuação do controle judicial, entre eles o *habeas corpus*, o *habeas data*, o mandado de segurança, a ação popular, o mandado de injunção, a ação civil pública, a ação direta de inconstitucionalidade, a ação declaratória de constitucionalidade, a arguição de descumprimento de preceito fundamental, a ação de improbidade administrativa e outros meios judiciais de controle de administração, mais uma vez revigorada pela referência à interpretação mais recente dada pelos tribunais superiores pátrios.

No capítulo 12, estudamos propriamente o controle democrático da administração pública por meio do controle social ou extraorgânico e do controle democrático orçamentário, notadamente por meio do orçamento participativo (OP) e dos conselhos, oportunidade também em que discorremos acerca da Lei nº 13.709, de 14 de agosto de 2018, Lei Geral de Proteção de Dados.

No capítulo 13, procuramos abordar de forma direta e simplificada a Lei de Responsabilidade Fiscal e sua importância crucial para o controle da administração, explorando temas tais como transparência da gestão fiscal, escrituração e consolidação das contas, relatório resumido da execução orçamentária, relatório de gestão fiscal, prestação de contas e fiscalização da gestão fiscal. Perscrutamos ainda todas as novas normas editadas em decorrência da pandemia de covid-19, entre elas a Lei Complementar nº 173/2020, que estabeleceu o Programa Federativo de Enfrentamento ao Coronavírus; a Lei Complementar nº 177/2021, que alterou a LRF e, entre outras, modificou a natureza e as fontes de receitas do Fundo Nacional de Desenvolvimento Científico e Tecnológico (FNDCT); a Lei Complementar nº 178/2021, que alterou a LRF para permitir que os Estados, o Distrito Federal e os Municípios pudessem contar com recursos financeiros da União para realizar investimentos e despesas de capital mesmo que estivessem descumprindo as regras de limite de endividamento previstas na LRF; a Emenda Constitucional nº 109/2021, que, entre outras modificações, revogou dispositivos do

Ato das Disposições Constitucionais Transitórias e suspendeu condicionalidades para a realização de despesas com concessão de auxílio emergencial residual para enfrentar as consequências sociais e econômicas da pandemia de covid-19. Por fim, fizemos substancial análise das normas contidas no Novo Arcabouço Fiscal (PLP nº 93/2023).

Com isso, buscamos oferecer à sociedade uma obra possível de ser entendida por qualquer pessoa que reconheça a importância do bom controle dos atos da administração e de seus possíveis efeitos na qualidade de vida dos cidadãos. Assim, almejamos coibir os abusos e malfeitos daqueles que se autointitulam os "donos do poder".

CAPÍTULO 1

CONCEITO, FINALIDADE E ABRANGÊNCIA DO CONTROLE

O Brasil é uma república federativa formada pela união indissolúvel dos Estados, Municípios e do Distrito Federal, conforme dispõe o art. 1º da Constituição de 1988.[1] A palavra *república* deriva dos vocábulos *res* e *publica*, expressão que pode ser traduzida como "coisa pública" ou "coisa do povo", revelando que o poder advém – ao contrário de sistemas absolutistas fundamentados na hereditariedade, na divindade ou no totalitarismo – da vontade popular. Assim, nos termos do art. 1º, parágrafo único, da Constituição da República Federativa do Brasil de 1988, "todo o poder emana do povo, que o exerce por meio de representantes eleitos ou diretamente, nos termos desta Constituição".[2]

Tal assertiva está em consonância com a Declaração dos Direitos do Homem e do Cidadão, aprovada em 26 de agosto de 1789 e ratificada em 2 de outubro do mesmo ano pela Assembleia Nacional Constituinte da França, então revolucionária – e que já apresentava, em seu artigo 15, a previsão de que "a sociedade tem o direito de pedir contas a todo agente público quanto à sua administração".[3] Esse documento marcou a superação da monarquia absolutista, na qual vigoravam os princípios da infalibilidade e do poder absoluto do governante, configurados nas

---

[1] BRASIL. Presidência da República. *Constituição da República Federativa do Brasil (1988)*. Brasília: Casa Civil. Disponível em: www.planalto.gov.br/ccivil_03/constituicao/constituicao.htm. Acesso em: 24 abr. 2023.

[2] BRASIL. Presidência da República. *Constituição da República Federativa do Brasil (1988)*. Brasília: Casa Civil. Disponível em: www.planalto.gov.br/ccivil_03/constituicao/constituicao.htm. Acesso em: 24 abr. 2023.

[3] Conf. *Déclaration des Droits de l'Homme et du Citoyen,* primeira publicação em 26 de agosto de 1789. Disponível em: www.ufsm.br/app/uploads/sites/414.2018/10/1789.pdf. Acesso em: 24 abr. 2023.

expressões *"The king can do no wrong"* ("O rei não pode errar") e *"L'État c'est moi"* ("O Estado sou eu").

Com o advento do Estado Democrático de Direito, passam a ser desempenhadas as funções públicas de controle da administração pública, bem como as prestações de contas realizadas por agentes públicos que administram os interesses, bens e valores da coletividade.

A função pública, no entendimento de Celso Antônio Bandeira de Mello,[4] "é a atividade exercida no cumprimento do dever de alcançar o interesse público, mediante o uso dos poderes instrumentalmente necessários conferidos pela ordem jurídica".

Foi Montesquieu quem consagrou, inspirado no pensamento de John Locke,[5] o sistema de "freios e contrapesos", que consistia, basicamente, no controle do poder pelo próprio poder. Para isso, em sua obra *O espírito das leis*, descreve a necessidade de se estabelecerem a autonomia e limites entre os poderes. Partindo-se dessa formulação, foram divididas as funções estatais, criando-se o sistema de "freios e contrapesos", ou *checks and balances*, ou ainda *checks and couter-checks*, com o significado de que as funções do Estado observarão determinados limites e balizas, também estatais, de modo a equilibrar e racionalizar o exercício do poder. Sobre a importância desse princípio se manifesta Mario Drumond Coelho, *in verbis*:

> O princípio dos freios e contrapesos constitui instrumento que tem por objetivo impedir a concentração de poder numa só ramificação, *delimitando, desta maneira, as margens de arbitrariedade daqueles que detêm o poder*. Este mecanismo tem um sentido institucional da maior importância, pois compreende método para equilibrar e racionalizar o exercício do poder, *inclusive servindo de barreia para eventuais abusos, excessos e usurpações*. Trata-se de sistema que estimula permanentemente a contenção do poder pelo poder, o que implica afirmar que cada ramo (sem prejuízo

---

[4] BANDEIRA DE MELLO, Celso Antônio. *Curso de direito administrativo*. 19. ed. São Paulo: Malheiros, 2005. p. 25.

[5] John Locke (1632-1704) – No pensamento de Locke, o mesmo homem que confiava o poder ao soberano era capaz de dizer quando se abusa do poder. A renúncia ao poder pessoal somente pode ser para melhor e, por isso, o poder de governo e de legislatura constituída pelos homens no acordo social não poderia ir além do requerido para as finalidades desejadas. *In*: BARBOSA, Oriana Piske; SARACHO, Antônio Benites. *Considerações sobre a teoria dos freios e contrapesos (Checks and Balances System)*. Disponível em: www.tjdft.jus.br/institucional/imprensa/campanhas-e-produtos/artigos-discursos-e-entrevistas/artigos.2018/consideracoes-sobre-a-teoria-dos-freios-e-contrapesos-checks-and-balances-system-juiza-oriana-piske. Acesso em: 28 mar. 2023.

da autonomia que lhe foi atribuída pela constituição) deverá controlar e ser controlado pelos outros ramos.[6]

Nesse sentido, balizando um sistema de fiscalização e controle, o artigo 70, parágrafo único, da Constituição da República de 1988 traz a previsão de prestação de contas por parte de qualquer pessoa física ou jurídica, pública ou privada, que se utilize de dinheiros, bens e valores públicos, nos seguintes termos:

> Art. 70. [...]
> Parágrafo único: Prestará contas qualquer pessoa física ou jurídica, pública ou privada, que utilize, arrecade, guarde, gerencie ou administre dinheiros, bens e valores públicos ou pelos quais a União responda, ou que, em nome desta, assuma obrigações de natureza pecuniária. (Redação dada pela Emenda Constitucional nº 19, de 1998).

Em âmbito infraconstitucional, o art. 93 do Decreto-Lei nº 200, de 25 de fevereiro de 1967,[7] já estabelecia que qualquer pessoa que utilize dinheiro público terá que justificar seu bom emprego na conformidade das leis, regulamentos e normas.

Nas palavras de Manuel Rodrigues Júnior e Vanessa Aragão Salgueiro,[8] quando uma nova realidade econômica e social se apresenta, o foco seria configurar um modelo de administração pública gerencial, partindo-se da premissa de que o objetivo estatal deve ser o cidadão, posto que:

> O conceito de cidadania está ligado aos direitos pertinentes a uma sociedade que devem ser exercidos, intervindo nos negócios públicos do estado e participando direta e indiretamente da sua administração, ou seja, fiscalizando o estado. Para que isso se concretize, o governo deve ser o mais transparente possível.

---

[6] COELHO, Mario Drumond. *Federalismo*. Introdução ao estudo dos seus princípios. Belo Horizonte: Del Rey, 2023. p. 61 (grifos nossos).

[7] BRASIL. Presidência da República. *Decreto-Lei nº 200*, de 25 de fevereiro de 1967. Dispõe sobre a organização da Administração Federal, estabelece diretrizes para a Reforma Administrativa e dá outras providências. Disponível em: www.planalto.gov.br/ccivil_03/decreto-lei/del0200.htm. Acesso em: 24 abr. 2023.

[8] JUNIOR, Manuel Salgueiro Rodrigues; SALGUEIRO, Vanessa Aragão de Goes. Transparência na gestão fiscal nos municípios do estado do Ceará. *Revista Controle*, Fortaleza: Tribunal de Contas do Estado do Ceará, ano 1, p. 49, 1998.

José dos Santos Carvalho Filho, em seu *Manual de direito administrativo*, conceitua o controle da administração pública, bem como os atos de fiscalização e revisão das condutas administrativas, *in litteris*:

> *O controle da administração pública* é o conjunto de mecanismos jurídicos e administrativos por meio dos quais se exerce o poder de fiscalização e de revisão da atividade administrativa em qualquer das esferas de poder.
> *A fiscalização* consiste no poder de verificação que se faz sobre a atividade dos órgãos e dos agentes administrativos, bem como em relação à finalidade pública que deve servir de objeto para a Administração.
> *A revisão* é o poder de corrigir as condutas administrativas, seja porque tenham vulnerado normas legais, seja porque haja necessidade de alterar alguma linha das políticas administrativas para que melhor seja atendido o interesse coletivo.[9]

Da lição de Roberto Dromi também se extraem os pressupostos e princípios do controle público da ação administrativa:

> Existe una profunda razón jurídica y política justificativa del control en todas las instancias del quehacer público. El control se impone como deber irreversible, irrenunciable e intransferible para asegurar la legalidad de la actividad estatal.
> Sin control no hay responsabilidad. No puede haber responsabilidad pública sin fiscalización eficaz de los actos públicos.
> A tal fin existe una diversidad de vías y remedios procesales para hacer efectivo dicho control. A ello hay que sumar también la estructura orgánica especializada a los fines fiscalizadores del quehacer público, teniendo en miras la protección del bien general.[10]

Em se tratando de administração pública, o controle permite um melhor planejamento e desenvolvimento de atividades, de modo que sejam respeitados os limites da legalidade, almejando-se o atendimento dos interesses da coletividade. Nas palavras de Medauar, "o controle da Administração Pública visa verificar a conveniência e oportunidade de medidas e decisões no atendimento do interesse público".[11] Ensina

---

[9] CARVALHO FILHO, José dos Santos. *Manual de direito administrativo*. 27. ed. rev. ampl. e atual. São Paulo: Atlas, 2014. p. 836 (grifos originais).

[10] DROMI, Roberto. *Derecho Administrativo*. Buenos Aires; Madrid: Hispania Libros, 2009. p. 997.

[11] MEDAUAR, Odete. *Direito administrativo moderno*. 18. ed. rev. e atual. São Paulo: Revista dos Tribunais, 2014.

Diogenes Gasparini:[12] "Todas as atividades, discricionárias ou vinculadas, da administração pública estão subordinadas à lei".

Para que o controle seja efetivo num contexto que engloba inúmeras transações da administração pública e para o atendimento dos interesses reivindicados em sociedades pluralistas, deve haver ampla publicidade de todos os atos praticados pelos agentes públicos. Como alerta Hélio Saul Mileski, citando Norberto Bobbio:

> [...] Como já mencionou Norberto Bobbio, "democracia hoje é o governo do Poder Público em público", portanto, *devendo a ação administrativa ser absolutamente visível, sem qualquer véu camuflador do ato administrativo, que deve ser totalmente transparente*. A transparência da Administração Pública é princípio de cumprimento obrigatório na democracia pluralista moderna.[13]

A perda de foco, a falta de planejamento, a morosidade, a mera repressão ou a correção *a posteriori* por parte dos agentes e órgãos públicos na gestão administrativa de modo geral são frequentemente ineficazes em face dos grandes desafios contemporâneos de sociedades plurais.[14] Conforme Mileski,[15] dentro de um contexto de aprimoramento técnico e informatizado, e com a agilidade de obtenção de informações pela internet, é possível a formação de cidadãos mais exigentes, que buscam ampliar seu leque de participação, influindo nas políticas públicas e fiscalizando-as.

Verifica-se a partir daí a clara premissa da Lei nº 12.527/2011,[16] que regula o acesso a informações previsto no inciso XXXIII do art. 5º, no inciso II do §3º do art. 37 e no §2º do art. 216 da Constituição Federal

---

[12] GASPARINI, Diogenes. *Direito administrativo*. 13. ed. rev. e atual. São Paulo: Saraiva, 2008. p. 946.

[13] MILESKI, Hélio Saul. A transparência da administração pública pós-moderna e o nome regime de responsabilidade fiscal. *Revista Técnica dos Tribunais de Contas – RTCC*, Belo Horizonte, ano 1, p. 119-120, set. 2010 (grifos nossos).

[14] MOREIRA NETO, Diogo de Figueiredo. Mutações do direito público, p. 58. *In*: MILESKI, Hélio Saul. A transparência da administração pública pós-moderna e o nome regime de responsabilidade fiscal. *Revista Técnica dos Tribunais de Contas – RTCC*, Belo Horizonte, ano 1, p. 118, set. 2010.

[15] MILESKI, Hélio Saul. A transparência da administração pública pós-moderna e o nome regime de responsabilidade fiscal. *Revista Técnica dos Tribunais de Contas – RTCC*, Belo Horizonte, ano 1, p. 119-120, set. 2010. p. 118.

[16] BRASIL. Presidência da República. *Lei nº 12.527*, de 18 de novembro de 2011. Regula o acesso a informações previsto no inciso XXXIII do art. 5º, no inciso II do §3º do art. 37 e no §2º do art. 216 da Constituição Federal; altera a Lei nº 8.112, de 11 de dezembro de 1990; revoga a Lei nº 11.111, de 5 de maio de 2005, e dispositivos da Lei nº 8.159, de 8 de janeiro de 1991; e

e a relação jurídica composta pelo direito à informação dos cidadãos, bem como o dever de prestação de informações por parte do poder público, em sentido amplo.

Pode-se afirmar que a finalidade do controle é assegurar que as condutas da administração pública se orientem pelos mandamentos do ordenamento jurídico, em fina sintonia com as exigências da sociedade.

Maria Sylvia Zanella Di Pietro[17] salienta que o controle constitui poder-dever dos órgãos aos quais a lei atribui essa função, principalmente por sua finalidade corretiva, não podendo ser renunciado nem retardado, sob pena de responsabilização de quem se omitiu e abrangendo a fiscalização e correção dos atos ilegais e, em certa medida, dos inconvenientes e inoportunos, *in verbis:*

> Pode-se definir o controle da Administração Pública como o poder de fiscalização e correção que sobre ela exercem os órgãos dos Poderes Judiciário, Legislativo e Executivo, com o objetivo de garantir a conformidade de sua atuação com os princípios que lhe são impostos pelo ordenamento jurídico.

Medauar[18] revela a importância do aprimoramento das técnicas e atividades fiscalizadoras e também avaliadoras, de modo a se obter o melhor desempenho por parte da administração pública no ato de controlar.

Segundo Manuel Rodrigues Júnior e Vanessa Salgueiro,[19] a forma mais eficiente para os cidadãos participarem da gestão pública é através da transparência, que permite o acompanhamento e a identificação de possíveis desvios de conduta ou, até mesmo, de corrupção. Nesse sentido, o art. 37 da Constituição brasileira de 1988 versa sobre os cinco princípios básicos que regem a administração pública. São eles: legalidade, impessoalidade, moralidade, publicidade e eficiência (art. 37, *caput*, da CR/88), todos dotados de grande carga valorativa e

---

dá outras providências. Disponível em: www.planalto.gov.br/ccivil_03/_ato2011-2014.2011/lei/l12527.htm. Acesso em: 24 abr. 2023.

[17] DI PIETRO, Maria Sylvia Zanella. *Direito administrativo*. 36. ed. Rio de Janeiro: Forense, 2023. p. 912.

[18] MEDAUAR, Odete. *Direito administrativo moderno*. 18. ed. rev. e atual. São Paulo: Revista dos Tribunais, 2014. p. 379.

[19] RODRIGUES JUNIOR, Manuel Salgueiro; SALGUEIRO, Vanessa Aragão de Goes. Transparência na gestão fiscal nos municípios do estado do Ceará. *Revista Controle*, Fortaleza: Tribunal de Contas do Estado do Ceará, ano 1, p. 50, 1998.

aptos a viabilizar a interpretação das normas do Direito que alicerçam e auxiliam a conduta dos administradores públicos.

Outros princípios aplicáveis ao controle da administração pública são: supremacia do interesse público, indisponibilidade do interesse público, autotutela, inafastabilidade do controle pelo Poder Judiciário, contraditório, ampla defesa, razoável duração do processo, transparência, proporcionalidade, recorribilidade, entre outros.

O controle compõe o elenco das chamadas funções estatais e divide-se, entre outras, em duas grandes categorias: o controle interno e o controle externo. O controle interno, o qual detalharemos melhor no tópico posterior, conforme conceito clássico de Hely Lopes Meirelles, é

> [...] todo aquele que o Executivo e os órgãos de administração dos demais Poderes exercem sobre suas próprias atividades, visando mantê-las dentro da lei, segundo as necessidades do serviço e as exigências técnicas e econômicas de sua realização, pelo que é um controle da legalidade e de mérito. Sob ambos esses aspectos pode e deve operar-se com legitimidade e eficiência, atingindo a sua finalidade plena, que é a satisfação das necessidades coletivas e atendimento dos direitos individuais dos administrados.[20]

Por fim, ainda sobre as finalidades do controle, Marçal Justen Filho[21] ensina que ele se destina a: (i) fornecer subsídios, orientando a atuação administrativa de modo a satisfazer as necessidades coletivas; (ii) identificar práticas irregulares, determinando as medidas necessárias a impedir danos e promover a compensação por prejuízos e a sanear, quando cabível, os efeitos ocorridos; e (iii) promover a responsabilização administrativa do agente estatal ou do sujeito que tiver infringido a ordem jurídica, obtendo vantagens indevidas ou enriquecimento ilícito às custas da administração.

Observa-se que, desde os anos 1950, já havia legislações que previam ferramentas tanto de controle interno (ou poder de autocontrole da administração) quanto do controle externo (efetuado por órgãos

---

[20] MEIRELLES, Hely Lopes. *Direito administrativo brasileiro*. 32. ed. Atualizada por Eurico de Andrade Azevedo, Délcio Balestero Aleixo e José Emmanuel Burle Filho. São Paulo: Malheiros, 2006. p. 666-667.

[21] JUSTEN FILHO, Marçal. *Curso de direito administrativo*. 13. ed. rev., atual. e ampl. São Paulo: Thomson Reuters Brasil, 2018. p. 1.108.

alheios à administração),[22] tais como o Decreto-Lei nº 201/1967, que define os crimes de responsabilidade dos prefeitos e vereadores que se sujeitam ao julgamento do Poder Judiciário quando, por exemplo, apropriarem-se de bens ou rendas públicas ou desviá-los em proveito próprio; e ainda, a Lei nº 1.079, de 10 de abril de 1950, que dispõe sobre os crimes de reponsabilidade do Presidente da República e de ministros de Estado.

---

[22] MELLO, Celso Antônio Bandeira de. *Curso de direito administrativo*. 34. ed. rev. e atual. até a Emenda Constitucional 99, de 14.12.2017. São Paulo: Malheiros, 2019. p. 989.

CAPÍTULO 2

O SISTEMA BRASILEIRO DE CONTROLE – DEFINIÇÕES E LEGISLAÇÃO

Controle administrativo, nas palavras de Maria Sylvia Zanella Di Pietro,

> É o poder de fiscalização e correção em que a Administração Pública (em sentido amplo) exerce sobre sua própria atuação, sob os aspectos da legalidade e mérito, por iniciativa própria ou mediante provocação. Abrange os órgãos da Administração Direta ou centralizada e as pessoas jurídicas que integram a Administração Indireta ou descentralizada.[23]

A administração pública contemporânea possui tarefas diversas, especializadas, extensas e complexas. Hélio Saul Mileski[24] salienta que, ainda que o desenvolvimento tecnológico e a globalização da economia alterem completamente a dinâmica no mundo de hoje, o Estado, para atender aos interesses reivindicados por uma sociedade pluralista, mantém-se como organismo essencial para o estabelecimento do bem-estar do cidadão e fator de regulação da economia.

Marcos Augusto Perez alerta sobre a diversificação das funções administrativas e a essencialidade do controle, *in verbis*:

> A verdade é que, tendo que assumir funções que vão da saúde às telecomunicações; da educação aos portos ou aeroportos; da vigilância sanitária

---

[23] DI PIETRO, Maria Sylvia Zanella. *Direito administrativo*. 36. ed. Rio de Janeiro: Forense, 2023. p. 913.
[24] MILESKI, Hélio Saul. A transparência da administração pública pós-moderna e o novo regime de responsabilidade fiscal. *Revista Técnica dos Tribunais de Contas – RTCC*, Belo Horizonte, ano 1, p. 117, set. 2010.

à defesa nacional; da previdência social à intervenção urbanística, entre muitas outras que, ainda que não sejam prestacionais, importam em regular ou normatizar condutas dos múltiplos agentes econômicos para eliminar falhas e assimetrias de mercado ou para impor condutas de interesse público que o mercado por si só não consegue realizar, torna-se impossível que o administrador público seja um carimbador autômato, um mero verificador de fatos concretos para aplicação do direito posto ou a *longa manus* da vontade do legislador, e disso decorre a crescente importância do *controle*.[25]

No tocante ao controle sistêmico da administração pública e do combate à corrupção, a Lei nº 12.846, de 1º de agosto de 2013, veio preencher sensível lacuna na legislação nacional sobre improbidade administrativa, dispondo sobre a "responsabilização administrativa e civil de pessoas jurídicas pela prática de atos contra a administração pública, nacional ou estrangeira". A norma, conhecida como Lei Anticorrupção, aplica-se, *in verbis*:

> [...] às sociedades empresárias e às sociedades simples, personificadas ou não, independentemente da forma de organização ou modelo societário adotado, bem como a quaisquer fundações, associações de entidades ou pessoas, ou sociedades estrangeiras, que tenham sede, filial ou representação no território brasileiro, constituídas de fato ou de direito, ainda que temporariamente.[26]

A lei busca coibir e responsabilizar administrativa e civilmente a prática de corrupção por sociedades empresárias e sociedades simples, bem como as estrangeiras que, atuando no Brasil, pratiquem atos lesivos, em benefício próprio ou de grupos que compartilhem interesses. Para os efeitos da lei, atos lesivos são os que atentem contra o patrimônio público nacional ou estrangeiro, contra princípios da administração pública ou contra os compromissos internacionais assumidos pelo país. O elenco detalhado (art. 5º, incisos e alíneas) inclui os tipos de

---

[25] PEREZ, Marcos Augusto. *Controle da administração pública no Brasil*: um breve resumo do tema. Publicado em 18.7.2018. Disponível em: www.editoraforum.com.br/noticias/controle-da-administracao-publica-no-brasil-um-breve-resumo-do-tema/. Acesso em: 13 abr. 2023.

[26] BRASIL. Presidência da República. *Lei nº 12.846*, de 1º de agosto de 2013. Dispõe sobre a responsabilização administrativa e civil de pessoas jurídicas pela prática de atos contra a administração pública, nacional ou estrangeira, e dá outras providências. Disponível em: www.planalto.gov.br/ccivil_03/_ato2011-2014.2013/lei/l12846.htm. Acesso em: 24 abr. 2023.

fraudes e irregularidades, classificando os atos lesivos à administração pública, passíveis de penalização, tais como: (i) prometer, oferecer ou dar, direta ou indiretamente, vantagem indevida a agente público ou a terceira pessoa a ele relacionada; (ii) financiar, custear, patrocinar a prática de atos ilícitos previstos na lei; (iii) no tocante a licitações, frustrar ou fraudar, mediante ajuste ou qualquer outro expediente, o caráter competitivo da licitação.

A Lei de Improbidade Administrativa (LIA), Lei nº 8.429/1992, com nova redação dada pela Lei nº 14.230, de 2021,[27] dispõe sobre as sanções aplicáveis em virtude da prática de atos de improbidade administrativa de que trata o §4º do art. 37 da Constituição Federal, tratando-se de importante ferramenta em prol do controle interno e externo.

Os artigos 9º e 10 da LIA, que estabelecem os atos de improbidade que importam prejuízo ao erário, tiveram redação modificada para excluir a possibilidade de condenação culposa, mantendo rol exemplificativo de condutas que se enquadram na descrição do *caput* e que, em seu art. 10, define o ato de improbidade administrativa, *in verbis*:

> Constitui ato de improbidade administrativa que causa lesão ao erário qualquer ação ou omissão dolosa, que enseje, efetiva e comprovadamente, perda patrimonial, desvio, apropriação, malbaratamento ou dilapidação dos bens ou haveres das entidades referidas no art. 1º desta Lei. [...].

O art. 11 da Lei nº 8.429/1992, com a nova redação dada pela Lei nº 14.230/2021,[28] define ato de improbidade administrativa como aquele "que atenta contra os princípios da administração pública a ação ou omissão dolosa que viole os deveres de honestidade, de imparcialidade e de legalidade", caracterizando-se por condutas elencadas em rol taxativo nos incisos III, IV, V, VI, VII, VIII, XI e XII, tais como: frustrar o

---

[27] BRASIL. Presidência da República. *Lei nº 8.429*, de 2 de junho de 1992. Dispõe sobre as sanções aplicáveis em virtude da prática de atos de improbidade administrativa, de que trata o §4º do art. 37 da Constituição Federal; e dá outras providências. Foi alterada pela Lei nº 14.230, de 2021. Disponível em: www.planalto.gov.br/ccivil_03/leis/l8429.htm#:~:text=LEI%20N%C2%BA%208.429%2C%20DE%202%20DE%20JUNHO%20DE%201992&text=Disp%C3%B5e%20sobre%20as%20san%C3%A7%C3%B5es%20aplic%C3%A1veis,fundacional%20e%20d%C3%A1%20outras%20provid%C3%AAncias. Acesso em: 24 abr. 2023.

[28] BRASIL. Presidência da República. *Lei nº 14.230*, de 25 de outubro de 2021. Altera a Lei nº 8.429, de 2 de junho de 1992, que dispõe sobre improbidade administrativa. Disponível em: www.planalto.gov.br/ccivil_03/_ato2019-2022.2021/lei/L14230.htm. Acesso em: 24 abr. 2023.

caráter concorrencial do concurso público em ofensa à imparcialidade; negar publicidade de atos oficiais; ou deixar de prestar contas quando for obrigado a fazê-lo.

Juliana de Melo Sant'Anna[29] alerta para os incisos do artigo 11 que, com a mudança legislativa, passaram a prever taxativamente as hipóteses em que o malferimento aos princípios da administração pública são considerados como improbidade, sendo que algumas previsões constantes do rol exemplificativo anterior foram excluídas.

Os ilícitos praticados contra a administração pública estrangeira remetem, adicionalmente, ao art. 4º da Convenção sobre o Combate da Corrupção de Funcionários Públicos Estrangeiros em Transações Comerciais Internacionais (Decreto nº 3.678/2000).[30]

Destarte, os chamados "crimes contra a licitação", referidos anteriormente na Lei nº 8.666/1993, foram aprimorados na nova Lei nº 14.133/2021, que, em seu art. 178, introduziu uma alteração no Código Penal, acrescentando ao Título XI da Parte Especial, relativo aos crimes contra a administração pública, um novo capítulo II-B denominado "Dos crimes em licitações e contratos administrativos", composto pelos arts. 337-E a 337-P.

A Nova Lei de Licitações e Contratos, Lei nº 14.133/2021 (NLLC), atualizou os tipos penais relacionados às contratações públicas (total de onze tipificações), tornando mais gravosas as penalidades prescritas para as condutas, em sintonia com o sentimento dos cidadãos que já não toleram a corrupção e o desperdício na aplicação de recursos públicos nas licitações e contratações.[31]

Em termos de legislação relevante, a Lei Federal nº 13.655, de 25 de abril de 2018, incluiu novas normas ao Decreto Lei nº 4.657/1942 – Lei de Introdução às Normas do Direito Brasileiro (LINDB) – trazendo

---

[29] SANT'ANNA, Juliana S. B. de Melo. *Nova lei de improbidade*. Apontamentos acerca do impacto da nova redação da lei de improbidade administrativa na análise dos Processos Administrativos Disciplinares regidos pela Lei nº 8.112, de 1990. Publicado em 8.3.2022. Disponível em: www.gov.br/infraestrutura/pt-br/assuntos/conjur/nova-lei-de-improbidade. Acesso em: 12 abr. 2023.

[30] BRASIL. Ministério das Relações Exteriores. *Decreto nº 3.678*, de 30 de novembro de 2000. Promulga a convenção sobre o combate à corrupção de funcionários públicos estrangeiros em transações comerciais internacionais, concluída em Paris em dezembro de 1997. Disponível em: www.planalto.gov.br/ccivil_03/decreto/d3678.htm. Acesso em: 24 abr. 2023.

[31] LIMA, Luiz Henrique. *Crimes na nova lei de licitações*. Disponível em: https://irbcontas.org.br/artigo/crimes-na-nova-lei-de-licitacoes/#:~:text=Os%20anteriores%20dez%20tipos%20penais,em%20licita%C3%A7%C3%A3o%3B%20afastamento%20de%20licitante%3B. Acesso em: 13 abr. 2023.

impactos para a administração pública ao estabelecer disposições sobre segurança jurídica e eficiência na criação e aplicação do direito público. De acordo com o art. 20 da LINDB, as decisões da administração pública, do Poder Judiciário e dos Tribunais de Contas deverão observar suas consequências práticas, jurídicas e administrativas, sem se basear em valores jurídicos abstratos. Senão vejamos:

> Art. 20. Nas esferas administrativa, controladora e judicial, não se decidirá com base em valores jurídicos abstratos sem que sejam consideradas as consequências práticas da decisão. (Incluído pela Lei nº 13.655, de 2018)
> Parágrafo único. A motivação demonstrará a necessidade e a adequação da medida imposta ou da invalidação de ato, contrato, ajuste, processo ou norma administrativa, inclusive em face das possíveis alternativas.

De acordo com Fabrício Motta, torna-se mais acurada a atuação dos órgãos de controle, *in verbis*:

> O foco do controle recai sobre todo o processo decisório, cabendo-lhe avaliar as medidas consideradas como necessárias e adequadas, diante das alternativas apresentadas na esfera administrativa. A análise das alternativas é posta no âmbito de verificação da necessidade e adequação das medidas tomadas pelo gestor, à luz do caso concreto.[32]

Maria Sylvia Zanella Di Pietro[33] salienta que, qualquer que seja o órgão de controle, ele estará sujeito à Lei de Introdução às Normas de Direito Brasileiro (LINDB), com as alterações da Lei nº 13.655/2018, no que diz respeito a: segurança jurídica; motivação quanto às consequências administrativas e jurídicas das decisões; dosimetria das sanções; possibilidade de celebração de compromisso para eliminar irregularidades; incerteza jurídica; situação contenciosa na aplicação do direito público e possibilidade de compensação a ser garantida em decorrência de benefícios indevidos.

Por fim, sobre os agentes estatais e o controle social e democrático, Marçal Justen Filho assevera, *in verbis*:

---

[32] MOTTA, Fabrício. *Alterações na LINDB valem para todos, não só para o controle*. Publicado em 14.6.2018. Disponível em: www.conjur.com.br.2018-jun-14/interesse-publico-alteracoes-lindb-valem-todos-nao-controle. Acesso em: 14 abr. 2023.

[33] DI PIETRO, Maria Sylvia Zanella. *Direito administrativo*. 36. ed. Rio de Janeiro: Forense, 2023. p. 913.

O agente estatal é um servo do povo e seus atos apenas se legitimam quando compatíveis com o direito. Toda a disciplina da atividade administrativa tem de ser permeada pela concepção democrática, que sujeita o administrador à fiscalização popular e à comprovação da realização democrática dos direitos fundamentais.
É indispensável ampliar o instrumental de controle democrático, indo muito além dos institutos de direito de informação e do direito de petição. É imperioso instituir autoridades políticas e administrativas independentes, que sejam investidas de garantias contra os ocupantes do poder que disponham de competência para fiscalizar a conduta de qualquer exercente do poder estatal.[34]

Destarte, fundamental para a administração pública contemporânea é contar com instrumentos legislativos e jurídicos adequados, que ofereçam suporte aos gestores, administradores e administrados para fiscalizar a gestão administrativa e, quiçá, aumentar cada vez mais a participação popular nesse processo, a eficiência no controle do poder e, consequentemente, a diminuição do arbítrio governamental.

---

[34] JUSTEN FILHO, Marçal. *Curso de direito administrativo*. 13. ed. rev., atual. e ampl. São Paulo: Thomson Reuters Brasil, 2018. p. 1.106.

CAPÍTULO 3

CLASSIFICAÇÃO DAS MODALIDADES DE CONTROLE DA ADMINISTRAÇÃO PÚBLICA

Diversos são os critérios relacionados ao controle da administração pública, estabelecidos de acordo com variáveis tais como: *quem, onde, como* e *quando* este se efetiva.

Aliamo-nos à doutrina de Maria Sylvia Zanella Di Pietro,[35] adotando a seguinte classificação para as modalidades de controle da administração pública.

3.1 Quanto à natureza do controlador

a) Controle administrativo

Também chamado de autocontrole, decorre do chamado poder de autotutela. Maria Sylvia Zanella Di Pietro[36] esclarece que se trata do poder de fiscalização que a administração pública (em sentido amplo) exerce sobre sua própria atuação, por iniciativa própria, ou quando provocada, para verificar a legalidade e o mérito dos atos. Tal controle alcança tanto os órgãos da administração direta ou centralizada quanto as pessoas jurídicas que compõem a administração indireta ou descentralizada. São exemplos de autotutela a anulação ou a revogação dos atos, nos termos do art. 53 da Lei nº 9.784/1999:

---

[35] DI PIETRO, Maria Sylvia Zanella. *Direito administrativo*. 36. ed. Rio de Janeiro: Atlas, 2023. p. 912.
[36] DI PIETRO, Maria Sylvia Zanella. *Direito administrativo*. 36. ed. Rio de Janeiro: Atlas, 2023. p. 913.

Art. 53. A Administração deve anular seus próprios atos, quando eivados de vício de legalidade, e pode revogá-los por motivo de conveniência ou oportunidade, respeitados os direitos adquiridos.

A jurisprudência chancela o autocontrole da administração, conforme o teor das Súmulas nºs 346[37] e 473[38] do Supremo Tribunal Federal.

Com a Emenda Constitucional nº 45/2004, foram criados o Conselho Nacional de Justiça – CNJ (art. 103-B da CR/88) e o Conselho Nacional do Ministério Público (art. 130-A da CR/88), aos quais incumbe o controle da atuação administrativa e financeira do Judiciário e do Ministério Público, além do cumprimento dos deveres funcionais de seus respectivos membros.

b) Controle legislativo

É concedido ao Poder Legislativo para controlar e fiscalizar os atos de outros poderes através do Congresso Nacional, da Câmara dos Deputados, do Senado Federal, das Assembleias Legislativas estaduais e da Câmara de Vereadores, seja diretamente – por seus plenários ou comissões parlamentares –, seja indiretamente, através do auxílio de órgãos constitucionais autônomos instituídos para esse fim específico, como os Tribunais de Contas.

O controle do Poder Legislativo divide-se em controle político e controle financeiro, conforme observa Irene Nohara, *in litteris*:

> O *controle político* objetiva proteger os superiores interesses do Estado e da coletividade e recai tanto sobre aspectos de legalidade como sobre a conveniência e oportunidade das medidas do Executivo.
>
> O *controle financeiro* é aquele relacionado com a fiscalização contábil, financeira, orçamentária e patrimonial da Administração Pública direta e indireta, ou de qualquer pessoa física ou jurídica que utilize, arrecade, guarde, gerencie ou administre dinheiro, bens e valores públicos (art. 70, CF). Recai sobre aspectos de legalidade, legitimidade, economicidade,

---

[37] BRASIL. Supremo Tribunal Federal. *Súmula nº 346*: A administração pública pode declarar a nulidade dos seus próprios atos. Data de publicação: Sessão Plenária de 13.12.1963.

[38] BRASIL. Supremo Tribunal Federal. *Súmula nº 473*: A administração pode anular seus próprios atos, quando eivados de vícios que os tornam ilegais, porque deles não se originam direitos; ou revogá-los, por motivo de conveniência ou oportunidade, respeitados os direitos adquiridos, e ressalvada, em todos os casos, a apreciação judicial. Data de publicação: Sessão Plenária de 10.12.1969.

aplicação de subvenções e renúncia de receitas. Esse controle é exercido pelo Poder Legislativo com o auxílio dos Tribunais de Contas.[39]

Exemplo do controle legislativo está no art. 49, inciso V, da Constituição Federal de 1988, que prevê como competência do Congresso Nacional "sustar os atos normativos do Poder Executivo que exorbitem do poder regulamentar ou dos limites de delegação legislativa".[40]

c) Controle judicial

Com o advento da Constituição Federal de 1988, consagrou-se no Brasil o sistema de unidade de jurisdição que, em seu art. 5º, inciso XXXV preconiza: "a lei não excluirá da apreciação do Poder Judiciário: lesão ou ameaça a direito".[41]

O Poder Judiciário tem a competência para dizer o direito em última instância, porém, com relação ao mérito dos atos administrativos discricionários, estes, em regra, não estão sujeitos ao controle jurisdicional.

O controle judicial pode ser classificado como externo, provocado e direto. Externo é aquele que é realizado por órgão que não integra a mesma estrutura da administração; provocado é aquele que, sendo a jurisdição inerte, precisa ser demandada para atuar; e direto, posto que incide sobre atos e atividades administrativas.[42]

Ainda que o Poder Judiciário não possa intervir na discricionariedade do administrador público, destaca-se na jurisprudência do STF, o RE nº 167.137-TO,[43] de Relatoria do ministro Paulo Brossard, no qual se decidiu a respeito da análise dos requisitos quando da nomeação dos conselheiros do Tribunal de Contas, *in verbis*:

TRIBUNAL DE CONTAS. NOMEAÇÃO DE SEUS MEMBROS EM ESTADO RECÉM-CRIADO. NATUREZA DO ATO ADMINISTRATIVO.

---

[39] NOHARA, Irene Patrícia. *Controle da administração pública*. Disponível em: https://direitoadm.com.br/controle-da-administracao-publica/. Acesso em: 17 abr. 2023 (grifos do autor).

[40] BRASIL. *Constituição da República Federativa do Brasil*. Disponível em www.planalto.gov.br/ccivil_03/constituicao/constituicaocompilado.htm. Acesso em: 17 abr. 2023.

[41] BRASIL. *Constituição da República Federativa do Brasil*. Disponível em www.planalto.gov.br/ccivil_03/constituicao/constituicaocompilado.htm. Acesso em: 17 abr. 2023.

[42] GASPARINI, Diogenes. *Direito administrativo*. 17. ed. São Paulo: Saraiva, 2012.

[43] BRASIL. Supremo Tribunal Federal. Segunda Turma. RE: 167.137 TO, Relator: min. Paulo Brossard, Data de Julgamento: 18.10.1994. Data de Publicação: *DJ* 25.11.1994. Acesso em: 3 maio 2023 (grifos nossos).

PARÂMETROS A SEREM OBSERVADOS. AÇÃO POPULAR DESCONSTITUTIVA DO ATO. TRIBUNAL DE CONTAS DO ESTADO DE TOCANTINS. PROVIMENTO DOS CARGOS DE CONSELHEIROS. *A nomeação dos membros do Tribunal de Contas do Estado recém-criado não é ato discricionário, mas vinculado a determinados critérios,* não só estabelecidos pelo art. 235, III, das disposições gerais, mas também, naquilo que couber, pelo art. 73, par.1, da CF. NOTORIO SABER – Incisos III, art. 235 e III, par.1, art. 73, CF. *Necessidade de um mínimo de pertinência entre as qualidades intelectuais dos nomeados e o ofício a desempenhar.* Precedente histórico: parecer de Barbalho e a decisão do Senado. AÇÃO POPULAR. *A não observância dos requisitos que vinculam a nomeação enseja a qualquer do povo sujeita-la a correção judicial, com a finalidade de desconstituir o ato lesivo a moralidade administrativa.* Recurso extraordinário conhecido e provido para julgar procedente a ação.

Destarte, José dos Santos Carvalho Filho[44] esclarece que cabe ao poder jurisdicional a decisão sobre a legalidade ou não dos atos da administração, principalmente em casos de conflitos de interesses.

3.2 Quanto ao momento em que se efetua

a) Controle prévio (também denominado *a priori* ou anterior)

É realizado antes da produção dos efeitos do ato administrativo. Trata-se de uma ação preventiva para verificar se estão presentes os requisitos necessários à sua prática, na tentativa de impedir que seja praticado ato ilegal ou contrário ao interesse público.[45]

São diversas as hipóteses de controle prévio na Constituição Federal, como por exemplo, quando atos do Poder Executivo se sujeitam à autorização ou aprovação prévia do Congresso Nacional ou de uma de suas Casas (CR/88, arts. 49, II, III, XV, XVI e XVII, e 52, III, IV e V).

Sobre a importância do controle prévio, Lucas Rocha Furtado[46] salienta que o Estado deve primar pela valorização dos mecanismos

---

[44] CARVALHO FILHO, José dos Santos. *Manual de direito administrativo*. 37. ed. Barueri, São Paulo: Atlas, 2023. p. 802.
[45] DI PIETRO, Maria Sylvia Zanella. *Direito administrativo*. 36. ed. Rio de Janeiro: Forense, 2023. p. 912.
[46] FURTADO, Lucas Rocha. *Novas perspectivas para o controle externo*. Disponível em: www.tcu.gov.br file:///D:o_Di_logo_P_blico_Florian_polis_Lucas%20(2).pdf. Acesso em: 4 maio 2023.

voltados à prevenção da prática de atos e atividades ilícitas, para assim evitar o acúmulo de processos, inclusive no Poder Judiciário, *in verbis*:

> A baixa efetividade dos processos judiciais e administrativos, quer para a reparação do erário, quer para a aplicação de sanções, inclusive penais, vem sugerindo a necessidade de redirecionamento dos esforços na atuação dos órgãos de controle.

b) Controle concomitante ou simultâneo

Acompanha a produção do ato administrativo e seus efeitos, e seu objetivo é a adoção de medidas saneadoras. Auditorias de acompanhamento de obras são exemplos de controle que podem ser realizados pelos Tribunais de Contas, concomitantemente à política pública ou outra atividade controlada.

O Tribunal de Contas da União discutiu sobre o tema no Acórdão nº 1.139/2022,[47] de relatoria do ministro Aroldo Cedraz, no qual houve uma auditoria sobre o levantamento do estágio atual da utilização de tecnologias de Inteligência Artificial por diversas organizações que compõem a administração pública e o impacto que a IA exerce sobre os órgãos públicos, notadamente no exercício concomitante do controle, *in verbis*:

> [...] 40. Como se sabe, o TCU desenvolveu diversas soluções baseadas em IA ao longo dos últimos anos que suportam diretamente o planejamento e a execução de fiscalizações, bem como a instrução de processos nesta Corte. A exemplo dos robôs Alice, Mônica, Adele e Ágata, ou das ferramentas Detecta e Sofia. Tais soluções têm sido utilizadas de forma cada vez mais intensa, proporcionando maior produtividade e precisão às atividades de controle.

---

[47] BRASIL. Tribunal de Contas da União. Plenário. Acórdão nº 1.139/2022. Relator Aroldo Cedraz. Data da sessão: 25.5.2022. Ata nº 19/2022 (grifos nossos). A auditoria realizada cita os benefícios do estudo: "Fornecer subsídios para aprimorar o conhecimento dos gestores públicos federais em relação aos benefícios e critérios para a utilização de tecnologias de IA na disponibilização de serviços à sociedade e melhoria dos processos internos nas organizações públicas; Estabelecer uma linha de base da situação atual de utilização de tecnologias de IA na Administração Pública Federal, de forma a subsidiar trabalhos futuros que busquem aferir a evolução do tema; Dar subsídios para o aprimoramento da Estratégia Brasileira de Inteligência Artificial (Ebia) contribuindo para que alcance seus objetivos, de maneira legítima, econômica, eficaz e eficiente e, assim, possa atender à sociedade; Aquisição de conhecimento pelo TCU nas metodologias e *frameworks* aplicáveis à fiscalização de soluções de IA".

41. Para além do uso interno, é importante que este Tribunal esteja atento à crescente adoção de algoritmos e aplicações de inteligência artificial pela Administração Pública Federal, com a consequente necessidade de que tais soluções sejam, eventualmente, auditadas de modo a assegurar sua confiabilidade e segurança, além de avaliar aspectos de especial relevância para a IA, tais como o uso ético das informações, a ausência de preconceitos ou distorções embutidas nos algoritmos e a transparência de sua operação.
[...]
46. Por fim, considero pertinente que o presente processo *seja convertido em acompanhamento*, de modo a viabilizar as ações que acabo de propor, *bem como o indispensável controle concomitante* sobre a implementação da EBIA, inclusive com a proposição de eventuais ajustes necessários para que a Estratégia possa cumprir a nobre missão a que se propõe.

Nesse sentido, verifica-se que o controle concomitante, de acordo com José dos Santos Carvalho Filho,[48] possui aspectos preventivos e repressivos, tendo os gestores o poder de controlar, verificar e, se possível, corrigir o andamento da atividade administrativa.

c) Controle posterior, ulterior ou *a posteriori*

O controle posterior, segundo Maria Sylvia Zanella Di Pietro,[49] tem por objetivo rever atos já praticados para corrigi-los, desfazê-los ou apenas confirmá-los e abrange atos como os de aprovação, homologação, anulação, revogação e convalidação.

Nos termos do art. 21, parágrafo único, da LINDB,[50] a decisão que, nas esferas administrativa, controladora ou judicial, decretar a invalidação de ato, contrato, ajuste, processo ou norma administrativa deve indicar de modo expresso suas consequências jurídicas e

---

[48] CARVALHO FILHO, José dos Santos. *Manual de direito administrativo*. 37. ed. Barueri, São Paulo: Atlas, 2023. p. 805.

[49] DI PIETRO, Maria Sylvia Zanella. *Direito administrativo*. 36. ed. Rio de Janeiro: Forense, 2023. p. 912.

[50] BRASIL. Decreto-Lei nº 4.657, de 4 de setembro de 1942. "Art. 21. A decisão que, nas esferas administrativa, controladora ou judicial, decretar a invalidação de ato, contrato, ajuste, processo ou norma administrativa deverá indicar de modo expresso suas consequências jurídicas e administrativas. (Incluído pela Lei nº 13.655, de 2018) Parágrafo único. A decisão a que se refere o *caput* deste artigo deverá, quando for o caso, indicar as condições para que a regularização ocorra de modo proporcional e equânime e sem prejuízo aos interesses gerais, não se podendo impor aos sujeitos atingidos ônus ou perdas que, em função das peculiaridades do caso, sejam anormais ou excessivos" (incluído pela Lei nº 13.655, de 2018).

administrativas, além de não impor aos atingidos ônus ou perdas que sejam anormais ou excessivas.

Sobre o controle posterior dos atos administrativos, Fernanda Santos Schramm e Luiz Eduardo Altenburg de Assis[51] refletem sobre a abrangência da determinação do artigo 21, visto que não se restringe às decisões proferidas em processos administrativos. Observam ainda que os dispositivos da LINDB constituem lei geral de direito público, pelo que vinculam igualmente a esfera controladora e os órgãos de controle, tais como os Tribunais de Contas, Ministério Público e o Poder Legislativo, nesse caso, ao atuar como controlador, a exemplo das hipóteses de sustação de contratos, na forma do art. 71, §1º, da CR/88, e condução das comissões parlamentares de inquérito, *in verbis*:

> Toma-se como exemplo os órgãos e entidades sujeitos à jurisdição dos Tribunais de Contas, que podem ter seus atos, contratos, convênios, acordos e ajustes submetidos à fiscalização. Ao determinar a suspensão de um eventual contrato administrativo considerado ilegal, a Corte de Contas deve prever não só as consequências jurídicas da sua determinação, mas os mecanismos de reparação dos particulares que foram contratados e executaram o serviço, sob o signo da confiança legítima.

Assim, na medida em que toda a atividade administrativa deriva do princípio da legalidade, a provável consequência é que atos revestidos de ilegalidade podem, em regra, ser convalidados ou, se as circunstâncias não permitirem sua regularização, invalidados. Porém, a invalidação não é automática, deve haver a ponderação da situação dos administrados atingidos pela decisão, bem como a possibilidade de estabilização dos atos administrativos viciados.

3.3 Quanto à posição estrutural do órgão controlador

a) Controle interno

A atividade administrativa de controle interno ocorre quando cada um dos poderes estatais verifica seus órgãos administrativos e corrige seus próprios atos, envolvendo, primeiramente, a análise de

---

[51] SCHRAMM, Fernanda Santos; ASSIS, Luiz Eduardo Altenberg de. Consequências da anulação dos atos e contratos administrativos sob a perspectiva da LINDB. Disponível em: www.mnadvocacia.com.br/consequencias-da-anulacao-dos-atos-e-contratos-administrativos-sob-a-perspectiva-da-lindb/. Acesso em: 8 maio 2023.

sua legalidade, bem como a atuação administrativa de seu próprio ente. No entendimento de Marçal Justen Filho:

> O controle interno da atividade administrativa é o dever-poder imposto ao próprio Poder de promover a verificação permanente e contínua da legalidade e da oportunidade da atuação administrativa própria, visando a prevenir ou eliminar defeitos ou a aperfeiçoar a atividade administrativa, promovendo as medidas necessárias a tanto.[52]

Dentre as principais funções do controle interno, cite-se como exemplos, (i) o assessoramento dos gestores na consolidação de métodos de gestão; (ii) a seleção de procedimentos e recomendações para o bom andamento do processo administrativo; (iii) a revisão de dados de forma periódica, análise de contratos, licitações e práticas diárias na atuação pública municipal, estadual e federal; (iv) no judiciário, o controle interno que a corregedoria exerce sobre os atos dos serventuários da justiça.[53]

O Sistema de Controle Interno (SCI) possui fundamentos legais. A Constituição da República de 1988, em seus arts. 31, 70 e 74, dispõe que as atividades de fiscalização e controle na administração pública serão desempenhadas pelo controle externo (exercido pelo Poder Legislativo, com o auxílio do Tribunal de Contas) e pelo sistema de controle interno a ser mantido, de forma integrada, por cada Poder Executivo, Legislativo e Judiciário.

O Decreto-Lei nº 200/1967 atribui, ao órgão central de planejamento, em cada ministério civil, a incumbência de fiscalizar a aplicação de recursos públicos e a execução de programas. Por sua vez, a Lei Complementar nº 101/2000 – Lei de Reponsabilidade Fiscal, em seu art. 54, parágrafo único, prevê a obrigatoriedade da participação do responsável pelo controle interno na elaboração dos relatórios de gestão fiscal (controles de limites de despesas, empenhos e dívidas).

A seu turno, a Norma Brasileira de Contabilidade aplicada ao setor público (NBC T 16.8 – Resolução CFC nº 135/2008) estabelece referenciais para o controle interno como suporte ao sistema de informação contábil, de modo a diminuir os riscos e dar efetividade às informações

---

[52] JUSTEN FILHO, Marçal. *Curso de direito administrativo*. 13 ed. rev., atual. e ampl. São Paulo: Thomson Reuters Brasil, 2018. p. 1.111.
[53] CARVALHO FILHO, José dos Santos. *Manual de direito administrativo*. 37. ed. Barueri, São Paulo: Atlas, 2023. p. 803.

da contabilidade e contribuir para o alcance dos objetivos da entidade do setor público,[54] entre outras normas legais.

Assim, na atividade de controle interno, verificando-se a existência de ilegalidade ou inconveniência na atuação administrativa, haverá o dever do órgão de controle de exigir sua solução, pois a adoção de providências para corrigir os defeitos não é facultativa. A autoridade investida na competência de controle está juridicamente obrigada não apenas a desencadear a atividade de fiscalização, incumbindo-lhe ainda, de modo inafastável, promover as providências cabíveis em face de eventuais irregularidades.

b) Controle externo

O controle externo, na definição de Marçal Justen Filho,[55] "consiste na submissão da atividade administrativa à fiscalização exercitada pelos órgãos externos à estrutura do Poder que os praticou".

O controle externo possui fundamentos constitucionais nos arts. 31, 70 e 71 da CR/88 que, diferente do controle interno, configura-se em uma função específica e diferenciada, reservada constitucionalmente a poderes e órgãos determinados.[56]

O princípio da separação de poderes implica que a atividade de controle externo não é absoluta, não sendo possível a revisão do ato no que toca à discricionariedade administrativa, *a priori*.

Frise-se que o mérito do ato administrativo, ou o núcleo da natureza decisória (diga-se o juízo de conveniência e oportunidade inerente à atividade administrativa) é produzido pela escolha do agente estatal, em virtude de autorização legislativa e, como tal, não pode ser revisto pelo órgão de fiscalização. Entretanto, os requisitos externos de regularidade da atuação discricionária são verificados no que toca aos aspectos legais e procedimentais do ato e se a autoridade administrativa "atuou visando à realização dos direitos fundamentais, com observância aos valores democráticos".[57]

---

[54] SANTOS, Inês de Alexandre. *A importância do controle na gestão pública*. Disponível em: www.nucleodoconhecimento.com.br/administracao/importancia-do-controle. Acesso em: 9 maio 2023.

[55] JUSTEN FILHO, Marçal. *Curso de direito administrativo*. 13. ed. rev., atual. e ampl. São Paulo: Thomson Reuters Brasil, 2018. p. 1.116.

[56] JUSTEN FILHO, Marçal. *Curso de direito administrativo*. 13. ed. rev., atual. e ampl. São Paulo: Thomson Reuters Brasil, 2018. p. 1.118.

[57] JUSTEN FILHO, Marçal. *Curso de direito administrativo*. 13. ed. rev., atual. e ampl. São Paulo: Thomson Reuters Brasil, 2018. p. 1.122.

O fundamento infraconstitucional para o controle externo pode ser encontrado nos arts. 81 e 82 do capítulo III da Lei nº 4.320/1964,[58] que dispõem acerca do controle da execução orçamentária de modo a verificar a probidade na administração. O §1º do art. 82 prevê sobre as contas do Poder Executivo submetidas ao parecer prévio dos Tribunais de Contas, ou órgão equivalente, *in verbis*:

> Art. 81. O controle da execução orçamentária, pelo Poder Legislativo, terá por objetivo verificar a probidade da administração, a guarda e legal emprego dos dinheiros públicos e o cumprimento da Lei de Orçamento.
> Art. 82. O Poder Executivo, anualmente, prestará contas ao Poder Legislativo, no prazo estabelecido nas Constituições ou nas Leis Orgânicas dos Municípios.
> §1º. As contas do Poder Executivo serão submetidas ao Poder Legislativo, com parecer prévio do Tribunal de Contas ou órgão equivalente.
> §2º. Quando, no Município não houver Tribunal de Contas ou órgão equivalente, a Câmara de Vereadores poderá designar peritos contadores para verificarem as contas do prefeito e sôbre elas emitirem parecer.

O controle externo pode ser de ofício ou mediante provocação dos interessados, coexistindo com o controle interno. Nas palavras de Diogenes Gasparini,[59] "por óbvio, esse controle externo não exclui o interno, que deve existir em cada um dos Poderes de cada entidade da federação".

Em jurisprudência recente do Supremo Tribunal Federal, ADI nº 6.846/PI,[60] de relatoria do min. Roberto Barroso, asseverou-se a inconstitucionalidade de legislação que concedia descontos nas multas aplicadas pelo Tribunal de Contas, por interferir diretamente no poder sancionador do órgão, inerente ao controle externo da administração pública, *in verbis*:

---

[58] BRASIL. Presidência da República. *Lei nº 4.320*, de 17 de março de 1964. Estatui Normas Gerais de Direito Financeiro para elaboração e controle dos orçamentos e balanços da União, dos Estados, dos Municípios e do Distrito Federal. Disponível em: www.planalto.gov.br/ccivil_03/leis/l4320.htm. Acesso em: 21 jun. 2023.

[59] GASPARINI, Diogenes. *Direito administrativo*. 13. ed. ver e atual. São Paulo: Saraiva, 2008. p. 965.

[60] BRASIL. Supremo Tribunal Federal. Tribunal Pleno. ADI nº 6.846/PI – Piauí. Relator min. Roberto Barroso. Julgamento em 22.2.2023. Publicação em 2.3.2023. Disponível em: https://jurisprudencia.stf.jus.br/pages/search/sjur475388/false. Acesso em: 15 maio 2023 (grifos nossos).

Ementa: Direito constitucional e administrativo. Ação direta de inconstitucionalidade. Lei estadual, de iniciativa parlamentar, que concede descontos substanciais em multas aplicadas pelo Tribunal de Contas local. 1. Ação direta de inconstitucionalidade contra a Lei nº 7.398.2020, do Estado do Piauí, que concede descontos vultosos em multas aplicadas pelo Tribunal de Contas daquele Estado. 2. Esta Corte consolidou jurisprudência no sentido de que as Cortes de Contas têm iniciativa privativa para deflagrar o processo legislativo sobre sua organização, estrutura interna e funcionamento, como corolário das prerrogativas de independência e autonomia no exercício de suas relevantes funções constitucionais (v. ADI 5.323, Relª. Minª. Rosa Weber; e ADI 4.418, Rel. min. Dias Toffoli). *A lei impugnada, de iniciativa parlamentar, interferiu diretamente no poder sancionador inerente ao controle externo da Administração Pública, revelando-se inconstitucional por vício de iniciativa e violação ao princípio da separação dos Poderes.* 3. Ademais, *a concessão de desconto de até 80% em multas aplicadas pelo Tribunal de Contas do Estado do Piauí afronta os princípios constitucionais da moralidade, da razoabilidade e da proporcionalidade, pois enfraquece de forma arbitrária os instrumentos legais de controle da Administração Pública e esvazia a função punitivo-pedagógica da imposição de sanções administrativas aos maus gestores públicos.* Há, portanto, ofensa à imposição constitucional de probidade no trato da coisa pública. 4. Pedido julgado procedente. Tese de julgamento: "É inconstitucional lei estadual de iniciativa parlamentar que, ao conceder descontos vultosos em multas aplicadas por tribunal de contas, *interfere no poder sancionador inerente ao controle externo da Administração Pública, com prejuízo aos princípios da moralidade administrativa, da eficiência e da probidade".*

3.4 Quanto ao aspecto a ser controlado

a) Controle de legalidade

Joel de Menezes Niebuhr[61] pondera que, concernente à administração pública, o princípio da legalidade reveste-se de especialidade e cita Caio Tácito:

> [...] de acordo com as lições de Caio Tácito, "ao contrário da pessoa de direito privado, que, como regra, tem a liberdade de fazer aquilo que a lei não proíbe, o administrador público somente pode fazer aquilo

---

[61] NIEBUHR, Joel de Menezes. *Licitação pública e contrato administrativo*. 6. ed. Belo Horizonte: Fórum, 2023. p. 89. Disponível em: www.forumconhecimento.com.br/livro/1250. Acesso em: 18 maio 2023.

que a lei autoriza expressa ou implicitamente". Ocorre que os agentes administrativos não atuam com liberdade, para atingir fins que reputem convenientes. Ao contrário, eles estão vinculados ao cumprimento do interesse público, uma vez que atuam nos estritos termos da competência que lhes foi atribuída por lei. Em breves palavras, *a Administração Pública cumpre a lei; os agentes administrativos exercem competência atribuída por lei, nos termos dela.*[62]

Nesses termos, o princípio da legalidade advém do artigo 37, *caput,* da CR/88, impondo a atuação administrativa somente quando houver previsão legal. Nessa linha, coaciona-se a lição de José dos Santos Carvalho Filho:

> [...] na teoria do Estado Moderno há duas funções estatais básicas: a de criar a lei (legislação) e a de executar a lei (administração e jurisdição). Esta última pressupõe o exercício da primeira, de modo que só se pode conceber a atividade administrativa diante dos parâmetros já instituídos pela atividade legiferante. Por isso que administrar é função subjacente a de legislar. *O princípio da legalidade denota exatamente essa relação: só é legítima a atividade do administrador público se estiver condizente com o disposto na lei.*[63]

O controle de legalidade é inerente à atividade administrativa e abrange a fiscalização e correção dos atos ilegais pelos órgãos da administração dos três poderes: Executivo, Legislativo e Judiciário. O controle de legalidade pelo Poder Judiciário quando o ato administrativo for abusivo ou ilegal não fere o princípio da separação dos poderes, conforme precedentes judiciais[64] colacionados:

---

[62] TÁCITO, Caio. O princípio da legalidade: ponto e contraponto *apud* NIEBUHR, Joel de Menezes. *Licitação pública e contrato administrativo.* 6. ed. Belo Horizonte: Fórum, 2023. p. 89. Disponível em: www.forumconhecimento.com.br/livro/1250. Acesso em: 18 maio 2023 (grifos nossos).

[63] CARVALHO FILHO, José dos Santos. Manual de direito administrativo. *In*: OLIVEIRA, Guilherme Arruda de. *O instituto da convalidação do ato administrativo e a ausência de lesividade do princípio da legalidade à luz do art. 55 da Lei nº 9.784/99.* Disponível em: www.direitonet.com.br/artigos/exibir/2180/O-instituto-da-convalidacao-no-ato-administrativo-e-a-ausencia-de-lesividade-ao-principio-da-legalidade-a-luz-do-artigo-55-da-Lei-9784-99. Acesso em: 18 maio 2023 (grifos nossos).

[64] BRASIL. Supremo Tribunal Federal. Segunda Turma. ARE 1.310.108 AgR/RS – Rio Grande do Sul. Relator: min. Ricardo Lewandowski. Julgamento: 12.5.2021. Publicação: 14.5.2021. Disponível em: https://jurisprudencia.stf.jus.br/pages/search/sjur454204/false. Acesso em: 23 maio 2023 (grifos nossos).

AGRAVO REGIMENTAL NO RECURSO EXTRAORDINÁRIO COM AGRAVO. ATO ADMINISTRATIVO. CONTROLE DE LEGALIDADE PELO PODER JUDICIÁRIO. POSSIBILIDADE. CONTROVÉRSIA INFRACONSTITUCIONAL. NECESSIDADE DE REEXAME DE PROVAS. INCIDÊNCIA DA SÚMULA 279/STF. AGRAVO REGIMENTAL A QUE SE NEGA PROVIMENTO, COM APLICAÇÃO DE MULTA.
I – Esta Corte firmou entendimento no sentido de que *o controle da legalidade do ato administrativo, quando abusivo ou ilegal, não viola o princípio da separação dos poderes*. II – Conforme a Súmula 279/STF, é inviável, em recurso extraordinário, o reexame do conjunto fático-probatório constante dos autos. III – É inadmissível o apelo extremo quando sua análise implica a revisão da interpretação de normas infraconstitucionais que fundamentam o acórdão recorrido, dado que apenas ofensa direta à Constituição Federal enseja a interposição do apelo extremo. IV – Agravo regimental a que se nega provimento, com aplicação da multa prevista no art. 1.021, §4º, do CPC/2015.[65]

Ainda com relação ao controle de legalidade do ato administrativo para apreciação pelo Poder Judiciário e seus limites, o RE nº 632.853[66] do STF, *in verbis*:

Recurso extraordinário com repercussão geral. 2. Concurso público. Correção de prova. *Não compete ao Poder Judiciário, no controle de legalidade, substituir banca examinadora para avaliar respostas dadas pelos candidatos e notas a elas atribuídas*. Precedentes. 3. *Excepcionalmente, é permitido ao Judiciário juízo de compatibilidade do conteúdo das questões do concurso com o previsto no edital do certame*. Precedentes. 4. Recurso extraordinário provido.

b) Controle de mérito

O controle de mérito significa aquele exercido para a verificação do núcleo da atividade decisória, compreendendo a conveniência e a oportunidade do comportamento da administração.

Tal controle se dá mediante aprovação ou revogação das condutas administrativas, conforme elas sejam, respectivamente, convenientes, oportunas ou não. Nesse tipo de controle, "nada se questiona

---

[65] BRASIL. Supremo Tribunal Federal. Segunda Turma. HC nº 165.443 AgR/SP – São Paulo. Relator: min. Gilmar Mendes. Julgamento: 22.2.2019. Publicação: 28.2.2019 (grifos nossos).
[66] BRASIL. Supremo Tribunal Federal. Tribunal Pleno. RE nº 632.853/CE – Ceará. Recurso Extraordinário. Relator: min. Gilmar Mendes. Julgamento: 23.4.2015. Publicação: 29.6.2015 (grifos nossos).

sobre a legalidade da conduta; afere-se apenas se a conduta anterior merece prosseguir (aprovação ou confirmação) ou se deve ser revista (revogação)".[67]

Segundo o conceito clássico trazido por Marçal Justen Filho,[68] "não se admite que o juízo de conveniência e oportunidade, inerente à atividade administrativa, seja revisado pelo órgão de fiscalização". Nesses termos, o controle de mérito é privativo da administração pública, não se submetendo ao controle do Poder Judiciário.

Por outro lado, José dos Santos Carvalho Filho[69] exemplifica sobre a possibilidade da ingerência judicial sobre algumas políticas públicas da atividade administrativa, na qual somente à administração caberia instituí-las e executá-las, *in verbis*:

> No entanto, *a ineficiência administrativa tem permitido que o Judiciário profira decisões que provocam ingerência no campo da Administração. Colidem, no caso, os princípios da separação de poderes e da efetividade constitucional.* De qualquer modo, embora possa aceitar-se a referida ingerência em determinadas situações, em outras a pretensão determinativa dirigida a órgãos administrativos se revela juridicamente impossível, e, consequentemente inexequível.

3.5 Quanto ao âmbito da administração

a) Controle por subordinação

Segundo Lafayette Pondé,[70] a hierarquia é peculiar às administrações centralizadas, cada qual com sua própria composição orgânica, numa articulação entre órgãos da mesma organização, uns com poder de comando sobre outros, em uma escala de graus – os superiores sobre os intermediários, estes sobre os inferiores –, todos com ação na mesma área de competência, *in verbis*:

---

[67] CARVALHO FILHO, José dos Santos. *Manual de direito administrativo*. 37. ed. Barueri, São Paulo: Atlas, 2023. p. 803.
[68] JUSTEN FILHO, Marçal. *Curso de direito administrativo*. 2. ed. rev. e atual. São Paulo: Saraiva, 2006. p. 764.
[69] CARVALHO FILHO, José dos Santos. *Manual de direito administrativo*. 37. ed. Barueri, São Paulo: Atlas, 2023. p. 805 (grifos nossos).
[70] PONDÉ, Lafayette. Controle dos atos da administração pública. *Revista de Informação Legislativa*, Brasília, ano 35, n. 139, jul./set. 1998. Disponível em: https://www2.senado.leg.br/bdsf/bitstream/handle/id/393/r139-10.pdf?sequence=4&isAllowed=y. Acesso em: 29 maio 2023 (grifos nossos).

> Tal é a linha central da ordenação hierárquica: a identidade da competência e o poder de vigilância, de impor instruções e ordens, a que corresponde o dever de obediência do órgão *subordinado*. O traço mais característico do poder hierárquico é essa ingerência do grau superior sobre o inferior numa escala de poderes sobre uma competência comum.
> [...]
> *No controle hierárquico, o superior dispõe do poder de corrigir ou substituir o inferior, em matéria da competência comum.* Há quem negue a essa substituição o caráter de ato de controle, porque "nesta hipótese haverá emissão de um ato novo, não o controle de ato existente" (V. R. Casulli).[71] Mas é sempre necessário que a autoridade superior disponha de competência concorrente, até porque não haverá hierarquia se a lei atribuir ao órgão competência exclusiva.

O controle por subordinação corresponde, portanto, ao controle hierárquico. Para José dos Santos Carvalho Filho,[72] será exercido nos vários patamares da hierarquia administrativa, decorrentes da relação de subordinação entre os órgãos públicos, onde um órgão de graduação superior, fiscaliza e orienta a atuação daqueles de menor hierarquia.

Trata-se de controle tipicamente interno, tendo em vista que os órgãos pertencem, via de regra, à mesma pessoa.

b) Controle por vinculação

No controle por vinculação – também conhecido como finalístico, de tutela ou de supervisão ministerial – o poder de revisão e fiscalização é atribuído a uma pessoa e exercido sobre os atos praticados por pessoa diversa, caracterizando-se, portanto, como um tipo de controle externo. Ocorre entre as pessoas da administração indireta e direta.[73]

Citem-se exemplos de controle por vinculação: (i) o Banco do Brasil (sociedade de economia mista) é controlado pela União Federal através do Ministério da Economia; ou (ii) a ANEEL (Agência Nacional de Energia Elétrica), uma autarquia federal controlada pelo Ministério das Minas e Energia.

---

[71] CASULLI, V. R. *apud* PONDÉ, Lafayette. Controle dos atos da administração pública. *Revista de Informação Legislativa*, Brasília, ano 35, n. 139, jul./set. 1998. Disponível em: https://www2.senado.leg.br/bdsf/bitstream/handle/id/393/r139-10.pdf?sequence=4&isAllowed=y. Acesso em: 29 maio 2023.

[72] CARVALHO FILHO, José dos Santos. *Manual de direito administrativo*. 37. ed. Barueri, São Paulo: Atlas, 2023. p. 805.

[73] CARVALHO FILHO, José dos Santos. *Manual de direito administrativo*. 37. ed. Barueri, São Paulo: Atlas, 2023. p. 805.

A vinculação da agência reguladora ao Ministério de Minas e Energia é forma de garantir a consonância das suas atividades aos propósitos do gestor público, sob constante supervisão do Poder Executivo, devendo acatar suas diretrizes e planos, bem como prestar contas da sua atuação.

CAPÍTULO 4

CONTROLE INTERNO

O controle interno é fundamental para o combate e, notadamente, para a prevenção da corrupção, sendo sua inexistência ou seu funcionamento apenas formal uma das razões para a resiliência da corrupção em nosso país.

Nas palavras de Maria Sylvia Zanella Di Pietro, "é interno o controle que cada um dos Poderes exerce sobre seus próprios atos e agentes".[74]

Consoante o que dispõem os artigos 70 e 74 da Constituição da República de 1988, cabe ao controle interno, entre outras atribuições, acompanhar a execução do orçamento, verificar a legalidade na aplicação dos dinheiros, bens e valores públicos, além de auxiliar o Tribunal de Contas no exercício de sua missão institucional.

A propósito dessa espécie de controle, Maria Sylvia Zanella Di Pietro pondera que:

> O artigo 74 da Constituição inova de várias maneiras: primeiro, ao deixar claro que cada um dos Poderes terá um sistema de controle interno; segundo, ao prever que esse sistema se exercerá de forma integrada entre os três Poderes; terceiro, ao estabelecer a responsabilidade solidária dos responsáveis pelo controle quando, ao tomarem conhecimento de irregularidade, deixarem de dar ciência o Tribunal de Contas (§1º); finalmente, ao colocar o Tribunal de Contas como uma espécie de ouvidor-geral a quem os cidadãos, partidos políticos, associações ou sindicatos podem denunciar irregularidades ou ilegalidades (§2º).[75]

---

[74] DI PIETRO, Maria Sylvia Zanella. *Direito administrativo*. 36. ed. Rio de Janeiro: Forense, 2023. p. 912.
[75] DI PIETRO, Maria Sylvia Zanella. *Direito administrativo*. 36. ed. Rio de Janeiro: Forense, 2023. p. 913.

De fato, uma das mais importantes atuações do controle interno, a qual abordaremos a seguir, ocorre mediante a provocação dos administrados.

4.1 Atuação dos administrados perante o controle interno

Segundo Marçal Justen Filho,[76] "a Constituição assegura a possibilidade de o controle interno ser provocado por atuação de terceiros, inclusive não investidos na condição de agentes estatais".

Com efeito, mediante diversos instrumentos de controle social o administrado consegue chamar a atenção para ações administrativas que sejam desfavoráveis aos seus interesses. Disso decorre um efeito subjetivo, que é a análise da medida impugnada pelo administrado, bem como um efeito objetivo, que é a fiscalização, pela administração pública, de seus próprios atos.

Como bem destaca Marçal Justen Filho, o tema envolve o direito de petição e, ainda, o que dispõe a Lei nº 13.460, de 26 de junho de 2017,[77] a qual rege a participação, a proteção e a defesa dos direitos dos usuários dos serviços públicos da administração, em decorrência do que dispõe o artigo 37, §3º, I, da Constituição de 1988.[78]

A Lei nº 13.460/2017, que é vinculante para todos os âmbitos da federação, não apenas "assegurou ao usuário o poder jurídico de desencadear providências atinentes ao controle" como também "contemplou diversos mecanismos formais para assegurar a fiscalização das atividades estatais diretamente pelos cidadãos".[79] Nesse sentido, a Lei contemplou um rol de direitos básicos dos usuários, entre os quais consta o de "participação no acompanhamento da prestação e na

---

[76] JUSTEN FILHO, Marçal. *Curso de direito administrativo*. 13. ed. rev., atual. e ampl. São Paulo: Thomson Reuters Brasil, 2018. p. 1.117.

[77] JUSTEN FILHO, Marçal. *Curso de direito administrativo*. 13. ed. rev., atual. e ampl. São Paulo: Thomson Reuters Brasil, 2018. p. 1.117.

[78] CR/88, art. 37: "A administração pública direta e indireta de qualquer dos Poderes da União, dos Estados, do Distrito Federal e dos Municípios obedecerá aos princípios de legalidade, impessoalidade, moralidade, publicidade e eficiência e, também, ao seguinte: [...] §3º A lei disciplinará as formas de participação do usuário na administração pública direta e indireta, regulando especialmente: I - as reclamações relativas à prestação dos serviços públicos em geral, asseguradas a manutenção de serviços de atendimento ao usuário e a avaliação periódica, externa e interna, da qualidade dos serviços".

[79] JUSTEN FILHO, Marçal. *Curso de direito administrativo*. 13. ed. rev., atual. e ampl. São Paulo: Thomson Reuters Brasil, 2018. p. 1.117.

avaliação dos serviços" (art. 6º, I). O referido diploma legal também trata com especificidade das principais atribuições das ouvidorias (art. 13), além de ter delimitado os principais aspectos conforme os quais os serviços públicos prestados deverão ser avaliados (art. 23).

Há que se lembrar que, no Brasil, para o administrado, sempre há a possibilidade de levar as irregularidades de que tome conhecimento ao Judiciário, por força do art. 5º, XXXV, da CR/88. As medidas de controle em âmbito administrativo, entretanto, caso devidamente prestigiadas, constituem uma possibilidade concreta e eficiente de revisão dos atos administrativos.

O direito de petição, em sentido amplo, é o principal fundamento para o exercício do controle no âmbito administrativo. Não é possível olvidar, portanto, que "Dentro do direito de petição estão agasalhadas inúmeras modalidades de recursos administrativos, disciplinadas por legislação esparsa", conforme leciona Maria Sylvia Zanella Di Pietro.[80] De fato, dele se originaram, historicamente, outras possibilidades de manifestação dos administrados, como se verá adiante.

Para Marçal Justen Filho,[81] "a natureza democrática da organização estatal, tal como imposto pela Constituição de 1988, impede interpretação restritiva para os direitos de petição e de informação".

Vale lembrar, aliás, que o direito de petição é garantia fundamental consagrada no art. 5º, inciso XXXIV, "a", da CR/88, que constitui cláusula pétrea por força do art. 60, §4º, inciso IV, também da CR/88.

Por outro lado, alguns doutrinadores denominam a possibilidade de manifestação dos administrados pela designação genérica de recursos administrativos. Esse sentido também é compreendido por Maria Sylvia Zanella Di Pietro,[82] para quem a expressão "recurso administrativo" designa "todos os meios que podem utilizar os administrados para provocar o reexame do ato pela Administração Pública". Para o administrado, contudo, mais importante do que a denominação é a formulação de sua pretensão, expondo os fatos e fundamentos jurídicos e realizando pedido, já que a administração pública tem o dever de decidir as solicitações em geral dos administrados, nos termos do

---

[80] DI PIETRO, Maria Sylvia Zanella. *Direito administrativo*. 36. ed. Rio de Janeiro: Forense, 2023. p. 915.
[81] JUSTEN FILHO, Marçal. *Curso de direito administrativo*. 13. ed. rev., atual. e ampl. São Paulo: Thomson Reuters Brasil, 2018. p. 231.
[82] DI PIETRO, Maria Sylvia Zanella. *Direito administrativo*. 36. ed. Rio de Janeiro: Forense, 2023. p. 914.

art. 48 da Lei nº 9.784/1999. Ademais, como assevera Odete Medauar,[83] "inexiste, quanto aos recursos administrativos, rigorismo de forma".

A propósito do dever de decidir, veja-se que o artigo 48 da Lei Federal de Processo Administrativo previu o dever de a administração "explicitamente emitir decisão nos processos administrativos e sobre licitações e reclamações, em matéria de sua competência". Por sua vez, o art. 3º, IX, da Lei nº 13.874, de 20 de setembro de 2019 ("Declaração de Direitos de Liberdade Econômica") estabeleceu como direito de toda pessoa, natural ou jurídica, a garantia de que o particular será expressa e imediatamente cientificado do prazo máximo definido para a análise de seu pedido. Transcorrido o lapso temporal fixado, "o silêncio da autoridade administrativa competente importará a aprovação tácita para todos os efeitos", ressalvadas as exceções legais. Tal garantia vale nas solicitações de "atos públicos" de liberação de atividade econômica que se sujeitem à disciplina dessa lei, uma vez apresentados todos os documentos necessários à instrução do processo.

É possível observar um ponto de congruência entre as expressões "direito de petição" e "recurso administrativo", ambas em sentido amplo, no qual elas são compreendidas como sinônimas. Contudo, um exame mais detido é capaz de apontar diferenças entre os referidos institutos. Com efeito, consoante esclarecem as próprias nomenclaturas dos institutos, enquanto ao direito de petição cumpre primordialmente inaugurar e impulsionar procedimentos ou processos administrativos por meio da formulação de petições, cabe aos recursos administrativos principalmente o papel de impugnar decisões administrativas que já tenham sido prolatadas.

4.1.1 O silêncio da administração

Segundo Diogenes Gasparini,[84] "a falta de pronunciamento dentro do prazo fixado, consoante estiver regulado pelo ordenamento jurídico, pode significar deferimento ou indeferimento do pedido e concordância ou oposição ao ato controlado".

A falta de pronunciamento expresso da administração causa insegurança jurídica devido às diferentes possibilidades de interpretação

---

[83] MEDAUAR, Odete. *Direito administrativo moderno*. 13. ed. rev. e atual. São Paulo: Revista dos Tribunais, 2009. p. 390.
[84] GASPARINI, Diogenes. *Direito administrativo*. 13. ed. rev. e atual. São Paulo: Saraiva, 2008. p. 960.

da negativa de seu posicionamento explícito, motivo pelo qual a Lei nº 9.784/1999, em seu art. 48, firmou que "a Administração tem o dever de explicitamente emitir decisão nos processos administrativos e sobre solicitações ou reclamações, em matéria de sua competência".

Com efeito: Marçal Justen Filho alerta que "a inércia é uma solução prática adotada muitas vezes como alternativa para impedir ou dificultar a fruição de direitos assegurados ao particular ou a observância de formalidades inafastáveis".[85] Justamente por isso, o silêncio da administração pode configurar omissão indevida e, assim, um ato ilícito.

Há situações, entretanto, em que o silêncio pode equivaler à genuína manifestação de vontade. Trata-se do chamado "silêncio qualificado", que se configura "nos casos em que existe uma norma jurídica determinando que a ausência de manifestação da Administração num determinado prazo será interpretada em sentido específico".[86] Constitui exemplo dessa hipótese a aprovação tácita prevista no art. 3º, IX, da Lei nº 13.874/2019, tratada no tópico anterior.

Acrescenta-se, por outro lado, que o direito de solicitar a manifestação da administração pública não pode ser compreendido sob a ótica meramente formal de se permitir a protocolização do requerimento. Ao contrário, há que se compreender que a manifestação do administrado deve ser concretamente examinada, sob pena de violação aos princípios da legalidade, da publicidade e da eficiência (art. 37, *caput*, CR/88).

4.1.2 Direito de petição

Petição é qualquer solicitação escrita. Em sentido amplo, pode-se dizer que qualquer requerimento formulado perante uma autoridade pública para chamar atenção a uma situação jurídica tem fundamento no direito de petição. É, portanto, a expressão que tem melhores condições de designar um meio de levar um problema jurídico ao conhecimento da autoridade competente. Trata-se de um mecanismo que teve origem no *right of petition* consolidado na Inglaterra pelo *Bill of Rights* de 1689.

No Brasil, o direito de petição está inserido no rol dos direitos e garantias individuais fundamentais, precisamente no art. 5º, XXXIV, "a", da Constituição da República de 1988, que estipula ser a todos

---

[85] JUSTEN FILHO, Marçal. *Curso de direito administrativo*. 13. ed. rev., atual. e ampl. São Paulo: Thomson Reuters Brasil, 2018. p. 318.
[86] JUSTEN FILHO, Marçal. *Curso de direito administrativo*. 13. ed. rev., atual. e ampl. São Paulo: Thomson Reuters Brasil, 2018. p. 319.

assegurado, independentemente do pagamento de taxas, o direito de petição aos poderes públicos, em defesa de direitos ou contra ilegalidade ou abuso de poder. Já em sentido estrito, o direito de petição pode ser formulado a qualquer tempo e por qualquer pessoa, devendo ser apreciado pela autoridade a quem foi dirigido, seja para acolhê-lo, seja para rejeitá-lo, o que se encontra, aliás, em consonância com o dever de decidir previsto nos arts. 48 e 49 da Lei nº 9.784/1999. Explicita Maria Sylvia Zanella Di Pietro, nesse tocante, que:

> Ele serve de fundamento a pretensões dirigidas a qualquer dos Poderes do Estado, por pessoa física ou jurídica, brasileira ou estrangeira, na defesa de direitos individuais ou interesses coletivos.[87]

Nos termos do art. 5º, LXXVIII, da Constituição da República de 1988, asseguram-se a todos, também no âmbito administrativo, a razoável duração do processo e os meios que garantam a celeridade de sua tramitação, o que se aplica igualmente ao direito de petição. Há que se destacar que, apesar da grande amplitude da força do direito de petição,[88] o Supremo Tribunal Federal possui jurisprudência consolidada no sentido de que:

> O direito de petição [...] Traduz direito político subjetivo de índole essencialmente democrática. O direito de petição, contudo, não assegura, por si só, a possibilidade de o interessado – que não dispõe de capacidade postulatória – ingressar em juízo, para, independentemente de advogado, litigar em nome próprio ou como representante de terceiros.[89]

---

[87] DI PIETRO, Maria Sylvia Zanella. *Direito administrativo*. 36. ed. Rio de Janeiro: Forense, 2023. p. 915.

[88] A propósito, remete-se ao que foi decidido na Ação Direta de Inconstitucionalidade nº 6.145, relatada pela Ministra do STF Rosa Weber: "1. O direito de petição consubstancia importante instrumento, à disposição dos particulares, para defesa, em âmbito não jurisdicional, de direitos, da constituição, das leis e dos interesses gerais e coletivos contra ilegalidades e abusos de poder. 2. O recurso administrativo, nos termos da jurisprudência deste Supremo Tribunal Federal, decorre diretamente do direito de petição (art. 5º, XXXIV, "a", CF). Precedentes. 3. *O art. 5º, XXXIV, a, da Constituição Federal exclui competência para instituição de taxa em virtude do exercício do direito de petição, motivo pelo qual não pode incidir referida espécie tributária para interposição de recurso administrativo*" (grifos nossos). Veja-se em BRASIL. Supremo Tribunal Federal. Ação Direta de Inconstitucionalidade nº 6.145. Tribunal Pleno. Rel. min. Rosa Weber. Julgamento em: 14.9.2022. Publicação em: 24.10.2022.

[89] BRASIL. Supremo Tribunal Federal. Tribunal Pleno. *Agravo Regimental em Ação Rescisória nº 1.354*. Rel. min. Celso de Mello. Julg. em 21.10.1994. *DJ* de 6.6.1997. Veja-se, ainda, em sentido semelhante: BRASIL. Supremo Tribunal Federal. Agravo Regimental na Ação Originária nº 1.531. Tribunal Pleno. Rel. min. Cármen Lúcia. Julg. em 3.6.2009. *DJ* de 1º.7.2009.

4.1.3 Representação

Trata-se de uma exposição escrita de motivos e queixas em que o interessado traz ao conhecimento dos órgãos e entes competentes as irregularidades passíveis de regularização. Para José dos Santos Carvalho Filho:

> Representação é o recurso administrativo pelo qual o recorrente, denunciando irregularidades, ilegalidades e condutas abusivas oriundas de agentes da Administração, postula a apuração e regularização dessas situações.[90]

A denúncia veiculada por meio da representação pode ser apresentada à própria administração pública ou "a entes de controle, como o Ministério Público, o Tribunal de Contas ou outros órgãos que funcionem como ouvidoria".[91]

Em âmbito constitucional, uma das hipóteses de representação previstas se dá perante os Tribunais de Contas, para denunciar irregularidades ou ilegalidades, encontrando previsão no art. 74, §2º, da Constituição da República.

Já em âmbito infraconstitucional, por exemplo, a representação encontra previsão no art. 113, §1º, da Lei nº 8.666/1993, no art. 170, §4º, da Lei nº 14.133/2021, Nova Lei de Licitações e Contratos Administrativos, além do art. 30-A da Lei nº 9.504/1997, que estabelece normas para as eleições.

Havia, também, a previsão de representação contra o abuso de autoridade nos termos definidos pelos artigos 3º e 4º da Lei nº 4.898/1965. No entanto, esse último diploma legal foi integralmente revogado pela Lei nº 13.869, de 5 de setembro de 2019, a qual passou a disciplinar os crimes de abuso de autoridade.

4.1.4 Demais modalidades de recursos administrativos

Conforme leciona Maria Sylvia Zanella Di Pietro,[92] recurso administrativo é todo meio de que o administrado pode se utilizar para provocar o reexame de atos pela administração pública.

---

[90] CARVALHO FILHO, José dos Santos. *Manual de direito administrativo*. 37. ed. São Paulo: Atlas, 2023. p. 814.
[91] DI PIETRO, Maria Sylvia Zanella. *Direito administrativo*. 36. ed. Rio de Janeiro: Forense, 2023. p. 916.
[92] DI PIETRO, Maria Sylvia Zanella. *Direito administrativo*. 36. ed. Rio de Janeiro: Forense, 2023. p. 914.

Trata-se de um meio de impugnar decisões administrativas, provocando a própria administração pública a reformar ou modificar uma decisão desfavorável ao administrado. De fato, na Lei nº 9.784/1999 a matéria foi regulada por meio dos arts. 56 a 65, estipulando-se, logo de início, que "das decisões administrativas cabe recurso, em face de razões de legalidade e de mérito".

Para Thiago Marrara,[93] o art. 56, *caput*, da Lei nº 9.784/1999 trata especificamente do recurso administrativo em sentido estrito, também denominado de "recurso administrativo voluntário" ou "recurso hierárquico". Nesse caso, entende-se que o recurso é voluntário, pois a iniciativa de apresentá-lo é do administrado; em outras palavras: depende do interesse do administrado em colocar a matéria em reexame.

Além disso, não se pode olvidar que, em sentido amplo, a expressão "recursos administrativos" pode ser considerada como uma faceta do "direito de petição". Nesse sentido, a doutrina dominante aponta,[94] para fins didáticos, diversas modalidades de recursos administrativos, quais sejam: pedido de reconsideração, representação, reclamação administrativa, recursos hierárquicos próprios e impróprios e revisão.

Também é importante lembrar que incidem no âmbito administrativo os incisos LIV a LV do art. 5º da Constituição da República, que consagram, respectivamente, que "ninguém será privado da liberdade ou de seus bens sem o devido processo legal" e que "aos litigantes, em processo judicial ou administrativo, e aos acusados em geral são assegurados o contraditório e ampla defesa, com os meios e recursos a ela inerentes". Tais dispositivos, entre outros, sustentam a força jurídica dos recursos administrativos.

Além disso, a plenitude dos recursos administrativos também é reafirmada pela Súmula Vinculante nº 21, do STF, segundo a qual é inconstitucional a exigência de depósito ou arrolamento prévios de dinheiro ou bens para admissibilidade de recurso administrativo.

Os recursos administrativos sujeitam-se a dois efeitos: o devolutivo e o suspensivo. O efeito devolutivo, como o próprio nome indica,

---

[93] MARRARA, Thiago. Cap. XV – Do recurso administrativo e da revisão. *In:* NOHARA, Irene Patrícia; MARRARA, Thiago. *Processo administrativo:* lei 9.784.1999 comentada. São Paulo: Thomson Reuters Brasil, 2018. p. 443-444.

[94] Veja-se, a propósito: DI PIETRO, Maria Sylvia Zanella. *Direito administrativo.* 36. ed. Rio de Janeiro: Forense, 2023. p. 915.

devolve o exame da matéria à autoridade competente para decidir.[95] O efeito suspensivo, por sua vez, suspende os efeitos do ato até a decisão do recurso, operando-se tão somente quando houver previsão legal a respeito.[96]

Em regra, os recursos administrativos não possuem efeito suspensivo, conforme consagrado no art. 61, *caput*, da Lei nº 9.784/1999, mas ele poderá ser concedido pela autoridade recorrida ou por aquela imediatamente superior, de ofício ou a pedido, desde que haja justo receio de prejuízo de difícil ou incerta reparação decorrente da execução da decisão (art. 61, parágrafo único, da Lei nº 9.784/1999).

Paralelamente, a Lei nº 12.016/2009, Lei do Mandado de Segurança, dispõe, em seu art. 5º, I, que "não se concederá mandado de segurança quando se tratar de ato do qual caiba recurso administrativo com efeito suspensivo, independentemente de caução", conforme entendia o Supremo Tribunal Federal,[97] ainda sob a égide da Lei nº 1.533/1951.

Em acórdão de relatoria do min. Ricardo Lewandovski,[98] a Suprema Corte manteve seu entendimento no sentido de que "não se admite mandado de segurança impetrado quando ainda pendente de exame recurso administrativo com efeito suspensivo", nos termos do art. 5º, I, da Lei nº 12.016/2009.

A Lei nº 9.784/1999, Lei do Processo Administrativo Federal, também dispôs, em seu art. 57, que o recurso administrativo tramitará no máximo por três instâncias administrativas, salvo disposição legal diversa.

Segundo a referida lei, nos termos de seu art. 58, têm legitimidade para interpor recurso administrativo: a) os titulares de direitos e interesses que forem parte no processo; b) aqueles cujos direitos ou

---

[95] DI PIETRO, Maria Sylvia Zanella. *Direito administrativo*. 36. ed. Rio de Janeiro: Forense, 2023. p. 914.

[96] DI PIETRO, Maria Sylvia Zanella. *Direito administrativo*. 36. ed. Rio de Janeiro: Forense, 2023. p. 914.

[97] Ementa: Agravo regimental no Mandado de Segurança. Interposição de recurso administrativo com efeito suspensivo perante o Tribunal de Contas da União. Impetração simultânea de Mandado de segurança. Impossibilidade. 1. O art. 5º, inc. I, da Lei nº 1.533/1951 desautoriza a impetração de mandado de segurança quando o ato coator puder ser impugnado por recurso administrativo provido de efeito suspensivo. 2. Agravo regimental ao qual se nega provimento (BRASIL. Supremo Tribunal Federal. Tribunal Pleno. MS-AgR nº 27.772. Rel. min. Cármen Lúcia. Julg. em 15.4.2009. *DJe-099*).

[98] BRASIL. Supremo Tribunal Federal. Agravo Regimental nos Embargos de Declaração em Mandado de Segurança nº 36.949. Segunda Turma. Rel. min. Ricardo Lewandowski. Julg. em 8.3.2021. *DJe* de 10.3.2021.

interesses forem indiretamente afetados pela decisão recorrida; c) as organizações e associações representativas, no tocante a direitos e interesses coletivos; d) os cidadãos ou associações, quanto a direitos ou interesses difusos.

Nos termos dos arts. 59 e 60 da Lei nº 9.874/1999, e salvo disposição legal específica, é de dez dias o prazo para interposição de recurso administrativo, contados a partir da ciência ou divulgação oficial da decisão recorrida, sendo que o recurso se interpõe por meio de requerimento no qual o recorrente deverá expor os fundamentos do pedido de reexame, podendo juntar os documentos que julgar convenientes.

Quando a lei não fixar prazo diferente, o recurso administrativo deverá ser decidido no prazo máximo de trinta dias a partir do recebimento dos autos pelo órgão competente, prazo que poderá ser prorrogado por igual período, diante de justificativa explícita (art. 59, §§1º e 2º, da Lei nº 9.784/1999).

Uma vez interposto o recurso pelo legitimado, e desde que ele seja tempestivo e interposto perante a autoridade competente, bem como não esteja exaurida a esfera administrativa, o órgão competente para dele conhecer deverá intimar os demais interessados para que, no prazo de cinco dias úteis, apresentem alegações, consoante o art. 62 da Lei nº 9.784/1999. Isso não impede, contudo, que, em caso de erro, seja indicada ao recorrente a autoridade competente, sendo-lhe devolvido o prazo para recurso (art. 63, §1º, da Lei nº 9.784/1999). De igual maneira, o não conhecimento do recurso não impede a administração pública de rever de ofício o ato ilegal, desde que não ocorrida preclusão administrativa (art. 63, §2º, da Lei nº 9.784/1999).

Finalmente, nos termos do art. 64, *caput,* da Lei nº 9.874/1999, o órgão competente para decidir o recurso poderá confirmar, modificar, anular ou revogar, total ou parcialmente, a decisão recorrida, caso a matéria seja de sua competência. No caso de a aplicação do disposto no aludido art. 64, *caput*, incorrer em gravame à situação do recorrente, este deverá ser cientificado para que formule suas alegações antes da decisão (art. 64, parágrafo único, da Lei nº 9.784/1999).

Na vida prática, os efeitos para o administrado são variados. Por exemplo, a jurisprudência da Justiça Federal[99] sobre o recurso admi-

---

[99] BRASIL. Tribunal Regional Federal. Sétima Turma. Remessa *ex officio* em Mandado de Segurança nº 0047253-52.2010.4.01.3400/DF. Rel. Des. Fed. Luciano Tolentino Amaral. *DJF1*, 20.9.2013, p. 483. BRASIL. Primeira Turma. Ação Cível nº 0026190-34.2011.4.01.3400/DF. Rel. Des. Fed. Gilda Sigmaringa Seixas. *DJF-1*, 17.5.2017.

nistrativo afirma que, em havendo flagrante ilegalidade na elaboração ou correção de quesito em prova prático-profissional nos concursos públicos, há a possibilidade de análise/revisão pelo Judiciário, para que não ocorra o cerceamento de defesa do candidato em prol do princípio da legalidade.

4.1.5 Pedido de reconsideração

Trata-se de pedido de modificação de decisão administrativa dirigido à mesma autoridade que decidiu a questão. Conforme ensina Thiago Marrara,[100] "a reconsideração consiste na alteração total ou parcial do conteúdo de uma decisão administrativa pela autoridade que a proferiu e em virtude de interposição de recurso administrativo".

Conforme dispõe o art. 56, §1º, da Lei nº 9.784/1999, "o recurso será dirigido à autoridade que proferiu a decisão, a qual, se não a reconsiderar no prazo de cinco dias, o encaminhará à autoridade superior".

Verifica-se haver também previsão legal do pedido de reconsideração no art. 106 da Lei nº 8.112/1990 e no art. 109, III, da Lei nº 8.666/1993. Porém, apesar de ter grande vantagem ao permitir a reforma da decisão pela mesma autoridade que havia decidido, há que se destacar que, a teor da Súmula nº 430 do STF, o pedido de reconsideração na via administrativa não interrompe o prazo para o mandado de segurança.

4.1.6 Reclamação administrativa

Nas palavras de Maria Sylvia Zanella Di Pietro, reclamação administrativa é o

> [...] ato pelo qual o administrado, seja particular ou servidor público, deduz uma pretensão perante a Administração Pública, visando obter o reconhecimento de um direito ou a correção de um ato que lhe cause lesão ou ameaça de lesão.[101]

Constata-se, na lição de José dos Santos Carvalho Filho, sua diferenciação em relação à representação:

---

[100] MARRARA, Thiago. Cap. XV – Do recurso administrativo e da revisão. *In:* NOHARA, Irene Patrícia; MARRARA, Thiago. *Processo administrativo:* lei 9.784.1999 comentada. São Paulo: Thomson Reuters Brasil, 2018. p. 453.

[101] DI PIETRO, Maria Sylvia Zanella. *Direito administrativo.* 36. ed. Rio de Janeiro: Forense, 2023. p. 917.

A reclamação é a modalidade de recurso em que o interessado postula a revisão de ato que lhe prejudica direito ou interesse. Sua característica é exatamente essa: o recorrente há de ser o interessado direto na correção do ato que entende prejudicial. Nesse ponto difere da representação, que admite o pedido formulado por qualquer pessoa.[102]

Valemo-nos da lição de Maria Sylvia Zanella Di Pietro[103] para destacar que, embora o Decreto nº 20.910/1932, que prevê a reclamação administrativa, não especifique em quais hipóteses tal espécie recursal é cabível:

> [...] a reclamação tem um sentido amplo que abrange as várias modalidades de recursos administrativos que tenham por objeto as dívidas passivas da União, Estados e Municípios, bem assim todo e qualquer direito ou ação contra a Fazenda Federal, Estadual ou Municipal, seja qual for a sua natureza (art. 1º).

A reclamação é considerada, portanto, uma manifestação que, embora não seja qualificável como recurso em sentido estrito, tampouco como pedido de reconsideração, insta a administração pública a manifestar-se. Com efeito, consoante o art. 48 da Lei nº 9.784/1999, a administração pública federal deverá decidir as reclamações em matéria de sua competência.

Cumpre salientar, nesse particular, que a Lei nº 11.417/2006 regulamentou o art. 103-A da Constituição da República, o qual prevê, em seu §3º, a possibilidade de cabimento de reclamação ao Supremo Tribunal Federal contra ato administrativo que contrarie súmula vinculante.

Para Carvalho Filho,[104] o disposto no art. 103-A, §3º, da Constituição de 1988 constitui uma hipótese "interessante" de cabimento da reclamação, na medida em que o próprio órgão judicial estará anulando um ato da administração pública. Por isso, o autor pondera que: "Na verdade, trata-se de correção de ilegalidade administrativa, de modo que essa

---

[102] CARVALHO FILHO, José dos Santos. *Manual de direito administrativo*. 37. ed. São Paulo: Atlas, 2023. p. 815.
[103] DI PIETRO, Maria Sylvia Zanella. *Direito administrativo*. 36. ed. Rio de Janeiro: Forense, 2023. p. 917.
[104] CARVALHO FILHO, José dos Santos. *Manual de direito administrativo*. 37. ed. São Paulo: Atlas, 2023. p. 815.

reclamação tem mais caráter jurisdicional do que administrativo. Nesse caso, o STF estará exercendo função jurisdicional propriamente dita".[105]

A seu turno, o art. 64-B da Lei nº 9.784/1999, incluído pela Lei nº 11.417/2006, estipula que, uma vez acolhida pelo Supremo Tribunal Federal a reclamação fundada em violação de enunciado da súmula vinculante, dar-se-á ciência à autoridade prolatora do ato e ao órgão competente para o julgamento do recurso, os quais deverão adequar as futuras decisões administrativas em caso semelhante, sob pena de serem responsabilizados pessoalmente nas esferas cível, administrativa e penal. Assim, em síntese: "os resultados do acolhimento da reclamação são dois: anulação do ato concreto e recomendação do STF ao órgão administrativo para acertar suas posturas supervenientes".[106]

Segundo previsão da Lei nº 11.417/2006, que também inseriu o §3º do art. 56 da Lei nº 9.784, de 1999, após o recorrente alegar que a decisão administrativa contrariou enunciado da súmula vinculante, caberá à autoridade prolatora da decisão impugnada, se não a reconsiderar, explicitar, antes de encaminhar o recurso à autoridade superior, as razões da aplicabilidade ou inaplicabilidade da súmula, conforme o caso.

Finalmente, o Decreto nº 20.910/1932, em seu artigo 6º, dispõe que o direito à reclamação administrativa que não tiver prazo fixado em disposição de lei para ser formulada prescreve em um ano a contar da data do ato ou fato do qual se originar. Nesse ponto específico, aderimos, mais uma vez, à doutrina de José dos Santos Carvalho Filho, para quem o prazo de um ano previsto no art. 6º do Decreto nº 20.910/1932 consigna um direito potestativo e, assim, ostenta natureza decadencial, e não prescricional, como diz o decreto.[107]

4.1.7 Recursos hierárquicos próprios e impróprios

Essa classificação se dá em relação à instância julgadora, ou seja, em relação à autoridade que irá julgar o recurso. No recurso hierárquico próprio, a autoridade julgadora superior encontra-se na estrutura

---

[105] CARVALHO FILHO, José dos Santos. *Manual de direito administrativo*. 37. ed. São Paulo: Atlas, 2023. p. 815-816.

[106] MARRARA, Thiago. Cap. XV – Do recurso administrativo e da revisão. *In:* NOHARA, Irene Patrícia; MARRARA, Thiago. *Processo administrativo:* lei 9.784.1999 comentada. São Paulo: Thomson Reuters Brasil, 2018. p. 506.

[107] CARVALHO FILHO, José dos Santos. *Manual de direito administrativo*. 37. ed. São Paulo: Atlas, 2023. p. 815.

hierárquica do mesmo órgão administrativo recorrido, sendo normalmente o chefe da autoridade recorrida.

Para Maria Sylvia Zanella Di Pietro,[108] "ele é uma decorrência da hierarquia e, por isso mesmo, independe de previsão legal".

Já no recurso hierárquico impróprio, a autoridade julgadora não pertence à estrutura do órgão administrativo recorrido, ou seja, a competência para decidir será fixada por lei ou em regulamento.

Um exemplo seria o julgamento de um recurso por um ministro de Estado em relação a uma decisão proferida por uma autarquia vinculada ao respectivo ministério.

Em ambos os casos, trata-se de pedido de reexame da matéria encaminhado a uma autoridade diferente daquela que prolatou a decisão, consoante ensina Thiago Marrara ao dizer que:

> No recurso próprio, o órgão competente para julgamento do recurso, sempre que não houver reconsideração, será o órgão hierarquicamente superior dentro da mesma entidade pública. [...] O recurso impróprio, por sua vez, não é julgado pelo órgão hierarquicamente superior dentro da mesma entidade, mas sim por uma autoridade pertencente à outra entidade da Administração Pública conforme determinação prevista em lei.[109]

4.1.8 Pedido de revisão

O pedido de revisão, ou simplesmente revisão, é um pedido de novo exame de matéria decidida em processo administrativo que guarda certos traços da ação rescisória prevista no Código de Processo Civil, porém com todas as modificações causadas pela sua "transposição" para o âmbito administrativo. Maria Sylvia Zanella Di Pietro[110] assim o conceitua: "Revisão é o recurso de que se utiliza o servidor público, punido pela administração, para reexame da decisão, em caso de surgirem fatos novos suscetíveis de demonstrar a sua inocência".

Foi expressamente previsto no art. 65 da Lei nº 9.784/1999, segundo o qual "os processos administrativos de que resultem sanções poderão

---

[108] DI PIETRO, Maria Sylvia Zanella. *Direito administrativo*. 36. ed. Rio de Janeiro: Forense, 2023. p. 918.

[109] MARRARA, Thiago. Cap. XV – Do recurso administrativo e da revisão. *In:* NOHARA, Irene Patrícia; MARRARA, Thiago. *Processo administrativo:* lei 9.784.1999 comentada. São Paulo: Thomson Reuters Brasil, 2018. p. 451.

[110] DI PIETRO, Maria Sylvia Zanella. *Direito administrativo*. 36. ed. Rio de Janeiro: Forense, 2023. p. 919.

ser revistos, a qualquer tempo, a pedido ou de ofício, quando surgirem fatos novos ou circunstâncias relevantes suscetíveis de justificar a inadequação da sanção aplicada". Mas, segundo ressalva do referido dispositivo, "da revisão do processo não poderá resultar agravamento da sanção", o que configuraria a denominada *reformatio in pejus*, instituto do direito segundo o qual não se admite o agravamento da situação do recorrente durante o julgamento do recurso.

O pedido de revisão também foi expressamente previsto nos arts. 174 a 182 da Lei nº 8.112/1990, Estatuto Federal dos Servidores Públicos Civis, que consagrou especificamente, em seu art. 178, que "a revisão correrá em apenso ao processo originário". Essa regra é valiosa porque explicita que a revisão enseja a criação de um novo processo, cujo objetivo será mudar a decisão anteriormente proferida em outros autos.

4.1.9 Processo ou procedimento administrativo

Em sentido eminentemente técnico, procedimento é um rito, ou seja, uma sucessão ordenada de atos tendentes a um fim. Também em sentido técnico-jurídico, o processo é compreendido como uma relação jurídica entre aqueles sobre os quais paira uma controvérsia, sob a condução do Estado-juiz.

Embora parte da doutrina entendesse que a nomenclatura 'processo administrativo' fosse inapropriada em face de possível confusão com o processo judicial (função jurisdicional),[111] o advento da Lei nº 9.784/1999 findou por consagrá-la.

O processo administrativo em sentido amplo é conceituado por Maria Sylvia Zanella Di Pietro[112] como uma série de atos coordenados para a realização dos fins estatais, instaurados mediante provocação do interessado ou por iniciativa da própria administração, estabelecendo relação bilateral que tem, de um lado, o administrado, e, de outro lado, a administração, a qual atua em interesse próprio, para atender a fins que lhe são específicos.

Na verdade, é possível entender que, em sentido amplíssimo, nem todo processo administrativo envolve controvérsia; nessa hipótese, o

---

[111] Veja-se, a propósito da controvérsia terminológica acerca dos termos "processo" e "procedimento", NOHARA, Irene Patrícia. Cap. I – Das disposições gerais. *In:* NOHARA, Irene Patrícia; MARRARA, Thiago. *Processo administrativo:* lei nº 9.784.1999 comentada. 2. ed. rev., atual. e ampl. São Paulo: Thomson Reuters Brasil, 2018. p. 74-77.

[112] DI PIETRO, Maria Sylvia Zanella. *Direito administrativo.* 17. ed. rev. e atual. São Paulo: Saraiva, 2004. p. 798.

vocábulo "processo" é utilizado para designar, sobretudo, o conjunto de atos preparatórios de uma decisão final da administração.[113] Nessa perspectiva, sobressai a compreensão de que a noção de processo nomeia, de forma abrangente, "um modelo teórico que viabiliza a concretização da função estatal, que pode ser jurisdicional, legislativa ou administrativa".[114]

Em nosso entender, pode-se conceituar processo como uma relação jurídica que se desencadeia num rito próprio, via de regra, por meio de uma fase postulatória e uma fase instrutória, com vistas a uma decisão final que solucione controvérsia existente entre dois ou mais administrados ou entre administrado(s) e o próprio Estado.

O processo administrativo tem como objetivos gerais a garantia do direito dos administrados, a facilitação do controle da administração pública, a legitimação do poder, a melhoria do conteúdo das decisões administrativas e a observância do devido processo legal em âmbito administrativo.

Por força do art. 5º, XXXVI e LIV, da Constituição de 1988, são aplicáveis ao processo os princípios da segurança jurídica, ampla defesa e contraditório. Nesse sentido, a Lei nº 9.784/1999, que serve de parâmetro para as leis de outras esferas administrativas, dispõe sobre o processo administrativo como um todo, por meio do conteúdo dos seus 70 artigos. Por sua incidência sobre todo o território nacional, em âmbito federal, bem como por sua estruturação e exposição da matéria, a Lei nº 9.784/1999 serve de referência para as demais legislações sem, entretanto, ser obrigatória sua observância pelos demais entes federativos, que deverão editar suas próprias leis de processo administrativo. Nesse sentido, o Superior Tribunal de Justiça sumulou o entendimento de que:

> A Lei nº 9.784.1999, especialmente no que diz respeito ao prazo decadencial para a revisão de atos administrativos no âmbito da Administração Pública federal, pode ser aplicada, de forma subsidiária, aos estados e municípios, se inexistente norma local e específica que regule a matéria (Súmula nº 633).

---

[113] DI PIETRO, Maria Sylvia Zanella. *Direito administrativo*. 36. ed. Rio de Janeiro: Forense, 2023. p. 798.

[114] NOHARA, Irene Patrícia. Cap. I – Das disposições gerais. *In:* NOHARA, Irene Patrícia; MARRARA, Thiago. *Processo administrativo:* lei nº 9.784.1999 comentada. 2. ed. rev., atual. e ampl. São Paulo: Thomson Reuters Brasil, 2018. p. 80.

Segundo o art. 2º, *caput*, da Lei nº 9.784/1999, a administração pública obedecerá, entre outros, aos princípios da legalidade, finalidade, motivação, razoabilidade, proporcionalidade, moralidade, ampla defesa, contraditório, segurança jurídica, interesse público e eficiência.

Outros temas relevantes também delineados pela Lei nº 9.784/1999[115] são os seguintes: os direitos e deveres dos administrados e o início do processo; a legitimidade dos interessados; a competência administrativa; o impedimento e a suspeição; a forma; o tempo e o lugar dos atos do processo; a comunicação dos atos; a instrução processual; o dever de decidir; a motivação; a desistência e outros casos de extinção do processo; a anulação, revogação e convalidação dos atos administrativos; os recursos administrativos e a revisão; os prazos, as sanções e as disposições gerais acerca do processo administrativo.

4.1.9.1 A verdade sabida

A verdade sabida já foi utilizada pela administração pública em desfavor de administrados, mormente no curso de processos administrativos, e dispensava a oitiva daqueles cujos interesses estavam envolvidos.

Maria Sylvia Zanella Di Pietro[116] conceitua o instituto como "o conhecimento pessoal e direto da falta pela autoridade competente para aplicar a pena". Porém, atualmente este instituto foi superado e não mais se aplica no ordenamento jurídico pátrio, o que se operou mediante o advento dos princípios do contraditório e da ampla defesa previstos no art. 5º, LV, da Constituição de 1988. Vale lembrar, ademais, que esses princípios são garantias fundamentais insculpidas como cláusula pétrea por força do art. 60, §4º, inciso IV, da CR/88 e que sua aplicabilidade é direta e imediata, ou seja, independentemente de qualquer previsão legal, nos termos do art. 5º, §1º, da CR/88.

---

[115] BRASIL. Presidência da República. *Lei nº 9.784*, de 29 de janeiro de 1999. Regula o processo administrativo no âmbito da Administração Pública Federal. Brasília: Presidência da República, Casa Civil, 2010.

[116] DI PIETRO, Maria Sylvia Zanella. *Direito administrativo*. 36. ed. Rio de Janeiro: Forense, 2023. p. 816.

4.1.9.2 Processo administrativo tributário

Trata-se do processo administrativo especificamente direcionado à interpretação do Direito Tributário em caso trazido pelo administrado, podendo tramitar, por exemplo, nas secretarias de fazenda ou em conselhos de contribuintes. Entre os assuntos afetos a tal espécie de processo podem estar exemplificativamente o valor cobrado do contribuinte, a necessidade de pagamento ou a possibilidade de isenção de tributo, bem como a bitributação.

Em linhas gerais, processo administrativo tributário constitui-se no "conjunto de normas que regula a atividade voltada à resolução de conflitos existentes entre os sujeitos da relação jurídico-tributária no âmbito administrativo".[117]

O fundamento constitucional dessa natureza processual remete a algumas garantias e princípios previstos na Constituição de 1988, tais como o direito de petição (art. 5º, XXXIV, "a"); o devido processo legal (art. 5º, LIV); o contraditório e a ampla defesa, com os meios e recursos inerentes (art. 5º, LV), além dos princípios reitores da administração pública elencados no *caput* do art. 37 da Lei Maior.[118]

No Brasil, atualmente, inexiste lei nacional de normas gerais que discipline o processo administrativo tributário de forma ampla, portanto, a regulamentação da matéria fica a cargo dos entes político-administrativos das diversas esferas de governo (federal, estadual, distrital e municipal).

No âmbito da União, conforme o Decreto Federal nº 70.235, de 6 de março de 1972, o processo administrativo fiscal versa sobre a "determinação e exigência dos créditos tributários da União e de consulta sobre a aplicação da legislação tributária federal" (art. 1º). De acordo com a Lei nº 11.941/2009, que alterou o sobredito decreto, a competência para julgar os recursos de ofício e os recursos voluntários em segunda instância é do Carf (Conselho Administrativo de Recursos Fiscais), órgão colegiado integrante da estrutura do Ministério da Fazenda.

---

[117] QUEIROZ, Giovane Duarte de. *O sistema de precedentes no Processo Administrativo Tributário*. Blog do Instituto Brasiliense de Direito Público (IDP). Disponível em: https://direito.idp.edu.br/blog/direito-tributario/sistema-precedentes-processo-administrativo-tributario/. Acesso em: 13 jun. 2023.

[118] QUEIROZ, Giovane Duarte de. *O sistema de precedentes no Processo Administrativo Tributário*. Blog do Instituto Brasiliense de Direito Público (IDP). Disponível em: https://direito.idp.edu.br/blog/direito-tributario/sistema-precedentes-processo-administrativo-tributario/. Acesso em: 13 jun. 2023.

Werther Botelho Spagnol, Luciano Ferraz e Marciano Seabra de Godoi explicam a formação do processo administrativo tributário da seguinte forma:

> Conforme visto, o crédito tributário torna-se exigível após o lançamento e a devida notificação do contribuinte. Entretanto, o sujeito passivo pode não concordar com o ato administrativo que culminou na exação que lhe é exigida. Sendo assim, possui o direito de contestá-lo (impugná-lo) perante a autoridade administrativa superior ou órgão administrativo competente para julgamento. O direito de o administrado recorrer de qualquer ato administrativo decorre da garantia constitucional de que a todos são assegurados o contraditório e a ampla defesa, com os meios e recursos inerentes. *Inicia-se, a partir da reclamação ou recurso, o processo administrativo tributário*, que será regulado pela lei própria emanada do ente federativo competente para a revisão do lançamento (União, Estados, Distrito Federal ou Municípios). A irresignação em sede de juízo administrativo, manifestada pela forma de recurso ou reclamação, por si só, na dicção do art. 151, III, do CTN, tem o condão de suspender a exigibilidade do crédito.
>
> Dessa forma, durante todo o percurso do processo administrativo, enquanto não houver a decisão definitiva da autoridade julgadora competente, o crédito tributário não poderá ser exigido do contribuinte.[119]

Ao final do processo, uma vez julgada procedente a impugnação administrativa, e não cabendo mais recursos nesse âmbito, o crédito tributário é extinto, de acordo com o art. 156, IX, do Código Tributário Nacional (Lei nº 5.172, de 25 de outubro de 1966). Em sentido inverso, face ao julgamento pela improcedência do recurso, com caráter de definitividade no âmbito administrativo, o crédito tributário respectivo permanece exigível. Nesse caso, o sujeito passivo (contribuinte) poderá ajuizar ação judicial para contestar a cobrança.

4.1.9.3 Sindicância administrativa

Sindicância administrativa, nas palavras de José dos Santos Carvalho Filho,[120] refere-se ao "[...] procedimento administrativo que

---

[119] FERRAZ, Luciano; GODOI, Marciano Seabra de; SPAGNOL, Werther Botelho. *Curso de direito financeiro e tributário*. 3. ed. Belo Horizonte: Fórum, 2020. p. 587-588. Disponível em: www.forumconhecimento.com.br/livro/1297. Acesso em: 15 jun. 2023 (grifos nossos).

[120] CARVALHO FILHO, José dos Santos. *Manual de direito administrativo*. 37. ed. São Paulo: Atlas, 2023. p. 844.

visa a permitir uma apuração preliminar sobre a existência de ilícito funcional". Sindicância, nessa perspectiva, se reveste de caráter inquisitório e preparatório, pois, respectivamente: enquanto processo não litigioso, não atrairia a incidência dos princípios da ampla defesa e do contraditório, e porque objetiva a instauração de um processo principal, quando for o caso.[121] De fato, se as ocorrências forem comprovadas pela sindicância, que constitui uma apuração preliminar de caráter inquisitório, deverá ser instaurado processo administrativo para a aplicação da penalidade, mediante ampla defesa e contraditório.

A doutrina não é unânime quanto à qualificação da sindicância como um simples procedimento. Nesse sentido, veja-se Marçal Justen Filho, segundo o qual:

> [...] haverá processo administrativo (com todas as suas garantias) em todas as hipóteses de apuração de ilícitos funcionais e de imposição de sanção administrativa – mesmo de advertência. O que se pode diferenciar são procedimentos mais complexos ou mais simples: sindicância, processo administrativo simplificado do art. 133 da Lei nº 8.112/1990 e processo disciplinar propriamente dito.
> Assim, é inafastável reconhecer a natureza de processo administrativo para a sindicância, no sentido de que todas as garantias inerentes ao devido processo legal se aplicam ao caso. O seu procedimento é simplificado, em vista da reduzida gravidade da infração a ser apurada.[122]

4.2 Controle interno *ex officio*

O controle interno pode ser efetuado de ofício ou mediante provocação dos interessados. O controle interno exercido *ex officio* (de ofício), ou seja, independentemente de provocação, faz parte do que a doutrina denomina de Sistema de Controle Interno (SCI).

Rodrigo Pironti Aguirre de Castro[123] define o sistema de controle interno como aquele sistema previsto no artigo 70 da Constituição da República e que é composto por órgãos de controle interligados por

---

[121] CARVALHO FILHO, José dos Santos. *Manual de direito administrativo*. 37. ed. São Paulo: Atlas, 2023. p. 844.
[122] JUSTEN FILHO, Marçal. *Curso de direito administrativo*. 13. ed. rev., atual. e ampl. São Paulo: Thomson Reuters Brasil, 2018. p. 274-275.
[123] CASTRO, Rodrigo Pironti Aguirre de. A Lei de Responsabilidade Fiscal como fator determinante para a consolidação do sistema de controle interno: definição do entendimento da separação de poderes e o princípio da eficiência no "modelo gerencial" de estado. *In*: CASTRO, Rodrigo Pironti Aguirre de (coord.). *Lei de Responsabilidade Fiscal*: ensaios em

meio de mecanismos específicos de comunicação, vinculados a uma unidade central de controle e com vistas à fiscalização e avaliação da execução orçamentária, contábil, financeira, patrimonial e operacional da entidade controlada, no que tange, principalmente, à legalidade e eficiência de seus atos.

O controle interno abrange os mesmos aspectos que o controle externo, quais sejam, o contábil, o financeiro, o orçamentário, o operacional e o patrimonial da administração, porém isso é feito dentro do próprio âmbito da estrutura da administração pública.

Quanto a esse aspecto, vale reproduzir o ensinamento de Marçal Justen Filho, para quem:

> O controle interno envolve, primeiramente, a avaliação da legalidade dos atos administrativos, o que significa a avaliação da regularidade do exercício de competências disciplinadas de modo vinculado pelo direito. O controle interno também se dirige a avaliar a regularidade do exercício de competências disciplinadas de modo discricionário pelo direito.
> O controle interno envolve apenas a atuação administrativa do próprio ente.
> Isso significa, primeiramente, que não caberá essa espécie de controle quando não se configurar uma atividade de natureza administrativa. A ressalva é especialmente importante relativamente ao controle interno fora do âmbito do Poder Executivo. Por exemplo, um ato jurisdicional praticado por um magistrado não comporta revisão pelos instrumentos do controle administrativo interno. Mas um ato administrativo praticado por um magistrado se submete tanto ao controle administrativo interno quanto ao controle jurisdicional.[124]

De fato, um controle interno eficiente permite que sejam alcançados resultados efetivos para toda a administração, pois se origina da função administrativa exercida tanto pelo Executivo quanto por órgãos administrativos do Legislativo e Judiciário.

O controle interno tem essa denominação pela característica de o órgão controlador estar compreendido dentro da própria estrutura da administração pública controlada. Na lição de Marçal Justen Filho:

---

comemoração aos 10 anos da Lei Complementar nº 101/2000. Belo Horizonte: Fórum, 2010. p. 320.

[124] JUSTEN FILHO, Marçal. *Curso de direito administrativo*. 13. ed. rev., atual. e ampl. São Paulo: Thomson Reuters Brasil, 2018. p. 1.112.

O controle interno da atividade administrativa é o dever-poder imposto ao próprio Poder de promover a verificação permanente e contínua da legalidade e da oportunidade da atuação administrativa própria, visando a prevenir ou eliminar defeitos ou a aperfeiçoar a atividade administrativa, promovendo as medidas necessárias a tanto.[125]

Bom exemplo é o das competências desempenhadas pela Controladoria-Geral da União, órgão central de controle interno no âmbito federal. Outros exemplos são as competências atribuídas às controladorias e corregedorias existentes nas diversas administrações que compõem a organização político-administrativa pátria.

A Constituição da República, em seu art. 74, *caput*, preceitua a obrigação de que os Poderes Legislativo, Executivo e Judiciário mantenham, de maneira integrada, sistema de controle interno com as seguintes finalidades:

a) avaliar o cumprimento das metas previstas no Plano Plurianual, a execução dos programas de governo e dos orçamentos da União;

b) comprovar a legalidade e avaliar os resultados, quanto à eficácia e eficiência, da gestão orçamentária, financeira e patrimonial nos órgãos e entidades da administração federal, bem como da aplicação de recursos públicos por entidades de direito privado;

c) exercer o controle das operações de crédito, avais e garantias, bem como dos direitos e haveres da União;

d) apoiar o controle externo no exercício de sua missão institucional.

Além disso, outras normas são igualmente aplicáveis ao controle interno por força dos parágrafos 1º e 2º do art. 74 da Constituição da República:

a) os responsáveis pelo controle interno, ao tomar conhecimento de qualquer irregularidade ou ilegalidade, dela darão ciência aos Tribunais de Contas, sob pena de responsabilidade solidária;

b) qualquer cidadão, partido político, associação ou sindicato é parte legítima para, na forma da lei, denunciar irregularidades ou ilegalidades perante o Tribunal de Contas da União.

Ademais, os arts. 76 a 80 da lei que estabeleceu no Brasil normas gerais de Direito Financeiro, Lei nº 4.320/1964, recepcionada pela Constituição da República de 1988 como lei complementar, preceituam textualmente que o controle interno será exercido pelo Poder Executivo,

---

[125] JUSTEN FILHO, Marçal. *Curso de direito administrativo*. 13. ed. rev., atual. e ampl. São Paulo: Thomson Reuters Brasil, 2018. p. 1.111.

sem prejuízo das atribuições do Tribunal de Contas ou órgão equivalente, controlando a execução orçamentária mediante exame da legalidade dos atos de que resultem a arrecadação da receita ou a realização da despesa, assim como o nascimento ou a extinção de direitos e obrigações.

Nos termos do art. 76, *caput*, combinado com o art. 75, ambos da Lei nº 4.320/1964, o Executivo também deve aferir a conduta funcional dos agentes da administração, responsáveis por bens e valores públicos, e controlar o cumprimento do programa de trabalho, expresso em termos monetários, e de realização de obras e prestação de serviços.

Admite-se, ainda, a verificação da legalidade dos atos de execução orçamentária de modo prévio, concomitante e subsequente, nos termos do art. 77 da Lei nº 4.320/1964, bem como o levantamento, a qualquer tempo, da prestação ou tomada de contas de todos os responsáveis por bens ou valores públicos, além da prestação ou tomada de contas anual, quando instituída em lei ou por fim de gestão, conforme o art. 78.

Em suma, proceder-se-á à verificação da exata observância dos limites das cotas trimestrais atribuídas a cada unidade orçamentária pelos serviços de contabilidade ou órgãos equivalentes, dentro do sistema que for instituído para esse fim, segundo o que está preconizado no art. 80 da Lei nº 4.320/1964.

Cumprindo as normas jurídicas aplicáveis ao controle interno, o administrador público zelará não somente por uma atividade de controle eficiente, já que outros resultados jurídicos serão produzidos, dos quais se pode destacar, a título exemplificativo, o controle da execução da despesa de modo seguro e o uso dos recursos públicos de modo otimizado, evitando-se a ocorrência de desvios e fraudes muitas vezes perpetrados por seus próprios servidores públicos.[126]

---

[126] De acordo com o Cadastro de Expulsões da Administração Federal (CEAF), mantido pela Controladoria-Geral da União, só no ano de 2022, de 1º de janeiro a 31 de dezembro, foram publicados 465 atos de demissão relativos a infrações graves cometidas por servidores efetivos da administração pública federal, no exercício de seus cargos. Às centenas de servidores da ativa expulsos em 2022, somam-se 75 atos de cassação de aposentadoria publicados no mesmo período. Segundo a CGU, cassação constitui-se na "punição aplicada quando o servidor já está aposentado, mas é penalizado com a demissão por ato praticado enquanto se encontrava em exercício". Confira-se em BRASIL. Controladoria-Geral da União. *Cadastro de Expulsões da Administração Federal (CEAF)*. Disponível em: https://portaldatransparencia.gov.br/pagina-interna/603316-ceaf. Acesso em: 14 jun. 2023.

4.2.1 Confirmação de atos administrativos

A homologação e a aprovação são diferentes modos de se confirmar tanto um ato administrativo quanto um procedimento ou processo administrativo, declarando sua adequação ao ordenamento jurídico e ao interesse público.

A classificação doutrinária dos atos de aprovação e homologação varia: Maria Sylvia Zanella Di Pietro os classifica como atos de controle.[127] Por sua vez, José dos Santos Carvalho Filho[128] agrupa, junto da aprovação e da homologação, o visto; para ao autor, a nota distintiva desse conjunto de atos, denominados de "atos de confirmação", está no fato de que: "nenhum deles existe isoladamente, mas, ao revés, pressupõem sempre a existência de outro ato administrativo".

4.2.1.1 Da homologação

Trata-se de ato jurídico unilateral e vinculado pelo qual a administração pública analisa o ato em seu aspecto legal e lhe confere eficácia. Nesse sentido é o conceito de Marçal Justen Filho, segundo quem:

> Homologação é o ato administrativo unilateral, praticado no exercício de competência vinculada, em que a Administração Pública manifesta formal aprovação a ato jurídico pretérito (eventualmente praticado por ela própria), fundando-se no preenchimento dos requisitos exigidos.[129]

Exemplos disso são a homologação do resultado final de um concurso público – veja-se, a propósito, o que dispõem o art. 39, *caput*, e o art. 43, *caput*, do Decreto nº 9.739/2019, que estabelecem normas sobre concursos públicos na esfera federal, e também a homologação do procedimento licitatório (art. 43, VI, da Lei nº 8.666/1993 e art. 17, VII, da Lei nº 14.133/2021).

---

[127] DI PIETRO, Maria Sylvia Zanella. *Direito administrativo*. 36. ed. Rio de Janeiro: Forense, 2023. p. 231.
[128] CARVALHO FILHO, José dos Santos. *Manual de direito administrativo*. 37. ed. São Paulo: Atlas, 2023. p. 127.
[129] JUSTEN FILHO, Marçal. *Curso de direito administrativo*. 13. ed. rev., atual. e ampl. São Paulo: Thomson Reuters Brasil, 2018. p. 340.

4.2.1.2 Da aprovação

Trata-se de ato jurídico unilateral e discricionário pelo qual a administração pública confere o ato em seu mérito, ou seja, em seus aspectos de conveniência e oportunidade.[130] Pode ser realizado *a priori* ou *a posteriori*, sendo que, no primeiro caso, equivale à autorização para a prática do ato e, no segundo, equivale ao seu referendo.[131] Exemplo disso é a aprovação prévia do Senado para a ocupação de cargos de magistrados e ministros dos Tribunais de Contas (CR/88, art. 52, III). Outros exemplos podem ser encontrados nos arts. 52, IV e XI, e 49, IV, XIV e XVII, todos da Constituição da República de 1988.

4.2.1.3 Do visto

De acordo com a lição de José dos Santos Carvalho Filho,[132] visto é "ato que se limita à verificação da legitimidade formal de outro ato. Mas pode também ser apenas ato de ciência em relação a outro. Seja como for, visto é condição de eficácia do ato que o exige". Portanto, trata-se de ato que tem por finalidade verificar a conformidade formal de outro ato, sendo o visto uma condição de eficácia deste.

4.2.2 Da extinção de atos administrativos

4.2.2.1 Da extinção pela falta de um dos seus elementos

Quando um ato administrativo vem a cumprir seus regulares efeitos, ele se extingue naturalmente, pelo fim do seu elemento objetivo (como, por exemplo, o termo final do prazo de um ato administrativo que foi regularmente cumprido). De igual modo, com o desaparecimento do sujeito a quem o ato administrativo se dirigia ele também se extingue por falta de um dos seus elementos, qual seja, o elemento subjetivo (como quando da extinção da pessoa jurídica destinatária do ato administrativo, por exemplo).

---

[130] DI PIETRO, Maria Sylvia Zanella. *Direito administrativo*. 36. ed. Rio de Janeiro: Forense, 2023. p. 234.
[131] DI PIETRO, Maria Sylvia Zanella. *Direito administrativo*. 36. ed. Rio de Janeiro: Forense, 2023. p. 234.
[132] CARVALHO FILHO, José dos Santos. *Manual de direito administrativo*. 37. ed. São Paulo: Atlas, 2023. p. 127.

Com efeito, Celso Antônio Bandeira de Mello[133] pondera que são várias as causas que determinam a extinção dos atos administrativos ou dos seus efeitos; assim, embora a revogação e a anulação sejam as mais comuns, há outros motivos para a extinção, segundo o mesmo autor, tais como: o cumprimento dos efeitos do ato, seja pelo esgotamento de seu conteúdo jurídico,[134] por sua execução material[135] ou em razão do implemento de condição resolutiva ou de termo final,[136] e o desaparecimento do sujeito ou do objeto da relação jurídica.[137]

4.2.2.2 Da revogação e da anulação

Os arts. 53 e 54 da Lei nº 9.784/1999, que dispõe sobre o processo administrativo no âmbito federal, tratam da anulação e da revogação de atos administrativos.

Os atos serão anulados quando eivados de vício de legalidade e poderão ser revogados por motivo de conveniência ou oportunidade, respeitados os direitos adquiridos. Mas o direito de anular decai em cinco anos, contados da data em que foram praticados, salvo comprovada má-fé, caso tenham implicado efeitos favoráveis aos destinatários. A impugnação da validade do ato poderá ser tomada por qualquer autoridade administrativa competente para tal.

a) Da revogação

Trata-se de ato administrativo discricionário pelo qual se extingue total ou parcialmente um ato administrativo, por razões de conveniência e oportunidade. Segundo José dos Santos Carvalho Filho,

> Trata-se de um poder inerente à Administração. Ao mesmo tempo em que lhe cabe sopesar os elementos de conveniência e oportunidade para

---

[133] MELLO, Celso Antônio Bandeira de. *Curso de direito administrativo*. 34. ed. rev. e atual. até a Emenda Constitucional 99, de 14.12.2017. São Paulo: Malheiros, 2019. p. 458-461.
[134] Tal como na hipótese de pleno gozo de período de férias por um servidor público.
[135] É o caso da execução de ordem de demolição de prédio interditado pelo poder público devido ao grande risco de ruir.
[136] Exemplo é o ato do poder público que declara o fim de estado de calamidade pública após reconhecer a insubsistência dos fatores que a provocaram.
[137] O desaparecimento do sujeito corresponde, por exemplo, ao falecimento de pessoa nomeada para assumir cargo público. Por outro lado, há desaparecimento do objeto quando, *exempli gratia*, um imóvel tombado pelo poder público por seu valor histórico e cultural é destruído por fortes chuvas.

a prática de certos atos, caber-lhe-á também fazer a mesma avaliação para retirá-los do mundo jurídico.[138]

A revogação não retroage e não atinge direito adquirido, tampouco ato jurídico perfeito ou coisa julgada, que guardam especial proteção constitucional por força do art. 5º, XXXVI, da CR/88. Enquanto o controle interno pode revogar atos administrativos, o controle externo não pode fazê-lo.

b) Da anulação

O princípio da legalidade determina que a administração pública anule ou faça a correção, quando for possível, dos atos administrativos que estejam em desconformidade com o ordenamento jurídico. Vale lembrar que tal princípio guarda estatura constitucional e foi insculpido no art. 37, *caput*, da Constituição da República.

A anulação corresponde, portanto, à retirada do ato praticado em desconformidade com a ordem jurídica.[139]

Convém lembrar que o emprego do vocábulo "anulação" para designar essa forma específica de retirada do ato administrativo do mundo jurídico não é unânime na doutrina. Celso Antônio Bandeira de Mello esclarece o debate, evidenciando sua preferência pela utilização, em substituição, do termo "invalidade",[140] da seguinte forma:

> Para alguns, no Direito Administrativo todo ato ilegítimo é nulo. Para outros, a distinção entre nulos e anuláveis, usual no Direito Privado, aplica-se, com as devidas adaptações, ao Direito Administrativo. [...] Compartilhamos a doutrina que sustenta haver no Direito Administrativo brasileiro tratamentos díspares conforme o tipo de ilegitimidade. Daí a conveniência de se utilizar uma expressão designativa de gênero e outras para referir as espécies. Por isso valemo-nos do termo "invalidade" para abranger quaisquer casos de desconformidade com o Direito. Evitamos usar com este fim o *nomen juris* "anulação", já que tal palavra é correntemente manejada para o batismo de uma das espécies.

---

[138] CARVALHO FILHO, José dos Santos. *Manual de direito administrativo*. 37. ed. São Paulo: Atlas, 2023. p. 144.

[139] MELLO, Celso Antônio Bandeira de. *Curso de direito administrativo*. 34. ed. rev. e atual. até a Emenda Constitucional 99, de 14.12.2017. São Paulo: Malheiros, 2019. p. 459.

[140] MELLO, Celso Antônio Bandeira de. *Curso de direito administrativo*. 34. ed. rev. e atual. até a Emenda Constitucional 99, de 14.12.2017. São Paulo: Malheiros, 2019. p. 474.

De outro turno, cumpre destacar que a utilização do termo "anulação" – ou mesmo de "anulação" e "invalidação" como expressões intercambiáveis, a depender do contexto – está longe de ser um equívoco.

Nesse sentido, a doutrina administrativista recente retoma argumentos robustos para diferenciar atos nulos de atos anuláveis – e, assim, para manter perfeitamente hígida e preenchida de significado compatível com o regime jurídico administrativo, a expressão "anulação" –, conforme explica Irene Nohara:

> [...] a corrente majoritária no Direito Administrativo propugna a possibilidade de diferenciação entre atos nulos e anuláveis não com base na distinção feita no Direito Civil, mas fundamentada na possibilidade de convalidação do ato administrativo. Nessa perspectiva, atos nulos são aqueles que não admitem convalidação ou saneamento de seus vícios, enquanto anuláveis são os que, por conterem pequenas irregularidades, admitem convalidação.[141]

De qualquer forma, por reconhecer a divergência doutrinária, ainda persistente, quanto à utilização das expressões "invalidação", "nulidade" e "anulação do ato administrativo", as quais são usadas para designar a atividade administrativa de impugnar a validade de um ato desconforme com o direito.

Irene Nohara[142] considera salutar a solução conferida pela Lei de Processo Administrativo federal (Lei nº 9.784/1999), que, em seu art. 54, §2º, emprega a expressão "direito de anular" de modo amplo, de forma a nomear "qualquer medida de autoridade administrativa que importe a impugnação à validade do ato" e, assim, a

> [...] abarcar tanto a declaração de nulidade, como a anulação em sentido estrito, ou mesmo qualquer outra medida de autoridade administrativa que importe impugnação à validade do ato, por exemplo, a cassação de ato administrativo ou a caducidade.

---

[141] NOHARA, Irene Patrícia. Cap. XIV – Da anulação, revogação e convalidação. *In:* NOHARA, Irene Patrícia; MARRARA, Thiago. *Processo administrativo:* lei nº 9.784.1999 comentada. 2. ed. rev., atual. e ampl. São Paulo: Thomson Reuters Brasil, 2018. p. 425.

[142] NOHARA, Irene Patrícia. Cap. XIV – Da anulação, revogação e convalidação. *In:* NOHARA, Irene Patrícia; MARRARA, Thiago. *Processo administrativo:* lei nº 9.784.1999 comentada. 2. ed. rev., atual. e ampl. São Paulo: Thomson Reuters Brasil, 2018. p. 425.

A invalidade de um ato administrativo pode se exprimir de maneira relativa (atos anuláveis) ou absoluta (atos nulos), podendo ser reconhecida tanto pela administração quanto pelo Poder Judiciário. A declaração de nulidade de um ato que padece de vício insanável gera efeitos retroativos, em regra,[143] porém não prejudica terceiros de boa-fé, tampouco direito adquirido, ato jurídico perfeito ou coisa julgada, institutos esses que são protegidos com destacado relevo pelo art. 5º, XXXVI, CR/88.[144] Além disso, a administração, no exercício da autotutela administrativa, deve invalidar seus próprios atos eivados de vício insanável, enquanto o Tribunal de Contas, no exercício do controle externo, pode determinar que a administração adote providências destinadas a corrigir um ato, quando cabível, e, se não for atendido, pode determinar a sustação desse ato (CR/88, art. 71, IX e X).

É forçoso reconhecer que nenhum princípio é absoluto, de maneira que o decurso do tempo pode fazer com que o princípio da legalidade seja sopesado com o princípio da segurança jurídica, o que já foi reconhecido pelo Supremo Tribunal Federal. Veja-se, a propósito, o seguinte trecho do voto-vogal emitido pelo ministro Edson Fachin nos autos do Recurso Extraordinário nº 636.553,[145] no qual se assentou, a partir dos princípios da segurança jurídica e da confiança legítima, a necessidade de estabilização das relações jurídicas, e se fixou prazo de cinco anos para que o Tribunal de Contas da União proceda ao registro dos atos de concessão inicial de aposentadoria, reforma ou pensão, após o qual serão considerados definitivamente registrados:

> [...] a legalidade não pode ser entendida apenas de forma estrita e dissociada de sua adjetivação constitucional, sendo, em verdade, legalidade constitucional. Portanto, a legalidade deve estar diretamente conectada aos princípios reitores do Estado Democrático Constitucional de Direito. Não é por outra razão, que a própria Constituição da República privilegia a segurança jurídica, prevendo a prescritibilidade como regra

---

[143] MELLO, Celso Antônio Bandeira de. *Curso de direito administrativo*. 34. ed. rev. e atual. até a Emenda Constitucional 99, de 14.12.2017. São Paulo: Malheiros, 2019. p. 491-493.

[144] Aqui, cabe a ressalva feita quando da apreciação, pelo STF, do Recurso Extraordinário nº 817.338, no sentido de que: "As situações flagrantemente inconstitucionais não devem ser consolidadas pelo transcurso do prazo decadencial previsto no art. 54 da Lei nº 9.784/99, sob pena de subversão dos princípios, das regras e dos preceitos previstos na Constituição Federal de 1988". BRASIL. Supremo Tribunal Federal. Tribunal Pleno. Recurso Extraordinário nº 817.338. Relator: min. Dias Toffoli. Julgamento em: 16.10.2019. Publicação em: 31.7.2020.

[145] BRASIL. Supremo Tribunal Federal. Tribunal Pleno. Recurso Extraordinário nº 636.553. Relator: min. Gilmar Mendes. Julgamento: 19.2.2020. Publicação: 26.5.2020.

e a imprescritibilidade como exceção. Nessa toada, mesmo atos que, em princípio, não se afigurariam hígidos à luz da estrita legalidade, recebem, em obediência à segurança jurídica, o manto cobertor da estabilidade.

A atuação da administração pública diante dos atos administrativos nulos tem parâmetros fixados pela jurisprudência por meio da Súmula nº 473, do STF,[146] que estabeleceu caber à Administração anular seus próprios atos ilegais, quando eivados de vícios, já que deles não se originam direitos. Já a revogação dar-se-á por motivo de conveniência ou oportunidade, respeitados os direitos adquiridos, e ressalvada em todos os casos a apreciação judicial.

A jurisprudência da Suprema Corte brasileira é firme no mesmo sentido.[147] Mais recentemente, quando da apreciação e julgamento do Recurso Extraordinário nº 817.338, o ministro Luiz Fux ponderou, acertadamente, que:

> A filtragem da Constituição de 1988 tem transformado diversos institutos do direito administrativo. No caso da autotutela, especificamente, o poder-dever de a Administração Pública rever seus atos quando eivados de vícios de irregularidade observa as garantias constitucionais, tais como a observância da motivação, publicidade, contraditório e ampla defesa, segurança jurídica e boa-fé. [...] O argumento da supremacia do interesse público já não pode sustentar o aniquilamento aprioristico da segurança jurídica, para que não se traduza em arbitrariedade. É na ponderação entre a segurança jurídica, que contempla, a um só tempo, dimensão individual e coletiva, e o outro valor constitucional violado pelo ato administrativo que se depreende o fator de legitimação da atividade administrativa e se assegura a efetiva proteção à supremacia da Constituição.[148]

Cabe aduzir que alguns atos administrativos podem vir a ser considerados inexistentes ou irregulares, o que traz exceções à atuação administrativa tradicional de invalidação ou correção de atos administrativos.

---

[146] Veja-se também a Súmula nº 346 do STF, no mesmo sentido.
[147] BRASIL. Supremo Tribunal Federal. Primeira Turma. Recurso Extraordinário nº 160.811. Rel. min. Ilmar Galvão. Rel. para/Acórdão min. Sepúlveda Pertence. Julg. em 1º.3.1994. DJ 8.4.1994.
[148] BRASIL. Supremo Tribunal Federal. Tribunal Pleno. Recurso Extraordinário nº 817.338. Tribunal Pleno. Relator: min. Dias Toffoli. Julgamento em: 16.10.2019. Publicação em: 31.7.2020.

No primeiro caso, isso ocorrerá quando o vício de que padeçam seja tão absurdo que exponha de maneira patente a sua falta de enquadramento no universo jurídico, como autorização para construir um edifício no meio do oceano ou autorização para cometer crimes contra a administração pública. Assim, os atos jurídicos inexistentes deixarão de ser cumpridos ainda que porventura não sejam anulados ou corrigidos.[149]

No segundo caso, considera-se meramente irregular o ato administrativo cujo vício seja irrisório e incapaz de afetar o interesse público, como o descumprimento de ordem de serviço que determina o uso de papel ofício em vez de papel A4 nas comunicações impressas do órgão. Como se vê, os atos jurídicos irregulares não causam real prejuízo ao interesse público e podem passar até mesmo despercebidos.[150]

Finalmente, outra exceção à atitude administrativa de invalidação ou correção se daria quando o ato exaure todos os seus possíveis efeitos, tornando-se inútil invalidá-lo. Trata-se da teoria do fato consumado, à qual já se opôs o Supremo Tribunal Federal quando da apreciação do Recurso Extraordinário nº 608.482,[151] no qual a Corte Constitucional analisou, e negou, por incompatibilidade com o regime jurídico constitucional, a possibilidade de manutenção de candidata investida em cargo público de provimento efetivo por força de decisão judicial de caráter provisório.

Como resultado da deliberação em sede do aludido RE nº 608.482, foi elaborada tese de repercussão geral com o seguinte enunciado:

---

[149] Para Celso Antônio Bandeira de Mello, a expressão "atos inexistentes" nomeia uma categoria de atos inválidos "cuja gravidade é de tal ordem que, ao contrário dos atos nulos ou anuláveis, jamais prescrevem e jamais podem ser objeto de 'conversão'". MELLO, Celso Antônio Bandeira de. *Curso de direito administrativo*. 34. ed. rev. e atual. até a Emenda Constitucional 99, de 14.12.2017. São Paulo: Malheiros, 2019. p. 480.

[150] De acordo com Celso Antônio Bandeira de Mello, atos irregulares são aqueles que padecem de vícios materiais irrelevantes ou que incorrem em formalização defeituosa, ferindo regras internas da administração pública que padronizam os instrumentos por meio dos quais se expressam os atos administrativos. Assim, segundo o autor: "É evidente [...] que tal 'irregularidade' só se caracteriza como tal quando uma formalização falha ou de todo modo diversa daquela prevista em lei seja, deveras, absolutamente irrelevante para fins de garantia do administrado". MELLO, Celso Antônio Bandeira de. *Curso de direito administrativo*. 34. ed. rev. e atual. até a Emenda Constitucional 99, de 14.12.2017. São Paulo: Malheiros, 2019. p. 421 e 482.

[151] BRASIL. Supremo Tribunal Federal. Recurso Extraordinário nº 608.482. Tribunal Pleno. Relator: min. Teoria Zavascki. Julgamento em: 7.8.2014. Publicação em: 30.10.2014.

Não é compatível com o regime constitucional de acesso aos cargos públicos a manutenção no cargo, sob fundamento de fato consumado, de candidato não aprovado que nele tomou posse em decorrência de execução provisória de medida liminar ou outro provimento judicial de natureza precária, supervenientemente revogado ou modificado.[152]

Em outro julgado do Supremo Tribunal Federal, o ministro Luiz Fux,[153] no campo do Direito Ambiental, decidiu que a teoria do fato consumado não pode ser invocada para a concessão de direito inexistente sob a alegação de consolidação da situação fática por decurso do tempo.

4.2.2.3 Da cassação dos atos administrativos

A cassação de um ato administrativo consiste em sua retirada do mundo jurídico[154] em razão de seu destinatário ter descumprido uma condição para seu exercício ou violado a legislação aplicável. Um exemplo é a cassação de alvará de funcionamento por abuso do seu destinatário.

4.2.3 Aproveitamento dos atos administrativos

O interesse público pode prevalecer tanto pelo desfazimento de ato ilegal quanto pela sua (re)adequação ao ordenamento jurídico. Mas não se pode negar que, em certos casos, o desfazimento de atos administrativos pode afetar negativamente tanto os administrados quanto a própria administração. Assim, há que se ter grande atenção com o objetivo de se considerar se existe a possibilidade de sua (re)adequação jurídica.

Partindo-se dos elementos intrínsecos do ato administrativo,[155] os vícios podem atingir o sujeito, a forma, o objeto, o motivo e a

---

[152] BRASIL. Supremo Tribunal Federal. Tema 476 da Repercussão Geral – *Leading case*: RE 608482. Disponível em: www.stf.jus.br. Acesso em: 28 abr. 2023.

[153] BRASIL. Supremo Tribunal Federal. Recurso Extraordinário nº 609.748 AgR/RJ. Rel. min. Luiz Fux. *DJe 175*, 23.8.2011. Em recente decisão: BRASIL. Supremo Tribunal Federal. ARE nº 1.001.176 AgR/RO. Rel. min. Dias Toffoli. *DJe 066*, 3.4.2017.

[154] MELLO, Celso Antônio Bandeira de. *Curso de direito administrativo*. 34. ed. rev. e atual. até a Emenda Constitucional 99, de 14.12.2017. São Paulo: Malheiros, 2019. p. 460.

[155] A sistematização doutrinária da matéria não é unânime. O que parte da doutrina denomina de "elementos do ato administrativo", Celso Antônio Bandeira de Mello classifica como "requisitos". Os requisitos do ato administrativo é que se subdividem em, de um lado, "elementos", que são o conteúdo e a forma, e, de outro, "pressupostos", os quais abarcam, entre outros, o objeto, o sujeito, o motivo e a finalidade. Veja-se em: MELLO, Celso Antônio

finalidade. Lembre-se, nesse ponto, de que, nos termos literais do art. 2º da Lei de Ação Popular (Lei nº 4.717/1965), são nulos os atos lesivos que violem a competência, a forma, o objeto, os motivos e a finalidade do ato administrativo.

As máculas no sujeito (competência) e na forma são em regra sanáveis, enquanto os vícios no objeto, no motivo e na finalidade são em regra insanáveis. Nesse sentido está o art. 55 da Lei nº 9.784/1999, que dispõe sobre o processo administrativo no âmbito federal ao estabelecer que "os atos que apresentarem defeitos sanáveis poderão ser convalidados pela própria Administração".

Na mesma linha, também podem ser colhidos arestos de decisões judiciais[156] segundo os quais um dos requisitos para a convalidação dos atos administrativos é a inexistência de prejuízo para terceiros.[157]

O aproveitamento dos atos administrativos se dá mediante convalidação (também denominada *aperfeiçoamento*, *sanatória* ou *saneamento*), que constitui o suprimento de um vício superável existente em ato administrativo inválido, com efeitos retroativos à data em que este foi praticado, devendo ser feito de maneira fundamentada.[158] O Supremo Tribunal Federal vem decidindo que o decurso do tempo, os princípios da segurança jurídica, da boa-fé objetiva e da proteção da confiança são fatores suficientes e robustos para legitimar determinadas situações jurídicas, apontando "a essencialidade do postulado da segurança jurídica e a necessidade de se respeitarem situações consolidadas no tempo, amparadas pela boa-fé do cidadão".[159]

Mais recentemente, colhe-se o seguinte entendimento no âmbito do STF, da lavra do ministro Gilmar Mendes, *in verbis*:

Bandeira de. *Curso de direito administrativo*. 34. ed. rev. e atual. até a Emenda Constitucional 99, de 14.12.2017. São Paulo: Malheiros, 2019. p. 398-421.

[156] BRASIL. Tribunal Regional Federal da Segunda Região. Sétima Turma Especializada. Agravo de Instrumento nº 200902010033130, Agravo de Instrumento nº 174.491. Rel. Des. Fed. Salete Maccaloz. Julg. em 10.6.2009. *DJU*, 7.7.2009. E ainda, no mesmo sentido: BRASIL. Tribunal Regional Federal da Primeira Região. Sexta Turma. Ação Cível nº 2006.41.01.002420-0/RO. Rel. Des. Federal José Amilcar Machado. *DJF-1*, 22.10.2012.

[157] BRASIL. Tribunal Regional Federal da Quinta Região. Primeira Turma. Apelação em Mandado de Segurança nº 9405096370, Apelação em Mandado de Segurança nº 41.736. Rel. Des. Fed. Francisco Falcão. Julg. em 10.5.1994. *DJU*, 12.8.1994. BRASIL. Tribunal Regional Federal da Primeira Região. Sexta Turma. Ação Cível nº 0000413-66.2015.4.01.3801/MG. Rel. Des. Fed. Jirair Aram Maguerian. *DJF-1*, 24.10.2016.

[158] CARVALHO FILHO, José dos Santos. *Manual de direito administrativo*. 37. ed. São Paulo: Atlas, 2023. p. 142.

[159] BRASIL. Supremo Tribunal Federal. Segunda Turma. Ação Cível nº 3.172 MC-AgR/DF. Rel. min. Celso de Mello. Julg. em 19.2.2013.

Penso que devemos ir mais além, para reconhecer que os princípios da boa-fé, da segurança jurídica, da proteção à confiança e da necessidade de estabilização das relações sociais autorizam o reconhecimento de que *a Administração Pública não pode se furtar de observar um prazo razoável para a revisão de atos administrativos dos quais resultem efeitos patrimoniais aos administrados*. [...] O princípio da autotutela se encontra sedimentado nesta Corte, consoante se observa dos enunciados sumulares 346 e 473. No entanto, a legalidade não pode ser entendida apenas de forma estrita e dissociada de sua adjetivação constitucional, sendo, em verdade, legalidade constitucional. Portanto, a legalidade deve estar diretamente conectada aos princípios reitores do Estado Democrático Constitucional de Direito. Não é por outra razão, que *a própria Constituição da República privilegia a segurança jurídica, prevendo a prescritibilidade como regra e a imprescritibilidade como exceção. Nessa toada, mesmo atos que, em princípio, não se afigurariam hígidos à luz da estrita legalidade, recebem, em obediência à segurança jurídica, o manto cobertor da estabilidade*.[160]

4.2.4 Fiscalização hierárquica

Para Maria Sylvia Zanella Di Pietro,[161] "a organização administrativa é baseada em dois pressupostos fundamentais: a distribuição de competências e a hierarquia". A fiscalização hierárquica é inerente a qualquer órgão profissional estruturado e pode ser observada inclusive no âmbito privado.

No âmbito da administração pública, a autotutela e o controle hierárquico decorrem da hierarquia, podendo-se compreendê-la como o escalonamento em plano vertical dos órgãos superiores sobre os inferiores, na mesma estrutura administrativa,[162] de modo permanente e *ex officio*: "Em razão desse escalonamento firma-se uma relação jurídica entre os agentes, que se denomina de relação hierárquica".[163] Assenta-se, portanto, sobre vínculo decorrente de uma relação de supremacia/subordinação, englobando os poderes de expedir ordens e instruções aos subordinados, bem como de revisar os atos destes e punir os agentes

---

[160] BRASIL. Supremo Tribunal Federal. Tribunal Pleno. Recurso Extraordinário nº 636.553. Relator: min. Gilmar Mendes. Julgamento em: 19.2.2020. Publicação em: 26.5.2020 (grifos nossos).

[161] DI PIETRO, Maria Sylvia Zanella. *Direito administrativo*. 36. ed. Rio de Janeiro: Forense, 2023. p. 107.

[162] CARVALHO FILHO, José dos Santos. *Manual de direito administrativo*. 37. ed. São Paulo: Atlas, 2023. p. 61.

[163] CARVALHO FILHO, José dos Santos. Manual de direito administrativo. 37. ed. São Paulo: Atlas, 2023. p. 61.

de grau inferior. Além disso, também compreende a delegação ou avocação de competências.

4.2.5 Fiscalização contábil, financeira, orçamentária, operacional e patrimonial

Derivada do princípio da indisponibilidade do interesse público e do princípio da autotutela, a fiscalização da gestão pública tem amparo no art. 70 da Constituição da República e no art. 93 do Decreto-Lei nº 200, de 25.02.1967, entre outros dispositivos. Com efeito, não se pode olvidar a lição de Diogenes Gasparini,[164] para quem "todas as atividades, discricionárias ou vinculadas, da Administração pública estão subordinadas à lei". Um dos instrumentos técnicos adequados à fiscalização é a auditoria governamental, cuja finalidade básica é "comprovar a legalidade e legitimidade dos atos e fatos administrativos e avaliar os resultados alcançados, quanto aos aspectos de eficiência, eficácia e economicidade".[165]

As espécies de fiscalização previstas no art. 70 da Constituição da República abrangem os aspectos da fiscalização dos registros da escrituração de livros, contas e cálculos (contábil), os aspectos das receitas e despesas (financeiro), da execução do orçamento, em conformidade com a Lei Orçamentária, a Lei de Diretrizes Orçamentárias e o Plano Plurianual (orçamentária), da avaliação da eficácia da entidade em cumprir seus objetivos, programas e metas, e da eficiência, economicidade e legalidade na administração de seus recursos (operacional), dos resultados e dos acréscimos e diminuições patrimoniais (patrimonial). Segundo Diogenes Gasparini,[166] "essa fiscalização compreende, em relação a essas matérias, exames de legalidade, legitimidade, economicidade, aplicação das subvenções e renúncias de receitas".

Essa fiscalização tanto é realizada pelo controle interno quanto pelo controle externo, sendo dever daquele apoiar este no exercício de sua missão constitucional, nos termos do art. 74, IV, da Constituição de 1988.

---

[164] GASPARINI, Diogenes. *Direito administrativo*. 13. ed. rev. e atual. São Paulo: Saraiva, 2008. p. 946.
[165] JUND, Sergio. *Administração, orçamento e contabilidade pública*. 3. ed. Rio de Janeiro: Elsevier, 2008. p. 677.
[166] GASPARINI, Diogenes. *Direito administrativo*. 13. ed. rev. e atual. São Paulo: Saraiva, 2008. p. 965.

Conforme ensina Hely Lopes Meirelles,[167] no controle externo da administração financeira e orçamentária é que se inserem algumas das principais atribuições dos Tribunais de Contas, como órgãos constitucionalmente autônomos. O tema, aliás, também foi tratado na Lei nº 4.320, de 17.03.1964, em seus arts. 75 a 82, (Lei de Normas Gerais de Direito Financeiro, recepcionada como lei complementar pela Constituição de 1988).

4.2.5.1 Fiscalização contábil

Essa fiscalização abrange os aspectos da fiscalização dos registros da escrituração de livros, contas e registros dos órgãos públicos, e se dá por força do art. 70, *caput*, da Constituição de 1988, assim como dos arts. 83 a 89 da Lei nº 4.320/1964, entre outras normas aplicáveis. Tem por finalidade verificar se os aspectos contábeis das demonstrações financeiras, orçamentárias e patrimoniais atendem, em seus traços relevantes, aos princípios contábeis e demais normas brasileiras de contabilidade.

Embora seja talvez a mais evidente, por vezes a auditoria contábil é negligenciada, embora deva assegurar que as demonstrações contábeis reflitam "adequadamente, em seus aspectos mais relevantes, a situação econômico-financeira do patrimônio, os resultados do período administrativo examinado e as demais situações nelas demonstradas".[168]

Assim, conforme o art. 83 da Lei nº 4.320/1964, o objetivo da contabilidade será evidenciar perante a Fazenda Pública a situação de todos quantos, de qualquer modo, arrecadem receitas, efetuem despesas, administrem ou guardem bens a ela pertencentes ou confiados.

Segundo o art. 87 da mesma lei, haverá controle contábil dos direitos e obrigações oriundos de ajustes ou contratos em que a administração pública for parte. Ademais, segundo o art. 88 da referida lei, "os débitos e créditos serão escriturados com individuação do devedor ou do credor e especificação da natureza, importância e data do vencimento, quando fixada".

Nesse sentido, também se pode verificar pelo art. 89 da Lei nº 4.320/1964 que a contabilidade evidenciará os fatos ligados à

---

[167] MEIRELLES, Hely Lopes. *Direito administrativo brasileiro*. 32. ed. atual. por Eurico de Andrade Azevedo, Délcio Balestero Aleixo e José Emmanuel Burle Filho. São Paulo: Malheiros, 2006. p. 704.

[168] JUND, Sergio. *Administração, orçamento e contabilidade pública*. 3. ed. Rio de Janeiro: Elsevier, 2008. p. 677-678.

administração orçamentária, financeira, patrimonial e industrial, de maneira que o controle e a escrituração contábeis exercem grande influência sobre outras espécies de controle.

4.2.5.2 Fiscalização financeira e orçamentária

Em tempos de esgotamento da capacidade arrecadatória, de situação de calamidade financeira decretada por alguns entes e de crescimento significativo das despesas públicas como decorrência, mais recentemente, da pandemia de covid-19, o acompanhamento da execução orçamentária e das disponibilidades financeiras há de ser feito de maneira mais próxima e rigorosa. Para José dos Santos Carvalho Filho,[169] "na área financeira *stricto sensu*, o controle se executa sobre os depósitos bancários, os empenhos, o pagamento e o recebimento de valores etc.". Ainda para o mesmo autor, "o controle orçamentário visa ao acompanhamento do orçamento e à fiscalização dos registros nas rubricas adequadas".[170]

Assim, a fiscalização financeira é gênero que engloba tanto a fiscalização financeira *stricto sensu* quanto a própria fiscalização orçamentária, embora esta seja examinada de maneira independente.

A fiscalização orçamentária envolve os aspectos da arrecadação das receitas e a execução das despesas dos órgãos controlados. A fiscalização orçamentária constitui um dos aspectos da fiscalização, enquanto gênero, de que trata o art. 70, *caput*, da Constituição de 1988, estando posicionada ao lado da fiscalização financeira, por exemplo. Busca-se, por meio dessa espécie de fiscalização, verificar a evolução da arrecadação da receita quanto aos valores previstos e a evolução da execução da despesa comparada com os créditos orçamentários e adicionais autorizados, bem como a fiscalização da execução da Lei Orçamentária, da Lei de Diretrizes Orçamentárias e do Plano Plurianual.

Por sua vez, no que concerne ao aspecto contábil, o art. 86 da Lei nº 4.320/1964 estabelece que a escrituração sintética das operações financeiras efetuar-se-á pelo método das partidas dobradas. Já para o art. 90 da referida lei, a contabilidade deverá evidenciar, em seus registros, o montante dos créditos orçamentários vigentes, a despesa

---

[169] CARVALHO FILHO, José dos Santos. *Manual de direito administrativo*. 37. ed. São Paulo: Atlas, 2023. p. 863-864.
[170] CARVALHO FILHO, José dos Santos. *Manual de direito administrativo*. 37. ed. São Paulo: Atlas, 2023. p. 864.

empenhada e a despesa realizada, à conta dos mesmos créditos, e as dotações disponíveis.

Vale lembrar que tanto a fiscalização financeira quanto a orçamentária visam certificar a observância das normas gerais de Direito Financeiro contidas na Lei nº 4.320/1964, além dos ditames dos arts. 165 a 169 da CR/88, que trazem normas de Direito Financeiro e Orçamentário com hierarquia constitucional.

Como nos ensina Hely Lopes Meirelles,[171] "a administração financeira e orçamentária submete-se a maiores rigores de acompanhamento".

4.2.5.3 Fiscalização operacional

No campo do controle interno, a auditoria operacional assemelha-se a uma atividade de apoio ao gestor, visando ao aprimoramento da gestão administrativa. No contexto do setor público, vem "atuando sobre a gestão, seus programas governamentais e sistemas informatizados".[172]

Trata-se de modalidade fiscalizatória que tem por finalidade avaliar a eficácia da entidade em cumprir seus objetivos, programas e metas, e a observância dos princípios da eficiência e da economicidade na administração de seus recursos.

Nesse sentido, a referida fiscalização é uma verdadeira avaliação da efetividade da atuação pública. Tal avaliação pode ser geral ou específica.

Como resultado, em especial, de processos de auditoria operacional e de seu monitoramento, no ano de 2022, o Tribunal de Contas da União lançou o relatório intitulado *Lista de Alto Risco na Administração Pública Federal*. Nesse documento, o TCU elenca diversas áreas da administração pública federal nas quais foram identificados "riscos que podem comprometer tanto a qualidade dos serviços ofertados pelo governo quanto a eficácia das políticas públicas".[173]

O "alto risco" indicado pelo TCU no sobredito relatório decorre de fatores diversos, tais como vulnerabilidade à fraude, ao desperdício e à má gestão; além disso, revela "[...] problemas crônicos do país,

---

[171] MEIRELLES, Hely Lopes. *Direito administrativo brasileiro*. 32. ed. atual. por Eurico de Andrade Azevedo, Délcio Balestero Aleixo e José Emmanuel Burle Filho. São Paulo: Malheiros, 2006. p. 703.

[172] JUND, Sergio. *Administração, orçamento e contabilidade pública*. 3. ed. Rio de Janeiro: Elsevier, 2008. p. 678.

[173] BRASIL. Tribunal de Contas da União. *Lista de alto risco da administração pública federal*. Brasília: TCU, 2022.

sobre os quais o Tribunal já realizou diversas ações, mas não observou progresso satisfatório para a sua solução".[174]

Para se ter ideia, apenas na área temática de "gestão de obras paralisadas", o TCU verificou que "37% das obras públicas federais que deveriam estar em andamento encontram-se paralisadas". Os fatores dessa distorção são múltiplos, podendo ser ressaltados aqueles que talvez sejam mais graves, a exemplo das deficiências de projeto, que evidenciam sobretudo o mal planejamento, e a existência de sistemas de informação e gerenciamento de obras pouco confiáveis, incompletos e insuficientes para subsidiar boas decisões dos gestores públicos. Nesse sentido, o TCU estima R$144 bilhões em obras paralisadas, em meio a investimentos previstos de R$725 bilhões.[175]

Segundo José dos Santos Carvalho Filho,[176] a fiscalização operacional:

> [...] incide sobre a execução das atividades administrativas em geral, verificando-se notadamente a observância dos procedimentos legais para cada fim, bem como a necessidade de sua adequação à maior celeridade, eficiência e economicidade.

4.2.5.4 Fiscalização patrimonial

A finalidade dessa fiscalização é verificar a evolução dos bens e direitos, além das obrigações do órgão público, no que se refere a aquisições, baixas e mutações dos elementos patrimoniais. Segundo José dos Santos Carvalho Filho,[177] "o controle patrimonial recai sobre os bens do patrimônio público, exigindo-se que sejam fiscalizados os almoxarifados, os bens em estoque, os bens de uso, os bens consumíveis etc.".

Nessa linha, os bens públicos se adquirem por compra e venda, doação, permuta, bem como por desapropriação, entre outras maneiras.

Já a alienação de bens públicos está subordinada à existência de interesse público devidamente justificado, sendo precedida de avaliação

---

[174] BRASIL. Tribunal de Contas da União. *Lista de alto risco da administração pública federal.* Brasília: TCU, 2022.

[175] BRASIL. Tribunal de Contas da União. *Lista de alto risco da administração pública federal.* Brasília: TCU, 2022. p. 83.

[176] CARVALHO FILHO, José dos Santos. *Manual de direito administrativo.* 37. ed. São Paulo: Atlas, 2023. p. 864.

[177] CARVALHO FILHO, José dos Santos. *Manual de direito administrativo.* 37. ed. São Paulo: Atlas, 2023. p. 864.

e, no caso de bens imóveis, de prévia autorização legislativa, tal qual previsto nos arts. 76 e 77 da Lei nº 14.133/2021, nova Lei de Licitações e Contratos da administração pública.[178] Referidos dispositivos legais cuidam ainda das hipóteses de dispensa de licitação.

Tais alienações podem ser feitas mediante dação em pagamento, doação, permuta e venda, entre outras maneiras. Nesse sentido, a Lei nº 9.636/1998[179] trata, entre outros assuntos, da alienação de imóveis da União.

O ministro do TCU Marcus Bemquerer,[180] em acórdão do ano de 2011, alerta que a dispensa de licitação com base no art. 17, I, da Lei nº 8.666/1993 só se dará quando as especificidades do imóvel a ser adquirido forem essenciais ao alcance da finalidade pública à qual será destinado, não se aplicando ao caso de permuta de terreno pertencente à administração pública por unidades imobiliárias a serem nele construídas futuramente. Em sentido semelhante, cita-se o enunciado do Acórdão nº 6.259.2011 – Segunda Câmara, segundo o qual

> A dispensa de licitação para a aquisição de imóvel necessita da comprovação de sua destinação ao atendimento das finalidades precípuas da entidade, pois caso o imóvel seja destinado à realização de atividades acessórias, a aquisição deveria ter sido precedida de procedimento licitatório.[181]

Quanto à contabilização patrimonial, é possível verificar que, segundo o art. 86 da Lei nº 4.320/1964, a escrituração sintética das operações patrimoniais efetuar-se-á pelo método das partidas dobradas, segundo o qual a cada débito corresponde um crédito no mesmo valor,

---

[178] BRASIL. Presidência da República. *Lei nº 14.133*, de 1º de abril de 2021. Lei de Licitações e Contratos Administrativos. Disponível em: www.planalto.gov.br/ccivil_03/_ato2019-2022.2021/lei/l14133.htm. Acesso em: 4 maio 2023.

[179] BRASIL. Presidência da República. *Lei nº 9.636*, de 15 de maio de 1998. Dispõe sobre a regularização, administração, aforamento e alienação de bens imóveis de domínio da União, altera dispositivos dos Decretos-Lei nºs 9.760, de 5 de setembro de 1946, e 2.398, de 21 de dezembro de 1987, regulamenta o §2º do art. 49 do Ato das Disposições Constitucionais Transitórias, e dá outras providências. Brasília: Presidência da República, 1998.

[180] BRASIL. Tribunal de Contas da União. Acórdão nº 2.853. Processo nº 003.857.2011-5. Rel. min. Marcos Bemquerer. Vide data do DOU, na ATA 44 – Plenário, de 25.10.2011. Também nesse sentido, em recente decisão: BRASIL. Tribunal de Contas da União. Segunda Câmara. Acórdão nº 5.498.2014. Processo nº 000.218.2011-1. Rel. min. Raimundo Carreiro. Ata nº 38.2014, de 21.10.2014.

[181] BRASIL. Tribunal de Contas da União. Segunda Câmara. Acórdão nº 6.259/2011. Rel.: ministro substituto André de Carvalho. Data da sessão: 16.8.2011.

quando do registro contábil. Também acerca do controle patrimonial, observa-se haver dispositivos legais insculpidos nos arts. 94 a 98 da referida lei que determinam, em síntese, o registro analítico e sintético dos bens móveis e imóveis, o registro das receitas patrimoniais, o inventário de bens e a escrituração pormenorizada da dívida fundada, com individuação e especificações que permitam sempre verificar a posição dos empréstimos e os encargos de amortização e juros.

CAPÍTULO 5

CONTROLE GERENCIAL

Os temas ligados à administração pública gerencial, ao controle de resultados e ao princípio da eficiência têm relação direta com a qualidade de vida da população. O sistema de controle gerencial visa garantir o retorno à sociedade por meio da qualidade na gestão da coisa pública, evitando-se perdas por improdutividade e desperdício de recursos públicos, além do aspecto meramente formal, dando um aspecto substancial ao controle por meio da aferição da qualidade da gestão.

O Direito Administrativo sofreu significativas modificações nos últimos anos em razão de sucessivas alterações constitucionais e legais, sobretudo a partir da Reforma do Estado promovida na década de 90 do século XX.

A partir desse marco jurídico-político, aliado à promulgação da Constituição da República de 1988, sobressaiu "nova concepção de controle, fulcrado na gestão gerencial e no princípio da eficiência".[182]

O Plano Diretor da Reforma do Aparelho do Estado de 1995[183] prestigiou os valores da eficiência e qualidade na prestação dos serviços públicos, assim como o desenvolvimento de uma cultura gerencial nas organizações. Justificou-se o estabelecimento do paradigma gerencial pela exigência de "formas flexíveis de gestão, horizontalização de estruturas, descentralizações de funções, incentivos à criatividade.

---

[182] CASTRO, Rodrigo Pironti Aguirre de. Sistema de controle interno: perspectiva gerencial e o princípio da eficiência. *A&C – Revista de Direito Administrativo & Constitucional*, Belo Horizonte, ano 7, n. 30, p. 63-72, out./dez. 2007.

[183] BRASIL. Presidência da República. *Plano diretor da reforma do aparelho do estado*. Brasília: Câmara da Reforma do Estado, Ministério da Administração Federal e Reforma do Estado, 1995. p. 21. Disponível em: www.biblioteca.presidencia.gov.br/publicacoes-oficiais/catalogo/fhc/plano-diretor-da-reforma-do-aparelho-do-estado-1995.pdf. Acesso em: 16 jun. 2023.

Contrapõe-se à ideologia do formalismo e do rigor técnico da burocracia tradicional".[184]

No entanto, a comparação entre as benesses projetadas e os efeitos concretos decorrentes da reforma não é exatamente positiva, segundo alguns intérpretes. Retoma-se, nesse sentido, o entendimento de Lúcia Valle Figueiredo, que, citada por Rodrigo Pironti Aguirre de Castro,[185] erige a seguinte crítica:

> É de se perquirir o que muda com a inclusão do princípio da eficiência, pois, ao que se infere, com segurança, à *Administração Pública sempre coube agir com eficiência em seus cometimentos.* Na verdade, no novo conceito instaurado de Administração Gerencial, de "cliente", em lugar de administrado, o novo "clichê" produzido pelos reformadores, fazia-se importante, até para justificar perante o país as mudanças constitucionais pretendidas, trazer ao texto o princípio da eficiência.
> *Tais mudanças, na verdade, redundaram em muito pouco de substancialmente novo,* e em muito trabalho aos juristas para tentar compreender figuras emprestadas, sobretudo do Direito Americano, absolutamente diferente do Direito brasileiro.[186]

Em contraponto às críticas negativas feitas à reforma, Fernando Abrucio aponta alguns de seus resultados positivos, sobretudo quanto ao avanço dos instrumentos de gestão por resultados, no seguinte sentido:

> Qualquer que seja a avaliação que se tenha, o plano diretor foi de fato um grande divisor de águas e, em muitos casos, ainda é uma fonte de inspiração para quem quer entender não só as trilhas recentes das políticas públicas e de gestão pública no Brasil, mas também reformular as perguntas e estratégias de aperfeiçoamento do aparelho estatal brasileiro. [...]

---

[184] BRASIL. Presidência da República. *Plano diretor da reforma do aparelho do estado.* Brasília: Câmara da Reforma do Estado, Ministério da Administração Federal e Reforma do Estado, 1995. p. 23. Disponível em: www.biblioteca.presidencia.gov.br/publicacoes-oficiais/catalogo/fhc/plano-diretor-da-reforma-do-aparelho-do-estado-1995.pdf. Acesso em: 16 jun. 2023.

[185] FIGUEIREDO, Lúcia Valle. Controle da administração pública. São Paulo: Revista dos Tribunais, 1991 *apud* CASTRO, Rodrigo Pironti Aguirre de. Sistema de controle interno: perspectiva gerencial e o princípio da eficiência. *A&C – Revista de Direito Administrativo & Constitucional,* Belo Horizonte, ano 7, n. 30, p. 63-72, out./dez. 2007.

[186] FIGUEIREDO, Lúcia Valle. Controle da administração pública. São Paulo: Revista dos Tribunais, 1991 *apud* CASTRO, Rodrigo Pironti Aguirre de. Sistema de controle interno: perspectiva gerencial e o princípio da eficiência. *A&C – Revista de Direito Administrativo & Constitucional,* Belo Horizonte, ano 7, n. 30, p. 63-72, out./dez. 2007 (grifos nossos).

A mais bem-sucedida [...] foi a proposição de gestão por resultados, não tanto porque houve uma alteração imediata na organização da administração pública federal, reduzindo todos os burocratismos e excessos de procedimento que, diga-se de passagem, ainda persistem [...] Mesmo sem revolucionar o Estado brasileiro, *o plano diretor foi importante disseminador de instrumentos de gestão por resultados em todos os níveis de governo e em várias políticas públicas*, em aspectos como monitoramento, avaliação, planejamento estratégico e, em menor medida, mecanismos de contratualização.[187]

Portanto, como defende Rodrigo Pironti Aguirre de Castro, a argumentação de que o princípio da eficiência sempre foi tido como orientador da atividade administrativa, e que a concepção gerencial veiculada pela reforma administrativa apenas agregou esse conceito com foco secundário, não pode prosperar. Em suas palavras:

> Ora; a administração deve sim agir sempre de forma eficiente, porém, o que requer a nova concepção da eficiência administrativa é que esse princípio seja observado de forma privilegiada no atuar do gestor público, ou seja, que a eficiência oriente todos os demais conceitos constitucionais necessários ao bom desenvolvimento da atividade administrativa e ao alcance do resultado pretendido.[188]

Conforme argumenta Rodrigo Pironti, "[...] são indissociáveis os conceitos de Administração Pública gerencial, eficiência administrativa e controle de resultados na análise reformista brasileira",[189] sendo necessária a "precisa definição desses institutos, sobretudo no que tange ao regime jurídico administrativo, uma vez que fundado sob a égide das normas constitucionais".[190]

---

[187] ABRUCIO, Fernando Luiz. Uma viagem redonda: por que ainda discutimos o Plano Diretor da reforma do Aparelho do Estado 25 anos depois? *In:* CAVALCANTE, Pedro Luiz Costa; SILVA, Mauro Santos. *Reformas do estado no Brasil:* trajetórias, inovações e desafios. Brasília, DF: CEPAL; Rio de Janeiro: Ipea, 2020. p. 10 e 16 (grifos nossos).

[188] CASTRO, Rodrigo Pironti Aguirre de. Sistema de controle interno: perspectiva gerencial e o princípio da eficiência. *A&C – Revista de Direito Administrativo & Constitucional,* Belo Horizonte, ano 7, n. 30, p. 63-72, out./dez. 2007.

[189] CASTRO, Rodrigo Pironti Aguirre de. Sistema de controle interno: perspectiva gerencial e o princípio da eficiência. *A&C – Revista de Direito Administrativo & Constitucional,* Belo Horizonte, ano 7, n. 30, p. 63-72, out./dez. 2007.

[190] CASTRO, Rodrigo Pironti Aguirre de. Sistema de controle interno: perspectiva gerencial e o princípio da eficiência. *A&C – Revista de Direito Administrativo & Constitucional,* Belo Horizonte, ano 7, n. 30, p. 63-72, out./dez. 2007.

Por outro lado, embora seja usual a visão de que a reforma buscou tão somente aproximar os modelos de gestão pública e privada, em perspectiva gerencialista, sobretudo no que toca à eficiência, há outras nuances do tema que precisam ser destacadas, defende Fernando Abrucio, *in verbis*:

> [...] muitas vezes se imagina que o plano diretor teve como parâmetro internacional um modelo de puro gerencialismo, tal qual nas origens do governo Margaret Thatcher, em particular. Não me parece que isso seja verdadeiro historicamente, e nem seus autores intelectuais concordam com essa classificação. [...]
> Desenhado o contexto reformista, é essencial entender o sentido e o alcance do plano diretor como uma proposta ampla e, mais importante, sistêmica de se pensar a reforma do Estado, da sociedade civil e do mercado [...]. Com base nessa visão, a Reforma Bresser misturava ideários presentes em outras agendas (democrática, social e econômica) com um modelo de gestão que combinava formas de profissionalização da burocracia com uma concepção e instrumentos mais próximos de uma NPM híbrida de gerencialismo e consumerismo, ao qual se somava uma forte preocupação republicana com o lugar dos cidadãos na esfera pública [...].
> Entre o ideário e a prática de qualquer reforma há, sempre, variações na prioridade e na capacidade de implementação. *Classificar o plano diretor como um mero mimetismo de reformas gerencialistas – apesar de o nome gerencial ter sido adotado pelo próprio Bresser – não condiz com as ideias inscritas no documento e no processo reformista que efetivamente ocorreu.*[191]

De qualquer forma, com a Emenda Constitucional nº 19/1998, materialização jurídica da reforma administrativa, o princípio da eficiência foi incorporado ao rol dos princípios reitores da administração pública, conforme o *caput* do art. 37 da Constituição da República de 1988.

Por considerá-lo um princípio de complexa assimilação na prática administrativa, estudiosos se esforçam para construir significados que assegurem sua aplicação concreta. A propósito, vale destacar a lição de Onofre Alves Batista Júnior, para quem eficiência administrativa é:

---

[191] ABRUCIO, Fernando Luiz. Uma viagem redonda: por que ainda discutimos o Plano Diretor da reforma do Aparelho do Estado 25 anos depois? *In:* CAVALCANTE, Pedro Luiz Costa; SILVA, Mauro Santos. *Reformas do estado no Brasil*: trajetórias, inovações e desafios. Brasília, DF: CEPAL; Rio de Janeiro: Ipea, 2020. p. 15 (grifos nossos).

[...] um princípio jurídico que provoca, para a AP, um dever positivo de atuação otimizada, considerando os resultados da atividade exercida, bem como a adequação da relação entre os meios e os fins que se pretende alcançar.[192]

Para Rodrigo Pironti, que cita Serge Alecian e Dominique Foucher, a eficiência pode ser entendida como "medida da amplitude dos meios disponibilizados para atingir um objetivo (= relação entre o resultado obtido e os meios disponibilizados para atingi-lo)".[193]

Na busca pela definição jurídica do termo, José Afonso da Silva[194] revela que a eficiência administrativa "consiste na organização racional dos meios e recursos humanos, materiais e institucionais para a prestação dos serviços públicos de qualidade em condições econômicas de igualdade dos consumidores". O autor menciona, ainda, que seria a eficiência intrínseca à noção de boa administração, ou seja, da "correta gestão dos negócios públicos e manejo dos recursos públicos".

Por sua vez, Alexandre de Moraes conceitua o princípio da eficiência como aquele que "impõe à administração pública direta e indireta e a seus agentes [...] a melhor utilização possível dos recursos públicos, de maneira a evitarem-se desperdícios e garantir-se maior rentabilidade social".[195]

Diogo Figueiredo Moreira Neto, a seu turno, define eficiência como "uma exigência ética a ser atendida, no sentido weberiano de resultados e como uma característica jurídica exigível, de boa administração dos interesses públicos".[196] Portanto, na gestão de recursos públicos escassos, a adoção da eficiência visa à maximização na utilização de recursos humanos e materiais, uma vez que "abandona-se a

---

[192] BATISTA JÚNIOR, Onofre Alves. *Princípio constitucional da eficiência administrativa*. 2. ed. rev. e atual. Belo Horizonte: Fórum, 2012. p. 99 e 113.

[193] ALECIAN, Serge; FOUCHER, Dominique. Guia de gerenciamento no setor público. Rio de Janeiro: Revan, 2001. p. 392 *apud* CASTRO, Rodrigo Pironti Aguirre de. Sistema de controle interno: perspectiva gerencial e o princípio da eficiência. *A&C – Revista de Direito Administrativo & Constitucional*, Belo Horizonte, ano 7, n. 30, p. 63-72, out./dez. 2007.

[194] SILVA, José Afonso da. *Curso de direito constitucional positivo*. 23. ed. São Paulo: Malheiros, 2004. p. 653.

[195] MORAES, Alexandre de. *Reforma administrativa:* Emenda Constitucional n. 19/98. 4. ed. São Paulo: Atlas, 2001. p. 144.

[196] MOREIRA NETO, Diogo de Figueiredo. *Curso de direito administrativo*. 13. ed. Rio de Janeiro: Forense, 2003. p. 103.

ideia de que a gestão da coisa pública basta ser eficaz, ou seja, consista apenas em desenvolver processos para produzir resultados".[197]

Para Egon Bockmann Moreira, o princípio da eficiência

> [...] deve ser concebido como estritamente vinculado aos demais princípios do *caput* do art. 37 da CF: legalidade, moralidade, impessoalidade e publicidade. [...] o princípio da eficiência dirige-se à maximização do respeito à dignidade da pessoa humana (CF, art. 1º).[198]

A partir dos conceitos apresentados, observa-se que o princípio constitucional da eficiência administrativa possui raízes não jurídicas, remontando, em suas origens, à ciência econômica[199] e à ciência da administração: desse último domínio, a eficiência incorporou a noção de ser uma "relação entre os recursos aplicados e o produto final obtido, ou seja, a razão entre o esforço e o resultado, entre o custo e o benefício resultante (relação entre meios e fins)".[200]

Sabendo-se que eficiência administrativa é princípio jurídico, sua interpretação não deve mimetizar ou importar acriticamente conceitos e premissas estranhos à ciência jurídica. Dessa forma, pode-se sintetizar as considerações realizadas até esse ponto da seguinte maneira:

> A eficiência administrativa, expressamente prevista na CRFB/88 como norma dotada de imperatividade material, traduz, no Estado Democrático de Direito, um mandamento de otimização, pela AP, da satisfação das necessidades e interesses sociais, econômicos e culturais da coletividade. Entremeia o sistema jurídico com o valor da igualdade material, juridicizando, para a AP, a necessidade de otimização da aplicação dos meios e recursos para o melhor alcance e satisfação possível do bem comum. [...]
> A ideia de eficiência não se limita a assentar um dever de boa administração, mas juridiciza um princípio, isto é, um critério diretivo de

---

[197] MOREIRA NETO, Diogo. Curso de direito administrativo. 13. ed. Rio de Janeiro: Forense, 2003. p. 103 *apud* CASTRO, Rodrigo Pironti Aguirre de. Sistema de controle interno: perspectiva gerencial e o princípio da eficiência. *A&C – Revista de Direito Administrativo & Constitucional*, Belo Horizonte, ano 7, n. 30, p. 63-72, out./dez. 2007.

[198] MOREIRA, Egon Bockmann. *Processo administrativo*: princípios constitucionais e a lei 9.784.1999. São Paulo: Malheiros, 2003p. 141-142.

[199] Onde se reporta à "relação técnica entre entradas e saídas", de acordo com Onofre Alves Batista Júnior em BATISTA JÚNIOR, Onofre Alves. *Princípio constitucional da eficiência administrativa*. 2. ed. rev. e atual. Belo Horizonte: Fórum, 2012. p. 92.

[200] BATISTA JÚNIOR, Onofre Alves. *Princípio constitucional da eficiência administrativa*. 2. ed. rev. e atual. Belo Horizonte: Fórum, 2012. p. 91-93.

atuação de toda a AP, dotado de substância jurídica, conteúdo próprio e identidade, exprimindo sua determinabilidade em face das situações concretamente caracterizadas, sendo, pois, determinável sem perder, entretanto, sua carga de abstração e generalidade.[201]

Ampliando os conceitos trazidos pelos autores citados e delimitando de maneira ampla o tema da eficiência administrativa, Emerson Gabardo diverge da possibilidade de redução do princípio da eficiência a mero cumprimento formal de uma atividade e ressalta que

> [...] a eficiência não pode ser reduzida a um princípio de cumprimento de objetivos formais. Aliás, ao contrário, parece ser perfeitamente possível arguir a ineficiência de um ato por cumprir suas metas. Seria o caso, por exemplo, da adoção de metas em um contrato de gestão firmado entre entes da Administração, mas que no momento de seu cumprimento não mais estejam de acordo com a eficiência administrativa, que é vetor geral da atividade pública.[202]

Para Gustavo Justino Oliveira,[203] como forma de marcar ideologicamente a oposição e superação da administração burocrática, ocorreu a "entronização da Administração Pública gerencial, fundada na eficiência como meio de maximização de resultados".

Em síntese, o modelo gerencial no Brasil não busca excluir nem tem o condão de sobrepor-se ao modelo burocrático, ao contrário; muito embora já seja aplicado em vários cenários desse novo contexto de administração, tem ainda caráter residual, constituindo-se numa projeção da administração pública, modelo ainda ideal e não acabado.

Sinaliza o modelo gerencial, pois, para uma evolução no modelo de gestão dominante, incluindo técnicas e metodologias que agregam eficiência na gestão da coisa pública.

Odete Medauar, com vistas a uma proposta de harmonização desses modelos e exaltação do controle da eficiência, ressalta que a redução da responsabilidade e a rigidez da hierarquia administrativa

---

[201] BATISTA JÚNIOR, Onofre Alves. *Princípio constitucional da eficiência administrativa*. 2. ed. rev. e atual. Belo Horizonte: Fórum, 2012. p. 90-91.

[202] GABARDO, Emerson. *Princípio constitucional da eficiência administrativa*. Barueri: Manole, 2002. p. 143.

[203] OLIVEIRA, Gustavo Henrique Justino de. *O contrato de gestão na administração pública brasileira*. 2005. 522 p. Tese (Doutorado) – Universidade de São Paulo, São Paulo, 2005. p. 284.

são desfavoráveis ao controle[204] e propõe o que chama de *controle de gestão*, que, de maneira ampla, traduz exatamente o que se convencionou chamar de sistema de controle interno (SCI).[205]

Segundo Rodrigo Pironti, de cujas palavras se vale uma vez mais:

> O sistema de controle interno deve, pois, considerar todo o conjunto em que foi emanado o ato. Apenas dessa forma poderá atestar seu alcance e, por conseguinte, determinar se atingiu ou não seu ponto ótimo; em outras palavras, se foi ou não eficiente. [...] a atividade da Administração Pública não pode ser controlada ou avaliada em razão, apenas, de seus resultados, pois, em determinados momentos, a análise de cada etapa do desenvolvimento da ação administrativa demonstrará a melhor satisfação do interesse público pretendido.[206]

Nesse ponto, valemo-nos novamente das lições de Onofre Alves Batista Júnior, para quem o princípio da eficiência impõe "atuação administrativa atenta, flexível e dinâmica", que seja capaz de assegurar a observância dos diversos aspectos em que se desdobra o princípio,[207] tais como eficácia, economicidade, celeridade e presteza.

Além do mero controle de legalidade, é fundamental a necessidade do denominado controle substancial, ou de legitimidade, que impõe não apenas a implantação formal do sistema de controle interno, mas também o estabelecimento de parâmetros objetivos e a comprovação do cumprimento das metas por ele propostas. Por meio do exercício do controle gerencial será possível a real existência de controle na gestão pública brasileira, de modo a garantir a qualidade dos serviços públicos e a probidade na gestão.

---

[204] MEDAUAR, Odete. *Controle da administração pública*. São Paulo: Revista dos Tribunais, 1993. p. 47.

[205] Frise-se que essa ponderação se refere à tratativa do controle de gestão no âmbito da administração pública, ou seja, na relação *interna corporis* da administração, não sendo considerados para fins deste estudo eventuais interações externas ou influxos de qualquer outra esfera ou poder.

[206] CASTRO, Rodrigo Pironti Aguirre de. Sistema de controle interno: perspectiva gerencial e o princípio da eficiência. *A&C – Revista de Direito Administrativo & Constitucional*, Belo Horizonte, ano 7, n. 30, p. 63-72, out./dez. 2007.

[207] BATISTA JÚNIOR, Onofre Alves. *Princípio constitucional da eficiência administrativa*. 2. ed. rev. e atual. Belo Horizonte: Fórum, 2012. p. 175.

CAPÍTULO 6

COISA JULGADA ADMINISTRATIVA

A coisa julgada encontra previsão no art. 5º, inciso XXXVI, da Constituição da República de 1988. Portanto, está inscrita no rol dos direitos e garantias fundamentais que têm aplicação imediata por força do art. 5º, §1º, da Constituição da República e constituem cláusulas pétreas, nos termos do art. 60, §4º, IV, da CR/88.

Há que distingui-la da coisa julgada judicial, que, na lição de José dos Santos Carvalho Filho,[208] "é própria da função jurisdicional do Estado, função essa que tem o objetivo de autorizar que o juiz aplique a lei ao caso concreto".

Partindo-se desse enfoque, é possível observar que coisa julgada, ou *res judicata*, é gênero do qual derivam duas espécies:
    1) a coisa julgada judicial, que é a coisa julgada propriamente dita;
    2) a coisa julgada administrativa, que é a coisa julgada imprópria.

Enquanto a primeira é dotada de definitividade, a segunda pode, em princípio, ser revista pelo Poder Judiciário, por implicação do princípio da inafastabilidade do controle judicial, consagrado no art. 5º, inciso XXXV, da Constituição da República.

Assim, a coisa julgada administrativa representa meramente o esgotamento da possibilidade de modificação de uma decisão no âmbito administrativo. Na lição de Celso Antônio Bandeira de Mello, trata-se da:

> [...] situação sucessiva a algum ato administrativo em decorrência do qual a Administração fica impedida não só de retratar-se dele na esfera administrativa, mas também de questioná-la judicialmente. Vale dizer: a

---
[208] CARVALHO FILHO, José dos Santos. *Manual de direito administrativo.* 19. ed. rev., atual. e ampl. Rio de Janeiro: Lumen Juris, 2008. p. 858.

chamada "coisa julgada administrativa" implica, para ela, a definitividade dos efeitos de uma decisão que haja tomado.[209]

Cuida-se, portanto, de instituto intimamente ligado à segurança jurídica, à lealdade e à boa-fé na esfera administrativa.[210] Sobre o tema, o art. 56 da Lei do Processo Administrativo Federal, Lei nº 9.784/1999, trazido a título de exemplo, estipula que das decisões administrativas cabem recursos em face de razões de legalidade e de mérito. Porém, verifica-se que a recorribilidade tem um limite sem o qual o cidadão estaria indefinidamente sujeito a esperar a confirmação, modificação, anulação ou revogação, total ou parcial, da decisão recorrida. Assim, é justamente por meio desses limites de recorribilidade e retratabilidade que se compreende a coisa julgada administrativa.

Foi nesse sentido que, em âmbito infraconstitucional, a Lei Federal nº 9.784/1999 determinou, em seu artigo 57, que "o recurso administrativo tramitará no máximo por três instâncias administrativas, salvo disposição legal diversa". Dessa maneira, após o escoamento das possibilidades de impugnação por meio das instâncias administrativas, torna-se, via de regra, impossível que haja modificação da decisão em âmbito administrativo, daí decorrendo a expressão de que se trata.

Sob esse prisma, também é interessante colher a lição de Celso Antônio Bandeira de Mello, para quem:

> A coisa julgada administrativa, consoante entendemos, diz respeito unicamente a situações nas quais a Administração haja decidido contenciosamente determinada questão – isto é, em que tenha formalmente assumido a posição de aplicar o Direito a um tema litigioso.[211]

Segundo o autor, "toda vez que a Administração decidir um dado assunto em última instância, de modo contencioso, ocorrerá a chamada 'coisa julgada administrativa'".[212]

---

[209] MELLO, Celso Antônio Bandeira de. *Curso de direito administrativo*. 34. ed. rev. e atual. até a Emenda Constitucional 99, de 14.12.2017. São Paulo: Malheiros, 2019. p. 471.

[210] MELLO, Celso Antônio Bandeira de. *Curso de direito administrativo*. 34. ed. rev. e atual. até a Emenda Constitucional 99, de 14.12.2017. São Paulo: Malheiros, 2019. p. 473.

[211] MELLO, Celso Antônio Bandeira de. *Curso de direito administrativo*. 34. ed. rev. e atual. até a Emenda Constitucional 99, de 14.12.2017. São Paulo: Malheiros, 2019. p. 472.

[212] MELLO, Celso Antônio Bandeira de. *Curso de direito administrativo*. 34. ed. rev. e atual. até a Emenda Constitucional 99, de 14.12.2017. São Paulo: Malheiros, 2019. p. 472.

Nesse passo, é importante ressalvar que a existência da "coisa julgada administrativa" não inviabiliza absolutamente que a administração pública venha a exercer sua competência revisora em hipóteses excepcionais, como no caso de surgimento de novas provas. É o que se verifica no art. 65, *caput*, da Lei nº 9.784/1999, no caso de sanções cujos processos administrativos "poderão ser revistos, a qualquer tempo, a pedido ou de ofício, quando surgirem fatos novos ou circunstâncias relevantes suscetíveis de justificar a inadequação da sanção aplicada".

Bandeira de Mello[213] argumenta que a "coisa julgada administrativa" diz respeito tão somente aos atos ampliativos de direitos, por tratar-se de "[...] instituto que cumpre uma função de garantia dos administrados e que concerne ao tema da segurança jurídica estratificada já na própria órbita da Administração".

Assim, na situação excepcional de revisão de processos sancionatórios, a decisão administrativa final pode deixar de prevalecer, merecendo registro o fato de que a revisão mencionada no art. 65 da Lei nº 9.784/1999 se processa em autos apartados, por meio de novo processo administrativo. Vale destacar, ainda, que, nos termos do parágrafo único do art. 65 da Lei, a revisão do processo não poderá resultar no agravamento da sanção: cuida-se da vedação à *reformatio in pejus*, da qual se tratará com maior detalhamento adiante.

Finalmente, é de se observar que o Superior Tribunal de Justiça[214] já decidiu pela não prevalência da coisa julgada administrativa no caso de inadequação da sanção aplicada.

---

[213] MELLO, Celso Antônio Bandeira de. *Curso de direito administrativo*. 34. ed. rev. e atual. até a Emenda Constitucional 99, de 14.12.2017. São Paulo: Malheiros, 2019. p. 471.

[214] BRASIL. Superior Tribunal de Justiça. Mandado de Segurança nº 1.495/DF. Rel. min. Hamilton Carvalhido. Julg. em 13.12.2010. *DJe* 1.2.2011. No mesmo sentido: BRASIL. Superior Tribunal de Justiça. Recurso Especial nº 1.410.521/PE (2013/0345297-1). Rel. min. Gurgel de Faria. Julg. em 27.3.2017. *DJe* 3.4.2017.

CAPÍTULO 7

DECADÊNCIA E PRESCRIÇÃO ADMINISTRATIVAS[215]

O instituto da prescrição, relativo à atuação da administração perante o administrado, é assim definido por Maria Sylvia Zanella Di Pietro:

> Em diferentes sentidos costuma-se falar em prescrição administrativa: ela designa, de um lado, a perda do prazo para recorrer de decisão administrativa; de outro, significa a perda do prazo para que a Administração reveja os próprios atos; finalmente, indica a perda do prazo para aplicação de penalidades administrativas.[216]

Modernamente se reconhece o princípio da segurança jurídica como um dos princípios norteadores da administração pública. Embora não esteja previsto textualmente na Constituição de 1988, o princípio da segurança jurídica é extraível, por exemplo, da norma contida no artigo 5º, inciso XXXVI, da CR/88.[217] Consta, ainda, do *caput* do art. 2º da Lei Federal nº 9.784/1999 e do *caput* do art. 5º da Lei nº 14.133/2021,

---

[215] O conteúdo deste capítulo 7, incluindo seus subitens 7.1 e 7.2, se baseia no item 6 do capítulo 15 da obra *Curso prático de direito administrativo*, ora atualizado, cuja referência completa é a seguinte: MOURÃO, Licurgo; FERREIRA, Diogo; CASTRO, Rodrigo Pironti Aguirre de. Capítulo 15 – Controle da administração pública. p. 1009-1139. *In*: MOTTA, Carlos Pinto Coelho (coord.). *Curso prático de direito administrativo*. 3. ed. rev., atual. e ampl. Belo Horizonte: Del Rey, 2011.

[216] DI PIETRO, Maria Sylvia. *Direito administrativo*. 36. ed. Rio de Janeiro: Forense, 2023. p. 921.

[217] Art. 5º Todos são iguais perante a lei, sem distinção de qualquer natureza, garantindo-se aos brasileiros e aos estrangeiros residentes no País a inviolabilidade do direito à vida, à liberdade, à igualdade, à segurança e à propriedade, nos termos seguintes: [...] XXXV - a lei não excluirá da apreciação do Poder Judiciário lesão ou ameaça a direito.

neste caso, como diretriz específica para a interpretação e aplicação das normas gerais de licitação e contratação para a administração pública.

De modo a preservar o interesse público, necessário será, muitas vezes, promover a ponderação entre princípios constitucionais proeminentes que incidem no ato sindicado em concreto. Tal ponderação poderá implicar o reconhecimento de que os atos administrativos tenham seus efeitos jurídicos preservados, propiciando a estabilização das relações constituídas, embora haja o reconhecimento da existência de máculas ou vícios. Nesse sentido, assim se posiciona Juarez Freitas[218] ao lecionar que "[...] a Administração Pública deve zelar pela estabilidade e pela ordem nas relações jurídicas como condição para que se cumpram as finalidades do ordenamento".

Veja-se que a orientação de resguardar a segurança jurídica na aplicação do direito, sempre que possível, vem ganhando proeminência, de modo a inspirar regra da Lei de Introdução às Normas do Direito Brasileiro, com o seguinte teor: "As autoridades públicas devem atuar para aumentar a segurança jurídica na aplicação das normas, inclusive por meio de regulamentos, súmulas administrativas e respostas a consultas".[219]

Mesmo que irregularidades cometidas venham a ser consideradas sanadas, essa será uma das funções estabilizadoras do Direito, posto que as relações com o administrado não podem estar sujeitas a permanentes sobressaltos, vez que "[...] sem estabilidade não há justiça, nem paz, tampouco respeito às decisões administrativas".[220]

Claro que em um sistema de normas constituído por regras e princípios constitucionais em constante e necessária transformação, que refletem uma sociedade dinâmica e heterogênea, inevitáveis são os conflitos entre as espécies normativas, o que reclama a adoção de critérios capazes de resolvê-los e salvaguardar a unidade e a coerência do ordenamento jurídico, como já afirmamos.[221]

---

[218] FREITAS, Juarez. *O controle dos atos administrativos e os princípios fundamentais*. 3. ed. São Paulo: Malheiros, 2004. p. 62-75.

[219] Art. 30, *caput*, do Decreto-Lei nº 4.657, de 4 de setembro de 1942, que veicula a Lei de Introdução às Normas do Direito Brasileiro.

[220] FREITAS, Juarez. *O controle dos atos administrativos e os princípios fundamentais*. 3. ed. São Paulo: Malheiros, 2004. p. 62-75.

[221] MOURÃO, Licurgo. Prescrição e decadência: emanações do princípio da segurança jurídica nos processos sob a jurisdição dos Tribunais de Contas. *Revista do Tribunal de Contas do Estado de Minas Gerais*, ano XXVII, v. 71, n. 2, p. 29-62, abr./jun. 2009. p. 31.

Não se deve olvidar que a atividade administrativa não pode ser realizada de modo ilimitado, mesmo a de controle, expondo o cidadão a uma onipotência e supremacia estatais, tal qual já nos advertia Thomas Hobbes em seu *Leviatã*.[222]

Nesse ponto, vale reproduzir a lição de Irene Nohara, que, citando ensinamento de Gilmar Mendes, realça que:

> O princípio da segurança jurídica [...] impõe limites à possibilidade de a Administração anular atos administrativos não apenas em face de direitos subjetivos (efeitos favoráveis) regularmente gerados, mas também no interesse em proteger a boa-fé e a confiança [...] dos administrados.[223]

No Brasil, a exegese que privilegia a prevalência do princípio da segurança jurídica em face dos demais princípios incidentes, entre eles o da estrita legalidade, quando do exercício do controle da administração pública, foi consolidada no seio da Suprema Corte brasileira.

Nesse sentido, destaca-se decisão prolatada pelo STF, em 21.3.2017, nos autos do Mandado de Segurança nº 32.201,[224] no qual o relator, ministro Luís Roberto Barroso, ao defender a aplicação da Lei nº 9.783/1999 à atividade sancionatória do Tribunal de Contas da União, inclusive no que concerne ao regime da prescrição, evocou a segurança jurídica, nos seguintes termos:

> A solução que se afigura mais adequada, a meu ver, não é a criação de um regime híbrido para regular a prescrição da pretensão administrativa sancionadora exercida pelo TCU, mas a aplicação integral da regulação estabelecida pela Lei nº 9.783.1999. [...] essa lei regulamenta, de modo genérico, a prescrição relativa à ação punitiva pela Administração Pública Federal, direta e indireta, "no exercício do poder de polícia". A razão de ser da norma é impedir que as pessoas submetidas ao poder de polícia fiquem eternamente sujeitas à possibilidade de aplicação de sanções administrativas. No caso concreto, examina-se a aplicação de multa pelo TCU àqueles submetidos à sua fiscalização. Também em relação a estas pessoas, *o princípio da segurança jurídica impõe a extinção da pretensão punitiva em razão do decurso de tempo*. Como já reconhecido

---

[222] HOBBES, Thomas. *Leviatã*. São Paulo: Martin Claret, 2006.
[223] NOHARA, Irene Patrícia. Cap. XIV. Da anulação, revogação e convalidação – Art. 54. *In*: NOHARA, Irene Patrícia; MARRARA, Thiago. *Processo administrativo*: Lei nº 9.784/1999. 2. ed. rev., atual. e ampl. São Paulo: Thomson Reuters Brasil, 2018. p. 431.
[224] BRASIL. Supremo Tribunal Federal. Primeira Turma. Mandado de Segurança nº 32.201. Relator: min. Roberto Barroso. Julgamento em: 21.3.2017. Publicação: 7.8.2017 (grifos nossos).

pela doutrina há bastante tempo, a alegação de uma suposta "relação de sujeição especial" com a Administração Pública não pode servir de subterfúgio retórico para a violação de direitos fundamentais.

Júlio César da Costa Silveira,[225] em sua revisão da literatura de grandes juristas, entre eles Almiro do Couto e Silva e Mauro Roberto Gomes de Mattos, salienta que o princípio da segurança jurídica, ante a boa-fé dos administrados, proporciona ampla utilização dos vetustos postulados da decadência e da prescrição no âmbito do controle da administração pública, "[...] desde que inocorrendo qualquer conduta eivada de má-fé dos administrados interessados, ou eventualmente beneficiados por tal inação administrativa".

Nesse sentido, nos adverte Roberto Dromi,[226] ao comentar as relações jurídicas administrativas dentro do processo administrativo, que o propósito é dar estabilidade ao ato administrativo, não impugnado dentro de um prazo de decadência, de modo a que não fiquem sujeitos à eventualidade de sua revogação ou anulação, excetuando-se os atos administrativos declarados inconstitucionais.

7.1 Decadência e segurança jurídica

À luz do princípio da segurança jurídica, começou-se a invocar a ampliação do campo de incidência do instituto da decadência administrativa (previsto no art. 54 da Lei Federal nº 9.784/1999), para além da esfera administrativa interna, alcançando também os agentes responsáveis pelo controle. Dispõe o referido artigo[227] que decai em cinco anos o direito de a administração anular os atos administrativos de que decorram efeitos favoráveis para os destinatários, salvo comprovada má-fé.

---

[225] SILVEIRA, Júlio César Costa. *Da prescrição administrativa e o princípio da segurança jurídica*: significado e sentido. 2005. 412 p. Tese (Doutorado em Direito) – Setor de Ciências Jurídicas, Universidade Federal do Paraná, Curitiba, 2005. p. 135.

[226] DROMI, Roberto. *Derecho Administrativo*. Buenos Aires; Madrid: Hispania Libros, 2009. p. 1202-1203.

[227] BRASIL. Presidência da República. *Lei nº 9.784*, de 29 de janeiro de 1999. Regula o processo administrativo no âmbito da Administração Pública Federal. Brasília: Presidência da República, Casa Civil, 2010.

Afirmamos[228] que o poder-dever de invalidação dos atos administrativos não é absoluto e encontra limites determinados por outros princípios norteadores da atividade administrativa, notadamente aqueles que visam à garantia da segurança jurídica, à necessidade de estabilização das relações sociais, à proteção da confiança e da boa-fé de terceiros envolvidos.

A propósito do assunto, cita-se Irene Nohara, que, valendo-se da lição de Otto Bachof, realça que:

> [...] a prevalência do princípio da legalidade sobre a proteção da confiança só se dá quando a vantagem é obtida pelo destinatário por meios ilícitos por ele utilizados, com culpa sua, ou resulta de procedimento que gera sua responsabilidade. Nesses casos, não se pode falar em proteção à confiança do favorecido.[229]

Adverte-se, ademais, que, mesmo antes do advento da Lei Federal nº 9.784/1999, era ponto pacífico que à administração caberia rever os seus próprios atos, quando eivados de ilegalidade, conforme jurisprudência do Supremo Tribunal Federal consagrada nos enunciados das Súmulas nºs 346 e 473, ambas editadas na década de 1960, e também com fulcro na norma positivada decorrente, presente no art. 114 da Lei Federal nº 8.112/1990.

O princípio da segurança jurídica, em sua vertente do reconhecimento da aplicabilidade da decadência administrativa, delimita a possibilidade de o poder público exercer a autotutela e, assim, rever seus próprios atos inquinados de vício. Logo, o desempenho da autotutela administrativa é submetido a prazo. Conforme asseveram Floriano de Azevedo Marques Neto e Marina Zago:

> Decadência e autotutela administrativa são dois institutos fundantes para o ordenamento jurídico. Esta permite (ou impõe, como muitos defendem) que a administração pública anule seus atos viciados, retirando do ordenamento jurídico os atos que não cumpram os requisitos necessários para sua vigência e eficácia. Aquela, por sua vez, impõe um

---

[228] MOURÃO, Licurgo. Prescrição e decadência: emanações do princípio da segurança jurídica nos processos sob a jurisdição dos Tribunais de Contas. *Revista do Tribunal de Contas do Estado de Minas Gerais*, ano XXVII, v. 71, n. 2, p. 29-62, abr./jun. 2009, p. 51.

[229] NOHARA, Irene Patrícia. Cap. XIV. Da anulação, revogação e convalidação – Art. 54. In: NOHARA, Irene Patrícia; MARRARA, Thiago. *Processo administrativo*: Lei nº 9.784/1999. 2. ed. rev., atual. e ampl. São Paulo: Thomson Reuters Brasil, 2018. p. 431 (grifos nossos).

limite temporal ao exercício da autotutela, em atendimento à estabilidade e segurança das relações jurídicas.[230]

Os mesmos autores argumentam que a ideia de segurança jurídica constitui um dos "fundamentos mais elementares do direito como sistema normativo, garantindo a previsibilidade e certeza aos indivíduos". Nesse sentido, entre as diversas "acepções e derivações" da noção de segurança jurídica, sobressai a sua relação com a

> [...] proteção dos direitos subjetivos, diretamente relacionada com a noção de certeza e previsibilidade do direito. Devem-se proteger os direitos subjetivos em face da modificação do próprio direito vigente, notadamente em relação à sucessão das normas no tempo e à necessidade de assegurar a estabilidade dos direitos adquiridos.[231]

Almiro do Couto e Silva[232] sustenta que até mesmo atos inconstitucionais poderão ser alcançados pelo princípio da segurança jurídica. Segundo ele, "nulos apenas serão aqueles atos administrativos, inconstitucionais ou ilegais, marcados por vícios ou deficiências gravíssimas, desde logo reconhecíveis pelo homem comum, e que agridem em grau superlativo a ordem jurídica [...]".

A questão da tempestividade do controle impõe, portanto, profunda reflexão sobre o seu papel. Segurança jurídica é princípio basilar do Estado de Direito, tal como a legalidade. O cotejo entre ambos os princípios é dinâmico e não oferece respostas prontas. Há que ponderar, contudo, se até mesmo a mais flagrante inconstitucionalidade pode ser "regularizada" pelo transcurso do tempo, em prol da segurança jurídica, mas em direto confronto com a juridicidade.

---

[230] MARQUES NETO, Floriano de Azevedo; ZAGO, Marina Fontão. Decadência da autotutela administrativa: a proteção do ato administrativo e de seus efeitos jurídicos. *Revista de Direito Administrativo*, Rio de Janeiro, v. 281, n. 3, p. 117-142, set./dez. 2022.

[231] MARQUES NETO, Floriano de Azevedo; ZAGO, Marina Fontão. Decadência da autotutela administrativa: a proteção do ato administrativo e de seus efeitos jurídicos. *Revista de Direito Administrativo*, Rio de Janeiro, v. 281, n. 3, p. 117-142, set./dez. 2022.

[232] COUTO E SILVA, Almiro do. O princípio da segurança jurídica (proteção à confiança) no direito público brasileiro e o direito da administração pública de anular seus próprios atos administrativos: o prazo decadencial do art. 54 da Lei do Processo Administrativo da União (Lei nº 9.784/99). *Revista Eletrônica de Direito do Estado*, Salvador, n. 2, p. 58-59, abr./jun. 2005.

Raquel Melo Urbano[233] destaca a necessidade de a Lei de Introdução às Normas do Direito Brasileiro (LINDB), com as alterações promovidas pela Lei nº 13.655/2018, ser "integrada por uma interpretação que assegura uma vigência compatível com o texto constitucional", evitando-se, dessa forma, que atos nulos, inexistentes ou violadores de princípios constitucionais sejam preservados em benefício de uma aparente segurança jurídica.

Assim, diante da aparente dicotomia entre segurança jurídica e legalidade, vale colacionar os questionamentos elaborados por Fábio Henrique Falcone Garcia, que, citado por Raquel Melo Urbano, indaga:

> Poderiam os princípios constitucionais que regem a Administração Pública (CF/88), ser subjugados em um contexto fático desfavorável? Haveria meios de se convolar um ato ilícito, por violação de princípio, em ato válido? Mais que isso, como compatibilizar o dever hermenêutico com a teoria da invalidade de atos administrativos, notadamente quando nulos ou inexistentes?[234]

Observa-se, de outra perspectiva, que os avanços tecnológicos que permitem a atuação estatal, em amplo espectro, mais eficiente e célere, parecem ser a marca do Estado moderno. Tanto que os princípios da eficiência e da celeridade são norteadores da ação administrativa, postura coerente e convergente com os anseios mais profundos de uma sociedade que clama por mais qualidade na prestação dos serviços públicos, como afirmamos, *in verbis*:

> Essa busca por excelência na prestação de serviços públicos encontra respaldo na inserção do princípio da eficiência como elemento norteador de toda ação estatal, a teor da Emenda Constitucional n. 19/98 que o elevou ao patamar de princípio constitucional explícito, insculpido no *caput* do artigo 37 da Constituição Federal de 1988. Não sem surpresa,

---

[233] CARVALHO, Raquel Melo Urbano de. LINDB – artigo 22: O início de uma nova teoria das nulidades para os atos administrativos viciados? *Direito administrativo para todos*, 2019. Disponível em: http://raquelcarvalho.com.br/2019/10/08/lindb-artigo-22-o-inicio-de-uma-nova-teoria-das-nulidades-para-os-atos-administrativos-viciados/. Acesso em: 23 maio 2023.

[234] GARCIA, Fábio Henrique Falcone. Apontamentos sobre a (ir) racionalidade jurídica e a reforma da Lei de Introdução às Normas do Direito Brasileiro. Lei de Introdução às Normas do Direito Brasileiro – Anotada. Decreto-Lei nº 4.657, de 4 de setembro de 1942. *In:* CARVALHO, Raquel Melo Urbano de. LINDB – artigo 22: O início de uma nova teoria das nulidades para os atos administrativos viciados? *Direito administrativo para todos*, 2019. Disponível em: http://raquelcarvalho.com.br/2019/10/08/lindb-artigo-22-o-inicio-de-uma-nova-teoria-das-nulidades-para-os-atos-administrativos-viciados/. Acesso em: 23 maio 2023.

ainda hoje se verifica que há uma preponderância do órgão estatal frente aos interesses dos cidadãos, em razão de processos e fluxos internos tendentes a atender muito mais a necessidade de um rígido controle que, efetivamente, a necessidade do cidadão que ao Estado se dirige.[235]

A simplificação dos processos administrativos, mediante inserção de ferramentas advindas da tecnologia da informação, proporciona a discussão acerca das bases teóricas da propalada administração gerencial e dos reflexos da evolução estatal brasileira.

Eficiência, celeridade e efetividade ganham contornos mais nítidos em face da crescente importância, na teoria e na prática, das técnicas de inteligência artificial (IA). Segundo estudiosos, o emprego da inteligência artificial na gestão pública:

> [...] pode se mostrar uma fundamental ferramenta na formulação de políticas públicas. A partir de grandes bases de dados, *os algoritmos podem, por exemplo, identificar padrões de comportamento do contribuinte, reconhecer grupos populacionais que necessitam de cuidados específicos de saúde por apresentarem maior risco médico e contribuir para uma gestão pública mais eficiente em diversas outras situações.* Isso permite que os governos atuem de forma preditiva, ao invés de agir apenas em reação a determinada necessidade da população.[236]

Não se pode perder de vista que, entre o "otimismo exagerado e o alarmismo",[237] o propósito da utilização da inteligência artificial na gestão pública deve ser o de solucionar problemas da coletividade e de alcançar objetivos de interesse público. Não existe panaceia. Cabe enfatizar, nesse sentido, que:

---

[235] MOURÃO, Licurgo; ELIAS, Gustavo Terra; FERREIRA, Diogo Ribeiro. A imprescindibilidade da assinatura eletrônica, da assinatura mecânica e da certificação digital para a administração pública brasileira. *Revista do Tribunal de Contas do Estado de Minas Gerais*, v. 73, n. 4, p. 29-44, out./dez. 2009, p. 30-31 (grifos nossos).

[236] ARAÚJO, Valter Shuenquener de; ZULLO, Bruno Almeida; TORRES, Maurílio. *Big data*, algoritmos e inteligência artificial na administração pública: reflexões para a sua utilização em um ambiente democrático. *A&C – Revista de Direito Administrativo e Constitucional*, Belo Horizonte, ano 20, n. 80, p. 241-261, abr./jun. 2020. Grifamos

[237] ARAÚJO, Valter Shuenquener de; ZULLO, Bruno Almeida; TORRES, Maurílio. *Big data*, algoritmos e inteligência artificial na administração pública: reflexões para a sua utilização em um ambiente democrático. *A&C – Revista de Direito Administrativo e Constitucional*, Belo Horizonte, ano 20, n. 80, p. 241-261, abr./jun. 2020.

[...] o emprego de novas tecnologias pelo Estado pode implicar, em maior ou menor grau, a reconfiguração de algumas funções estatais. Potencialmente, a utilização massiva de tecnologia pode, até mesmo, redimensionar o tamanho do Estado tal como o concebemos até o dia de hoje. Nesse diapasão, a adoção de novos mecanismos, notadamente *o uso de inteligência artificial no contexto da chamada Big Data (que tem o potencial de aumentar exponencialmente o nível de eficiência na prestação de serviços públicos) pode acarretar, por exemplo, a revisão do quantitativo de agentes públicos que o Estado precisa ter para se desincumbir de determinadas tarefas*.[238]

No contexto da efetivação do princípio da eficiência, em razão da incorporação de soluções inovadoras, o reconhecimento da decadência administrativa, ainda assim, permitirá a preservação do interesse público por meio da manutenção de atos administrativos. Nesse sentido, refletindo acerca da extensão dos efeitos da incidência do princípio da segurança jurídica, a convalidar inclusive atos anuláveis, está a lição de Hely Lopes Meirelles,[239] citando os fundamentos presentes na obra de Almiro do Couto e Silva:

> O princípio da segurança jurídica é considerado como uma das vigas mestras da ordem jurídica, sendo, segundo J. J. Gomes Canotilho, um dos subprincípios básicos do próprio conceito do Estado de Direito. Para Almiro do Couto e Silva, um "dos temas mais fascinantes do Direito Público neste século é o crescimento da importância do princípio da segurança jurídica, entendido como princípio da boa-fé dos administrados ou da proteção da confiança. A ele está visceralmente ligada a exigência de maior estabilidade das situações jurídicas, mesmo daquelas que na origem apresentam vícios de ilegalidade." [...] Estudioso desse princípio, Almiro do Couto e Silva [...] ensina que, *"no Direito Público", não constitui uma excrescência ou uma aberração admitir-se a sanatória ou o convalescimento do nulo. Ao contrário, em muitas hipóteses o interesse público prevalecente estará precisamente na conservação do ato que nasceu viciado, mas que,* após, pela omissão do poder público em invalidá-lo, por prolongado período de tempo, *consolidou nos destinatários a crença firme na legitimidade do ato.*

---

[238] ARAÚJO, Valter Shuenquener de; ZULLO, Bruno Almeida; TORRES, Maurílio. *Big data, algoritmos e inteligência artificial na administração pública: reflexões para a sua utilização em um ambiente democrático*. *A&C – Revista de Direito Administrativo e Constitucional*, Belo Horizonte, ano 20, n. 80, p. 241-261, abr./jun. 2020 (grifos nossos).

[239] MEIRELLES, Hely Lopes. *Direito administrativo brasileiro*. 29. ed. São Paulo: Malheiros, 2004, p. 96-97 (grifos nossos).

Uma vez editado o ato administrativo que tenha tido o condão de acrescer o acervo de direitos do cidadão, de modo a ampliá-lo, permitindo sua incorporação ao *status* pessoal de cada interessado, restará impossível à administração pública anular os atos, sob pena de fulminar o princípio da segurança jurídica, no caso em concreto.

Tal tese encontra ressonância na Suprema Corte brasileira, ao refletir acerca da ponderação entre princípios constitucionais proeminentes, entre eles o da legalidade e o da segurança jurídica, sobretudo, nesse último caso, quanto ao aspecto da proteção da confiança.

De fato, nos autos do Recurso Extraordinário nº 636.553, que deu origem à tese consignada no Tema de Repercussão Geral nº 445,[240] colhe-se preciso entendimento veiculado em parecer de lavra da Procuradoria-Geral da República (PGR), nos seguintes termos:

> A proteção da confiança, enquanto um valor constitucional de ordem ético-jurídica e enquanto projeção subjetiva do princípio da segurança jurídica, *desautoriza o Poder Público de exercer o seu imperium para desconstituir ou anular situações desconformes com o postulado da legalidade administrativa, quando revestidas de aparência de legalidade, boa-fé e consolidadas no tempo por inércia do próprio ente público que as originou ou lhes deu causa*.[241]

O acórdão no Agravo Regimental em Recurso Extraordinário nº 601.215, relatado pelo ministro Celso de Mello, reforça tal entendimento, conforme o trecho transcrito a seguir:

> Na realidade, o postulado da segurança jurídica, enquanto expressão do Estado Democrático de Direito, mostra-se impregnado de elevado conteúdo ético, social e jurídico, projetando-se sobre relações jurídicas, mesmo as de direito público [...], em ordem a *viabilizar a incidência desse mesmo princípio sobre comportamentos de qualquer dos Poderes ou órgãos do Estado, para que se preservem, desse modo, situações já consolidadas no passado*.[242]

---

[240] Tese: "Em atenção aos princípios da segurança jurídica e da confiança legítima, os Tribunais de Contas estão sujeitos ao prazo de 5 anos para o julgamento da legalidade do ato de concessão inicial de aposentadoria, reforma ou pensão, a contar da chegada do processo à respectiva Corte de Contas". Disponível em: www.stf.jus.br. Acesso em: 25 maio 2023.

[241] BRASIL. Supremo Tribunal Federal. Tribunal Pleno. *Recurso Extraordinário nº 636.553*. Relator: min. Gilmar Mendes. Julgamento: 19.2.2020. Publicação: 26.5.2020. Peça n. 6. Manifestação da Procuradoria-Geral da República (grifos nossos).

[242] BRASIL. Supremo Tribunal Federal. Segunda Turma. *Agravo Regimental no Recurso Extraordinário nº 601.215*. Relator: min. Celso de Mello. Julgamento: 6.3.2012. Publicação: 21.2.2013 (grifos nossos).

Também o Superior Tribunal de Justiça, no julgamento do recurso em Mandado de Segurança nº 25.652/PB,[243] expõe o entendimento baseado no critério *alexyano* da ponderação de princípios, caso a caso, para a solução da demanda, com a preponderância do princípio da segurança jurídica sobre o da legalidade, do qual transcrevemos excerto *ipsis litteris*:

> 1. *O poder-dever da Administração de invalidar seus próprios atos encontra limite temporal no princípio da segurança jurídica, de* índole *constitucional, pela evidente razão de que os administrados não podem ficar indefinidamente sujeitos à instabilidade originada da autotutela do Poder Público.*
> [...]
> 3. A infringência à legalidade por um ato administrativo, sob o ponto de vista abstrato, sempre será prejudicial ao interesse público; por outro lado, quando analisada em face das circunstâncias do caso concreto, nem sempre sua anulação será a melhor solução. Em face da dinâmica das relações jurídicas sociais, haverá casos em que o próprio interesse da coletividade será melhor atendido com a subsistência do ato nascido de forma irregular.
> 4. *O poder da administração, destarte, não é absoluto, de forma que a recomposição da ordem jurídica violada está condicionada primordialmente ao interesse público. O decurso do tempo, em certos casos, é capaz de tornar a anulação de um ato ilegal claramente prejudicial ao interesse público, finalidade precípua da atividade exercida pela administração.*
> 5. *Cumprir a lei nem que o mundo pereça é uma atitude que não tem mais o abono da ciência jurídica, neste tempo em que o espírito da justiça se apoia nos direitos fundamentais da pessoa humana, apontando que a razoabilidade é a medida sempre preferível para se mensurar o acerto ou desacerto de uma solução jurídica.*
> [...]
> 7. A singularidade deste caso o extrema de quaisquer outros e impõe a prevalência do princípio da segurança jurídica na ponderação dos valores em questão (legalidade vs. segurança), não se podendo fechar os olhos à realidade e aplicar a norma jurídica como se incidisse em ambiente de absoluta abstratividade.

Pelo exposto, constata-se a plausibilidade jurídica de que diante de atos ampliativos de direitos que apresentam vícios, seus efeitos jurídicos

---

[243] BRASIL. Superior Tribunal de Justiça. Quinta Turma. Recurso Ordinário em Mandado de Segurança nº 25.652. Rel.: min. Napoleão Nunes Maia Filho. Julgamento em: 16.9.2008. *DJe* de 13.10.2008. No mesmo sentido, veja-se: BRASIL. Superior Tribunal de Justiça. Mandado de Segurança nº 24.339/TO (2007/0130.492-7). Julg. em 30.10.2008 (grifos nossos).

podem ser plenamente reconhecidos e considerados consolidados pelo tempo. Tal entendimento é consolidado com fundamento na jurisprudência dos egrégios Supremo Tribunal Federal e Superior Tribunal de Justiça, respectivamente, Mandados de Segurança nºs 24.448-8 e 25.652/PB, e ainda com fulcro nos comandos contidos no art. 37 da Constituição da República e art. 54 da Lei do Processo Administrativo Federal, Lei nº 9.784/1999.

Fazemos importante ressalva no sentido de que a adoção da decadência não implica, a nosso ver, a não verificação de eventuais ilegalidades nos processos submetidos ao controle da administração. Isso porque a presença de ilegalidades ampliativas de direito no ato – que o tornaram anulável – é pressuposto de aplicação do instituto, consoante os dispositivos constitucionais e legais referidos. Ou seja, aplicar a decadência não significa reconhecer a legalidade do processo e não se confunde com a convalidação do ato eivado de vício.

Quanto à incidência da decadência sobre os atos sujeitos a controle, notadamente por parte dos Tribunais de Contas, órgãos de controle externo da administração pública, cuja titularidade pertence ao Poder Legislativo, cita-se, uma vez mais, devido ao seu caráter paradigmático, o acórdão no Recurso Extraordinário nº 636.553, do Supremo Tribunal Federal, que foi assim ementado:

> Recurso extraordinário. Repercussão geral. 2. Aposentadoria. Ato complexo. Necessária a conjugação das vontades do órgão de origem e do Tribunal de Contas. Inaplicabilidade do art. 54 da Lei 9.784/1999 antes da perfectibilização do ato de aposentadoria, reforma ou pensão. Manutenção da jurisprudência quanto a este ponto. 3. *Princípios da segurança jurídica e da confiança legítima. Necessidade da estabilização das relações jurídicas. Fixação do prazo de 5 anos para que o TCU proceda ao registro dos atos de concessão inicial de aposentadoria, reforma ou pensão, após o qual se considerarão definitivamente registrados.* 4. Termo inicial do prazo. Chegada do processo ao Tribunal de Contas. 5. Discussão acerca do contraditório e da ampla defesa prejudicada. 6. TESE: "Em atenção aos princípios da segurança jurídica e da confiança legítima, os Tribunais de Contas estão sujeitos ao prazo de 5 anos para o julgamento da legalidade do ato de concessão inicial de aposentadoria, reforma ou pensão, a contar da chegada do processo à respectiva Corte de Contas". 7. Caso concreto. Ato inicial da concessão de aposentadoria ocorrido em 1995. Chegada do processo ao TCU em 1996. Negativa do registro

pela Corte de Contas em 2003. Transcurso de mais de 5 anos. 8. Negado provimento ao recurso.[244]

Conforme a jurisprudência mais recente do Supremo Tribunal Federal, eventuais danos ao erário poderão ser reparados a qualquer tempo tão somente na hipótese de cometimento de atos dolosos de improbidade administrativa, nos termos da decisão colegiada em sede do Recurso Extraordinário nº 852.475,[245] que deu origem à tese inscrita no Tema de Repercussão Geral nº 897, com o seguinte teor: "São imprescritíveis as ações de ressarcimento ao erário fundadas na prática de ato doloso tipificado na Lei de Improbidade Administrativa". O tema será tratado com maior detalhamento no tópico que se segue.

7.2 Prescrição e segurança jurídica

A prescrição, tal qual estabelecida no Código Civil, surgiu no ordenamento a fim de trazer segurança às relações jurídicas que poderiam ser atingidas, mesmo após longo período de tempo, pela propositura, ainda que extemporânea, das respectivas ações assecuratórias de direitos. Nesse sentido, é esclarecedora a lição de Pontes de Miranda:

> Os prazos prescricionais servem à paz social e à segurança jurídica. Não destroem o Direito, que é; não cancelam, não apagam as pretensões; apenas, encobrindo a eficácia da pretensão, atendem à conveniência de que não perdure por demasiado tempo a exigibilidade ou a acionabilidade.[246]

O direito necessita ser exercido dentro de prazo estabelecido legalmente. Sendo assim, a pretensão de ver o direito satisfeito extingue-se pela prescrição, em razão da inércia do seu titular pelo decurso de determinado lapso temporal. O que se extingue, portanto, é a ação, e não propriamente o direito, ficando este incólume. Lançando luzes sobre o tema, está a lição do eminente jurista Aníbal Bruno:

---

[244] BRASIL. Supremo Tribunal Federal. Tribunal Pleno. Recurso Extraordinário nº 636.553. Relator: min. Gilmar Mendes. Julgamento: 19.2.2020. Publicação: 26.5.2020 (grifos nossos).
[245] BRASIL. Supremo Tribunal Federal. Tribunal Pleno. Recurso Extraordinário nº 852.475. Relator: min. Alexandre de Moraes. Redator do acórdão: min. Edson Fachin. Julgamento: 8.8.2018. Publicação: 25.3.2019.
[246] PONTES DE MIRANDA, Francisco Cavalcanti. *Tratado de direito privado*: parte geral. Tomo VI. 4. ed. São Paulo: Revista dos Tribunais, 1974. p. 101.

> O tempo que passa, contínuo, vai alterando os fatos e com estes as relações jurídicas que neles se apoiam. E o Direito, com o seu senso realista, não pode deixar de atender a essa natural transmutação de coisas [...].[247]

Renato Sobrosa Cordeiro, ao conceituar a prescrição como "regra geral de ordem pública, que se inscreve nos estatutos civis, comerciais e penais, submetendo-se as relações jurídico-administrativas a tal postulado",[248] afirma mais uma vez a estabilização das relações jurídicas por meio da prescrição.

Sendo a prescrição instituto que permeia todo o ordenamento jurídico, por não se admitirem incertezas nas relações reguladas pelo Direito, também se deve reconhecer a aplicabilidade do instituto nas relações jurídicas reguladas no âmbito do controle da administração pública.

Como consequência do reconhecimento da incidência do princípio da segurança jurídica no âmbito das relações reguladas pelo Direito Administrativo, a prescrição servirá como estabilizadora de atos administrativos eventualmente irregulares. Nesse sentido é a lição de José dos Santos Carvalho Filho, para quem:

> Primeiramente, cabe sublinhar o fato de que a prescrição administrativa exibe em seu núcleo a ideia de prazo extintivo. Quer dizer: quando se faz alusão àquela figura, tem-se em vista o sentido de que inexistiu, na via administrativa, manifestação do interessado no prazo que a lei determinou. Portanto, está presente o fundamento que conduz aos prazos extintivos: a inércia do interessado. Por outro lado, [...] o fundamento dos institutos concernentes aos prazos extintivos reside no princípio da segurança jurídica e da estabilidade das relações jurídicas, como já deixou assente a doutrina. De fato, não mais se concebe – a não ser em situações excepcionalíssimas de imprescritibilidade – que as relações jurídicas fiquem à mercê de perene instabilidade, provocando contínuos temores aos que dela participam. A segurança jurídica consiste exatamente em oferecer às pessoas em geral a crença da imutabilidade e da permanência dos efeitos que as relações visam a produzir.[249]

---

[247] BRUNO, Aníbal *apud* CORDEIRO, Renato Sobrosa. Prescrição administrativa. *Revista de Direito Administrativo*, Rio de Janeiro, n. 207, p. 105-120, jan./mar. 1997.

[248] CORDEIRO, Renato Sobrosa. Prescrição administrativa. *Revista de Direito Administrativo*, Rio de Janeiro, n. 207, p. 105-120, jan./mar. 1997.

[249] CARVALHO FILHO, José dos Santos. *Manual de direito administrativo*. 37. ed. São Paulo: Atlas, 2023. p. 823.

O delineamento do instituto da prescrição, sobretudo quando aplicado à atividade de controle externo da administração, já foi alvo de debates acadêmicos e de posições jurisprudenciais conflitantes. Na atualidade, porém, entende-se que está sedimentada a jurisprudência do Supremo Tribunal sobre o tema, no sentido de que a prescritibilidade é a regra em nosso sistema jurídico, e a imprescritibilidade, a exceção. Tal entendimento abarca tanto a pretensão punitiva dos Tribunais de Contas, que abrange sua competência de aplicar sanções de natureza administrativa, quanto a pretensão ressarcitória, que envolve a competência de o Tribunal de Contas determinar o ressarcimento de danos produzidos ao erário. A propósito do assunto, já expusemos nosso entendimento, *in verbis*:

> Após anos de interpretação consolidada acerca do teor da parte final do §5º do art. 37 da Constituição da República de 1988, no sentido da imprescritibilidade da pretensão de ressarcimento ao erário, *o Supremo Tribunal Federal vem exarando decisões que, por alguns, têm sido interpretadas como uma suposta relativização da regra constitucional que impacta a atuação dos Tribunais de Contas, sobretudo quando enfocados os enunciados dos Temas nºs 897 e 899*. Desde o ano de 2016, o Supremo Tribunal Federal vem proferindo decisões paradigmáticas acerca da interpretação da regra da imprescritibilidade contida na parte final do §5º do art. 37 da Constituição da República de 1988. Tais julgados deram origem a teses de repercussão geral traduzidas nos seguintes enunciados da jurisprudência da Corte Constitucional brasileira: a) O Tema nº 666, decorrente da apreciação do Recurso Extraordinário nº 669.069, quando o STF estabeleceu que é prescritível a ação de reparação de danos à Fazenda Pública decorrente de ilícitos civis. b) O Tema nº 897, formado quando da análise do Recurso Extraordinário nº 852.475, no qual se assentou que são imprescritíveis as ações de ressarcimento ao erário fundadas na prática de ato doloso tipificado na Lei de Improbidade Administrativa. c) *O Tema nº 899, no qual se firmou o entendimento, elaborado quando do julgamento do Recurso Extraordinário nº 636.886, transitado em julgado no dia 05.10.2021, de que é prescritível a pretensão de ressarcimento ao erário fundada em decisão de Tribunal de Contas*.[250]

Inicialmente, face à inexistência de manifestação da Corte Constitucional pátria, em sede de repercussão geral, sobre a incidência

---

[250] MOURÃO, Licurgo; SHERMAM, Ariane; BUENO, Mariana. Ressarcimento do dano ao erário: a prescrição e a desmistificação do "direito administrativo do medo". *Fórum Administrativo – FA*, Belo Horizonte, ano 22, n. 251, p. 55-79, jan. 2022 (grifos nossos).

da prescrição da pretensão ressarcitória nos processos em curso no Tribunal de Contas, assim como em vista do conteúdo do Tema nº 899 da Repercussão Geral,[251] segundo o qual "É prescritível a pretensão de ressarcimento ao erário *fundada em decisão* do Tribunal de Contas", defendemos, *in verbis*:

> Como se viu, após as decisões do Supremo Tribunal Federal sobre prescrição e a extensão da ressalva da parte final do §5º do art. 37 da Constituição da República de 1988, sobretudo o *Tema nº 899*, alguns passaram a defender uma interpretação ampliativa para abarcar a extensão da prescritibilidade também aos processos no âmbito das Cortes de Contas. No entanto, *a análise percuciente da decisão e dos argumentos que a embasaram orienta a conclusão de que a discussão empreendida pela Corte Constitucional abrangeu apenas a existência da prescrição da pretensão ressarcitória fundada em decisão do Tribunal de Contas. É dizer: não houve manifestação inequívoca da Corte Constitucional sobre a prescrição dos processos que objetivam o ressarcimento enquanto tramitam perante os Tribunais de Contas*. Referido posicionamento restou ainda mais evidente após a apreciação dos embargos declaratórios opostos à decisão do RE nº 636.886, oportunidade em que se enfatizou a ausência de apreciação acerca do prazo para constituição do título executivo. Dessa forma, a natureza específica dos processos de controle externo e ainda a relevância da busca do ressarcimento dos danos empreendidos ao erário para efetivação dos direitos e garantias fundamentais dos administrados demandam cautela redobrada, *sendo temerária a aplicação extensiva do entendimento efetivamente consolidado pelo Supremo Tribunal Federal de que somente há de se falar em prescrição quando da execução do título executivo extrajudicial consubstanciado na decisão do Tribunal de Contas que impute débito*, por força do previsto no art. 71 da CR/88 combinado com o §5º do art. 37, os quais consagram a imprescritibilidade das ações judiciais que visem ao ressarcimento de danos patrimoniais, portanto, de natureza cível, causados ao erário.[252]

Preocupamo-nos, sobretudo, com os possíveis efeitos deletérios do reconhecimento da prescrição da pretensão ressarcitória no bojo de

---

[251] BRASIL. Supremo Tribunal Federal. *Tema de Repercussão Geral nº 899 – Leading case*: Recurso Extraordinário nº 636.886. Prescritibilidade da pretensão de ressarcimento ao erário fundada em decisão de Tribunal de Contas. Disponível em: www.stf.jus.br. Acesso em: 26 maio 2023.

[252] MOURÃO, Licurgo; SHERMAM, Ariane; BUENO, Mariana. Ressarcimento do dano ao erário: a prescrição e a desmistificação do "direito administrativo do medo". *Fórum Administrativo – FA*, Belo Horizonte, ano 22, n. 251, p. 55-79, jan. 2022 (grifos nossos).

processos de controle externo em tramitação, por três principais razões entrelaçadas uma à outra.

Em primeiro lugar, por se compreender que o Tema de Repercussão Geral nº 899 do STF, que vinha sendo utilizado por parte da doutrina e da jurisprudência das cortes de contas para fundamentar a prescrição da pretensão ressarcitória no âmbito dos processos em curso no Tribunal de Contas, tratou tão somente da prescrição posterior à formação do título executivo, já na fase judicial, como fica explicitado no conteúdo do respectivo enunciado.[253]

Em segundo lugar, levou-se em conta o estudo realizado no âmbito do Tribunal de Contas da União, o qual revelou que, aplicando-se o prazo prescricional aos processos de sua competência, cerca de 60% deles prescreveriam antes mesmo da autuação no órgão de controle, gerando prejuízo estimado de R$7,28 bilhões.[254]

Em terceiro lugar, considerou-se indispensável o alerta do administrativista Augustín Gordillo sobre a necessidade de se responsabilizar o agente causador de danos ao erário, inclusive como forma de preservação do Estado Democrático de Direito, nos seguintes termos:

> *É decisivo que o funcionário público que prejudica os usuários, administrados e consumidores (e, portanto, gera não apenas responsabilidade econômica, mas também social) sofra as consequências de seu ato danoso.* Não há nada pior para uma democracia do que a impunidade dos agentes públicos. Esse constitui um elemento fundamental para pôr freio à negligência e à arbitrariedade das autoridades públicas, ou que exercem funções administrativas públicas. [...] *Enquanto não encontrarmos uma solução para o problema de tornar efetiva a responsabilidade do funcionário responsável pelo dano, continuaremos a pagar pelos custos sociais da eventual irresponsabilidade daqueles que, por meio da função pública, comprometem o patrimônio da comunidade.* Vamos pagá-los de várias maneiras, embora de forma desigual: déficit fiscal, endividamento externo, diminuição ou desaparecimento dos serviços sociais, desperdício de fundos públicos, etc.[255]

---

[253] BRASIL. Supremo Tribunal Federal. *Tema de Repercussão Geral nº 899 – Leading case:* Recurso Extraordinário nº 636.886. Prescritibilidade da pretensão de ressarcimento ao erário fundada em decisão de Tribunal de Contas. Disponível em: www.stf.jus.br. Acesso em: 26 maio 2023.

[254] MOURÃO, Licurgo; SHERMAM, Ariane; BUENO, Mariana. Ressarcimento do dano ao erário: a prescrição e a desmistificação do "direito administrativo do medo". *Fórum Administrativo – FA*, Belo Horizonte, ano 22, n. 251, p. 55-79, jan. 2022.

[255] MOURÃO, Licurgo; SHERMAM, Ariane; BUENO, Mariana. Ressarcimento do dano ao erário: a prescrição e a desmistificação do "direito administrativo do medo". *Fórum Administrativo – FA*, Belo Horizonte, ano 22, n. 251, p. 55-79, jan. 2022 (grifos nossos).

Contudo, sem defender a inatingilidade de agentes públicos que lesam o patrimônio público, passou-se a compreender que se consolidou um novo entendimento do Supremo Tribunal Federal, no sentido de que a imprescritibilidade é exceção que se configura somente em hipóteses de grave infringência à ordem constitucional e legal. Exemplo é o cometimento de atos de improbidade administrativa, necessariamente dolosos por força da Lei nº 14.230/2021.

Nesse contexto, passamos a argumentar, em sede de processo levado a julgamento no âmbito do controle externo, que:

> [...] em que pese a ausência de apreciação em sede de repercussão geral sobre a matéria, *observa-se que as decisões recentes do Supremo Tribunal Federal e, mais recentemente, do Tribunal de Contas da União, têm evidenciado a crescente preponderância da compreensão de que se aplica o prazo prescricional de cinco anos, tanto aos processos em curso nas cortes de contas quanto aos processos de cobrança em sede judicial.* Interessante notar que, mesmo quando sequer se discutia no STF a possibilidade de prescrição da pretensão ressarcitória – como demonstra a decisão da Corte Constitucional no Mandado de Segurança n. 26.210, que se manteve paradigmático por longos anos –, já havia vozes, ainda no ano de 2008, dissonantes quanto à matéria no próprio Poder Judiciário. [...] A análise do mencionado precedente, no qual a tese do Ministro Marco Aurélio Melo foi minoritária e restou vencida, em contraponto ao cenário que ora se delineia no âmbito do STF, no sentido de sustentar a excepcionalidade da imprescritibilidade, demonstra a possibilidade sempre existente de alteração de entendimento jurisprudencial. *Na recente decisão, publicada em 27/2/2023, no Agravo Interno em Mandado de Segurança n. 38.592, de relatoria do Ministro Luiz Fux, restou claro que a excepcional hipótese de imprescritibilidade "não se aplica a todos os casos de ressarcimento ao erário derivados de processos de Tomada de Contas Especial", mas somente* àqueles *decorrentes do julgamento de atos de improbidade.* Nessa ação, em especial, o STF deixa evidente que, "a despeito de a definição da norma que rege a prescrição quanto à constituição do título executivo pelo Tribunal de Contas da União ainda não ter sido definida em sede de repercussão geral", *os recentes precedentes da Corte revelam "considerável alteração" na jurisprudência predominante na Corte Constitucional acerca da (até então) defendida imprescritibilidade das ações de ressarcimento ao erário.* Assim, o Ministro Luiz Fux, relator do Agravo Interno em Mandado de Segurança n. 38.592, destaca que *a atuação do Tribunal de Contas em tomada de contas especial não está abarcada pela exceção constitucional da imprescritibilidade estatuída na parte final do §5º do art. 37 da Constituição de 1988.* Em consonância, sobretudo, com o paradigma assentado no Tema 897 da repercussão geral, passou-se a afirmar, com

crescente intensidade, que a exceção estabelecida pela porção final do §5º do art. 37 da Constituição da República está limitada às ações de ressarcimento ao erário fundadas na prática de ato doloso tipificado na Lei de Improbidade Administrativa, *sem abranger, portanto, a atuação do Tribunal nos processos de tomada de contas especial.* [...] Dessa forma, após as decisões do STF nas ações constitucionais que geraram os temas de repercussão geral n. 666, 897 e 899, e também depois alteração da jurisprudência do próprio TCU, que redundou na edição da Resolução n. 344/2022, *o entendimento predominante é aquele reverberado no Agravo Interno no Mandado de Segurança n. 38.592, já citado. Portanto, no atual contexto fático-jurídico, muito embora nosso entendimento pessoal seja o de que o tema 899 tratou tão-somente da prescrição após a formação do título executivo extrajudicial, compreende-se que,* à luz do entendimento ora firmado pelo Supremo Tribunal Federal, intérprete máximo da Constituição, não mais persiste a imprescritibilidade da pretensão ressarcitória em processos no âmbito do Tribunal de Contas.[256]

Quanto à prescrição da pretensão punitiva, ainda se tratando do Tribunal de Contas, firmou-se, no âmbito do STF, em especial a partir do julgamento do Mandado de Segurança nº 32.201,[257] o entendimento de que o prazo respectivo é de *cinco anos*, a partir de uma interpretação sistêmica do ordenamento jurídico focada nos fundamentos teóricos e legais do Direito Administrativo Sancionador, da seguinte forma:

> A meu ver, a prescrição da pretensão sancionatória do TCU é regulada integralmente pela Lei nº 9.873/1999 – que regulamenta a prescrição relativa à ação punitiva pela Administração Pública Federal, direta e indireta. Essa conclusão está embasada em dois fundamentos. *Primeiro fundamento*: a Lei nº 9.873/1999, se corretamente interpretada, é diretamente aplicável à ação punitiva do TCU, não se fazendo necessária colmatação de suposta lacuna através de analogia. Esse fundamento decorre do caráter geral da Lei nº 9.783/1999 em matéria de direito administrativo sancionador, sendo sua disciplina aplicável a qualquer ação punitiva da Administração Pública Federal, exceto àqueles âmbitos em que existente uma regulamentação própria [...]. *Segundo fundamento*: ainda que não fosse diretamente aplicável à ação punitiva do TCU, a

---

[256] MINAS GERAIS. Tribunal de Contas do Estado. Segunda Câmara. Tomada de Contas Especial nº 1.120.234. Relator: conselheiro substituto Licurgo Mourão. Data da sessão: 25.4.2023. Publicação em: 19.5.2023 (grifos nossos).

[257] BRASIL. Supremo Tribunal Federal. Primeira Turma. Mandado de Segurança nº 32.201. Relator: min. Roberto Barroso. Julgamento em: 21.03.2017. Publicação: 07.08.2017 (grifos nossos).

Lei nº 9.873/1999 representa a regulamentação mais adequada a ser aplicada por analogia [...]. Assim, à falta de norma regulamentadora, o prazo prescricional referencial em matéria de direito administrativo deve ser de cinco anos, como decorrência de um amplo conjunto de normas: Decreto nº 20.910/32, art. 1º; CTN, arts. 168, 173 e 174; Lei nº 6.838/1980, art. 1º; Lei nº 8.112/1990 ("Regime jurídico dos servidores públicos civis federais"), art. 142, I; Lei nº 8.429/1992, art. 23; Lei nº 8.906/1994 (Estatuto da OAB), art. 43; Lei nº 9.783/1999; Lei nº 12.529/2011 ("Lei antitruste"), art. 46; Lei nº 12.846/2013 ("Lei anticorrupção"), art. 25; entre outros. [...] *A solução que se afigura mais adequada, a meu ver, não é a criação de um regime híbrido para regular a prescrição da pretensão administrativa sancionadora exercida pelo TCU, mas a aplicação integral da regulação estabelecida pela Lei nº 9.783/1999.*

As decisões recentes do Supremo Tribunal Federal propiciaram maior elucidação quanto ao regime jurídico aplicável à prescrição das pretensões punitiva e ressarcitória no âmbito dos Tribunais de Contas, embora ainda existam lacunas a preencher e contradições a resolver, a exemplo do marco temporal para início da contagem do prazo prescricional, que pode ser, com base em recentes decisões de relevo da Corte Constitucional, tanto a data da ocorrência do fato[258] quanto a data da ciência desse mesmo fato pela Corte de Contas.[259]

Destaca-se que, ao congregar os entendimentos do STF sobre o tema da prescrição, o Tribunal de Contas da União editou a Resolução nº 344, de 11 de outubro de 2022, na qual previu o prazo prescricional de cinco anos, tanto para a pretensão punitiva quanto para a ressarcitória (art. 2º). Também, foram previstos diversos marcos temporais para o início da contagem dos prazos prescricionais, a depender da espécie de processo de controle externo, sobressaindo, como marco inicial, a data do conhecimento da irregularidade ou do dano pela Corte de Contas (art. 4º, IV).[260] Ressalte-se que, até a edição da referida resolução, não

---

[258] BRASIL. Supremo Tribunal Federal. Tribunal Pleno. Ação Direta de Inconstitucionalidade nº 5.384. Relator: min. Alexandre de Moraes. Julgamento em: 30.5.2022. Publicação: 10.8.2022.

[259] BRASIL. Supremo Tribunal Federal. Tribunal Pleno. Ação Direta de Inconstitucionalidade nº 5.509. Relator: min. Edson Fachin. Julgamento em: 11.11.2021. Publicação: 23.2.2022.

[260] BRASIL. Tribunal de Contas da União. *Resolução nº 344*, de 11 de outubro de 2022. Regulamenta, no âmbito do Tribunal de Contas da União, a prescrição para o exercício das pretensões punitiva e de ressarcimento. Disponível em: https://portal.tcu.gov.br/data/files/EE/66/BC/12/F02F3810B4FE0FF7E18818A8/Resolucao-TCU-344-2022_prescricao_punitiva_e_ressarcimento.pdf. Acesso em: 29 maio 2023.

havia norma de caráter geral e abstrato, de natureza legal ou infralegal, que regulasse o tema no âmbito da Corte de Contas federal.

Diante de todo o exposto, não se pode olvidar que o Direito Administrativo e a função administrativa de controle não estão imunes às balizas erigidas pela Constituição da República de 1988, notadamente àquelas presentes no capítulo denominado "Dos Direitos e Deveres Individuais e Coletivos", no qual se adotou a prescritibilidade como regra. As exceções são poucas, quais sejam: os crimes consistentes na prática do racismo e na ação de grupos armados contra a ordem constitucional e o Estado democrático (CR/88, art. 5º, XLII e XLIV) e as ações de ressarcimento de prejuízos causados ao erário pela prática de atos dolosos de improbidade administrativa,[261] neste caso, de acordo com interpretação sistêmica do texto constitucional, em especial dos §§4º e 5º do art. 37 da Constituição de 1988, conjuntamente ao que foi consignado no Recurso Extraordinário nº 669.069 (Tema de Repercussão Geral nº 666).[262]

Reconhecendo a doutrina e a jurisprudência que somente um rol fechado de crimes e suas respectivas ações seriam imprescritíveis, assim como as ações de ressarcimento decorrentes da prática de atos de improbidade administrativa, há que se admitir, em regra, a prescrição das pretensões do Estado contra o responsável pela prática dos demais ilícitos, observada a legislação de regência, em prazo tido por razoável, no que toca ao exercício da função de controle.

As leis especiais que cuidam de matérias de direito público são pródigas em prever o prazo quinquenal para consumação da prescrição da atuação do poder público, em suas diversas atribuições. Tal prazo foi reconhecido como cabível, também, pelo Superior Tribunal de Justiça, em exercício de integração de normas jurídicas, à época em que inexistia norma específica que dispusesse sobre a aplicação da prescrição no âmbito das atividades de controle, notadamente àquelas cometidas aos Tribunais de Contas, nos termos do que decidiu, em questão

---

[261] BRASIL. Supremo Tribunal Federal. Tema de Repercussão Geral nº 897 – *Leading Case*: Recurso Extraordinário nº 852.475. São imprescritíveis as ações de ressarcimento ao erário fundadas na prática de ato doloso de improbidade administrativa. Disponível em: www.stf.jus.br. Acesso em: 29 maio 2023.

[262] BRASIL. Supremo Tribunal Federal. Tema de Repercussão Geral nº 666 – *Leading Case*: Recurso Extraordinário nº 669.069. É prescritível a ação de reparação à Fazenda Pública decorrente de ilícito civil. Disponível em: www.stf.jus.br. Acesso em: 29 maio 2023.

análoga, o Superior Tribunal de Justiça nos RESPs cujos excertos estão transcritos a seguir:

> Em virtude da lacuna legislativa, pois não há previsão legal de prazo para a atuação do Tribunal de Contas da União, deve ser-lhe aplicado o prazo quinquenal, por analogia aos arts. 1º do Decreto 20.910/32 e 1º da Lei 9.873/99.[263]
> [...] 4. É cediço na Corte que as prescrições administrativas em geral, quer das ações judiciais tipicamente administrativas, quer do processo administrativo, mercê do vetusto prazo do Decreto 20.910/32, obedecem à quinquenalidade, regra que não deve ser afastada *in casu*.[264]

Corroborando o entendimento do Superior Tribunal de Justiça, os tribunais regionais federais (TRFs)[265] assim também decidiram, com base no princípio da igualdade.

A incidência da prescrição nos processos sujeitos ao controle há de ser feita com as adaptações necessárias, uma vez que, embora se trate de instituto próprio da teoria geral do Direito, deve-se considerar a especificidade do regime constitucional e legal dos Tribunais de Contas, como afirmamos:

> [...] Não raro, no âmbito dos tribunais de contas, quando do exame de autos que tratam de convênios, contratos, termos aditivos, seus instrumentos congêneres e respectivas prestações de contas, verifica-se a existência de processos autuados há muitos anos, cuja legalidade há de ser objeto da análise das cortes de contas. Não obstante o lapso temporal transcorrido, verifica-se eventualmente a não realização de inspeção relativa aos respectivos fatos ou a inexistência de citação válida dos interessados.
> [...] Veja-se que o *mister* de fiscalizar – verdadeiro poder-dever – é um direito exercido pelos tribunais de contas em defesa do erário e da própria sociedade. *Desse direito emanam, a nosso ver, várias pretensões, quais sejam: a de agir, expedindo determinações positivas e negativas (pretensão corretiva);*

---

[263] BRASIL. Superior Tribunal de Justiça. Primeira Turma. Recurso Especial nº 1.480.350/RS. Rel. min. Benedito Gonçalves. Julg. em 5.4.2016. *Dje* 12.4.2016.

[264] BRASIL. Superior Tribunal de Justiça. Primeira Turma. Recurso Especial nº 1.057.754/SP. Rel. min. Luiz Fux. Julg. em 23.10.2010. *Dje* 14.4.2010.

[265] BRASIL. Tribunal Regional Federal da Terceira Região. Sexta Turma. Apelação Cível nº 5020285-73/2019.4.03.6100. Rel. Des. Federal Paulo Sérgio Domingues. Julgamento em: 26.9.2022. Publicação: 4.10.2022.

*a de punir ilícitos no âmbito de sua competência (pretensão punitiva); e a de apurar danos ao erário (pretensão reparatória).*²⁶⁶

Em síntese, a doutrina mostra-se receptiva ao entendimento que privilegia a igualdade nas relações entre o Estado e o administrado, no que toca à tempestividade do controle da Administração, tendo-se em vista o princípio da segurança jurídica, conforme esclarece Júlio César Costa Silveira²⁶⁷ ao citar Almiro do Couto e Silva, *in verbis*:

> [...] os atos inválidos praticados pela administração pública, quando permanecem por largo tempo, com a tolerância do Poder Público, dando causa a situações perfeitamente consolidadas, beneficiando particulares que estão de boa-fé, convalidam, convalescem ou sanam. [...] *o acatamento da possibilidade do reconhecimento da prescrição administrativa exsurge como fator com consequência fática idêntica, no sentido de impedir que tais atos possam vir a ser revogados ou anulados por parte da administração pública.*

No mesmo sentido é a lição de Cretella Jr.,²⁶⁸ para quem a "[...] prescrição é a extinção da iniciativa de punir, resultado da inércia, durante certo lapso de tempo, do poder público, na perseguição da infração ou na execução da sanção".

Temos que a aplicação do instituto da prescrição é instrumento assecuratório da segurança jurídica, sendo a imprescritibilidade excepcional, nos termos do disposto no art. 37, §5º, quando se trata da pretensão de ressarcimento ao erário decorrente da prática de ato doloso de improbidade administrativa, e no art. 5º, XLII e XLIV, da Constituição da República de 1988.

Na eventual inexistência de previsão legal de prazo prescricional para atuação do controle da administração pública, torna-se cabível promover a integração de normas publicistas que determinam o prazo prescricional quinquenal para a atuação finalística dos órgãos incumbidos desse mister, em consonância com o que foi decidido pelo

---

²⁶⁶ MOURÃO, Licurgo. Prescrição e decadência: emanações do princípio da segurança jurídica nos processos sob a jurisdição dos Tribunais de Contas. *Revista do Tribunal de Contas do Estado de Minas Gerais*, ano XXVII, v. 71, n. 2, p. 29-62, abr./jun. 2009. p. 34-38 (grifos nossos).
²⁶⁷ SILVEIRA, Júlio César Costa. *Da prescrição administrativa e o princípio da segurança jurídica*: significado e sentido. 2005. 412 p. Tese (Doutorado em Direito) – Setor de Ciências Jurídicas, Universidade Federal do Paraná, Curitiba, 2005. p. 248-250 (grifos nossos).
²⁶⁸ CRETELLA JR., José. Prescrição da falta administrativa. *Revista Forense*, São Paulo, n. 275, p. 61-72, jul./ago. 1981.

Supremo Tribunal Federal, nos autos do Mandado de Segurança nº 32.201, já citado.[269]

Ao considerarmos a alteração promovida pelo constituinte derivado, por efeito da Emenda Constitucional nº 45/2004, que inseriu em nossa Carta Magna o direito à razoável duração do processo, inclusive os de natureza administrativa, com base no art. 5º, LXXVIII, impõe-se atuação pública consentânea com os princípios da eficiência (art. 37, *caput*), da ampla defesa (art. 5º, LV) e da segurança jurídica (art. 5º, XXXVI), todos da Constituição da República Federativa do Brasil de 1988.

O Superior Tribunal de Justiça[270] identifica, na concretude processual, efetivo vínculo entre a aplicabilidade da prescrição e os princípios da eficiência e da segurança jurídica, ao assegurar a incidência da prescrição em sua modalidade intercorrente.

Sendo assim, a vetusta posição, segundo a qual o exercício do controle pode ser feito a qualquer tempo, mesmo após o transcurso de décadas, há de ser hodiernamente compatibilizada com os princípios constitucionais ora invocados.[271] Portanto, na colisão dos princípios da estrita legalidade e da segurança jurídica – a exigir a atuação tempestiva da administração pública, e dos órgãos de controle, para a estabilização das relações sociais afetadas por sua atuação – deve ser ponderado o peso de cada princípio, em conformidade com o caso concreto. Deve então prevalecer o princípio que melhor atende aos fins da justiça, paz social e bem comum, de modo a atender aos anseios mais legítimos da sociedade que clama por atuação dos órgãos da administração e do controle, assim como de seus agentes, de modo célere, eficaz e que prime pela eficiência do gasto e economicidade nos serviços que presta.

---

[269] BRASIL. Supremo Tribunal Federal. Primeira Turma. Mandado de Segurança nº 32.201. Relator: min. Roberto Barroso. Julgamento em: 21.3.2017. Publicação: 7.8.2017.

[270] BRASIL. Superior Tribunal de Justiça. AgRg no AREsp nº 228.307/GO. Agravo Regimental no Agravo em Recurso Especial nº 2012/0191837-3. Rel. min. Napoleão Nunes Maia Filho. Julg. em 1º.10.2013. *Dje* 24.10.2013. Nesse sentido: BRASIL. Superior Tribunal de Justiça. Segunda Turma. Recurso Especial nº 1.656.383/SC. Rel. min. Herman Benjamin. Julg. em 9.5.2017. *Dje* 17.5.2017, como segue: "[...] porque o lapso prescricional não pode variar ao talante da existência ou não da ação penal, justamente pelo fato de a prescrição estar relacionada ao vetor da segurança jurídica".

[271] Veja-se o exemplo do Estado de Minas Gerais, que, por meio da LC nº 120/11, de 15 de dezembro de 2011, e da LC nº 133, de 5 de fevereiro de 2014, adotou prazos prescricionais e decadenciais para o exercício do controle externo pelo Tribunal de Contas.

CAPÍTULO 8

REFORMATIO IN PEJUS

Ao decidir um recurso administrativo, o órgão ou autoridade competente, mediante efeito recursal devolutivo, que permite o reexame da matéria de mérito, tem, via de regra, poder de revisão amplo, podendo haver a confirmação, modificação, anulação ou revogação, total ou parcial, da decisão recorrida.

A dúvida surge quanto à possibilidade ou não do agravamento da situação quando do julgamento da petição ou recurso. Há posições doutrinárias respeitáveis tanto num quanto noutro sentido, ou seja, tanto pela possibilidade quanto pela impossibilidade desse agravamento. Esse fenômeno de agravamento é denominado *reformatio in pejus*, e sobre ele existem basicamente três linhas de pensamento, as quais passaremos a expor.

A primeira teoria entende ser vedada a *reformatio in pejus* pela sua incompatibilidade com o direito constitucional de petição. Para essa teoria, a *reformatio in pejus* tolheria, por meio do medo de piora da situação, a liberdade do cidadão de levar ao conhecimento do órgão competente uma situação que está violando o seu direito.

Veja-se, nesse sentido, que, por força do art. 617 do Código de Processo Penal (Decreto-Lei nº 3.689, de 3 de outubro de 1941),[272] não poderá haver agravamento da pena aplicada quando o réu, e somente ele, recorrer da decisão condenatória.

Já a segunda vertente, diametralmente oposta à primeira, entende ser possível a *reformatio in pejus*, com fundamento na supremacia do

---

[272] Código de Processo Penal, art. 617: "O tribunal, câmara ou turma atenderá nas suas decisões ao disposto nos arts. 383, 386 e 387, no que for aplicável, não podendo, porém, ser agravada a pena, quando somente o réu houver apelado da sentença".

interesse público sobre o interesse particular e na indisponibilidade do interesse público.

A terceira, a seu turno, é intermediária, entendendo ser possível a *reformatio in pejus* em determinadas hipóteses. Recentemente, esta última teoria recebeu grande sustentação porque está adequada a uma das vertentes de aplicação da Súmula Vinculante nº 3, do Supremo Tribunal Federal,[273] em que se assegura ao cidadão o contraditório e a ampla defesa quando da decisão dos Tribunais de Contas puder resultar anulação ou revogação de benefício a ele concedido.

Destaca-se que o texto dessa súmula não se aplica somente aos casos de *reformatio in pejus*, sendo mais abrangente do que isso por se referir a qualquer decisão de um órgão que, anulando ou revogando ato administrativo, prejudique o interessado.

Assim, segundo a Súmula Vinculante nº 3, do STF, prevalece o entendimento pela inconstitucionalidade da *reformatio in pejus* que se dê sem a observância dos princípios do contraditório e da ampla defesa.

A Lei nº 9.784/1999, Lei do Processo Administrativo Federal, também adotou a terceira linha de pensamento, pois permite, a teor do seu artigo 64, parágrafo único, a *reformatio in pejus* em processos administrativos em geral, desde que mediante contraditório e ampla defesa.[274]

Ao comentar o parágrafo único do art. 64 da Lei nº 9.784/1999, Thiago Marrara explica que:

> O art. 64 da LPA deixa claro que a decisão sempre poderá ser alterada para pior, ou seja, não consagrou a proibição da *reformatio in pejus* nos processos administrativos de competência de entidades da Administração Direta e Indireta da União. A autoridade que julgar o recurso não estará impedida de alterar a decisão e agravá-la caso considere haver motivos para tanto. [...] Por força do artigo em comento, *não há restrições para que a decisão de segundo ou terceiro grau seja menos benéfica ao administrado do que a de primeiro grau*. Essencial é que existam motivos a justificar a

---

[273] BRASIL. Supremo Tribunal Federal. Súmula Vinculante nº 3. Sessão Plenária de 30.5.2007. *DOU*, 6.6.2007.
[274] Art. 64 da Lei nº 9.784/1999: O órgão competente para decidir o recurso poderá confirmar, modificar, anular ou revogar, total ou parcialmente, a decisão recorrida, se a matéria for de sua competência. Parágrafo único. Se da aplicação do disposto neste artigo puder decorrer gravame à situação do recorrente, este deverá ser cientificado para que formule suas alegações antes da decisão.

modificação de um mandamento mais benéfico em um mais restritivo de direitos ou interesses do recorrente ao longo do processo."[275]

Diante da possibilidade de reforma da decisão recorrida para pior e, assim, de agravamento da situação jurídica do recorrente, o parágrafo único do art. 64 da Lei nº 9.784/1999 assegura o direito de apresentar alegações "antes da decisão", de modo a "garantir a ampla defesa e o contraditório ao longo de todo o processo administrativo".[276]

Existem exceções, todavia. A própria Lei nº 9.784/1999 veda a *reformatio in pejus* no âmbito da revisão de processos administrativos de que possam resultar sanções ao interessado, o que se dá pelo conteúdo de seu art. 65, parágrafo único.[277]

Quanto à expressa proibição da *reformatio in pejus* nos processos administrativos sancionatórios, cita-se novamente Thiago Marrara,[278] para quem o legislador proibiu o agravamento da sanção "na hipótese de a pessoa física ou jurídica condenada interpor pedido de revisão da sanção com base em fatos novos ou circunstâncias relevantes". Nesse caso, o órgão julgador fica impedido de modificar a decisão anterior de modo a prejudicar, ainda mais, o requerente da revisão, abrindo-se, desse modo, três possibilidades decisórias ao poder público, a saber:[279] "(i) negar provimento ao pedido e manter a sanção; (ii) substituir a sanção por outra mais branda ou (iii) extinguir a sanção".

Destaque-se: a vedação à *reformatio in pejus* no processo administrativo sancionador também se aplica quando a revisão da decisão condenatória for requerida de ofício pela autoridade pública, diferentemente do que ocorre na esfera do Direito Processual Penal. A revisão

---

[275] MARRARA, Thiago. Cap. XV – Do recurso administrativo e da revisão. *In:* NOHARA, Irene Patrícia; MARRARA, Thiago. *Processo administrativo:* lei 9.784/1999 comentada. São Paulo: Thomson Reuters Brasil, 2018. p. 501 (grifos nossos).

[276] MARRARA, Thiago. Cap. XV – Do recurso administrativo e da revisão. *In:* NOHARA, Irene Patrícia; MARRARA, Thiago. *Processo administrativo:* Lei 9.784/1999 comentada. São Paulo: Thomson Reuters Brasil, 2018. p. 502.

[277] Art. 65. Os processos administrativos de que resultem sanções poderão ser revistos, a qualquer tempo, a pedido ou de ofício, quando surgirem fatos novos ou circunstâncias relevantes suscetíveis de justificar a inadequação da sanção aplicada. Parágrafo único. Da revisão do processo não poderá resultar agravamento da sanção.

[278] MARRARA, Thiago. Cap. XV – Do recurso administrativo e da revisão. *In:* NOHARA, Irene Patrícia; MARRARA, Thiago. *Processo administrativo:* Lei 9.784/1999 comentada. São Paulo: Thomson Reuters Brasil, 2018. p. 502.

[279] MARRARA, Thiago. Cap. XV – Do recurso administrativo e da revisão. *In:* NOHARA, Irene Patrícia; MARRARA, Thiago. *Processo administrativo:* Lei 9.784/1999 comentada. São Paulo: Thomson Reuters Brasil, 2018. p. 511.

de ofício de que trata o art. 65 da Lei nº 9.784/1999 não pode ser equiparada ao recurso de apelação mencionado no art. 617 do Código de Processo Penal já que, eventualmente, a revisão da sanção pode acarretar benefício simultâneo ao condenado e aos interesses públicos sob tutela do Estado.

A jurisprudência corrobora, consistentemente, o princípio do *non reformatio in pejus* no âmbito administrativo, em casos que resultem em agravamento de sanções, como se vê no MS nº 11.749/DF,[280] em que se decidiu pela proibição do agravamento da penalidade imposta ao servidor após o encerramento do respectivo processo disciplinar.

Afigura-se que a terceira corrente seja a mais razoável e equilibrada por se situar numa posição mais compatível com as exigências da realidade social.

---

[280] BRASIL. Supremo Tribunal Federal. Primeira Seção. Mandado de Segurança nº 11.749/DF (2006/0083673-8). Rel. min. Benedito Gonçalves. Julg. em 11.6.2014. *Dje* 20.6.2014. Nesse sentido, também decide o STJ em: BRASIL. Superior Tribunal de Justiça. Primeira Turma. AgInt no REsp nº 1.278.009/MG. Rel. min. Sergio Kukina. Julg. em 23.5.2017. *Dje* 30.5.2017.

CAPÍTULO 9

CONTROLE EXTERNO PELO LEGISLATIVO

De acordo com o estabelecido na Constituição da República de 1988, a titularidade do controle externo pertence ao Poder Legislativo, que o exercerá em todas as esferas da federação brasileira, com o auxílio dos Tribunais de Contas, sendo certo ainda que o controle interno contribua com esse mister, dentro de uma visão sistêmica de controle da administração pública, nos termos dos arts. 70 e 71 da Lei Maior.

O sistema estabelecido é consentâneo com os paradigmas do sistema *check and balances*, de modo que, por meio de mecanismo de freios e contrapesos, cada poder, de forma harmônica e preservando suas competências, pode participar de outro, prevenindo-se, assim, o absolutismo e a hipertrofia de cada um deles. Tal participação dar-se-á: diretamente, por atos das mesas diretoras do Poder Legislativo de cada ente ou mediante suas comissões parlamentares; e, indiretamente, por meio do órgão auxiliar de controle externo, qual seja, o Tribunal de Contas, alcançando todos os demais poderes e órgãos, sejam o Poder Executivo, as entidades da administração direta e indireta e o Poder Judiciário. Este último sofrerá o controle sempre de suas funções administrativas. Assim, a regra é a preservação da incolumidade das decisões judiciais e dos atos discricionários, embora quanto a esses últimos, atualmente, de forma mitigada.

Quanto às espécies de controle externo exercidas pelo Poder Legislativo, distinguimos o controle político e o controle financeiro.

Segundo José dos Santos Carvalho Filho,[281] controle legislativo constitui-se na prerrogativa de fundamento constitucional, atribuída ao

---

[281] CARVALHO FILHO, José dos Santos. *Manual de direito administrativo*. 37. ed. São Paulo: Atlas, 2023. p. 860.

Poder Legislativo, de fiscalizar a administração pública sob os critérios político e financeiro.

9.1 Controle político

É realizado pelo Poder Legislativo ao apreciar os aspectos de legalidade e de mérito no que toca às decisões administrativas de todos os poderes, adentrando inclusive nos aspectos de oportunidade e conveniência, quando confrontado com o interesse público, sendo essa sua principal característica.

Note-se que o mérito das decisões judiciais não é abrangido por esse controle, de modo a preservar a independência do Poder Judiciário, embora os atos que digam respeito à função administrativa e à organização dos poderes Executivo e Legislativo, reforce-se, sejam por ele abrangidos.

Cabe ao Congresso Nacional e às demais casas legislativas, no que couber, o exercício do controle político, de acordo com as atribuições definidas no art. 49, e incisos, da Constituição da República de 1988, as quais são realizadas em caráter de exclusividade, entre outras:

a) autorizar o Presidente da República a declarar guerra, a celebrar a paz, a permitir que forças estrangeiras transitem pelo território nacional ou nele permaneçam temporariamente, ressalvados os casos previstos em lei complementar;

b) autorizar o Presidente da República e o vice-presidente a se ausentarem do país, quando a ausência exceder a quinze dias;

c) aprovar o estado de defesa e a intervenção federal, autorizar o estado de sítio, ou suspender qualquer uma dessas medidas;

d) escolher os atos de concessão e renovação de concessão de emissoras de rádio e televisão;

e) aprovar iniciativas do Poder Executivo referentes a atividades nucleares;

f) sustar os atos normativos do Poder Executivo que exorbitem do poder regulamentar ou dos limites de delegação legislativa, independentemente de prévia manifestação do Judiciário.

Uma importante competência relativa ao controle consta do inciso X do art. 49 da Constituição de 1988, o qual prevê que cabe ao Congresso Nacional fiscalizar e controlar, diretamente, ou por quaisquer de suas casas, os atos do Poder Executivo, incluindo os da administração indireta. Para José dos Santos Carvalho Filho,[282] trata-se de dispositivo específico, de um lado, por se referir expressamente aos atos do Executivo, mas genérico, de outro lado, por abranger qualquer tipo de ato, seja da administração direta, seja das entidades integrantes da administração indireta.

Por sua vez, as competências privativas do Senado Federal, no exercício do controle externo, são aquelas presentes no art. 52 da CR/88, sendo também, naquilo que couber, exercidas pelos Poderes Legislativos dos Estados, do Distrito Federal e dos Municípios, quais sejam:

> [...]
> III – aprovar previamente, por voto secreto, após arguição pública, a escolha de:
> a) magistrados, nos casos estabelecidos nesta Constituição;
> b) Ministros do Tribunal de Contas da União indicados pelo Presidente da República;
> c) Governador de Território;
> d) Presidente e diretores do Banco Central;
> e) Procurador-Geral da República;
> f) titulares de outros cargos que a lei determinar;
> IV – aprovar previamente, por voto secreto, após arguição em sessão secreta, a escolha dos chefes de missão diplomática de caráter permanente;
> V – autorizar operações externas de natureza financeira, de interesse da União, dos Estados, do Distrito Federal, dos Territórios e dos Municípios;
> VI – fixar, por proposta do Presidente da República, limites globais para o montante da dívida consolidada da União, dos Estados, do Distrito Federal e dos Municípios;
> VII – dispor sobre limites globais e condições para as operações de crédito externo e interno da União, dos Estados, do Distrito Federal e dos Municípios, de suas autarquias e demais entidades controladas pelo Poder Público Federal;
> VIII – dispor sobre limites e condições para a concessão de garantia da União em operações de crédito externo e interno;
> IX – estabelecer limites globais e condições para o montante da dívida imobiliária dos Estados, do Distrito Federal e dos Municípios [...].

Também compete à Câmara dos Deputados, conforme o art. 51, II, da CR/88, "proceder à tomada de contas do Presidente da República,

---

[282] CARVALHO FILHO, José dos Santos. *Manual de direito administrativo*. 37. ed. São Paulo: Atlas, 2023. p. 860.

quando não apresentadas ao Congresso Nacional dentro de sessenta dias após a abertura da sessão legislativa".

Ao seu turno, a Câmara dos Deputados e o Senado exercitarão o controle externo conjunta ou separadamente ou por qualquer uma das suas comissões nos casos seguintes: a) convocação de ministros e requerimento de informações (art. 50, §§1º e 2º); b) recebimento de petições, queixas e representações dos administrados (art. 58, §2º, IV); e c) convocação de qualquer autoridade ou pessoa para depor (art. 58, V).

Uma das mais importantes atribuições conferidas ao Poder Legislativo em termos de controle político, destaque-se, diz respeito àquela relativa à suspensão e destituição (*impeachment*) de presidente ou de ministros de Estado,[283] também extensível a governadores e secretários de Estado, nos termos da Lei nº 1.079, de 1950. No caso dos prefeitos e vereadores, os crimes de responsabilidade são regidos pelo Decreto-Lei nº 201, de 1967. A propósito do tema, no julgamento da ADI nº 2.220,[284] o Supremo Tribunal Federal reafirmou o entendimento de que:

> A definição das condutas típicas configuradoras do crime de responsabilidade e o estabelecimento de regras que disciplinem o processo e julgamento dos agentes políticos federais, estaduais ou municipais envolvidos são da competência legislativa privativa da União e devem ser tratados em lei nacional especial (art. 85 da Constituição da República).

Na esfera federal, por força dos arts. 51, I, e 86 da Constituição de 1988, somente por dois terços dos membros da Câmara dos Deputados será autorizada a instauração de processo ou admitida acusação contra o Presidente da República pelo cometimento de crime de responsabilidade, cujo julgamento dar-se-á perante o Senado Federal, que exerce parcela da jurisdição. Tal hipótese exemplifica que o exercício da jurisdição não é exclusivo do Poder Judiciário.

Os crimes de responsabilidade, tal qual delineados na Constituição de 1988, constituem, nas palavras de Gilmar Ferreira Mendes,[285] infrações de natureza política e administrativa, estando elencadas em rol

---

[283] Além de outras autoridades públicas na esfera da União, como o vice-Presidente da República, os ministros do Supremo Tribunal Federal e o procurador-geral da república, conforme previsto no art. 52, incisos I e II, da Constituição de 1988.

[284] BRASIL. Supremo Tribunal Federal. Tribunal Pleno. Ação Direta de Inconstitucionalidade nº 2.220. Relatora Ministra Cármen Lúcia. Julgamento: 16.11.2011. Publicação: 7.12.2011.

[285] MENDES, Gilmar Ferreira; BRANCO, Paulo Gustavo Gonet. *Curso de direito constitucional*. 14. ed. rev. e atual. São Paulo: Saraiva Educação, 2019. p. 1.053.

exemplificativo no *caput* do art. 85 da Lei Maior. A decisão condenatória resulta na perda do cargo e na inabilitação do condenado para o exercício de função pública, pelo prazo de oito anos, sem prejuízo de outras sanções judiciais cabíveis (art. 52, parágrafo único, CR/88).

Sendo o presidente do Supremo Tribunal Federal (art. 52, II, da CR/88) acusado de cometimento de crime de responsabilidade, será suspenso de suas funções, tão logo seja instaurado o processo. Havendo condenação pelo Senado, dar-se-á a destituição do cargo, ou seja, o *impeachment*, nos termos da CR/88.

Os crimes de responsabilidade do Presidente da República são aqueles que atentem contra a Constituição de 1988, enumerados no art. 85, e especialmente contra:

a) a existência da União;

b) o livre exercício do Poder Legislativo, do Poder Judiciário, do Ministério Público e dos Poderes constitucionais das unidades da Federação;

c) o exercício dos direitos políticos, individuais e sociais;

d) a segurança interna do país;

e) a probidade na administração;

f) a lei orçamentária;

g) o cumprimento das leis e das decisões judiciais.

A Lei nº 1.079/1950, recepcionada, em grande parte, pela Constituição de 1988,[286] define os crimes de responsabilidade e regula os respectivos processo e julgamento, permitindo a qualquer cidadão denunciar o Presidente da República ou ministro de Estado por crime de responsabilidade perante a Câmara dos Deputados, desde que ainda esteja no exercício do cargo a autoridade denunciada, nos termos dos arts. 14 e 15.

Em paradigmática decisão, o Supremo Tribunal Federal[287] entendeu que não há que se falar em crime de responsabilidade de

---

[286] BRASIL. Supremo Tribunal Federal. Tribunal Pleno. Mandado de Segurança nº 21.623. Relator: min. Carlos Velloso. Julgamento: 17.12.1992. Publicação: 28.5.1993.

[287] BRASIL. Supremo Tribunal Federal. Questão de Ordem na Petição nº 3.923. Rel. min. Joaquim Barbosa. Brasília, 13 jun. 2007. E sobre o papel exercido pela Câmara dos Deputados e pelo Senado Federal no processo de *impeachment*, veja-se o seguinte *decisium* da Suprema Corte, *in verbis*: "Apresentada denúncia contra o Presidente da República por crime de responsabilidade, compete à Câmara dos Deputados autorizar a instauração de processo (art. 51, I, da CF/1988). A Câmara exerce, assim, um juízo eminentemente político sobre os fatos narrados, que constitui condição para o prosseguimento da denúncia. Ao Senado compete, privativamente, processar e julgar o Presidente (art. 52, I), locução que abrange a realização de um juízo inicial de instauração ou não do processo, isto é, de recebimento ou

parlamentar, uma vez que o crime de responsabilidade pode resultar em *impeachment*, instituto que corporifica um dos mecanismos de fiscalização postos à disposição do Legislativo para controlar os membros dos poderes Executivo e Judiciário.

Não há, pois, que se falar em crime de responsabilidade de parlamentar. A Constituição de 1988 prevê um juízo específico para os membros do Parlamento, previsto em seu artigo 55.[288]

O controle político pelas Comissões Parlamentares de Inquérito (CPIs) confere poderes de investigação próprios das autoridades judiciais, além de outros, previstos nos Regimentos do Senado e da Câmara dos Deputados. Segundo Paulo Gustavo Gonet Branco: "As Comissões Parlamentares de Inquérito são concebidas para viabilizar o inquérito necessário ao exercício preciso do poder de fiscalizar e de decidir, entregue ao Legislativo".[289]

Tais comissões serão criadas pelas duas casas, conjunta ou separadamente, mediante requerimento de um terço de seus representantes para apuração de fato determinado e por prazo certo, sendo suas conclusões, se for o caso, encaminhadas ao Ministério Público, para que este promova a responsabilidade civil ou criminal dos infratores (art. 58, §3º, Constituição de 1988).

A Constituição da República de 1988, a despeito do intento de propiciar a instrumentalização necessária ao Poder Legislativo para exercer plenamente seus poderes de controle direto da administração pública, em geral, não logrou o êxito esperado. Em regra, as CPIs se transformam em instrumento de baixíssima efetividade, nas quais simples requerimento de convocação de depoimento de autoridade ou de exibição de documento torna-se um imbróglio, em que a maioria governamental e a minoria opositora se digladiam, exibindo não raro

---

não da denúncia autorizada pela Câmara". Veja em BRASIL. Supremo Tribunal Federal. Tribunal Pleno. Arguição de Descumprimento de Preceito Fundamental nº 378 MC/DF. Rel. min. Edson Fachin. Rel. p/Acórdão min. Roberto Barroso. Julg. em 17.12.2015. *DJe-043*, 8.3.2016.

[288] CR/88, art. 55: "Art. 55. Perderá o mandato o Deputado ou Senador: I - que infringir qualquer das proibições estabelecidas no artigo anterior; II - cujo procedimento for declarado incompatível com o decoro parlamentar; III - que deixar de comparecer, em cada sessão legislativa, à terça parte das sessões ordinárias da Casa a que pertencer, salvo licença ou missão por esta autorizada; IV - que perder ou tiver suspensos os direitos políticos; V - quando o decretar a Justiça Eleitoral, nos casos previstos nesta Constituição; VI - que sofrer condenação criminal em sentença transitada em julgado".

[289] MENDES, Gilmar Ferreira; BRANCO, Paulo Gustavo Gonet. *Curso de direito constitucional*. 14. ed. rev. e atual. São Paulo: Saraiva Educação, 2019. p. 985.

o despreparo para o exercício pleno da democracia e o desperdício de horas de trabalho.

Essas comissões terão poderes de investigação de irregularidades semelhantes ao das autoridades judiciais, podendo haver outros previstos nos regulamentos das casas do Congresso. Tudo o que esteja abrangido pelas competências constitucionais do Parlamento pode ser objeto de CPI. No entanto, a fim de resguardar a eficiência e, principalmente, os direitos fundamentais, a CPI deve ter por objeto um ou mais fatos certos ou determinados, não se admitindo a realização de "devassas generalizadas".[290]

Em vista desse poder investigatório, diz-se que se trata de inquéritos parlamentares judicialiformes, muito embora seus poderes venham sendo paulatinamente mitigados, conforme a jurisprudência do Supremo Tribunal Federal, que, vez ou outra, vê-se compelido a estabelecer os limites de sua atuação. A exemplo disso, veja-se a decisão no MS nº 27.483 REF-MC[291] acerca da quebra de sigilo por parte das chamadas CPIs, em que restou decidido que comissão parlamentar de inquérito não tem poder jurídico de obter, mediante requisição, quanto a operadoras de telefonia, cópias de decisão nem de mandado judicial de interceptação telefônica, bem como quebrar sigilo imposto a processo sujeito a segredo de justiça.

A jurisprudência do STF contém diversos outros exemplos de restrições à atuação das CPIs,[292] tanto de natureza procedimental quanto material. Destacam-se, nesse sentido, as enunciações de que: a convocação de testemunhas deve ser feita conforme as regras do Código de Processo Penal, ou seja, pessoalmente; os fatos investigados pela CPI devem ser determinados, e não genéricos; a decretação de prisão pela

---

[290] MENDES, Gilmar Ferreira; BRANCO, Paulo Gustavo Gonet. *Curso de direito constitucional*. 14. ed. rev. e atual. São Paulo: Saraiva Educação, 2019. p. 987.

[291] BRASIL. Supremo Tribunal Federal. Referendo em Medida Cautelar em Mandado de Segurança nº 27.483. Rel. min. Cezar Peluso. Brasília, 14 ago. 2008.

[292] "As investigações parlamentares podem figurar como ato preparatório ou auxiliar do processo legislativo e das demais ações do Congresso Nacional, na medida em que o direito ao conhecimento constitui pressuposto à realização de suas atividades deliberativas. 2. A Comissão Parlamentar de Inquérito detém atribuição para investigação de atos praticados em âmbito privado, desde que revestidos de potencial interesse público e cujo enfrentamento insira-se, ao menos em tese, dentre as competências do Congresso Nacional ou da respectiva Casa Legislativa que lhe dá origem. 3. A autonomia das Comissões Parlamentares de Inquérito não subtrai os direitos e garantias individuais assegurados na Constituição Federal. Poder instrutório ao qual são oponíveis idênticos limites formais e substanciais impostos ao Poder Judiciário" (BRASIL. Supremo Tribunal Federal. Mandado de Segurança nº 33.751/DF. Rel. Edson Fachin. Julg. em 15.12.2015. *DJe*-058, 31.3.2016).

CPI só é admitida em caso de crime em flagrante; a CPI não pode investigar decisões judiciais, embora os atos administrativos dos magistrados estejam sob sua esfera de sindicância; as comissões parlamentares de inquérito não possuem amplos poderes gerais de cautela equiparáveis aos dos magistrados e, por isso, não podem decretar a indisponibilidade dos bens dos investigados ou medidas de arresto, sequestro ou hipoteca judiciária, para citar algumas.[293]

Ao seu turno, às constrições para a atuação das CPIs se contrapõem algumas prerrogativas instrumentais reconhecidas pelo Supremo Tribunal Federal, tais como as de decretar a quebra dos sigilos bancário, fiscal e de dados, inclusive telefônico, dos investigados. Nesses casos, há que ser feito juízo de ponderação entre o interesse público na produção da prova visada e a necessidade de assegurar garantias fundamentais, uma vez que:

> [...] Se o STF tem admitido a quebra, pela CPI, de garantias básicas, vem, igualmente, afirmando que o uso desses poderes está sujeito aos requisitos de fundamentação a que juízes estão obrigados. Providências que importam invasão da esfera jurídica dos direitos individuais reclamam, na visão firme do Tribunal, *motivação*.[294]

Após os trabalhos executados, deverão ser fornecidos pela CPI elementos consistentes e idôneos, únicos possíveis de serem aproveitados pelo Ministério Público no sentido da promoção da persecução civil e criminal daqueles apontados como responsáveis pelos fatos. Acrescente-se, nos termos da jurisprudência do STF, que:

> As Comissões Parlamentares de Inquérito – CPI possuem permissão legal para encaminhar relatório circunstanciado não só ao Ministério Público e à Advocacia-Geral da União, mas, também, a outros órgãos públicos, podendo veicular, inclusive, documentação que possibilite a instauração de inquérito policial em face de pessoas envolvidas nos fatos apurados (art. 58, §3º, CRFB/88, c/c art. 6º-a da Lei n 1.579/52, incluído pela Lei 13.367.2016).[295]

---

[293] MENDES, Gilmar Ferreira; BRANCO, Paulo Gustavo Gonet. *Curso de direito constitucional*. 14. ed. rev. e atual. São Paulo: Saraiva Educação, 2019. p. 992-996.

[294] MENDES, Gilmar Ferreira; BRANCO, Paulo Gustavo Gonet. *Curso de direito constitucional*. 14. ed. rev. e atual. São Paulo: Saraiva Educação, 2019. p. 998. Grifos no original.

[295] BRASIL. Supremo Tribunal Federal. Tribunal Pleno. Agravo Interno no Mandado de Segurança nº 35.216. Relator: min. Luiz Fux. Julgamento: 17.11.2017. Publicação: 27.11.2017.

Há limites estabelecidos na Constituição e também advindos do papel de intérprete constitucional exercido pelo Supremo Tribunal Federal à atuação das CPIs. Um deles diz respeito ao *quórum* para sua criação, no qual se exige o requerimento de um terço dos membros da Câmara e do Senado, devendo a maioria se submeter à vontade da minoria, uma vez que, havendo requerimento de um terço dos membros da Câmara e do Senado, conjunta ou separadamente, há que ser criada a CPI. Nesse sentido, decidiu o Supremo Tribunal Federal, no Mandado de Segurança nº 26.441/DF, conforme segue:

> A instauração de inquérito parlamentar, para viabilizar-se no âmbito das Casas legislativas, está vinculada, unicamente, à satisfação de três (03) exigências definidas, de modo taxativo, no texto da Lei Fundamental da República: (1) subscrição do requerimento de constituição da CPI por, no mínimo, 1/3 dos membros da Casa Legislativa, (2) indicação de fato determinado a ser objeto da apuração legislativa e (3) temporariedade da comissão parlamentar de inquérito [...]. Preenchidos os requisitos constitucionais (CF, art. 58, §3º), impõe-se a criação da Comissão Parlamentar de Inquérito, que não depende, por isso mesmo, da vontade aquiescente da maioria legislativa.[296]

Diante exclusivamente dos pressupostos estabelecidos, é obrigatória a instalação da CPI para se apurar, por prazo certo para o término dos trabalhos investigatórios, fato determinado. Tal fato é assim considerado pelo Regimento Interno da Câmara dos Deputados[297] como sendo "o acontecimento de relevante interesse para a vida pública e a ordem constitucional, legal, econômica e social do País, que estiver devidamente caracterizado no requerimento de constituição da Comissão", conforme o art. 35, §1º.

Não se olvide que a Lei nº 1.579/1952,[298] considerada lei nacional por tratar de normas gerais relativas às comissões parlamentares de inquérito, deve ser observada tanto pelo Congresso Nacional quanto

---

[296] BRASIL. Supremo Tribunal Federal. Tribunal Pleno. *Mandado de Segurança nº 26.441*. Rel. min. Celso de Mello. Julgamento: 25.4.2007. Publicação: 18.12.2009. Em outro *decisium* sobre esse tema: BRASIL. Supremo Tribunal Federal. Tribunal Pleno. Ação Direta de Inconstitucionalidade nº 3.619 ED/SP. Rel. min. Luiz Fux. Julgamento: 19.8.2015. Publicação: 16.9.2015.

[297] BRASIL. Câmara dos Deputados. *Resolução nº 17*, de 1989. Aprova o Regimento Interno da Câmara dos Deputados.

[298] BRASIL. Presidência da República. *Lei nº 1.579*, de 18 de março de 1952. Dispõe sobre as Comissões Parlamentares de Inquérito. Brasília: Presidência da República, 1952.

pelas assembleias legislativas e pelas câmaras municipais, quando da instalação das respectivas CPIs para se apurarem fatos relativos ao ente federativo a que se referirem.[299] Desse modo, devem intimar testemunhas e indiciados de acordo com as prescrições estabelecidas na legislação processual penal (art. 3º), sendo que o não comparecimento importará em solicitação pela CPI ao juiz criminal da localidade onde resida ou se encontre a testemunha para que a intime na forma do *caput* do art. 218 do Código de Processo Penal.

Quanto à quebra de sigilo fiscal e bancário requerida pelas CPIs, trata-se de questão crucial para o seu sucesso, uma vez que os fatos investigados não se dão, em regra, em condições que permitam a qualquer um do povo deles ter conhecimento, muito pelo contrário. Como explica Paulo Gustavo Gonet Branco:

> Quando se verifica a quebra do sigilo fiscal, bancário ou telefônico, isso não coloca as informações obtidas no domínio público. A CPI, ao receber os informes, torna-se depositária do segredo. O STF já advertiu que "constitui comportamento altamente censurável – com todas as consequências de ordem penal que possam resultar – a transgressão, por membros de uma Comissão Parlamentar de Inquérito, do dever jurídico de respeito e de preservação do sigilo concernente aos dados a ele transmitidos".[300]

O sigilo bancário encontra-se regulado pela Lei Complementar nº 105, de 10 de janeiro de 2001, sendo certo que a Constituição da República, em seu art. 5º, X e XII, no que concerne aos direitos e garantias individuais, assegura a proteção da intimidade e da vida privada.

De acordo com o art. 4º da Lei Complementar nº 105/2001, as CPIs poderão obter informações e documentos sigilosos de que necessitarem, diretamente das instituições financeiras, inclusive.[301] Ainda de

---

[299] A propósito da simetria que deve ser observada pelos entes subnacionais, veja-se o decidido na ADI nº 3.619: "A garantia assegurada a um terço dos membros da Câmara ou do Senado estende-se aos membros das assembleias legislativas estaduais – garantia das minorias. O modelo federal de criação e instauração das comissões parlamentares de inquérito constitui matéria a ser compulsoriamente observada pelas casas legislativas estaduais". *In:* BRASIL. Supremo Tribunal Federal. Tribunal Pleno. Ação Direta de Inconstitucionalidade nº 3.619. Relator: min. Eros Grau. Julgamento: 1º.8.2006. Publicação: 20.4.2007.

[300] MENDES, Gilmar Ferreira; BRANCO, Paulo Gustavo Gonet. *Curso de direito constitucional.* 14. ed. rev. e atual. São Paulo: Saraiva Educação, 2019. p. 998.

[301] Lei Complementar nº 105.2001, art. 4º: "O Banco Central do Brasil e a Comissão de Valores Mobiliários, nas áreas de suas atribuições, e as instituições financeiras fornecerão ao Poder Legislativo Federal as informações e os documentos sigilosos que, fundamentadamente, se

acordo com o dispositivo legal citado, a solicitação de informações e documentos deverá ser previamente aprovada pelo plenário da Câmara dos Deputados, do Senado ou pelo plenário de suas respectivas CPIs, devendo sua realização ser efetuada com grandes cautela e parcimônia, como vem decidindo o STF, a exemplo do Mandado de Segurança nº 25.668/DF, posto que:

> A quebra do sigilo inerente aos registros bancários, fiscais e telefônicos, por traduzir medida de caráter excepcional, revela-se incompatível com o ordenamento constitucional, quando fundada em deliberações emanadas de CPI cujo suporte decisório apoia-se em formulações genéricas [...].[302]

9.2 Controle financeiro

O controle financeiro a ser exercido pelo Poder Legislativo está definido, sobretudo, no art. 70 (*caput*) da Constituição da República de 1988. Conforme conceitua José dos Santos Carvalho Filho:[303] "controle financeiro é aquele exercido pelo Poder Legislativo sobre o Executivo, o Judiciário e sobre sua própria administração no que se refere à receita, à despesa e à gestão dos recursos públicos".

Verifica-se que, salvo os casos em que determinadas competências são conferidas diretamente ao Parlamento, na prática, o exercício dos poderes fiscalizatórios dá-se pelos Tribunais de Contas, que exercem um papel preponderante, nos termos dos arts. 70, *caput*, e 71 da CR/88.

Dentro das hipóteses de controle, encontra-se a fiscalização financeira que será exercida, assim como as demais, sob os aspectos da legalidade, legitimidade, economicidade, aplicação das subvenções e

---

fizerem necessários ao exercício de suas respectivas competências constitucionais e legais.
§1º As comissões parlamentares de inquérito, no exercício de sua competência constitucional e legal de ampla investigação, obterão as informações e documentos sigilosos de que necessitarem, diretamente das instituições financeiras, ou por intermédio do Banco Central do Brasil ou da Comissão de Valores Mobiliários. §2º As solicitações de que trata este artigo deverão ser previamente aprovadas pelo Plenário da Câmara dos Deputados, do Senado Federal, ou do plenário de suas respectivas comissões parlamentares de inquérito".

[302] BRASIL. Supremo Tribunal Federal. Mandado de Segurança nº 25.668/DF. Rel. min. Celso de Mello. Julg. em 23.3.2006. *Dje* 4.8.2006. E em outro julgado: BRASIL. Supremo Tribunal Federal. Mandado de Segurança nº 33.817 ED/DF. Rel. min. Cármen Lucia. Julg. em 17.3.2016. *DJe-061*, 5.4.2016.

[303] CARVALHO FILHO, José dos Santos. *Manual de direito administrativo*. 37. ed. São Paulo: Atlas, 2023. p. 862.

renúncia de receitas. Conforme assevera a doutrina majoritária, entre elas a de José Afonso da Silva, tais aspectos podem ser assim definidos:

> [...] (1) o controle de legalidade dos atos de que resultem a arrecadação da receita ou a realização da despesa, o nascimento ou a extinção de direitos e obrigações; (2) controle de legitimidade, que a constituição tem como diverso da legalidade, de sorte que parece assim admitir exame de mérito a fim de verificar se determinada despesa, embora não ilegal, fora prioridade estabelecida no plano plurianual; (3) controle de economicidade, que envolve também a questão de mérito, para verificar se o órgão procedeu, na aplicação da despesa pública, de modo mais econômico, atendendo por exemplo, uma adequada relação custo-benefício; (4) controle de fidelidade funcional dos agentes da administração responsáveis por bens e valores públicos; (5) controle de resultados de cumprimento de programa de trabalho e de metas, expresso em termos monetários e em termos de realização de obras e prestação de serviços.[304]

Tratou-se com maior profundidade dos variados aspectos da fiscalização e do controle financeiro no capítulo 4 deste livro, ao qual se remete nesta oportunidade.

---

[304] SILVA, José Afonso da. *Comentário contextual à Constituição*. 2. ed. São Paulo: Malheiros, 2004. p. 730-731.

CAPÍTULO 10

O CONTROLE EXTERNO PELO TRIBUNAL DE CONTAS

O artigo 70 da Constituição da República de 1988 atribuiu ao Congresso Nacional o exercício do controle externo da administração pública. Em razão da multiplicidade de atuações que tal mister exige, notadamente em face da variedade de entes e órgãos estatais e da complexidade inata à organização federativa, o controle da coisa pública exigiu o estabelecimento de estruturas próprias, especializadas, autônomas e independentes, na lição de Pinto Ferreira, *in verbis*:

> Nem sempre se encontra absoluta probidade no manuseio dos dinheiros púbicos, e às vezes as finanças do Estado ou da comunidade são mal aplicadas, em desproveito do povo. É preciso então que a própria assembleia popular fiscalize o tesouro e sua adequada aplicação ou crie órgãos adequados para tal finalidade. Por isso Viveiros de Castro pôde escrever em seu *Tratado de ciência da administração e direito administrativo* (Rio de Janeiro, 1914, p. 694) que a necessidade de criação de Tribunais de Contas tem sido reconhecida desde a Antiguidade.
> [...] Dos Conselhos de Fazenda criados pelo Marquês de Pombal para a fiscalização das contas públicas provém a inspiração da Lei Maior do Império de 1824, que, em um dos seus artigos, o 170, determinava a organização do Tesouro Nacional, que funcionava como tribunal para fiscalizar as finanças públicas. Tal tribunal foi previsto pela Lei de 4/10/1831.[305]

---

[305] FERREIRA, Pinto. *Curso de direito constitucional brasileiro*. 10. ed. São Paulo: Saraiva, 1999. p. 350-351.

Registre-se, entretanto, que foi com o advento da Proclamação da República, em 1889, que pela primeira vez foi materializado o órgão fiscalizador das contas do governo, muito em razão dos esforços empreendidos por Rui Barbosa, hoje considerado o patrono das cortes de contas do Brasil, então ministro da Fazenda do primeiro Presidente Marechal Deodoro da Fonseca.

Rui Barbosa compreendia a instituição Tribunais de Contas como essencial à República, finalmente criando-a, embora sem implementação fática, no âmbito da União, por meio do Decreto nº 960-A, de 7 de novembro de 1890, que, em sua exposição de motivos, asseverava:

> A medida que vem propor-vos é a criação de um Tribunal de Contas, *corpo de magistratura intermediária* à *administração e* à *legislatura* que, *colocado em posição autônoma, com atribuições de revisão e julgamento*, cercado de garantias contra quaisquer ameaças, possa exercer as suas funções vitais no organismo constitucional, *sem risco de converter-se em instituição de ornato aparatoso e inútil* [...]
> Convém levantar, entre o poder que autoriza periodicamente a despesa e o poder que quotidianamente a executa, um mediador independente, auxiliar de um outro, que comunicando com a legislatura e intervindo na administração, seja não só o vigia como a mão forte da primeira sobre a segunda, obstando a perpetuação das infrações orçamentárias por um veto oportuno aos atos do Executivo, que, direta ou indiretamente, próxima ou remotamente, discrepem da linha rigorosa das leis de finanças.[306]

Em sua evolução histórica, o Tribunal de Contas foi mencionado na primeira Constituição Republicana de 1891,[307] que lhe atribui competências para liquidar as contas da receita e da despesa e para verificar sua legalidade antes de serem apresentadas ao Congresso (art. 89), iniciando seu funcionamento em 17 de janeiro de 1893.

A organização do Tribunal de Contas da União (TCU) foi inicialmente tratada pelo Decreto nº 392, de 8 de outubro de 1896,[308] que previu, entre outras medidas, a atribuição de recusar o registro dos atos relativos à despesa e receita e o registro dos contratos.

---

[306] BARBOSA, Rui. *Exposição de motivos de Rui Barbosa sobre a criação do TCU*. Disponível em: https://revista.tcu.gov.br/ojs/index.php/RTCU/article/view/1113. Acesso em: 24 abr. 2023 (grifos nossos).

[307] BRASIL. *Constituição da República dos Estados Unidos do Brasil*, de 24 de fevereiro de 1891. Disponível em: www.planalto.gov.br/ccivil_03/constituicao/constituicao91.htm. Acesso em: 17 maio 2023.

[308] BRASIL. Câmara dos Deputados. *Decreto nº 392*, de 8 de outubro de 1896. Disponível em: https://www2.camara.leg.br/legin/fed/decret/1824-1899/decreto-392-8-outubro-1896-540205-publicacaooriginal-40163-pl.html. Acesso em: 17 maio 2023.

Com a Constituição de 1934,[309] foram conferidas as funções de acompanhar a execução orçamentária, julgar as contas dos responsáveis por dinheiros ou bens públicos, registrar contratos e qualquer ato que imputasse pagamento pelo Tesouro Nacional e emitir parecer prévio, no prazo de 30 (trinta) dias, sobre as contas prestadas anualmente pelo presidente.

O constituinte de 1937 inovou ao incluir o Tribunal de Contas no capítulo atinente ao Poder Judiciário.[310] Apenas em 1946 a Constituição deslocou as normas relativas aos Tribunais de Contas para o capítulo referente ao Poder Legislativo, o que, até hoje, suscita a dúvida de considerá-los, erroneamente, como órgão pertencente àquele Poder.

Diogo de Figueiredo Moreira Neto[311] leciona que a concepção dos Tribunais de Contas como órgãos dotados de autonomia constitucional está atrelada à evolução do princípio da separação dos poderes, tendo em vista que "acrescem-se, incessantemente às funções tradicionais constitucionalizadas – a normativa, a administrativa e a jurisdicional – novas outras funções constitucionais". O autor explica que

> [...] o processo organizativo do poder, como não esgotou no constitucionalismo clássico, está longe de se ter acabado no moderno constitucionalismo, e prossegue a destacar novas funções específicas, que passam a ser desempenhadas por órgãos independentes, que não mais se incluem nos três complexos orgânicos que são denominados, por metonímia tradicional, de Poderes, porque exercem, como ainda o exercem, o que eram antes as únicas segmentações do Poder do Estado [...]

Com a ditadura, a Constituição de 1967 promoveu a restrição em larga escala de suas funções ao estabelecer, no §4º do artigo 73, que "[...] o Tribunal representará ao Poder Executivo e ao Congresso Nacional sobre irregularidades e abusos por ele verificados",[312] subtraindo-lhes a competência própria para julgar e impor sanções. Posteriormente, com a redação dada pela Emenda Constitucional nº 1/69, foram extintos todos os outros Tribunais de Contas municipais, à exceção do Tribunal

---

[309] BRASIL. *Constituição da República dos Estados Unidos do Brasil*, de 16 de julho de 1934. Disponível em: www.planalto.gov.br/ccivil_03/constituicao/constituicao34.htm. Acesso em: 17 maio 2023.

[310] Como se vê do art. 114, *caput*, da Constituição da República de 1937.

[311] MOREIRA NETO, Diogo de Figueiredo. O parlamento e a sociedade como destinatários do trabalho dos Tribunais de Contas. *Revista Eletrônica sobre a Reforma do Estado*, Salvador, n. 4, dez. 2005/jan./fev. 2006. Disponível em: www.direitodoestado.com.br/codrevista.asp?cod=79. Acesso em: 18 maio 2023.

[312] BRASIL. *Constituição da República Federativa do Brasil de 1967*. Disponível em: www.planalto.gov.br/ccivil_03/constituicao/constituicao67.htm. Acesso em: 17 maio 2023.

de Contas do Município de São Paulo, salvo deliberação em contrário da respectiva Câmara, conforme estabelecia o artigo 191.[313]

A criação do Tribunal de Contas, assevera Régis Fernandes de Oliveira, atende a uma necessidade republicana de aferir, de modo autônomo e independente, se a atuação estatal se dá conforme os cânones estabelecidos na Carta Magna, inerentes à administração pública, entre eles o da legalidade e da moralidade. Assim, assevera o autor:

> [...] a decorrência lógica e necessária do Estado de Direito é a existência de um órgão controlador de toda a atividade estatal, ou seja, que nada escape ao controle de mecanismos destinados a evitar a ilegalidade.[314]

Nesse sentido, os Tribunais de Contas possuem fundamental importância no controle dos gastos públicos e suas funções estão diretamente relacionadas ao combate à corrupção,[315] "seja pela prevenção à ocorrência dos atos, seja pela instrumentalização das ações tendentes a responsabilizar os agentes a quem a prática desses atos é atribuída".[316]

Com a promulgação da Constituição da República de 1988, os Tribunais de Contas no Brasil possuem competência para emitir parecer prévio acerca das contas do chefe do Executivo e julgar a regularidade das contas dos administradores e demais responsáveis por bens e valores públicos, entre diversas outras competências próprias, constitucionalmente estabelecidas no art. 71. Em síntese, na atualidade, as cortes de contas brasileiras analisam a legalidade, legitimidade e economicidade da atuação da administração pública para garantir a adequada gestão do patrimônio público.

Embora sejam em sua maioria órgãos autônomos, de natureza administrativa, auxiliares do Poder Legislativo, há países em que os Tribunais de Contas estão subordinados ao Poder Executivo, funcionando como verdadeiros órgãos superiores de controle interno, chamados de auditorias-gerais ou controladorias-gerais. Encontram-se também países em que se configuram como órgãos do Poder Judiciário, em

---

[313] BRASIL. Presidência da República. *Emenda Constitucional nº 1*, de 17 de outubro de 1969. Disponível em: www.planalto.gov.br/ccivil_03/constituicao/emendas/emc_anterior1988/emc01-69.htm. Acesso em: 17 maio 2023.

[314] OLIVEIRA, Régis Fernandes de. *Manual de direito financeiro*. São Paulo: Revista dos Tribunais, 2002. p. 137.

[315] MOURÃO, Licurgo; SHERMAM, Ariane; SERRA, Rita Chió. *Tribunal de contas democrático*. Belo Horizonte: Fórum, 2018. p. 134.

[316] VIANA, Ismar. *Fundamentos do processo de controle externo:* uma interpretação sistematizada do texto constitucional aplicada à processualização das competências dos Tribunais de Contas. Rio de Janeiro: Lumen Juris, 2019. p. 56.

nossa opinião, o delineamento que mais proporciona efetividade de sua atuação e eficácia de suas decisões. É o caso de Portugal[317] e Angola.[318]

No mundo, as cortes de contas são encontradas em países não integrantes da *common law*, ou seja, vicejam em países tão distintos como a Alemanha, França, Portugal, Bélgica, Itália, Espanha, Argélia, Coreia do Sul, Brasil, Grécia, Uruguai, entre outros.[319]

10.1 Os Tribunais de Contas na Constituição de 1988

A Constituição da República de 1988 prevê, no art. 71, que o controle externo será exercido pelo Poder Legislativo com o auxílio dos Tribunais de Contas, a quem conferiu competências próprias. Depreende-se do Texto Constitucional que os Tribunais de Contas são órgãos autônomos e independentes que não se subordinam ou fazem parte de nenhum dos três poderes.[320] Nesse sentido, valiosas as lições de Carlos Ayres Britto, *ipsis litteris*:

> [...] além de não ser órgão do Poder Legislativo, o Tribunal de Contas da União não é órgão auxiliar do Parlamento Nacional, naquele sentido de inferioridade hierárquica ou subalternidade funcional. Como salta à evidência, é *preciso medir com a trena da Constituição a estatura de certos órgãos públicos para se saber até que ponto eles se põem como instituições autônomas e o fato é que o TCU desfruta desse altaneiro status normativo da autonomia.* [...]
> Não sendo órgão do Poder Legislativo, nenhum Tribunal de Contas opera no campo da subalterna auxiliaridade. Tanto assim, que *parte das competências que a Magna Lei confere ao Tribunal de Contas da União nem passa pelo crivo do Congresso Nacional ou de qualquer das Casas Legislativas Federais (bastando citar os incisos III, VI e IX do art. 71). O TCU se posta é como órgão da pessoa jurídica União, diretamente, sem pertencer a*

---

[317] PORTUGAL. *Constituição da República Portuguesa de 1976*. Disponível em: https://www.parlamento.pt/Legislacao/Paginas/ConstituicaoRepublicaPortuguesa.aspx. Acesso em: 14 jun. 2023.

[318] ANGOLA. *Constituição da República da Angola de 2021*. Disponível em: https://www.ilo.org/dyn/natlex/docs/ELECTRONIC/84536/94065/F466903017/AGO84536.pdf. Acesso em: 14 jun. 2023.

[319] FERNANDES, Jorge Ulisses Jacoby. *Tribunais de contas do Brasil*. Belo Horizonte: Fórum, 2016. p. 118.

[320] Há quem defenda, a exemplo de José dos Santos Carvalho Filho, que o Tribunal de Contas é órgão integrante do Poder Legislativo (CARVALHO FILHO, José dos Santos. *Manual de direito administrativo*. Barueri: Atlas, 2023. p. 865).

nenhum dos três Poderes Federais. Exatamente como sucede com o Ministério Público, na legenda do art. 128 da Constituição, incisos I e II.[321]

A intelecção majoritária da norma constitucional[322] aponta para a compreensão de que os Tribunais de Contas auxiliam o Poder Legislativo enquanto órgãos constitucionalmente autônomos, no exercício da função de controle, estando suas competências diretamente previstas na própria Constituição, que, além de lhes atribuir relevante função "de coadjuvar a parcela de controle externo exercido pelo Poder Legislativo", também lhes brindou "com competências constitucionais próprias e autônomas, essenciais ao Estado Democrático de Direito".[323]

No mesmo sentido, o então ministro do Supremo Tribunal Federal, Celso de Mello, decidiu na medida cautelar na ADI nº 4.190, *in verbis*:

> *Os Tribunais de Contas ostentam posição eminente na estrutura constitucional brasileira, não se achando subordinados, por qualquer vínculo de ordem hierárquica, ao Poder Legislativo*, de que não são órgãos delegatários nem organismos de mero assessoramento técnico. A competência institucional dos Tribunais de Contas não deriva, por isso mesmo, de delegação dos órgãos do Poder Legislativo, mas traduz emanação que resulta, primariamente, da própria Constituição da República.[324]

Sendo órgãos colegiados, sua composição é plural, contando com indicados pelos Poderes Legislativo e Executivo, sendo um de livre escolha e dois dentre aprovados em concurso público. Os membros escolhidos pelo Poder Legislativo usualmente são originários do Parlamento, embora a escolha possa recair sobre qualquer cidadão que

---

[321] BRITTO, Carlos Ayres. O regime constitucional dos Tribunais de Contas. *Interesse Público – IP*, ano 4, n. 13, jan./ mar. 2002. Disponível em: www.forumconhecimento.com.br/periodico/172/133/1893. Acesso em: 25 abr. 2023 (grifos nossos).

[322] Entre outros juristas renomados, Diogo de Figueiredo Moreira Neto e Odete Medauar também entendem que os Tribunais de Contas são órgãos autônomos, desvinculados da estrutura dos três poderes. Veja-se: MOREIRA NETO, Diogo de Figueiredo. O parlamento e a sociedade como destinatários do trabalho dos Tribunais de Contas. *Revista Eletrônica sobre a Reforma do Estado*, Salvador, n. 4, dez. 2005/jan./fev. 2006. Disponível em: www.direitodoestado.com.br/codrevista.asp?cod=79. Acesso em: 18 maio 2023; MEDAUAR, Odete. *Direito administrativo moderno*. Belo Horizonte: Fórum, 2023. Disponível em: www.forumconhecimento.com.br/livro/1553. Acesso em: 18 maio 2023.

[323] FERRAZ, Luciano; MOTTA, Fabrício. Controle das contratações públicas. *In*: DI PIETRO, Maria Sylvia Zanella (coord.). *Licitações e contratos administrativos*: inovações da Lei 14.133/21. Rio de Janeiro: Forense, 2021. p. 261.

[324] BRASIL. Supremo Tribunal Federal. Referendo na Medida Cautelar na Ação Direta de Inconstitucionalidade nº 4.190/RJ. Min. Celso de Mello. Julg. em 10.3.2010. *Dje* 11.6.2010 (grifos nossos).

atenda aos requisitos constitucionais para o cargo. Detêm os ministros e os ministros substitutos (no caso do TCU) e os conselheiros e os conselheiros substitutos (no caso dos demais Tribunais de Contas) certas prerrogativas, entre elas a vitaliciedade, a inamovibilidade e a irredutibilidade de subsídio, próprias da magistratura judiciária.

A atuação das cortes de contas é essencial ao pleno exercício e gozo de direitos fundamentais em um Estado Democrático de Direito, entre eles, o direito de exigir dos responsáveis a prestação de contas de seus atos de governo e de gestão, analisando-os sob a perspectiva da legalidade, economicidade, moralidade, impessoalidade e de outros princípios que norteiam a administração pública, por meio de um órgão autônomo e independente, dotado de capacitação técnica para o pleno exercício de tão importante mister.

O princípio da prestação de contas impõe tal dever a todas as pessoas físicas e jurídicas, públicas ou privadas, sujeitas à jurisdição dos Tribunais de Contas, no caso de utilização, arrecadação, guarda, gerenciamento ou administração de dinheiros, bens ou valores públicos ou pelos quais os entes federativos respondam ou que, em nome destes, assumam obrigações de natureza pecuniária, nos termos do parágrafo único do art. 71 da Constituição da República de 1988.

Pelo princípio constitucional da simetria,[325] os demais Tribunais de Contas (dos Estados, do Distrito Federal, dos Municípios e municipais) devem obedecer, no que couber, à estruturação do Tribunal de Contas da União (TCU), conforme estatui o artigo 75 da Constituição da República.

Há que se fixar o alcance da expressão "no que couber", por contemplar o princípio da simetria concêntrica, assim compreendido como a obrigatória prevalência do que dispõe a Constituição da República quando eventualmente a normatização dos Estados, Distrito Federal ou Municípios com ela conflitar, notadamente quanto a sua composição e organização. Nesse sentido, Alexandre de Moraes[326] afirma que "[...] o modelo federal deverá ser seguido pelos Estados-Membros, Distrito Federal e Municípios, inclusive em relação à composição e modo de investidura dos respectivos conselheiros". Esse também é o entendimento do Supremo Tribunal Federal na ADI nº 1.140/RR.[327]

---

[325] Art. 75. As normas estabelecidas nesta Seção aplicam-se, no que couber, à organização, composição e fiscalização dos Tribunais de Contas dos Estados e do Distrito Federal, bem como dos Tribunais e Conselhos de Contas dos Municípios.

[326] MORAES, Alexandre de. *Direito constitucional*. 20. ed. São Paulo: Atlas, 2006. p. 411.

[327] BRASIL. Supremo Tribunal Federal. Tribunal Pleno. Ação Direta de Inconstitucionalidade nº 1.140/RR. Rel. min. Sydney Sanches. Julg. em 3.2.2003. *DJ* 26.9.2003. No mesmo sentido:

Os Tribunais de Contas são encontrados na União (TCU), nos Estados (Tribunais de Contas dos Estados e tribunais estaduais de contas dos Municípios), no Distrito Federal e nos Municípios, contemplando atualmente o sistema 33 Tribunais de Contas no Brasil, assim distribuídos:

Quadro 1 – Tribunais de Contas no Brasil

QUANTIDADE	LOCALIZAÇÃO	JURISDIÇÃO	DENOMINAÇÃO
1	Brasília	Contas da União	TCU
1	Brasília	Contas do Distrito Federal	TCDF
3	Belém, Salvador e Goiânia	Contas dos Estados do Pará, Bahia e Goiás	TCE-PA, TCE-BA, TCE-GO
23	Manaus, Rio Branco, Porto Velho, Boa Vista, Palmas, Macapá, São Luís, Teresina, Natal, João Pessoa, Recife, Fortaleza, Maceió, Aracaju, Belo Horizonte, Vitória, Rio de Janeiro, São Paulo, Cuiabá, Campo Grande, Curitiba, Florianópolis, Porto Alegre	Contas dos respectivos Estados e todos os seus Municípios (exceto do Município do Rio de Janeiro e de São Paulo)	TCE-AM, TCE-AC, TCE-RO, TCE-RR, TCE-TO, TCE-AP, TCE-MA, TCE-PI, TCE-RN, TCE-PB, TCE-PE, TCE-CE, TCE-AL, TCE-SE, TCE-MG, TCE-ES, TCE-RJ, TCE-SP, TCE-MT, TCE-MS, TCE-PR, TCE-SC, TCE-RS
3	Belém, Salvador e Goiânia	Contas de todos os Municípios dos Estados do Pará, Bahia e Goiás[328]	TCM-PA, TCM-BA, TCM-GO
2	Rio de Janeiro e São Paulo	Contas do Município do Rio de Janeiro e de São Paulo	TCM-SP e TCM-RJ

Fonte: elaboração dos autores.

BRASIL. Supremo Tribunal Federal. *Ação Direta de Inconstitucionalidade nº 374/DF*. Rel. min. Dias Toffoli. Julg. em 22.03.12. *Dje* 20.08.2014.

[328] A Emenda Constitucional nº 92/2017 extinguiu o Tribunal de Contas dos Municípios do Estado do Ceará. Referida norma foi considerada constitucional pelo Supremo Tribunal Federal no âmbito da ADI nº 5.763/CE, julgada em 26.10.2017.

A Constituição da República de 1988 veda a criação de novos tribunais, conselhos ou órgãos de contas municipais, frise-se, por parte dos Municípios, por expressa vedação constante do art. 31, §4º, sendo que aqueles já existentes à época da promulgação da Constituição foram mantidos. Dessa forma, há, atualmente, dois Tribunais de Contas que são órgãos municipais: Tribunal de Contas do Município de São Paulo (TCM-SP) e Tribunal de Contas do Município do Rio de Janeiro (TCM-RJ).

Por sua vez, os Tribunais de Contas dos Municípios são órgãos estaduais. Neles, decidiu-se por criar órgãos distintos para fiscalizar o Estado e os Municípios, o que atualmente ocorre por meio do Tribunal de Contas dos Municípios do Estado do Pará (TCM-PA), da Bahia (TCM-BA) e de Goiás (TCM-GO). Nesses casos, a Constituição permite que sejam criados novos tribunais estaduais de contas dos Municípios, seccionando os já existentes, a depender de avaliação de ordem política a ser realizada no âmbito de cada Parlamento.[329] Isso porque, sendo federativo, o Estado brasileiro admite que os demais entes que o compõem possam, no exercício da competência que lhes confere o artigo 18 da Constituição da República, criar seus órgãos próprios de controle externo.

Embora os conselheiros dos Tribunais de Contas possuam as mesmas prerrogativas dos magistrados, verifica-se que o controle externo não está estruturado nos termos do Poder Judiciário, de forma que não há hierarquia entre o Tribunal de Contas da União e as cortes estaduais e municipais. Não há, portanto, recurso contra decisões dos tribunais estaduais e municipais a ser apreciado pelo Tribunal de Contas da União, sendo os recursos dirigidos aos próprios tribunais prolatores das decisões.[330]

---

[329] Nesse sentido: BRASIL. Supremo Tribunal Federal. Ação Direta de Inconstitucionalidade nº 687/PA. Rel. min. Celso de Mello. Julg. em 2.2.1995. *Dje* 10.2.2006.

[330] A ausência de subordinação entre as cortes de contas foi determinante para que o art. 172 do Projeto de Lei nº 4.253/2020, que culminou na Nova de Licitações e Contratos – Lei 14.133/2021, fosse vetado. O dispositivo previa que "os órgãos de controle deverão orientar-se pelos enunciados das súmulas do Tribunal de Contas da União relativos à aplicação desta Lei, de modo a garantir uniformidade de entendimentos e a propiciar segurança jurídica aos interessados". Segundo as razões do veto, "a propositura estabelece que os órgãos de controle deverão orientar-se pelos enunciados das súmulas do Tribunal de Contas da União relativos à aplicação desta Lei, de modo a garantir uniformidade de entendimentos e a propiciar segurança jurídica aos interessados. Entretanto, e em que pese o mérito da propositura, o dispositivo, ao criar força vinculante às súmulas do Tribunal de Contas da União, viola o princípio da separação dos poderes (art. 2º, CF), bem como viola o princípio do pacto federativo (art. 1º, CF) e a autonomia dos Estados, Distrito Federal e Municípios (art. 18, CF)".

A competência de cada órgão é delimitada pela origem do recurso. Dessa forma, os recursos da União são fiscalizados pelo Tribunal de Contas da União,[331] independentemente de onde sejam aplicados. Por sua vez, os recursos estaduais e municipais são verificados pelas cortes estaduais ou municipais, a depender da estrutura adotada.

Há casos nos quais a existência de recursos de origens distintas pode acarretar a competência fiscalizatória concorrente. Nesse sentido, no julgamento da ADI nº 5.791/DF, o Supremo Tribunal Federal assentou o entendimento de que nos recursos do Fundo de Manutenção e Desenvolvimento da Educação Básica (Fundeb), quando houver a presença de recursos federais, consubstanciados na complementação da União, haverá atuação do Tribunal de Contas da União, "sem prejuízo da atuação do respectivo Tribunal de Contas estadual, já que o fundo é composto por recursos estaduais e municipais".[332]

10.2 Da competência dos Tribunais de Contas

Nos arts. 70 e 71 da Constituição da República de 1988 encontram-se as competências e atribuições dos Tribunais de Contas, que não podem ser reduzidas ou ampliadas pelo legislador infraconstitucional, sob pena de inconstitucionalidade, na esteira de sólida jurisprudência no âmbito da Suprema Corte brasileira, conforme se extrai do entendimento do Supremo Tribunal Federal ao apreciar a supressão e o acréscimo de competências na ADI nº 916/MT nos seguintes termos:[333] "É inconstitucional norma local que estabeleça a competência do Tribunal de Contas para realizar exame prévio de validade de contratos firmados com o poder público".

As competências estabelecidas pelo Constituinte de 1988 são múltiplas e alcançam vários aspectos da gestão pública, sendo muitas delas, ainda hoje, alvo de controvérsias na doutrina e carecedoras de real desenvolvimento por parte de todos os Tribunais de Contas que compõem a rede de controle externo. Contudo, verifica-se que as cortes

---

[331] As entidades do denominado Sistema "S", embora não integrem a administração pública, tendo em vista que gerenciam recursos públicos de natureza parafiscal, estão submetidas ao controle externo exercido pelo Tribunal de Contas da União (BRASIL. Tribunal de Contas da União. Plenário. Acórdão nº 1.770/2013. Rel. min. Benjamin Zymler. Sessão de 10.7.2013).

[332] BRASIL. Supremo Tribunal Federal. Ação Direta de Inconstitucionalidade nº 5.791/DF. Rel. min. Ricardo Lewandowski. Julg. em 5.9.2022. *Dje* 12.9.2022.

[333] BRASIL. Supremo Tribunal Federal. Ação Direta de Inconstitucionalidade nº 916/MT. Rel. min. Joaquim Barbosa. Julg. em 2.2.2009. *DJe-043*, 6.3.2009.

de contas têm aprimorado cada vez mais sua atuação impactando de forma direta em temas relevantes da atividade estatal.

Saliente-se que as disposições a seguir, atribuídas pela Constituição de 1988 ao Tribunal de Contas da União, aplicam-se, no que couber, aos Tribunais de Contas dos demais entes federativos. Vejamos:

1) apreciar, sob os aspectos dos princípios que regem a administração pública brasileira – legalidade, impessoalidade, moralidade, publicidade e eficiência –, mediante parecer prévio, as contas prestadas anualmente pelos chefes do Poder Executivo de cada ente da federação. O parecer prévio será encaminhado ao Poder Legislativo respectivo, que julgará as contas, conforme previsto no art. 49, IX, da Constituição da República de 1988, dispositivo esse extensível a governadores e prefeitos;

2) julgar as contas dos administradores e demais responsáveis, enquanto ordenadores de despesa, inclusive o chefe do Executivo, por dinheiros, bens e valores públicos da administração direta e indireta, incluídas as fundações e sociedades instituídas e mantidas pelo poder público federal, e as contas daqueles que derem causa a perda, extravio ou outra irregularidade de que resulte prejuízo ao erário;

3) apreciar, para fins de registro, a legalidade dos atos de admissão de pessoal na administração direta e indireta, incluídas as fundações instituídas e mantidas pelo poder público, excetuadas as nomeações para cargos de provimento em comissão, bem como a legalidade das concessões de aposentadorias, reformas e pensões, ressalvadas as melhorias posteriores que não alterem o fundamento legal do ato concessório;

4) realizar, por iniciativa própria, da Câmara dos Deputados, do Senado Federal, de comissão técnica ou de inquérito, auditorias e inspeções de natureza contábil, financeira, orçamentária, operacional e patrimonial nos órgãos e entidades da administração direta e indireta, incluídas as fundações e sociedades instituídas e mantidas pelo poder público, dispositivo esse extensível às Assembleias Legislativas e às Câmaras de Vereadores;

5) fiscalizar as contas nacionais das empresas supranacionais de cujo capital social a União participe, de forma direta ou indireta, nos termos do tratado constitutivo, dispositivo aplicável, no que couber, às participações de Estados e Municípios;

6) fiscalizar a aplicação de quaisquer recursos repassados pela União mediante convênio, acordo, ajuste ou outros instrumentos congêneres ao Estado, ao Distrito Federal ou ao Município, dispositivo esse extensível aos recursos repassados pelos Estados e Municípios;

7) prestar as informações solicitadas pelo Congresso Nacional, por qualquer de suas casas ou por qualquer de suas comissões sobre a fiscalização contábil, financeira, orçamentária, operacional e patrimonial, dispositivo que também se aplica às Assembleias Legislativas e às Câmaras de Vereadores, que terão suas solicitações de informações respondidas pelos Tribunais de Contas dos Estados e dos Municípios, respectivamente;

8) aplicar aos responsáveis, em caso de ilegalidade de despesa ou irregularidade de contas, as sanções previstas em lei, que estabelecerá, entre outras cominações, multa proporcional ao dano causado ao erário;

9) estabelecer prazo para o órgão ou entidade adotar as providências necessárias para sanar ilegalidade verificada ou sustar o ato impugnado, caso o prazo não seja atendido, comunicando a decisão à Câmara dos Deputados e ao Senado Federal, aplicável, *mutatis mutandis*, aos demais Tribunais de Contas;

10) emitir pronunciamento conclusivo à Comissão Mista Permanente de Senadores e Deputados diante de indícios de despesas não autorizadas, ainda que sob a forma de investimentos não programados ou de subsídios não aprovados, conforme art. 72 da CR/88;

11) apreciar as denúncias de irregularidades ou ilegalidades formuladas ao tribunal, por qualquer cidadão, partido político, associação ou sindicato;

12) fixar o cálculo das quotas referentes aos fundos de participação dos recursos repassados pela União aos Estados e Municípios, conforme artigos 159 e 161 da CR/88;[334]

13) determinar medidas cautelares necessárias à garantia da efetividade de suas decisões e à prevenção de graves lesões ao erário, nos seus processos de fiscalização.[335]

---

[334] O Supremo Tribunal Federal decidiu que dispositivo da Constituição do Estado do Amapá que atribuiu competência ao Tribunal de Contas estadual para homologar os cálculos das cotas do ICMS devidas aos Municípios é inconstitucional, por violação ao princípio da separação dos Poderes, sendo inaplicável a alegação de simetria ao modelo federal previsto no art. 161, parágrafo único, da CR/88, uma vez que o repasse obrigatório das verbas arrecadadas pelo ente estadual atinente ao ICMS não possui semelhança com o modelo de gerenciamento de fundos previsto no mencionado artigo (BRASIL. Supremo Tribunal Federal. Tribunal Pleno. *Ação Direta de Inconstitucionalidade nº 825/AP*. Rel. min. Alexandre de Moraes. Julg. em 25.10.2018. *Dje* 27.6.2019).

[335] Nesse sentido: BRASIL. Supremo Tribunal Federal. Tribunal Pleno. *Agravo Interno na Suspensão de Segurança nº 5.505/MT*. Rel. min. Luiz Fux. Julg. em 8.2.2022. *Dje* 24.2.2022; BRASIL. Supremo Tribunal Federal. Agravo Interno na Suspensão de Segurança nº 5.335/RN. Decisão monocrática. Rel. min. Dias Toffoli. Julg. em 30.6.2020. *Dje* 6.7.2020; BRASIL.

Cabe ainda aos Tribunais de Contas expedir atos e instruções normativas sobre as matérias afetas a suas atribuições e sobre a organização dos processos que lhes devam ser submetidos. Tais normativos obrigam os jurisdicionados ao seu cumprimento, sob pena de responsabilidade, de modo a que seja possível o exercício pleno das competências dos Tribunais de Contas. Essa previsão legal é encontrada nas diversas leis orgânicas que os regem e, no caso do TCU, no art. 3º da Lei nº 8.443/1992.

Em decisão mencionada no Informativo nº 1.083/2023,[336] o Supremo Tribunal Federal entendeu ser legítima a edição de atos normativos por Tribunais de Contas estaduais com o objetivo de regulamentar procedimentalmente o exercício de suas competências constitucionais, desde que observados os respectivos limites do controle externo, a precedência das disposições legais (princípio da legalidade) e as prerrogativas próprias conferidas aos órgãos do Poder Executivo.

Além das competências constitucionais, há atribuições previstas em leis específicas, tais como a Lei de Responsabilidade Fiscal (Lei Complementar nº 101/2000), a Nova Lei de Licitações e Contratos (Lei nº 14.133/2021) e a Lei de Improbidade Administrativa (Lei nº 8.429/1992), e ainda nas leis orgânicas, a exemplo da competência para decidir sobre as consultas formuladas por autoridade competente acerca de dúvida na aplicação de dispositivos legais e regulamentares concernentes a matéria de sua competência, conforme requisitos estabelecidos na legislação.

10.3 Da organização e funcionamento dos Tribunais de Contas

A Constituição estabelece que o Tribunal de Contas da União é composto por nove ministros e seus ministros substitutos,[337] possui sede

---

Supremo Tribunal Federal. Agravo Regimental em Suspensão de Segurança nº 5.179/PI. Tribunal Pleno. Rel. min. Dias Toffoli. Julg. em 10.1.2019. *Dje* 27.11.2019.

[336] BRASIL. Supremo Tribunal Federal. *Informativo nº 1.083/2023*. Disponível em: http://portal.stf.jus.br/textos/verTexto.asp?servico=informativoSTF. Acesso em: 27 abr. 2023.

[337] Não podem os Tribunais de Contas ser compostos apenas por seus ministros e conselheiros escolhidos pelos Poderes Legislativo e Executivo. Nesse sentido, no julgamento da ADI nº 5.530, o STF entendeu pela obrigatoriedade da existência dos cargos de ministros e conselheiros substitutos decidindo que "os Tribunais de Contas dos Estados, Distrito Federal e Municípios devem instituir o cargo de auditor (conselheiro substituto) em sua estrutura e reproduzir o perfil constitucional do cargo (arts. 73, §4º, e 75, *caput*, da Constituição). Isso significa conferir aos auditores o exercício da judicatura de contas, possibilitando-lhes o julgamento de contas públicas, a instrução e relatoria de processos, a apresentação de

no Distrito Federal, "quadro próprio de pessoal e jurisdição em todo o território nacional" (art. 73 da CR/88), atuando nos casos nos quais os recursos da União tenham sido diretamente aplicados ou repassados a terceiros. Já nos Estados e no Distrito Federal, os Tribunais de Contas são compostos por sete conselheiros e seus substitutos (art. 75, parágrafo único), com sede nas capitais e jurisdição sobre todo o Estado e/ou sobre os Municípios.

O artigo 73 da Carta Política estabeleceu ainda as diretrizes para a composição do pleno do Tribunal de Contas da União, sendo tal preceito constitucional a matriz que norteará a forma de escolha em todos os Tribunais de Contas do país.

Como se deflui das normas constitucionais, criou-se um mecanismo plural para a escolha e investidura dos membros dos Tribunais de Contas, normas estas dirigidas inicialmente ao processo de escolha dos ministros do Tribunal de Contas da União e, por simetria, também aplicáveis ao processo de escolha dos conselheiros dos Tribunais de Contas dos Estados, do Distrito Federal e dos Municípios (art. 75). Assim, o Presidente da República escolherá um terço dos membros do Tribunal de Contas da União (três), sendo dois alternadamente dentre auditores e membros do Ministério Público de Contas, enquanto ao Congresso Nacional caberá a escolha dos outros dois terços (seis), na forma que dispuser o regimento interno (art. 73, §2º).

Ao dispositivo em análise encontram-se conexos os dispositivos presentes nos artigos 49, XIII, e 84, XV, da CR/88, que dispõem ser da competência do Parlamento a escolha de 2/3 dos membros dos Tribunais de Contas, e, do chefe do Executivo, a nomeação destes.

Os ministros e conselheiros são nomeados dentre brasileiros que satisfaçam os seguintes requisitos: a) mais de trinta e cinco e menos de setenta anos de idade; b) idoneidade moral e reputação ilibada; c) notórios conhecimentos jurídicos, contábeis, econômicos e financeiros ou de administração pública; e d) mais de dez anos de exercício de função ou de efetiva atividade profissional que exija os conhecimentos supra (art. 73, §1º).

A atual Constituição evoluiu em relação às anteriores ao estabelecer requisitos que objetivam a escolha técnica e imparcial dos

---

propostas de decisão e o assento no colegiado" (BRASIL. Supremo Tribunal Federal. Tribunal Pleno. Ação Direta de Inconstitucionalidade nº 5.530/MS. Rel. min. Roberto Barroso. Julg. em 22.5.2023. *Dje* 6.6.2023).

componentes das cortes de contas. No entanto, ainda se verificam fragilidades no sistema de controle externo, posto que, na prática, as indicações ocorrem majoritariamente segundo critérios políticos, flexibilizando-se demasiadamente os requisitos constitucionais e as exigências de qualificações técnicas dos candidatos. Nesse cenário, a imparcialidade das decisões é comprometida, na medida em que, não raro, desconsideram "os aspectos técnicos dos candidatos aos cargos e a flexibilidade, em regra, na comprovação dos atributos de qualificação exigidos pela Constituição, quanto à idoneidade moral e reputação ilibada".[338]

Ao alertar para a necessidade de aprimoramento dos Tribunais de Contas, José Maurício Conti também aponta o fato de que, na realidade brasileira, os critérios políticos prevalecem diante de "uma injustificável leniência dos responsáveis pela escolha",[339] que atuam com discricionariedade diante de conceitos amplos como "idoneidade moral", "reputação ilibada" e "notórios conhecimentos".

No mesmo sentido, Jorge Ulisses Jacoby Fernandes[340] afirma que "o que se verifica, em termos práticos, é a ausência de fiscalização no atendimento dos requisitos e manifesto descumprimento dos critérios de escolha".

A independência das entidades fiscalizadoras superiores (EFS), nomenclatura designada em âmbito internacional para as entidades que cumprem a função de realizar auditorias independentes e técnicas do setor público, permeia há décadas as discussões da Organização Internacional de Entidades Fiscalizadoras Superiores (INTOSAI). Em 1977, por meio da Declaração de Lima, estabeleceu-se que referidas entidades "só podem desempenhar suas tarefas objetiva e efetivamente quando são independentes da entidade auditada e protegidas contra influências externas".[341]

---

[338] MOURÃO, Licurgo; SHERMAM, Ariane; SERRA, Rita Chió. *Tribunal de contas democrático.* Belo Horizonte: Fórum, 2018. p. 138.

[339] CONTI, José Maurício. *Moralização da administração pública:* chegou a vez dos Tribunais de Contas. Disponível em: www.conjur.com.br.2017-abr-04/contas-vista-moralizacao-administracao-publica-vez-tribunais-contas. Acesso em: 17 maio 2023.

[340] FERNANDES, Jorge Ulisses Jacoby. *Tribunais de contas do Brasil.* Belo Horizonte: Fórum, 2016. p. 655-657.

[341] INTERNATIONAL ORGANISATION OF SUPREME AUDIT INSTITUTIONS – INTOSAI. *Declaração de Lima sobre diretrizes para preceitos de auditoria.* Disponível em: https://portal.tcu.gov.br/biblioteca-digital/declaracao-de-lima.htm. Acesso em: 22 maio 2023.

Posteriormente, a Declaração do México sobre Independência, de 2007,[342] definiu como um dos requisitos essenciais para a realização de auditoria adequada do setor público o princípio da "independência de dirigentes e membros da EFS (de instituições colegiadas), incluindo estabilidade no cargo e imunidade legal no exercício normal das suas funções". Para tanto, a normatização previu que os membros das mencionadas entidades devem ser "nomeados, renomeados ou removidos por um processo que assegure a sua independência em relação ao Executivo".

Resta evidente, portanto, que o exercício real da função de órgão autônomo e independente de controle externo – capaz de fiscalizar, detectar, sancionar e tempestivamente prevenir condutas ilegais, ilegítimas e antieconômicas da administração pública – seria mais bem alcançado com "um redesenho institucional a ser promovido pelo constituinte originário ou, parcialmente, pelo constituinte reformador".[343]

O art. 75 da CR/88 preconiza que os Estados, o Distrito Federal e os Municípios estão sujeitos, em matéria de organização, composição e atribuições fiscalizadoras de seus Tribunais de Contas, ao modelo jurídico federal. Dessa forma, devem respeitar a regra da proporcionalidade de escolha das vagas disponíveis entre o Poder Executivo (1/3) e o Poder Legislativo (2/3), nos mesmos moldes da Constituição da República, razão pela qual o Supremo Tribunal Federal assentou a interpretação de que, no âmbito estadual, o Parlamento escolherá quatro componentes e, o Executivo, três.[344]

Os Tribunais de Contas são compostos ainda por ministros e conselheiros substitutos concursados, cuja função primordial é exercer as demais atribuições da judicatura e atuar durante os impedimentos dos titulares e vacância dos cargos de seus titulares respectivos. A exigência

---

[342] INTERNATIONAL ORGANISATION OF SUPREME AUDIT INSTITUTIONS – INTOSAI. *Declaração do México sobre independência*. Disponível em: https://portal.tcu.gov.br/lumis/portal/file/fileDownload.jsp?fileId=8A8182A2561DF3F5015623294032784D. Acesso em: 22 maio 2023.

[343] MOURÃO, Licurgo; SHERMAM, Ariane; SERRA, Rita Chió. *Tribunal de contas democrático*. Belo Horizonte: Fórum, 2018. p. 139.

[344] No mesmo sentido, a Súmula nº 653 do STF prevê: "No Tribunal de Contas Estadual, composto por sete conselheiros, quatro devem ser escolhidos pela Assembleia Legislativa e três pelo chefe do Poder Executivo estadual, cabendo a este indicar um dentre auditores e outro dentre membros do Ministério Público, e um terceiro a sua livre escolha".

de concurso público encontra guarida em diversos arestos da Suprema Corte, *v.g.*, ADI nº 1.193/AM[345] e ADI nº 4.541/BA.[346]

A denominação jurídica desse cargo vitalício de estatura constitucional possui diversos matizes, de acordo com a práxis estabelecida nas diversas leis orgânicas e regimentos internos, sendo referido indistintamente como auditor, auditor substituto de conselheiro, conselheiro substituto ou ministro substituto, neste último caso, reportando-se ao Tribunal de Contas da União.

Suas funções ordinárias comportam a participação em plenário ou câmara, presidindo a instrução processual e relatando processos definidos nas leis orgânicas de cada Tribunal de Contas como sendo de sua competência, e, nos casos nelas previstos, exercendo as demais atribuições da judicatura. Nesse sentido, decidiu o Supremo Tribunal Federal, *in verbis*:

> [...] deve-se considerar que os auditores exercem, efetiva ou potencialmente, as mesmas atribuições dos conselheiros dos Tribunais de Contas estaduais. Isso porque, seja no caso de substituição do titular, seja dentro das atribuições habituais, os auditores enquadram-se como membros da Corte e exercem atividade-fim de controle externo, mediante exercício de atividade judicante de contas.[347]

Por sua vez, extraordinariamente, sua atuação consiste em substituir o ministro ou conselheiro ausente, objetivando integrar o *quorum* preconizado de deliberações nas sessões de julgamento ou em caso de vacância. Nesses casos, estará em pleno exercício das prerrogativas do substituído, com amparo no que preconiza o §4º do art. 73 da *Lex Maior*. Quanto aos caracteres de sua atuação, Jorge Ulisses Jacoby Fernandes esclarece o alcance do dispositivo:

> O constituinte foi muito criterioso ao definir as atribuições ordinárias do auditor, qualificando-as, não sem motivo, de 'judicatura', dada a feição judicialiforme do julgamento das contas. Esse argumento reforça o fato dos ministros e conselheiros, e do próprio tribunal de contas, exercerem

---

[345] BRASIL. Supremo Tribunal Federal. *Ação Direta de Inconstitucionalidade nº 1.193/DF*. Rel. min. Maurício Corrêa. Julg. em 9.2.2020. *Dje* 17.3.2000.

[346] BRASIL. Supremo Tribunal Federal. *Ação Direta de Inconstitucionalidade nº 4.541/BA*. Rel. min. Cármen Lúcia. Julg. em 19.4.2021. *Dje* 4.5.2021.

[347] BRASIL. Supremo Tribunal Federal. *Ação Direta de Inconstitucionalidade nº 6.962/SC*. Rel. min. Roberto Barroso. Julg. em 22.8.2022. *Dje* 5.9.2022.

funções jurisdicionais e outras funções. Já os auditores, voltados precipuamente para as funções de contas, têm atribuições ordinárias de judicatura, isto é, próprias de juiz, do exercício da magistratura.[348]

Embora sua previsão seja de ordem constitucional, não raro encontramos cortes de contas que não possuem o referido cargo, ou cujo ocupante não se submeteu a concurso público, conforme prescreve a Suprema Corte. Na lição de Leonardo dos Santos Macieira,[349] encontramos os caracteres distintivos do cargo, *in verbis*:

> [...] partindo da premissa que a Constituição não contém palavras inúteis, *quis o constituinte que os Auditores exercessem somente duas atribuições, i) de substituição e ii) de judicatura*, mantendo, com isso, o significado original da denominação do cargo de Auditor quando da sua criação no Tribunal de Contas da União, por meio do Decreto Legislativo nº 3.454, de 06/01/1918, nome este, ainda que com significado inadequado para a época atual, que, àquela época, significava exatamente Magistrado da Corte de Contas, como registrados em muitos dicionários jurídicos e da língua portuguesa:
> *Auditor* (ô). [Do lat. *auditore*.] S.m. 1. Aquele que ouve; ouvidor. 2. *Magistrado com exercício na Justiça* militar e que desfruta de prerrogativas honorárias de oficial do exército. 3. *Magistrado do contencioso administrativo*. 4. Auditor da nunciatura (Tribunal Eclesiástico sujeito ao núncio – Embaixador do Papa).

O Supremo Tribunal Federal tem entendido pela constitucionalidade da equiparação remuneratória entre os auditores (conselheiros substitutos) do Tribunal de Contas estadual e juízes de direito, considerando que "a manutenção do mesmo padrão remuneratório de magistrados é uma garantia de independência e imparcialidade no exercício da judicatura de contas".[350]

Os Tribunais de Contas têm quadro próprio de pessoal e jurisdição estabelecidos nas constituições e em suas respectivas leis orgânicas. Gozam de autonomia administrativa e financeira, assim como os tribunais judiciários, descrita no art. 96, por terem orçamentos próprios

---

[348] FERNANDES, Jorge Ulisses Jacoby. *Tribunais de contas do Brasil*. Belo Horizonte: Fórum, 2016. p. 670-671.

[349] MACIEIRA, Leonardo dos Santos. Auditor constitucional dos Tribunais de Contas. Natureza e atribuições. *Jus Navigandi*, Teresina, ano 14, n. 2.364, 21 dez. 2009. Disponível em: http://jus2.uol.com.br/doutrina/texto.asp?id=13986. Acesso em: 29 dez. 2009 (grifos nossos).

[350] BRASIL. Supremo Tribunal Federal. *Ação Direta de Inconstitucionalidade nº 6.939/DF*. Rel. min. Roberto Barroso. Julg. em 22.8.2022. Dje 5.9.2022.

inseridos na estrutura das leis orçamentárias dos entes a que pertencerem e por poderem se organizar, respeitado o princípio da simetria, exercendo as seguintes prerrogativas:

1) eleger seus órgãos diretivos;
2) elaborar seu regimento interno;
3) dispor sobre a competência e o funcionamento de seus respectivos órgãos administrativos;
4) organizar sua secretaria e serviços auxiliares;
5) dar provimentos de cargos essenciais à administração de seus órgãos;
6) conceder férias, licença e outros afastamentos aos seus membros e servidores;
7) propor ao Congresso Nacional a criação e extinção de cargos e a fixação de vencimentos de seus membros e de serviços auxiliares.

Ao reconhecer as prerrogativas de autonomia e autogoverno dos Tribunais de Contas, com a consequente iniciativa privativa para instaurar processo legislativo objetivando alterar sua organização e funcionamento, o Supremo Tribunal Federal, no âmbito da ADI nº 4.643,[351] declarou a inconstitucionalidade da Lei Complementar nº 142/2011, de origem parlamentar, que alterava diversos dispositivos da lei orgânica do Tribunal de Contas do Estado do Rio de Janeiro.

De acordo com previsão constitucional, funciona junto aos Tribunais de Contas um Ministério Público especializado, composto, em regra, por um procurador-geral, subprocuradores-gerais e procuradores, nos termos do disposto no art. 73, §2º, inciso I, e art. 130 da Constituição Federal, modelo esse fixado para o TCU e extensível, observando-se as adaptações necessárias, aos Tribunais de Contas estaduais.

O Supremo Tribunal Federal decidiu não ser possível a criação de Ministério Público junto aos Tribunais de Contas municipais, na medida em que a Constituição da República de 1988 lhes conferiu caráter *sui generis* e excepcional, motivo pelo qual inexiste paralelismo entre o modelo federal e o municipal, "sendo essa mais uma das assimetrias constitucionais entre os entes federados, como, por exemplo, a ausência de Poder Judiciário, Ministério Público e Polícia Militar na esfera municipal".[352]

---

[351] BRASIL. Supremo Tribunal Federal. *Ação Direta de Inconstitucionalidade nº 4.643/RJ*. Rel. min. Luiz Fux. Julg. em 15.5.2019. *Dje* 3.6.2019.
[352] BRASIL. Supremo Tribunal Federal. Arguição de Descumprimento de Preceito Fundamental nº 272. Rel. min. Luiz Fux. Julg. em 25.3.2021. *Dje* 12.4.2021.

Quanto a sua atuação e composição, o Supremo Tribunal Federal vem reafirmando a independência do órgão ministerial, *v.g.* na ADI nº 3.160/CE,[353] e a aplicação dos mesmos direitos, vedações e forma de investidura atribuídos aos membros do Ministério Público comum.[354]

10.4 Funções dos Tribunais de Contas

Do rol de competências atribuídas às cortes de contas, previsto no artigo 71 da Constituição da República de 1988, a doutrina e a jurisprudência reconhecem que dele emanam algumas de suas funções, assim compreendidas como o conjunto de atividades finalísticas que desempenham, as quais podem ser assim resumidas: a) fiscalizadora; b) corretiva; c) opinativa; d) sancionadora; e) jurisdicional; f) informativa; e g) de ouvidoria.

10.4.1 Função fiscalizadora

As cortes de contas atuam de forma precípua exercendo o controle da atividade estatal por meio da fiscalização contábil, financeira, orçamentária, operacional e patrimonial, materializada nas atribuições a seguir descritas, previstas nos incisos III, IV, V e VI do art. 71 e no parágrafo único do art. 161 da CR/88, conforme a seguir:

a) apreciar, para fins de registro, a legalidade dos atos de admissão de pessoal,[355] a qualquer título, na administração direta e indireta, incluídas as fundações instituídas e mantidas pelo poder público, excetuadas as nomeações para cargo de provimento em comissão,

---

[353] BRASIL. Supremo Tribunal Federal. Tribunal Pleno. Ação Direta de Inconstitucionalidade nº 3.160/CE. Rel. min. Celso de Melo. Julg. em 25.10.2007. *DJe-053*, 20.3.2009: "O Ministério Público especial junto aos Tribunais de Contas – que configura uma indiscutível realidade constitucional – qualifica-se como órgão estatal dotado de identidade e de fisionomia próprias que o tornam inconfundível e inassimilável à instituição do Ministério Público comum da União e dos Estados-membros. Não se reveste de legitimidade constitucional a participação do Ministério Público comum perante os Tribunais de Contas dos Estados, pois essa participação e atuação acham-se constitucionalmente reservadas aos membros integrantes do Ministério Público especial, a que se refere a própria Lei Fundamental da República (art. 130)".

[354] BRASIL. Supremo Tribunal Federal. Tribunal Pleno. Ação Direta de Inconstitucionalidade nº 5.117/CE. Rel. min. Celso de Melo. Julg. em 13.12.2009. *Dje* 12.2.2020.

[355] O Supremo Tribunal Federal fixou o Tema 47, segundo o qual "a competência técnica do Tribunal de Contas do Estado, ao negar registro de admissão de pessoal, não se subordina à revisão pelo Poder Legislativo respectivo". (BRASIL. Supremo Tribunal Federal. Tribunal Pleno. *Recurso Extraordinário nº 576.920/RS*. Rel. min. Edson Fachin. Julg. em 20.4.2020. *Dje* 9.11.2020).

bem como a das concessões de aposentadorias, reformas e pensões, ressalvadas as melhorias posteriores que não alterem o fundamento legal do ato concessório;

    b) fiscalizar as aplicações de subvenções e a renúncia de receitas;

    c) realizar inspeções e auditorias por iniciativa própria ou por solicitação do Congresso Nacional;

    d) fiscalizar as contas nacionais das empresas supranacionais;

    e) fiscalizar a aplicação de recursos da União repassados a Estados, ao Distrito Federal ou a Municípios;[356]

    f) efetuar o cálculo das quotas referentes aos fundos de participação.

Reconhece-se hodiernamente que o controle desempenhado pelos Tribunais de Contas comporta três momentos distintos de fiscalização: o controle prévio, o concomitante e o controle *a posteriori*.

O chamado controle *a posteriori*, tradicional, é de natureza repressiva e possui relativa eficácia diante dos recentes posicionamentos da Suprema Corte brasileira quanto à decadência e prescrição administrativas, abordados em ponto específico desta obra.[357] Por sua vez, os controles prévio e concomitante têm natureza preventiva, tendo em vista que ocorrem antes da consumação dos fatos potencialmente irregulares, propiciando atuação mais eficaz das cortes de contas, consentânea com as prescrições do *Committee of Sponsoring Organizations of the Treadway Commission* (COSO)[358] que trouxeram a lume a relevância do gerenciamento dos riscos para a prevenção de condutas ilegais ou danosas nas corporações.

As diretrizes traçadas para gerenciamento de riscos, além de contribuir para a prestação de serviços de forma eficiente e íntegra, mediante o aprimoramento do controle interno da administração pública,

---

[356] O STF decidiu que, "considerando que o Fundo Nacional de Assistência Social é constituído por recursos, inclusive orçamentários, da União, o controle da aplicação desses recursos, ainda que repassados a outros Fundos estaduais, distritais ou municipais, deve se dar pelo Tribunal de Contas da União" (BRASIL. Supremo Tribunal Federal. Tribunal Pleno. *Ação Direta de Inconstitucionalidade nº 1.934/DF*. Rel. min. Roberto Barroso. Julg. em 7.2.2019. *Dje* 26.2.2019).

[357] Vide capítulo 7.

[358] O *Committee of Sponsoring Organizations* (COSO) foi criado em 1985, mediante iniciativa independente do setor privado, para estudar os fatores que podem levar a relatórios financeiros fraudulentos. Seu objetivo é fornecer pensamento de liderança nas organizações, abordando três assuntos inter-relacionados: gerenciamento de riscos corporativos, controle interno e dissuasão de fraudes. Disponível em: www.coso.org/SitePages/About-Us.aspx. Acesso em: 13 jun. 2023.

também auxiliam a fiscalização exercida pelo controle externo na medida em que traçam mecanismos de atuação, tais como identificação dos eventos, avaliação da sua probabilidade e impacto, desenvolvimento de medidas para reduzi-los e monitoramento.[359]

10.4.1.1 A função fiscalizadora dos Tribunais de Contas na Nova Lei de Licitações e Contratos – Lei nº 14.133/2021

Faz parte da função fiscalizadora dos Tribunais de Contas a análise das licitações e contratos, matéria de extrema relevância no âmbito da atuação estatal, haja vista os valores expressivos envolvidos[360] e os riscos já verificados de fraudes, conluio e desvio de verbas públicas.

A atuação do controle externo das contratações públicas já havia sido tratada pelo art. 113 da Lei nº 8.666/1993, que previa o controle, pelo Tribunal de Contas, das despesas decorrentes dos contratos e demais instrumentos regidos pela lei, havendo a possibilidade de solicitação do edital para análise e a obrigatoriedade de que a administração pública adotasse as medidas corretivas pertinentes. Ademais, foi previsto que qualquer interessado poderia representar irregularidades aos órgãos de controle.

Nesse particular, observa-se que os Tribunais de Contas contribuem sobremaneira para a realização de contratações mais vantajosas em respeito ao princípio da impessoalidade. O controle da administração pública pode ser exercido de diversas formas e por diversos órgãos, mas o controle externo exercido pelos Tribunais de Contas merece relevo em razão da sua natureza técnica, o que permite análises mais completas e assertivas.

O Plenário do Tribunal de Contas de União, não raro, realiza o acompanhamento de aquisições de bens e serviços, por meio do qual, verificadas possíveis irregularidades dos editais de licitação, os gestores

---

[359] COMMITTEE OF SPONSORING ORGANIZATIONS OF THE TREADWAY COMMISSION – COSO. *Gerenciamento de riscos corporativos* – estrutura integrada. Disponível em: https://auditoria.mpu.mp.br/pgmq/COSOIIERMExecutiveSummaryPortuguese.pdf. Acesso em: 4 maio 2023.

[360] Dados do Painel de Compras do governo federal informam que, no ano de 2022, foram homologados processos de compras que totalizaram o valor de R$116.890.466.497,29 (cento e dezesseis bilhões, oitocentos e noventa milhões, quatrocentos e sessenta e seis mil, quatrocentos e noventa e sete reais e vinte e nove centavos) no âmbito da administração pública federal direta, autárquica e fundacional. Disponível em: http://paineldecompras.economia.gov.br/licitacao-sessao. Acesso em: 18 maio 2023.

são notificados para retificar o instrumento convocatório. Entre outras, as medidas adotadas impactam em diversos aspectos, tais como: a) aumento do potencial de competitividade do certame, diante da exclusão de exigências de certificados e/ou requisitos técnicos desnecessários ou restritivos à competitividade; e b) diminuição de risco de sobrepreço, em razão da ampliação da pesquisa de preços, maior precisão na metodologia de cálculo de quantitativos e detalhamento dos custos, a exemplo de processo no qual se verificou que as alterações sugeridas pelo TCU possibilitaram a economia de R$236.570.127,54 (duzentos e trinta e seis milhões, quinhentos e setenta mil, cento e vinte e sete reais e cinquenta e quatro centavos) aos cofres públicos.[361]

A Nova Lei de Licitações e Contratos – Lei nº 14.133/2021 reforça a relevância do controle das contratações de duas formas principais, tanto pela positivação em dispositivos esparsos de entendimentos já consolidados no âmbito dos órgãos de controle quanto pela previsão de capítulo específico sobre o controle das contratações (capítulo 3).

No tocante ao primeiro tópico, menciona-se, a título exemplificativo, o disposto no art. 63, §§2º e 3º, da Lei nº 14.133/2021, que disciplinam a excepcionalidade da previsão de visita prévia como requisito de qualificação técnica, que pode ser substituída por declaração formal assinada pelo responsável técnico do licitante acerca do conhecimento pleno das condições e peculiaridades da contratação, conforme entendimento sedimentado pelo Tribunal de Contas da União.[362]

No capítulo específico sobre controle, o art. 169 prevê que as contratações devem se submeter a práticas contínuas de gestão de risco e de controle preventivo, utilizando-se recursos de tecnologia da informação, e estão submetidas, além do controle social, às seguintes linhas de defesa:

> I - primeira linha de defesa, integrada por servidores e empregados públicos, agentes de licitação e autoridades que atuam na estrutura de governança do órgão ou entidade;

---

[361] BRASIL. Tribunal de Contas da União. Plenário. *Acórdão nº 1.756/2021*. Rel. min. André de Carvalho. Sessão de 21.7.2021.

[362] BRASIL. Tribunal de Contas da União. Plenário. Acórdão nº 893/2019. Relator: André de Carvalho. Sessão de 16.4.2019; BRASIL. Tribunal de Contas da União. Plenário. Acórdão nº 2.098/2019. Relator: Bruno Dantas. Sessão de 4.9.2019; BRASIL. Tribunal de Contas da União. Plenário. Acórdão nº 2.361/2018. Relator: Augusto Sherman. Sessão de 10.10.2018, entre outros.

II - segunda linha de defesa, integrada pelas unidades de assessoramento jurídico e de controle interno do próprio órgão ou entidade;
III - terceira linha de defesa, integrada pelo órgão central de controle interno da Administração e pelo tribunal de contas.[363]

A formulação do controle baseia-se no modelo das três linhas propagado pelo *Institute of Internal Auditors*[364] para a garantia de governança e gestão de riscos eficaz nas corporações e previu o controle exercido pelo Tribunal de Contas na terceira linha de defesa, embora esse controle, como se viu, seja externo à administração pública.

Buscam-se, por meio do referido modelo, a especificação de funções e a atuação em colaboração dos agentes responsáveis, concepção denominada por Marçal Justen Filho como dinâmica e articulada,[365] em contraposição à ideia anterior de que a gestão e o controle deveriam ser atribuídos a órgãos distintos.

A nova legislação traz a fundamental compreensão de que o controle das contratações públicas, para além da atuação dos órgãos de controle interno e externo, deve ser exercido por cada agente público que atua no processo, reconhecendo "a necessidade de o controle ser institucionalizado de modo permanente e contínuo, como uma dimensão insuprimível do exercício das competências administrativas".[366]

Atento às distintas realidades da administração pública brasileira, o legislador prevê que o modelo será implementado mediante avaliação de custos e benefícios pela alta administração (art. 169, §1º). Dessa forma, a legislação indica uma realidade ideal que não vincula todos os entes e órgãos, "deixando a decisão sobre a absorção do modelo das três linhas, em cada esfera federativa, à avaliação específica da

---

[363] BRASIL. Presidência da República. *Lei 14.133*, de 1º de abril de 2021. Lei de Licitações e Contratos. Disponível em: www.planalto.gov.br/ccivil_03/_ato2019-2022.2021/lei/l14133.htm. Acesso em: 24 abr. 2023.

[364] BRASIL. Instituto dos Auditores Internos do Brasil. *Modelo das três linhas do IIA 2020*. Disponível em: https://iiabrasil.org.br/korbilload/upl/editorHTML/uploadDireto.20200758glob-th-editorHTML-00000013-20072020131817.pdf. Acesso em: 11 abr. 2022.

[365] JUSTEN FILHO, Marçal. *Comentários à lei de licitações e contratações administrativas*: lei 14.133/2021. São Paulo: Thomson Reuters Brasil, 2021. p. 1.688.

[366] JUSTEN FILHO, Marçal. *Comentários à lei de licitações e contratações administrativas*: lei 14.133/2021. São Paulo: Thomson Reuters Brasil, 2021. p. 1.686.

realidade subjacente, a ser disciplinada por meio de atos normativos regulamentares".[367]

Caso constatada impropriedade formal, deverão ser adotadas medidas para o seu saneamento e para a mitigação de riscos de sua nova ocorrência (art. 169, §3º, I) e, no caso de dano à administração,[368] as infrações administrativas deverão ser apuradas com a remessa de cópias ao Ministério Público, competente parar apurar ilícitos da sua competência (art. 169, §3º, III).

Por sua vez, o art. 170 determina que o controle levará em consideração critérios de oportunidade, materialidade, relevância e risco e deve considerar as razões apresentadas pelos órgãos e entidades responsáveis e os resultados obtidos com a contratação. Maria Sylvia Zanella Di Pietro[369] observa que o dispositivo se aproxima do previsto na Lei de Introdução às Normas do Direito Brasileiro – LINDB, com as alterações introduzidas pela Lei nº 13.655/2018, que visam reforçar os princípios da motivação e segurança jurídica. Menciona-se, nesse sentido, a vedação a decisões baseadas em valores jurídicos abstratos, que desconsideram as consequências práticas da decisão, razão pela qual a necessidade e adequação da decisão devem constar na sua motivação (art. 20), e a previsão de que os obstáculos e as dificuldades reais do gestor devem ser considerados na interpretação das normas sobre gestão pública (art. 22).

Também em consonância com as normas estabelecidas na LINDB, o art. 171 institui diretrizes para a atuação do controle, que deverá observar:

> I - viabilização de oportunidade de manifestação aos gestores sobre possíveis propostas de encaminhamento que terão impacto significativo nas rotinas de trabalho dos órgãos e entidades fiscalizados, a fim de que

---

[367] FERRAZ, Luciano; MOTTA, Fabrício. Controle das contratações públicas. *In:* DI PIETRO, Maria Sylvia Zanella (coord.). *Licitações e contratos administrativos:* inovações da lei 14.133/21. Rio de Janeiro: Forense, 2021. p. 267.

[368] Conforme ensinam Luciano Ferraz e Fabrício Motta, "a expressão *dano à Administração* deve ser interpretada de forma mais ampla que *dano ao erário* para que possa abranger também danos não exclusivamente quantificáveis financeiramente como os objetivos da contratação e do processo licitatório respectivo". Veja-se FERRAZ, Luciano; MOTTA, Fabrício. Controle das contratações públicas. *In:* DI PIETRO, Maria Sylvia Zanella (coord.). *Licitações e contratos administrativos:* inovações da lei 14.133/21. Rio de Janeiro: Forense, 2021. p. 271.

[369] DI PIETRO, Maria Sylvia Zanella. *Direito administrativo*. Rio de Janeiro: Forense, 2023. p. 516.

eles disponibilizem subsídios para avaliação prévia da relação entre custo e benefício dessas possíveis proposições;

II - adoção de procedimentos objetivos e imparciais e elaboração de relatórios tecnicamente fundamentados, baseados exclusivamente nas evidências obtidas e organizados de acordo com as normas de auditoria do respectivo órgão de controle, de modo a evitar que interesses pessoais e interpretações tendenciosas interfiram na apresentação e no tratamento dos fatos levantados;

III - definição de objetivos, nos regimes de empreitada por preço global, empreitada integral, contratação semi-integrada e contratação integrada, atendidos os requisitos técnicos, legais, orçamentários e financeiros, de acordo com as finalidades da contratação, devendo, ainda, ser perquirida a conformidade do preço global com os parâmetros de mercado para o objeto contratado, considerada inclusive a dimensão geográfica.

No mesmo sentido da legislação anterior, o art. 170, §4º, estabelece que qualquer interessado pode representar aos órgãos de controle quando constatadas irregularidades no âmbito das contratações públicas, dispositivo relacionado à função de ouvidoria das cortes de contas, também prevista no art. 74, §2º, da CR/88, tratada em tópico a seguir.

A Lei nº 14.133/2021 discorre expressamente sobre o poder geral de cautela dos Tribunais de Contas ao dispor sobre a possibilidade de suspensão do processo licitatório. Embora se discutisse a atribuição de competências cautelares aos Tribunais de Contas, diante da ausência de previsão constitucional expressa, o Supremo Tribunal Federal, desde a decisão no âmbito do MS nº 24.510,[370] reconhece, com base na teoria dos poderes implícitos, que o Tribunal de Contas possui legitimidade para a expedição de medidas cautelares com o objetivo de prevenir lesão ao erário e garantir a efetividade das suas decisões.

A nova legislação assenta que os Tribunais de Contas, ao suspender o processo licitatório, deverão se pronunciar definitivamente sobre o mérito da irregularidade no prazo de 25 (vinte e cinco) dias úteis, prazo este que poderá ser prorrogável por uma única vez (art. 171, §1º).

Por meio do Acórdão nº 2.463/2021,[371] o Tribunal de Contas da União decidiu representar à Procuradoria-Geral da República, com vistas ao ajuizamento de ação direta de inconstitucionalidade perante

---

[370] BRASIL. Supremo Tribunal Federal. Tribunal Pleno. Mandado de Segurança nº 24.510/DF. Rel. min. Ellen Gracie. Julg. em 19.11.2003. *DJe* 19.3.2004.

[371] BRASIL. Tribunal de Contas da União. Plenário. Acórdão nº 2.463/2021. Relator: Bruno Dantas. Sessão de 13.10.2021.

o Supremo Tribunal Federal, para declarar a inconstitucionalidade do art. 171, §1º, da Lei nº 14.133/2021, por violar os arts. 18 e 25, *caput* e §1º, c/c os arts. 73, 75 e 96 da CR/88 (inconstitucionalidade formal), uma vez que invade a competência de autogoverno dos Tribunais de Contas, bem como o art. 71 da CR/88 (inconstitucionalidade material), pois prejudica o exercício das atribuições constitucionalmente atribuídas aos Tribunais de Contas.

Sobre a definição de prazo para manifestação das cortes de contas, Benjamin Zymler e Francisco Sérgio Maia Alves ensinam, *in verbis*:

> Sob o ponto de vista substantivo, entende-se que o prazo estipulado poderá ser inexequível para a apreciação de processos que envolvam questões de elevada complexidade, além de prejudicar o próprio órgão licitante e a empresa interessada, quanto ao exercício do contraditório e da ampla defesa, necessários para a decisão de mérito do TCU. Por fim, não se pode olvidar a possibilidade de interposição de recursos contra a deliberação do tribunal, o que impossibilitará o atendimento ao comando existente no referido parágrafo.
> A proposta também parece colidir com o princípio da razoabilidade, na sua vertente que impõe a razoável duração do processo. Por evidente, não se tolera trâmites processuais demorados, que prejudicam a administração pública e os contratados. Todavia, a busca pela rápida solução de controvérsias não pode atropelar a realidade fática dos processos, tampouco o rigor técnico que se exige na apreciação de questões muitas vezes complexas, que demandam uma extensa dilação probatória.[372]

Ainda no tocante ao prazo, parcela da doutrina[373] tem defendido que, transcorridos os 25 (vinte e cinco) dias úteis, caso não haja decisão definitiva das cortes de contas, o provimento cautelar perderá seus efeitos automaticamente. No entanto, não concordamos com referida exegese, na medida em que a legislação não prevê consequências jurídicas para o descumprimento do prazo, tratando-se, nos dizeres de

---

[372] ZYMLER, Benjamin; ALVES, Francisco Sérgio Maia. *A nova lei de licitações como sedimentação da jurisprudência do TCU*. Disponível em: www.conjur.com.br.2021-abr-05/opiniao-lei-licitacoes-jurisprudencia-tcu. Acesso em: 12 abr. 2023.

[373] Nesse sentido: JUSTEN FILHO, Marçal. *Comentários à lei de licitações e contratações administrativas*: lei 14.133/2021. São Paulo: Thomson Reuters Brasil, 2021. p. 1708; TORRES, Ronny Charles Lopes de. *Leis de licitações públicas comentadas*. São Paulo: Juspodivm, 2021. p. 808; AMORIM, Rafael Amorim de. Art. 171. *In*: FORTINI, Cristiana; OLIVEIRA, Rafael Sérgio Lima de; CAMARÃO, Tatiana (coord.). *Comentários à lei de licitações e contratos administrativos*: lei nº 14.133, de 1º de abril de 2021. Belo Horizonte: Fórum, 2022. p. 575.

Luciano Ferraz e Fabrício Motta, de "prazo processual impróprio".[374] No mesmo sentido, o entendimento do Tribunal de Contas da União no supracitado Acórdão nº 2.463/2021.

Além do prazo exíguo, critica-se a previsão de que a decisão de suspensão da licitação deverá estabelecer o modo como será garantido o atendimento do interesse público no caso de objetos essenciais ou de contratação por emergência. Isso porque, embora seja compreensível o objetivo de se alertar os órgãos de controle de que a suspensão cautelar de procedimento licitatório pode ocasionar prejuízos à continuidade da prestação do serviço público, o legislador vai além e dispõe sobre a substituição do órgão controlador ao administrador público, a quem compete decidir sobre a gestão pública, uma vez que "a decisão sobre qual providência deve ser adotada dentre aquelas que potencialmente satisfazem o interesse público é tipicamente ato de gestão discricionário, e não ato de controle externo".[375]

Ademais, observa-se que os órgãos de controle já analisam a existência do *periculum in mora* inverso, ou seja, quando o dano acarretado pela suspensão da licitação for maior do que os prejuízos da sua continuidade, ainda que verificadas possíveis irregularidades, indefere-se a medida cautelar. Nesse sentido, a Resolução nº 259/2014 do TCU dispõe:

> Art. 22. A manifestação da unidade técnica quanto à adoção ou não de medida cautelar deve ser encaminhada diretamente ao relator, no prazo máximo de cinco dias úteis após o recebimento do pedido pela unidade. Parágrafo único. Na manifestação de que trata o caput deste artigo, a unidade técnica incluirá, necessariamente, análise conclusiva sobre a presença ou não dos pressupostos da plausibilidade jurídica e do perigo da demora, sob a ótica exclusiva do interesse público, *bem assim esclarecerá sobre a incidência de eventual perigo da demora inverso*. (grifamos)

Sobre o tema, no Acórdão nº 1.830/2022 do Tribunal de Contas da União, o ministro Benjamin Zymler mencionou que o pedido de suspensão do certame foi indeferido, "considerando que a suspensão

---

[374] FERRAZ, Luciano; MOTTA, Fabrício. Controle das contratações públicas. *In:* DI PIETRO, Maria Sylvia Zanella (coord.). *Licitações e contratos administrativos:* inovações da lei 14.133/21. Rio de Janeiro: Forense, 2021. p. 269.

[375] BRASIL. Tribunal de Contas da União. *Acórdão nº 2.463/2021*. Plenário. Relator: Bruno Dantas. Sessão de 13.10.2021.

do pregão atrasaria a aquisição das seringas e agulhas necessárias ao início da vacinação contra a Covid-19".[376]

O suposto intervencionismo excessivo dos Tribunais de Contas na atuação administrativa pode ser refutado quando são comparados dados acerca dos reais motivos da ineficiência estatal na execução do seu mister.

Por meio do Acórdão nº 1.079/2019,[377] que tratou de auditoria operacional com o objetivo de elaborar um diagnóstico sobre as obras paralisadas no país financiadas com recursos da União, o Tribunal de Contas da União constatou que cerca de 14 mil contratos se encontram paralisados, representando cerca de 37,5% das obras que deveriam estar em andamento.

Do total de contratos de obras paralisadas, apenas 3% estão relacionados à atuação dos órgãos de controle, vejamos:

Quadro 2 – Motivos das paralisações das obras constantes do banco de dados do Programa de Aceleração do Crescimento (PAC)

Motivo de paralisações	Número de obras	% relativo
Técnico	1.359	47%
Abandono pela empresa	674	23%
Outros	344	12%
Orçamentário/financeiro	294	10%
Órgãos de controle	93	3%
Judicial	83	3%
Titularidade/desapropriação	35	1%
Ambiental	32	1%
Total geral	2.914	100%

Fonte: Secom TCU. Acórdão nº 1.079/2019 – Relatoria min. Vital do Rêgo.

Nesse cenário, restou demonstrado que o principal motivo para a paralisação das obras foi a existência de problemas de ordem técnica, a exemplo da elaboração de projetos básicos insuficientes, e não a atuação

---

[376] BRASIL. Tribunal de Contas da União. Plenário. *Acórdão nº 1.830/2022*. Rel. min. Benjamin Zymler. Sessão de 10.8.2022.

[377] BRASIL. Tribunal de Contas da União. Plenário. *Acórdão nº 1.079/2019*. Relator ministro Vital do Rêgo. Data da sessão: 15.5.2019.

das cortes de contas, que configurou baixo impacto no resultado negativo observado nas contratações de obras públicas.

No tocante ao controle externo, a nova legislação ressalta, ainda, o papel pedagógico das cortes de contas, que, por meio de suas escolas de contas, deverão promover eventos de capacitação para os servidores efetivos e empregados públicos que desempenham funções essenciais à execução da lei.

Por fim, menciona-se a previsão de atuação dos Tribunais de Contas em dispositivos esparsos: a) ao dispor que o orçamento sigiloso não prevalecerá para os órgãos de controle interno e externo (art. 24, I); b) que o programa de integridade utilizado como critério de desempate deverá ser desenvolvido pelo licitante, conforme orientações dos órgãos de controle; e c) que a ordem de pagamento poderá ser alterada apenas mediante prévia justificativa e posterior comunicação ao órgão de controle interno da Administração e ao Tribunal de Contas (art. 141, §1º).

Acerca do atendimento à ordem cronológica de pagamento, Cristiana Fortini e Daniel Barral ponderam que a maior atratividade advinda da concretização dos princípios da impessoalidade e da moralidade nos pagamentos decorrentes dos contratos administrativos "favorece o interesse público, enquanto incertezas repelem a presença privada, logo, diminuem o número de competidores e, consequentemente, podem dificultar o acesso à proposta mais vantajosa".[378] Os autores reforçam que a previsão de comunicação aos órgãos de controle é salutar, na medida em que "alerta os gestores de que seus atos serão controlados e pode inibir alterações da sua ordem que, ainda que formalmente apoiadas em um dos incisos do §1º, de fato resultem de corrupção".[379]

Em 31.3.2023, foi publicada a Medida Provisória nº 1.167/2023, que prorrogou para 29.12.2023 o prazo de transição para a nova lei de licitações, período durante o qual a administração pública possui a faculdade para optar pela incidência da Lei nº 8.666/1993 ou da Lei nº 14.133/2021. A partir do referido marco legal, a aplicação da Lei nº 14.133/2021 passa a ser obrigatória.

---

[378] FORTINI, Cristiana; BARRAL, Daniel. Art. 141. *In*: FORTINI, Cristiana; OLIVEIRA, Rafael Sérgio Lima de; CAMARÃO, Tatiana (coord.). *Comentários à lei de licitações e contratos administrativos:* Lei nº 14.133, de 1º de abril de 2021. Belo Horizonte: Fórum, 2022. p. 431.

[379] FORTINI, Cristiana; BARRAL, Daniel. Art. 141. *In*: FORTINI, Cristiana; OLIVEIRA, Rafael Sérgio Lima de; CAMARÃO, Tatiana (coord.). *Comentários à lei de licitações e contratos administrativos:* Lei nº 14.133, de 1º de abril de 2021. Belo Horizonte: Fórum, 2022. p. 432.

10.4.2 Função corretiva

As competências exercidas que configuram a função corretiva estão previstas nos incisos IX e X do art. 71 da CR/88: quando o Tribunal de Contas assina prazo para que o órgão ou entidade adote as providências necessárias ao exato cumprimento da lei, se verificada ilegalidade, e quando susta, se não atendida, a execução do ato impugnado, comunicando a decisão ao Poder Legislativo.

Defendem alguns autores que a referida competência contribui para aperfeiçoar a gestão pública e também pode ser verificada "na emissão de determinações e recomendações aos órgãos jurisdicionados".[380] Entretanto, ao nosso sentir, quem recomenda não exerce função corretiva, posto que tal função não depende da vontade do administrador, sendo portanto mandatória e vinculante ao jurisdicionado, sob pena de sanção pela desobediência, como de resto previsto em várias leis orgânicas, a exemplo da Lei Orgânica do TCU – Lei nº 8.443/1992, segundo a qual ficará sujeito a pena de multa aquele que deixar de dar cumprimento à decisão do Tribunal, salvo motivo justificado (art. 58, §1º). Ou seja, recomendar faz parte da função opinativa, posto que não vinculante.

O regimento interno do Tribunal de Contas da União (Resolução nº 246/2011) prevê que, na fiscalização de atos e contratos, o relator poderá expedir determinação para adoção de medidas corretivas quando forem verificadas falhas de natureza formal ou outras impropriedades que não ensejam aplicação de multa ou não configurem indício de débito e, caso verifique oportunidade de melhoria de desempenho, recomendará a adoção de providências, cujo cumprimento será monitorado (art. 250, incisos II e III).

Não cabe ao Tribunal de Contas invalidar diretamente – anulando ou revogando – atos administrativos eivados de ilegalidade ou inconvenientes e inoportunos. Entretanto, de modo a conferir eficácia a suas decisões, pode o Tribunal de Contas determinar que a execução de ato impugnado seja sustada, comunicando a sua deliberação ao Poder Legislativo. Em se tratando de contrato em vigor, o ato de sustação terá que ser editado pelo próprio Poder Legislativo, de modo a não violar o sistema de freios e contrapesos. Caso o Poder Legislativo se omita, decorridos 90 dias da devida comunicação, o Tribunal de Contas

---

[380] LIMA, Luiz Henrique. *Controle externo:* teoria e jurisprudência para os Tribunais de Contas. Rio de Janeiro: Forense; São Paulo; Método, 2019. p. 90.

decidirá a respeito, determinando sua sustação diretamente, sendo a preservação dessa competência trazida pelo Constituinte de 1988.

Filiamo-nos a essa corrente, em que pese posicionamento em sentido contrário de juristas de escol,[381] em face de a sustação de ilegalidades ser ínsita ao controle dos contratos administrativos pelos Tribunais de Contas. De nada adiantaria mover toda a máquina do controle estatal, ainda mais quando provocada pelo cidadão, caso, diante da inação por razões de ordem política, nada pudesse ser feito, subsidiariamente, pelo Tribunal de Contas que apontou a ilegalidade, esvaziando o sentido e o alcance do dispositivo constitucional.

Nesse sentido está a lição de Jorge Ulisses Jacoby Fernandes,[382] para quem, decorrido o prazo de 90 dias, compete ao Tribunal de Contas decidir "a respeito da sustação – que o Poder Legislativo não decidiu – e também das medidas que cabiam ao Poder Executivo adotar e não adotou".

Celso Antônio Bandeira de Mello também já se manifestou sobre o tema entendendo que, vencidos os 90 dias, caso não haja manifestação do Poder Legislativo, a decisão do Tribunal de Contas é administrativamente definitiva.[383]

10.4.3 Função opinativa

A função opinativa das cortes de contas está prevista no inciso I do art. 71, no §1º do art. 72, todos da CR/88, e no inciso XVII do artigo 1º da Lei nº 8.443, de 16 de julho de 1992, Lei Orgânica do TCU, e diz respeito: à emissão de parecer prévio relativo às contas dos chefes do Poder Executivo; ao pronunciamento conclusivo sobre despesas não

---

[381] Maria Sylvia Zanella Di Pietro defende que "A omissão do Congresso Nacional em determinar a sustação de contratos e solicitar ao Poder Executivo as medidas cabíveis, nos termos dos §§1º e 2º do art. 71 da Constituição Federal, tem que ser entendida como posicionamento contrário à sustação do contrato, por se tratar de competência privativa que envolve aspectos políticos, não implicando transferência de igual competência ao Tribunal de Contas" (DI PIETRO, Maria Sylvia Zanella. O papel dos Tribunais de Contas no controle dos contratos administrativos. *Interesse Público – IP*, Belo Horizonte, ano 15, n. 82, p. 1548, nov./dez. 2013). No mesmo sentido: SUNDFELD, Carlos Ari; CÂMARA, Jacintho Arruda. Competências de controle dos Tribunais de Contas – possibilidades e limites. *In*: SUNDFELD, Carlos Ari (org.). *Contratações públicas e seu controle*. São Paulo: Malheiros, 2013. p. 205.

[382] FERNANDES, Jorge Ulisses Jacoby. *Tribunais de contas do Brasil – jurisdição e competência*. 2. ed. Belo Horizonte: Fórum, 2016. p. 476.

[383] MELLO, Celso Antônio Bandeira de. Função controlada do Tribunal de Contas. *Revista de Direito Administrativo e Infraestrutura*, São Paulo, v. 7, n. 24, p. 451-458, 2023. Disponível em: www.rdai.com.br/index.php/rdai/article/view/563. Acesso em: 27 abr. 2023.

autorizadas, ainda que sob a forma de investimentos não programados ou de subsídios não aprovados solicitados pela Comissão Mista de Orçamento (art. 166, §1º, CR/88); e aos pareceres fornecidos em resposta às consultas formuladas pelos legitimados acerca de dúvidas sobre matérias de sua competência que não versem sobre casos concretos.

Os Tribunais de Contas atuam em colaboração com o Poder Legislativo ao elaborar parecer prévio para subsidiar o julgamento político das contas de governo (art. 49, IX, da CR/88). Por meio do referido documento, analisam-se as contas de forma global e o cumprimento dos índices constitucionais. Luís Roberto Barroso ensina que as contas de governo,

> [...] estão relacionadas à gestão política da coisa pública, estão relacionadas aos grandes números, elas são prestadas por valores globais em que o órgão fiscalizador vai verificar se o orçamento está sendo executado, se as verbas destinadas à educação e à saúde foram efetivamente direcionadas àqueles setores, se os limites da Lei de Responsabilidade Fiscal estão sendo observados. Estas são as contas de governo, em que se afere, do ponto de vista político, se a gestão orçamentária se fez da maneira adequada.[384]

Embora o parecer do Tribunal de Contas não vincule a decisão pelo Poder Legislativo, constitui importante subsídio,[385] tendo em vista seu caráter técnico especializado. Assim, a desconsideração do parecer quando do julgamento político previsto no art. 49, IX, da Constituição da República de 1988 deve ser devidamente motivada.

Em âmbito federal e estadual, a decisão contrária ao parecer prévio será tomada por maioria simples, conforme se depreende do art. 47 da CR/88. Nesse sentido, é a lição de Caldas Furtado: "a deliberação da respectiva Casa Legislativa será tomada por maioria simples de votos, presente a maioria absoluta de seus membros".[386] Por sua vez, no caso dos Municípios, a Constituição determina que o parecer prévio emitido pelo Tribunal de Contas sobre as contas que o prefeito deve anualmente prestar só deixará de prevalecer por decisão de dois terços dos membros da Câmara Municipal (art. 31, §2º).

---

[384] BRASIL. Supremo Tribunal Federal. Tribunal Pleno. *Recurso Extraordinário nº 848.826*. Redator do acórdão: min. Ricardo Lewandowski. Julg. em 10.8.2016. Dje 24.8.2017.
[385] LEITE, Harrison. *Manual de direito financeiro*. Salvador: Juspodivm, 2021. p. 780.
[386] FURTADO, J. R. Caldas. *Elementos de direito financeiro*. Belo Horizonte: Fórum, 2009. p. 382.

Na hipótese de omissão do Poder Legislativo, o parecer prévio não tem o efeito de determinar a decisão pela irregularidade ou regularidade das contas, prevalecendo apenas quando o quórum não for atingido em manifestação expressa. Nesse sentido, o Supremo Tribunal Federal fixou a tese de que:

> Tema 157 – O parecer técnico elaborado pelo Tribunal de Contas tem natureza meramente opinativa, competindo exclusivamente à Câmara de Vereadores o julgamento das contas anuais do Chefe do Poder Executivo local, sendo incabível o julgamento ficto das contas por decurso de prazo.[387]

As contas são consideradas regulares quando expressam, de forma clara e precisa, a exatidão dos demonstrativos contábeis, a legalidade, a legitimidade e a economicidade dos atos praticados, conferindo-se ao gestor responsável sua quitação.

Sobre os critérios previstos pela Constituição para o julgamento das contas de governo, Regis Fernandes de Oliveira leciona que:

> *A legitimidade* tem a ver com a eficiência na aplicação dos recursos. Difere da mera legalidade, que é conformidade vertical com a norma constitucional. A legitimidade é muito mais que isso. *Diz respeito à circunstância de estar ou não o dispêndio público sendo aplicado onde ele se faz necessário.* É a consagração da seriedade e da correção da eleição dos valores estampados no ordenamento jurídico. Não pode o administrador público ter qualquer conduta. Válida é apenas aquela aferida como a melhor. Dentre as opções que tem o agente político, ele não pode escolher a pior. Nem a apenas razoável, mas aquela através da qual irá atingir os interesses públicos. Daí se pode aferir a legitimidade do seu comportamento. Não é qualquer conduta, mas apenas aquela exigida pela norma.
> De outro lado, *a economicidade significa a apuração, no caso concreto, da obtenção do melhor proveito com o mínimo de despesa. Não se trata de apurar o preço mais baixo, mas o mais adequado* à *circunstância do gasto.* Pode não ser o menor preço, mas aquele condizível com a situação real. Leva-se em conta, aqui, os inúmeros aspectos da realidade fática para comprovação de que houve economia na aplicação dos recursos.[388]

---

[387] BRASIL. Supremo Tribunal Federal. Primeira Turma. *Recurso Extraordinário nº 729.744*. Rel. min. Gilmar Mendes. Julg. em 10.8.2016. *Dje* 23.8.2017.

[388] OLIVEIRA, Regis Fernandes de. *Curso de direito financeiro*. São Paulo: Revista dos Tribunais, 2015. p. 871 (grifos nossos).

Por sua vez, serão consideradas regulares com ressalvas, se ficar evidenciada impropriedade ou qualquer outra falha de natureza formal que, a juízo do relator e de seus pares, não tenha o condão de macular o conjunto das transações analisadas, nem tenha redundado em dano ao erário. Será conferida quitação ao gestor, que ficará obrigado a adotar medidas saneadoras para corrigir e prevenir futuras falhas acerca das mesmas exceções anteriormente apuradas, sob pena de, no futuro, configurar-se reincidência.

As contas são consideradas irregulares quando restar comprovada nos autos a ocorrência de graves infrações à norma legal ou regulamentar de natureza contábil, orçamentária, operacional e patrimonial ou, ainda, injustificado dano ao erário, decorrente de ato de gestão ilegítimo ou antieconômico, desfalque, peculato, desvio de dinheiro, bens ou valores públicos. Admite-se, atualmente, recurso contra parecer prévio dirigido ao Tribunal de Contas responsável pela sua emissão.[389]

Por fim, há a possibilidade de que as contas sejam consideradas iliquidáveis quando, por motivo de força maior ou caso fortuito, alheio à vontade do responsável, torna-se materialmente impossível o julgamento do mérito, determinando-se o arquivamento do processo, que poderá ser reaberto, posteriormente, à vista de novos elementos.

É possível ainda a atuação dos Tribunais de Contas respondendo, por meio de consultas, questionamentos acerca de matéria repercussão contábil, financeira, orçamentária, operacional e patrimonial que não estejam relacionadas a caso concreto.[390] Nessa hipótese, a manifestação, embora opinativa por se estar analisando a aplicação das normas, possui caráter normativo e constitui prejulgamento da tese, possuindo efeitos para todos os jurisdicionados.

A emissão de parecer prévio (função opinativa) por parte das cortes de contas distingue-se do julgamento das contas dos ordenadores

---

[389] A Lei Orgânica do Tribunal de Contas do Estado de Minas Gerais, Lei Complementar nº 102/2008, prevê o cabimento de pedido de reexame, com efeito suspensivo, no prazo de 15 dias, em parecer prévio sobre prestação de contas do governador ou de prefeito (art. 108).

[390] O Tribunal de Contas da União possui entendimento no sentido de não ser cabível consulta buscando orientação sobre "as ações de caráter operacional que devem ser implementadas pelas unidades jurisdicionadas para dar cumprimento às decisões do Tribunal, uma vez que essas providências se inserem no âmbito de discricionariedade do administrador público. Cabe ao gestor, com base em pareceres de órgãos competentes, efetuar o juízo acerca da solução que melhor atenda ao interesse público". Entendimento em sentido contrário coloca os Tribunais de Contas como órgãos consultivos da administração pública (BRASIL. Tribunal de Contas da União. Plenário. *Acórdão nº 838/2023*. Rel. min. Aroldo Cedraz. Julg. em 3.5.2023).

de despesas (função jurisdicional), como aponta o Supremo Tribunal Federal, entre outros diversos precedentes, no julgamento da Medida Cautelar na ADI nº 3.715/MC,[391] estabelecendo parâmetros para o que a doutrina já distinguia: contas de governo e contas de gestão.

10.4.4 Função sancionadora

As competências que configuram a função sancionadora são aquelas previstas no inciso VIII do art. 71 da CR/88, que estabelecem a competência das cortes de contas para aplicar sanções no caso de ilegalidade de despesa ou irregularidade de contas.

Nos termos da Constituição, as sanções serão estabelecidas em lei, que deverá prever, entre outras cominações, a penalidade de multa proporcional ao dano causado ao erário. No âmbito do Tribunal de Contas da União, as sanções estão previstas na sua Lei Orgânica – Lei nº 8.443/1992.

A pretensão punitiva dos Tribunais de Contas decorre de sua função sancionadora. Entretanto, a aplicação de multas está sujeita ao prazo prescricional de cinco anos. Por sua vez, a pretensão reparatória, que com aquela não se confunde, de devolução ao erário de eventuais prejuízos causados por agentes públicos ou por terceiros, decorre do exercício da função jurisdicional dos Tribunais de Contas, sendo também passível de prescrição, na esteira do atual entendimento do STF.

Entre as diversas sanções que podem ser impostas pelas cortes de contas estão a aplicação de multa, o afastamento provisório do cargo, a solicitação de arresto e declaração de indisponibilidade dos bens de responsáveis julgados em débito, a declaração de inidoneidade de licitantes e a inabilitação para o exercício de cargo em comissão ou função de confiança no âmbito da administração pública.

A penalidade de inidoneidade aplicada aos licitantes pelos Tribunais de Contas, ao contrário da penalidade de declaração de inidoneidade prevista na Lei nº 14.133/2021,[392] incide apenas na jurisdição

---

[391] BRASIL. Supremo Tribunal Federal. Tribunal Pleno. Ação Direta de Inconstitucionalidade nº 3.715/TO. Rel. Min. Gilmar Mendes. Julg. em 21.08.2014. *DJE*-213, 30.10.2014.

[392] Art. 156. Serão aplicadas ao responsável pelas infrações administrativas previstas nesta Lei as seguintes sanções: [...] IV - declaração de inidoneidade para licitar ou contratar. [...] §5º A sanção prevista no inciso IV do caput deste artigo será aplicada ao responsável pelas infrações administrativas previstas nos incisos VIII, IX, X, XI e XII do caput do art. 155 desta Lei, bem como pelas infrações administrativas previstas nos incisos II, III, IV, V, VI e VII do *caput* do referido artigo que justifiquem a imposição de penalidade mais grave

do órgão aplicador. Dessa forma, o Tribunal de Contas da União poderá declarar a inidoneidade de licitante, por até cinco anos, para participar de licitações promovidas pela administração pública federal, por entidades do "Sistema S" em que haja a aplicação de recursos públicos de natureza parafiscal e por Estados, Distrito Federal e Municípios em que haja a aplicação de recursos federais,[393] nos termos do art. 46 da Lei nº 8.443/1992.

O Tribunal de Contas da União tem entendido que na dosimetria da penalidade deverão ser observados os princípios da razoabilidade e da proporcionalidade, bem como critérios como: (a) a gravidade dos ilícitos apurados; (b) a valoração das circunstâncias fáticas e jurídicas; (c) a materialidade envolvida; (d) o grau de culpabilidade dos responsáveis e (e) a isonomia de tratamento com casos análogos.[394]

A decisão dos Tribunais de Contas deverá observar, ainda, o que dispõe o art. 5º, XLV, da CR/88, segundo o qual a pena não transcenderá a pessoa do condenado, podendo a obrigação de reparar o dano e a decretação do perdimento de bens serem estendidas aos sucessores e contra eles executadas, até o limite do valor do patrimônio transferido, nos termos da lei. Dessa forma, a obrigatoriedade de ressarcimento por danos ao erário é repassada aos herdeiros até o valor a eles destinados na sucessão. Por sua vez, a aplicação das penalidades se restringe ao executor do ato considerado irregular, não podendo ser estendida aos sucessores.

Há, por fim, a possibilidade de a atuação do Tribunal de Contas acarretar a declaração de inelegibilidade pela Justiça Eleitoral, com fulcro no art. 1º, I, "g", da Lei de Inelegibilidade (Lei Complementar nº 64/1990), daquele gestor que tenha tido suas contas rejeitadas, por decisão irrecorrível do órgão competente, por irregularidade insanável que configure ato doloso de improbidade administrativa.

A Justiça Eleitoral tem se manifestado no sentido de que referida inelegibilidade exige a presença concomitante das seguintes condições:

---

que a sanção referida no §4º deste artigo, e impedirá o responsável de licitar ou contratar no âmbito da Administração Pública direta e indireta de todos os entes federativos, pelo prazo mínimo de 3 (três) anos e máximo de 6 (seis) anos.

[393] BRASIL. Tribunal de Contas da União. Plenário. *Acórdão nº 918/2023*. Relator: Augusto Nardes. Sessão de 10.5.2023.

[394] BRASIL. Tribunal de Contas da União. Plenário. *Acórdão nº 113/2023*. Rel. min. Augusto Nardes. Julg. em 1º.2.2023.

a) rejeição das contas relativas ao exercício de cargos ou funções públicas; b) decisão do órgão competente que seja irrecorrível no âmbito administrativo; c) desaprovação decorrente de irregularidade insanável que configure ato de improbidade administrativa praticado na modalidade dolosa; d) vigência do prazo de oito anos contados da publicação da decisão; e e) decisão não suspensa ou anulada pelo Poder Judiciário.[395]

No caso dos chefes do Poder Executivo municipal, o Supremo Tribunal Federal decidiu que o órgão competente a que faz referência a Lei de Inelegibilidade é o Poder Legislativo, fixando a seguinte tese:

> Tema 835 – Para os fins do art. 1º, inciso I, alínea "g", da Lei Complementar 64, de 18 de maio de 1990, alterado pela Lei Complementar 135, de 4 de junho de 2010, a apreciação das contas de prefeitos, tanto as de governo quanto as de gestão, será exercida pelas Câmaras Municipais, com o auxílio dos Tribunais de Contas competentes, cujo parecer prévio somente deixará de prevalecer por decisão de 2/3 dos vereadores.[396]

A Lei Complementar nº 64/1990, foi alterada pela Lei Complementar nº 184/2021, para incluir o §4º-A ao art. 1º, de modo a delimitar a inexigibilidade decorrente da rejeição das contas, que não se aplica aos casos nos quais a decisão determinar o pagamento de multa sem imputação de débito.

A atuação dos Tribunais de Contas por meio da sua função sancionadora tem sido criticada na medida em que a pretensa punição excessiva estaria acarretando o "apagão das canetas" e um "direito administrativo do medo",[397] que paralisaria os gestores públicos diante de soluções inovadoras, contribuindo para a ineficiência da atividade estatal.

Contudo, em obra já publicada, observa-se a baixa efetividade das sanções aplicadas pelas cortes de contas ocasionada, principalmente, pelo fato de que, no modelo constitucional vigente, os Tribunais de Contas não possuem competência para executar suas próprias decisões.[398]

---

[395] BRASIL. Tribunal Superior Eleitoral. *Recurso Especial Eleitoral nº 25.092* – Iacanga/SP. Rel. min. Edson Fachin. Julg. em 12.5.2020. *DJe*: 15.5.2020.

[396] BRASIL. Supremo Tribunal Federal. Primeira Turma. Agravo Interno em Mandado de Segurança nº 38.592. Relator: min. Luiz Fux. Julgamento em: 22.2.2023. Publicação em: 27.2.2023.

[397] Nesse sentido: SANTOS, Rodrigo Valgas dos. *Direito administrativo do medo*: risco e fuga da responsabilização dos agentes públicos. São Paulo: Thomson Reuters Brasil, 2020.

[398] MOURÃO, Licurgo; SHERMAM, Ariane; RESENDE, Mariana Bueno. Ressarcimento do dano ao erário: a prescrição e a desmistificação do "direito administrativo do medo". *Fórum*

Na pesquisa realizada, verificou-se que, na maioria das vezes, as multas não são pagas. No período analisado, foram efetivamente recolhidos aos cofres públicos apenas 14,10% das multas aplicadas pelo Tribunal de Contas da União aos seus jurisdicionados,[399] o que demonstra a inefetividade da função sancionadora, redundando em impunidade quando da má gestão do patrimônio público, ao contrário do suposto medo ocasionado pelo excesso de controle.

A atividade de controle externo da administração pública, sobretudo quando exercida por meio da função sancionadora, sofreu fortes influxos dos dispositivos acrescidos pela Lei nº 13.655/2018 à Lei de Introdução às Normas do Direito Brasileiro – LINDB (Decreto-Lei nº 4.657/1942). Mencionada legislação, a pretexto de efetivar a segurança jurídica, acabou por mitigar a atuação sancionatória dos Tribunais de Contas, afastando a penalização do agente público negligente, imprudente e imperito, ao prever a responsabilização apenas em caso de dolo ou erro grosseiro (art. 28).

Nesse sentido, ao analisar o Projeto de Lei (PL) nº 7.448/2017, que posteriormente foi convertido na Lei nº 13.655/2018, Élida Graziane Pinto, Ingo Wolfgang Sarlet e Jessé Torres Pereira Junior ressaltaram a ocorrência de um movimento pendular que confere "extrema liberdade interpretativa ao gestor em detrimento do alcance cotidiano das ações governamentais", acobertada "pela dimensão do erro que não seja tido como 'grosseiro'" e complementaram:

> Quiçá o PL 7.448 esteja a defender a evolução da administração pública franqueando ao Executivo um salvo-conduto para o gestor pautar-se pela estratégia de administrar experimentalmente por escolhas típicas de tentativa e erro. Todavia não se aprimora a qualidade do gasto público e das escolhas governamentais evitando o contraste argumentativo que lhe é imposto cotidianamente pelos órgãos de controle.[400]

Administrativo – FA, ano 22, n. 251, jan. 2022. Disponível em: www.forumconhecimento. com.br/periodico/124/52137/104522. Acesso em: 19 maio 2023.

[399] MOURÃO, Licurgo; SHERMAM, Ariane; SERRA, Rita Chió. *Tribunal de contas democrático*. Belo Horizonte: Fórum, 2018. p. 141.

[400] PINTO, Élida Graziane; SARLET, Ingo Wolgang; PEREIRA JÚNIOR, Jessé Torres. *PL 7.448 desequilibra equação entre custos e riscos da escolha pública*. Disponível em: www.conjur.com.br.2018-abr-24/contas-vista-pl-7448-desequilibra-equacao-entre-custos-riscos-escolha-publica. Acesso em: 16 jun. 2023.

Ainda no tocante à função sancionadora, as alterações da LINDB estabeleceram que, na interpretação das normas sobre gestão pública, o órgão controlador deverá considerar os obstáculos e as dificuldades reais enfrentadas pelo gestor e que na aplicação de sanções "serão consideradas a natureza e a gravidade da infração cometida, os danos que dela provierem para a administração pública, as circunstâncias agravantes ou atenuantes e os antecedentes do agente" (art. 22).[401]

10.4.5 Função jurisdicional

A competência exercida pelas cortes de contas que configura a sua função jurisdicional, distinta daquela exercida pelo Poder Judiciário, é aquela prevista no inciso II do art. 71 da CR/88, que lhes confere a competência para julgar as contas dos administradores e demais responsáveis por dinheiros, bens e valores públicos da administração direta e indireta, incluídas as fundações e sociedades instituídas e mantidas pelo poder público, e as contas daqueles que derem causa a perda, extravio ou outra irregularidade de que resulte prejuízo ao erário.[402]

Há muito tempo, discute-se na doutrina[403] a pretensa impropriedade da utilização do vocábulo "julgar" conferido pelo constituinte aos Tribunais de Contas, frise-se, em matéria de sua competência, sob o argumento de que, sendo as decisões do Tribunal de Contas de natureza administrativa, somente fariam coisa julgada administrativa, mesmo as decisões que dizem respeito ao julgamento de contas dos administradores, abrindo-se margem para uma ampla revisibilidade das decisões meritórias dos Tribunais de Contas no exercício de sua competência constitucional própria.

Referida corrente nega função judicante aos Tribunais de Contas entendendo, com fundamento no art. 5º, XXXV, da CR/88, que compete

---

[401] BRASIL. Presidência da República. *Decreto-Lei nº 4.657*, de 4 de setembro de 1942. Lei de Introdução às Normas do Direito Brasileiro. Disponível em: www.planalto.gov.br/ccivil_03/decreto-lei/del4657compilado.htm. Acesso em: 16 jun. 2023.

[402] Reafirmando a competência dos Tribunais de Contas para julgar as contas de qualquer responsável por dinheiros, bens e valores públicos, o Supremo Tribunal Federal declarou a inconstitucionalidade de norma do Estado de Roraima que conferia à Assembleia Legislativa o julgamento das contas do Tribunal de Justiça, do Ministério Público e da Defensoria Pública. Veja-se: BRASIL. Supremo Tribunal Federal. Plenário. Ação Direta de Inconstitucionalidade nº 4.978. Rel. min. Marco Aurélio. Julg. em 7.12.2020. *Dje* 10.3.2021.

[403] Entre tantos doutrinadores de ponta que defendem essa posição, citamos: Eduardo Lobo Botelho Gualazzi, Osvaldo Rodrigues de Souza, Odete Medauar, Maria Sylvia Zanella Di Pietro e José Cretella Júnior.

apenas ao Poder Judiciário interpretar e aplicar a lei ao caso concreto de forma definitiva.

Cerramos fileira com aqueles[404] que interpretam sistematicamente o sentido e o alcance do vocábulo julgar, na perspectiva dos princípios da máxima efetividade e da eficiência. Esses defendem que, no exercício de uma jurisdição especial, as decisões de mérito proferidas pelo Tribunal de Contas, em matéria de sua competência específica, que não apresentem quaisquer vícios de natureza processual, tendo sido garantido o *due process of law*, não podem ser julgadas novamente pelo Poder Judiciário, sob pena de esvaziamento institucional das cortes de contas. Como já nos advertia Pontes de Miranda:[405] "julgar as contas está claríssimo no texto constitucional. Não havemos de interpretar que o Tribunal de Contas julgue e outro juiz rejulgue depois".

Em judicioso artigo, Fernando G. Jayme corrobora o que se defende:

> Ao afirmar-se que o Tribunal de Contas desempenha função jurisdicional especial, não se diz que ficam os seus julgados excluídos da apreciação do Poder Judiciário, por força do disposto art. 5º, inc. XXXV, da Constituição da República. Entretanto, restringe-se a apreciação judicial. *Somente o processo de contas que estiver contaminado pelo abuso de poder, isto é, que violar o due process of law é que poderá ter sua nulidade decretada pelo Poder Judiciário, na vigente ordem constitucional, jamais sendo permitido a este Poder reexaminar o mérito das decisões emanadas da Corte de Contas*. [...]
> A divergência doutrinária até então existente não encontra razões para subsistir, uma vez que *o entendimento do Supremo Tribunal Federal, reconhecendo a jurisdicionalidade do julgamento das contas feito pelo Tribunal de Contas é definitivo e incontrastável diante de qualquer outra autoridade do País*, uma vez que, na qualidade de guardião da Constituição, nos termos do art. 102 da Constituição da República, é dele a última palavra a respeito da interpretação constitucional.
> [...]
> *O julgamento das contas dos administradores e demais responsáveis [...] não fica afastado do controle do Poder Judiciário; contudo, o conhecimento da causa não pode ir além da averiguação da regularidade processual*, isto é, se a decisão

---

[404] Entre outros, juristas de escola, citamos: Pontes de Miranda, Miguel Seabra Fagundes, Castro Nunes, Athos Gusmão Carneiro, Evandro Martins Guerra, Jair Eduardo Santana, Jorge Ulisses Jacoby Fernandes, Carlos Ayres Britto e Lucas Rocha Furtado.

[405] PONTES DE MIRANDA, Francisco Cavalcanti. *Tratado de direito privado:* parte geral. 4. ed. São Paulo: Revista dos Tribunais, 1974. Tomo VI. p. 95.

emanou de um processo justo, onde se tenham assegurado as garantias constitucionais do devido processo legal.[406]

O STF fez percuciente análise acerca das competências das cortes de contas quando da apreciação do Recurso Extraordinário nº 132.747.[407] O relator, ministro Marco Aurélio, consignou a função jurisdicional do Tribunal de Contas nestas palavras:

> *Nota-se mediante leitura dos incisos I e II do artigo 71 em comento, a existência de tratamento diferenciado, consideradas as contas do Chefe do Poder Executivo da União e dos administradores em geral. Dá-se, sob tal* ângulo, *nítida dualidade de competência, ante a atuação do Tribunal de Contas.* Este aprecia as contas prestadas pelo Presidente da República e, em relação a elas, limita-se a exarar parecer, não chegando, portanto, a emitir julgamento.
> *Já em relação* às *contas dos administradores e demais responsáveis por dinheiros, bens e valores públicos* da administração direta e indireta, incluídas as fundações e sociedades instituídas e mantidas pelo Poder Público Federal, e às contas daqueles que deram causa à perda, extravio ou outra irregularidade de que resulte prejuízo para o erário, *a atuação do Tribunal de Contas não se faz apenas no campo opinativo. Extravasa-o, para alcançar o do julgamento. Isto está evidenciado não só pelo emprego, nos dois incisos, de verbos distintos – apreciar e julgar –* como também pelo desdobramento da matéria, explicitando-se, quanto às contas do Presidente da República, que o exame se faz 'mediante parecer prévio' a ser emitido como exsurge com clareza solar, pelo Tribunal de Contas.

No mesmo sentido é o entendimento de Carlos Ayres Britto:

> *Algumas características da jurisdição, no entanto, permeiam os julgamentos a cargo dos Tribunais de Contas.* Primeiramente, porque *os TCs julgam sob critério exclusivamente objetivo ou da própria técnica jurídica (subsunção de fatos e pessoas à objetividade das normas constitucionais e legais).* Segundamente, porque *o fazem com a força ou a irretratabilidade que é própria das decisões judiciais com trânsito em julgado. Isto, quanto ao mérito das avaliações que*

---

[406] JAYME, Fernando G. A competência jurisdicional dos Tribunais de Contas no Brasil. *Revista do Tribunal de Contas do Estado de Minas Gerais*, Belo Horizonte, n. 4, out./nov./dez. 2002. Disponível em: https://revista2.tce.mg.gov.br.2002/04/-sumario9bdb.html?next=5. Acesso em: 22 maio 2023 (grifos nossos).

[407] BRASIL. Supremo Tribunal Federal. *Recurso Extraordinário nº 132.747-2/DF*. Rel. min. Marco Aurélio. Tribunal Pleno. Julg. em 17.6.1992. *DJ* 7.12.1995 (grifos nossos).

as Cortes de Contas fazem incidir sobre a gestão financeira, orçamentária, patrimonial, contábil e operacional do Poder Público.[408]

Por fim, defendendo a posição segundo a qual foi o próprio constituinte quem reservou parcela da jurisdição, tanto ao Poder Legislativo quanto aos Tribunais de Contas, não havendo exclusividade da jurisdição por parte dos órgãos judiciais, está a lição do jurista Jair Eduardo Santana, para quem

> Há jurisdição propriamente dita tanto no Judiciário quanto na Corte de Contas. E a irrevisibilidade essencial dos julgamentos desta, por aquele, é aspecto que vai se entranhando no pensamento jurídico pátrio, o que confirma nossa tese. Queremos dizer que há um "núcleo impenetrável" por quem quer que seja nas decisões dos Tribunais de Contas. Por quê? Simplesmente porque *é o sistema constitucional que prestigiou tal solução*.[409]

Na dinâmica do poder político, segundo a estruturação funcional adotada pela Carta Política vigente, não há exclusividade no "julgar". Tanto assim que ninguém haverá de negar que o Legislativo também "julga" como uma das suas missões constitucionais primárias, a exemplo da competência privativa do Senado Federal para processar e julgar crimes de responsabilidade, nos termos do art. 52, incisos I e II, da CR/88.

Os Tribunais de Contas, portanto, no exercício da função jurisdicional, julgam as contas de gestão daqueles responsáveis por administrar dinheiros, bens e valores públicos. As denominadas contas de gestão se referem aos atos administrativos específicos relacionados à administração dos recursos públicos, a exemplo das licitações e pagamento de despesas, e diferem das contas de governo, que, como se viu, tratam da análise dos resultados da ação governamental de forma macro.

A distinção é relevante na medida em que, a depender na natureza dos atos, o julgamento dar-se-á por órgãos distintos: no caso das contas de governo ocorrerá um julgamento político pelo Poder de Legislativo, valendo-se para tal de parecer prévio emitido consoante a função opinativa do Tribunal de Contas e, no caso das contas de gestão, haverá

---

[408] BRITTO, Carlos Ayres. O regime constitucional dos Tribunais de Contas. *Fórum Administrativo – FA*, ano 5, n. 47, jan. 2005. Disponível em: www.forumconhecimento.com.br/periodico/124/398/14371. Acesso em: 28 abr. 2023 (grifos nossos).

[409] SANTANA, Jair Eduardo; MELO, Verônica Vaz de. Considerações acerca da natureza jurídica das decisões emanadas dos Tribunais de Contas. *Revista Negócios Públicos*, ano VII, p. 18, abr. 2010 (grifos nossos).

julgamento técnico pelo Tribunal de Contas, no exercício de sua função jurisdicional. José de Ribamar Caldas Furtado explica com precisão a matéria nos seguintes termos:

> [...] *no exame das contas de governo, o que deve ser focalizado não são os atos administrativos vistos isoladamente, mas a conduta do administrador no exercício das funções políticas de planejamento, organização, direção e controle das políticas públicas* idealizadas na concepção das leis orçamentárias (PPA, LDO e LOA), que foram propostas pelo Poder Executivo e recebidas, avaliadas e aprovadas, com ou sem alterações, pelo Legislativo. Aqui perdem importância as formalidades legais em favor do exame da eficácia, eficiência e efetividade das ações governamentais. Importa a avaliação do desempenho do Chefe do Executivo, que se reflete no resultado da gestão orçamentária, financeira e patrimonial;
> [...] *no julgamento das contas de gestão, será examinado, separadamente, cada ato administrativo* que compõe a gestão contábil, financeira, orçamentária, operacional e patrimonial do ente público, quanto à legalidade, legitimidade e economicidade, e ainda os relativos às aplicações das subvenções e às renúncias de receitas.[410]

A divergência de entendimento reside nos casos nos quais o chefe do Executivo atua também como ordenador de despesas, situação usualmente verificada em Municípios menores nos quais ocorre a concentração das funções. Nesses casos, discute-se a competência do Tribunal de Contas para julgar os atos de gestão do chefe do Executivo.

Ao analisar a matéria sob o prisma da declaração de inelegibilidade, o Supremo Tribunal Federal, no julgamento do Recurso Extraordinário nº 848.826,[411] entendeu, nos termos do voto vencedor do ministro Ricardo Lewandowski, que, em razão da relação de equilíbrio que deve existir entre os Poderes da República, o constituinte definiu a competência dos vereadores para o julgamento de todas as contas dos prefeitos. Seguindo referido entendimento, foi fixada a seguinte tese:

---

[410] FURTADO, José de Ribamar Caldas. Os regimes de contas públicas: contas de governo e contas de gestão. *Interesse Público – IP*, ano 9, n. 42, mar./abr. 2007. Disponível em: www.forumconhecimento.com.br/periodico/172/21318/48035. Acesso em: 2 maio 2023 (grifos nossos).

[411] BRASIL. Supremo Tribunal Federal. Tribunal Pleno. Recurso Extraordinário nº 848.826. Redator do acórdão: min. Ricardo Lewandowski. Julgamento em: 10.8.2016. Publicação em: 24.8.2017 (grifos nossos).

Tema 835 – Para os fins do art. 1º, inciso I, alínea "g", da Lei Complementar 64, de 18 de maio de 1990, alterado pela Lei Complementar 135, de 4 de junho de 2010, *a apreciação das contas de prefeitos, tanto as de governo quanto as de gestão, será exercida pelas Câmaras Municipais,* com o auxílio dos Tribunais de Contas competentes, cujo parecer prévio somente deixará de prevalecer por decisão de 2/3 dos vereadores.

A leitura da tese fixada demonstra com clareza que a decisão se restringe ao aspecto da inelegibilidade, motivo pelo qual, em obra anterior, já refutamos o entendimento de que haveria mitigação da competência das cortes de contas para julgamento das contas de gestão dos prefeitos.[412]

Exatamente por considerar que a análise das contas de gestão envolve aspectos orçamentários, contábeis, econômicos, patrimoniais, financeiros e operacionais que exigem análise técnica e fiscalização isenta, é que o constituinte conferiu, no art. 71, II, a competência do seu julgamento aos Tribunais de Contas. Referida lógica foi tratada com maestria pelo ministro Luís Roberto Barroso nos seguintes termos:

> *As contas de governo são as contas prestadas por valores globais, em grandes números,* para que a Câmara Municipal possa verificar se o prefeito cumpriu a Lei Orçamentária, se o prefeito destinou para a Educação o que deveria destinar, destinou à Saúde o que deveria destinar, ou se por acaso fez algum tipo de remanejamento que mereça um juízo político. Portanto, *as escolhas políticas devem ser julgadas politicamente. Diferentemente das contas prestadas em números globais, são as contas prestadas de maneira detalhada pelos atos administrativos que o prefeito pratica.* E, portanto, se ele contrata uma empresa de limpeza para limpar a escola municipal, ele precisa ser capaz de documentar que aquele dinheiro, 100, que saiu do Tesouro Municipal para pagar a empresa de limpeza, chegou na empresa de limpeza. Se se apurar que os 100, que eram para pagar a empresa de limpeza, foram parar na conta bancária do prefeito, evidentemente, eu não posso considerar essa uma questão política, porque considero que isso é um ato de natureza criminal inclusive. Portanto, *as prestações de contas em grandes números, contas de governo, sujeitam-se ao julgamento político; mas a prestação de contas dos atos administrativos e a comprovação de que o dinheiro não foi desviado, essa é uma questão que, a meu ver, é técnica.*[413]

---

[412] MOURÃO, Licurgo; SHERMAM, Ariane; SERRA, Rita Chió. *Tribunal de contas democrático.* Belo Horizonte: Fórum, 2018. p. 144.

[413] BRASIL. Supremo Tribunal Federal. Recurso Extraordinário nº 848.826. Tribunal Pleno. Redator do acórdão: min. Ricardo Lewandowski. Julgamento em: 10.8.2016. Publicação em: 24.8.2017 (grifos nossos).

Diante das interpretações divergentes que a decisão do Recurso Extraordinário nº 848.826 ocasionou,[414] a Associação dos Membros dos Tribunais de Contas do Brasil (Atricon) propôs a Arguição de Descumprimento de Preceito Fundamental nº 982 para declarar a possibilidade de os Tribunais de Contas julgarem os prefeitos que agem na qualidade de ordenadores de despesas, podendo condená-los ao pagamento de multa e à reparação ao erário, com o intuito de pacificar de vez a questão.

Contudo, em fevereiro de 2023 o ministro Luís Roberto Barroso negou, em decisão monocrática, seguimento à ação sob os fundamentos de que (a) não se admite arguição de descumprimento de preceito fundamental como sucedâneo recursal ou contra decisão transitada em julgado; (b) o pedido versaria sobre matéria já pacificada por este Tribunal em julgamento com repercussão geral (Tema 835).[415] Da decisão houve interposição de agravo regimental.[416]

10.4.6 Função informativa

A Constituição da República de 1988 prevê, no inciso VII do art. 71, a função informativa das cortes de contas, que consiste em prestar informações ao Congresso Nacional sobre fiscalizações realizadas. Note-se que o fornecimento dessas informações abrange a fiscalização sob as suas mais diversas nuances, inclusive as conclusões de seus exames de auditoria realizados acerca dos aspectos contábeis, financeiros, orçamentários, operacionais e patrimoniais, conforme já visto em tópicos precedentes.

Aos Tribunais de Contas também compete enviar à Justiça Eleitoral a lista dos responsáveis cujas contas foram julgadas irregulares, com a finalidade de verificação da inelegibilidade, e ainda, informar

---

[414] Na petição inicial da ADPF nº 982, a Atricon demonstrou que, após a publicação do RE nº 848.826, alguns tribunais de justiça entenderam que "o papel dos Tribunais de Contas é apenas o de apresentar parecer, cabendo às câmaras de vereadores, com exclusividade, proceder ao julgamento das contas do prefeito, quer se cuide de conta de governo, quer se trate de conta de gestão". Diante disso, suspenderam decisões das cortes de contas que julgavam as contas de gestão dos prefeitos irregulares. Disponível em: https://redir.stf. jus.br/estfvisualizadorpub/jsp/consultarprocessoeletronico/ConsultarProcessoEletronico.jsf?seqobjetoincidente=6424315.

[415] BRASIL. Supremo Tribunal Federal. ADPF nº 982. Decisão monocrática. Relator: min. Roberto Barroso. Disponível em: https://portal.stf.jus.br/processos/downloadPeca.asp?id=15355844455&ext=.pdf. Acesso em: 23 maio 2023.

[416] Conforme andamento processual disponível em: https://portal.stf.jus.br/processos/detalhe.asp?incidente=6424315. Acesso em: 23 maio 2023.

os órgãos competentes quando verificar irregularidades passíveis de penalização em outras esferas, a exemplo de crimes ou de condutas enquadradas na Lei de Improbidade Administrativa – Lei nº 8.429/1992.

Em sentido ainda mais amplo, os Tribunais de Contas têm o dever de cientificar a sociedade sobre as matérias de sua competência, sobretudo com a publicação do resultado das fiscalizações empreendidas e sobre irregularidades verificadas nos seus canais de comunicação.

10.4.7 Função de ouvidoria

A função de ouvidoria dos Tribunais de Contas consiste na competência para receber as denúncias de desvios de conduta de seus agentes ou jurisdicionados feitas pelos agentes do controle interno ou por qualquer um do povo, partido político, associação ou sindicato, com fulcro no estatuído no artigo 74, §§1º e 2º, da CR/88. A partir daí, deverá adotar as providências necessárias para sua formalização adequada, de acordo com as normas regimentais, e realizar a apuração de acordo com os ditames legais, sob pena de se configurar desídia e prevaricação.

Por meio dessa função, operacionaliza-se o controle social da administração pública, que constitui ferramenta fundamental para o exercício da democracia, embora ainda utilizado de forma incipiente pela maioria dos cidadãos, que muitas vezes desconhecem os meios pelos quais poderão ver efetivados seus direitos fundamentais.

Observa-se que a exigência de transparência na administração pública, sobretudo após o advento da Lei de Acesso à Informação (Lei nº 12.527/2011),[417] e a crescente digitalização dos processos administrativos, incentivada também pela Lei do Governo Digital (Lei nº 14.129/2021), contribuem para aprimorar o controle social e expandir a função de ouvidoria, na medida em que facilitam o acesso aos dados atinentes à

---

[417] Sobre a atuação dos órgãos de controle no tocante ao cumprimento da Lei de Acesso à Informação, o Tribunal de Contas da União entendeu que "merece ser refutada a alegação de que esta Corte de Contas não teria competência para fiscalizar condutas de órgãos públicos federais relativas à Lei de Acesso à Informação. Consoante exposto pela AudRecursos, há vários entendimentos do TCU no sentido de que detém competência para a verificação dos mecanismos implantados pelos entes da administração pública federal com vistas ao cumprimento das disposições da Lei nº 12.527/2011. Contudo, eventual negativa de informações por parte dos jurisdicionados não configura ato de gestão passível de fiscalização pelo Tribunal (art. 1º, §1º, da Lei nº 8.443.1992), podendo o interessado recorrer à instância de controle competente, conforme disposto nos arts. 16 e 18 da mesma lei" (BRASIL. Tribunal de Contas da União. Primeira Câmara. Acórdão nº 3.516/2023. Relator: Benjamin Zymler. Sessão de 9.5.2023).

atividade estatal e o consequente exercício de denúncias de impropriedades verificadas para avaliação das cortes de contas.

No mesmo sentido, a Nova Lei de Licitações e Contratos (Lei nº 14.133/2021), além de reforçar que qualquer licitante, contratado ou pessoa física ou jurídica poderá representar aos órgãos de controle interno ou ao Tribunal de Contas competente contra irregularidades na aplicação da Lei (art. 170, §4º), prevê que os atos relativos aos processos licitatórios serão preferencialmente digitais, de forma a permitir que sejam produzidos, comunicados, armazenados e validados por meio eletrônico (art. 12, VI), além de criar o Portal Nacional de Contratações Públicas (PNCP), para a divulgação centralizada e obrigatória dos processos de contratação (art. 174).

Por sua vez, o controle interno da administração pública possui a obrigação de dar ciência ao Tribunal de Contas, sob pena de responsabilidade solidária, quando tomar conhecimento de qualquer irregularidade ou ilegalidade (art. 74, §1º, CR/88).

10.5 Das decisões dos Tribunais de Contas

Não pairam dúvidas acerca das especificidades do processo no âmbito dos Tribunais de Contas, no qual se reconhecem fases de instauração, de instrução e de decisão, seja na forma de parecer conclusivo (art. 71, I, da CR/88), seja na forma de julgamento (art. 71, II, da CR/88), seja mediante registro ou não de atos (art. 71, III, da CR/88), a depender da função que esteja sendo exercida (corretiva, opinativa, sancionadora etc.). A natureza jurídica própria dos referidos processos ficou mais evidente com a edição da Lei nº 13.655/2018 – LINDB, que positivou a existência de três esferas: administrativa, controladora e judicial, reconhecendo a figura do processo controlador.[418]

No âmbito dos Tribunais de Contas do Brasil e do Congresso Nacional, discute-se a adoção de uma lei nacional de processo de controle externo,[419] de modo a unificar os procedimentos em todos eles, permitindo-se maior celeridade e garantindo-se o devido processo legal,

---

[418] VIANA, Ismar. *Fundamentos do processo de controle externo*: uma interpretação sistematizada do texto constitucional aplicada à processualização das competências dos Tribunais de Contas. Rio de Janeiro: Lumen Juris, 2019. p. 102.

[419] Nesse sentido, menciona-se o Projeto de Lei Complementar nº 79/22, em trâmite na Câmara dos Deputados, que objetiva estabelecer normas gerais de fiscalização financeira da administração pública direta e indireta da União, dos Estados, do Distrito Federal e dos Municípios, e dispor sobre a simetria de que trata o art. 75 da Constituição Federal.

razão pela qual os procedimentos explicitados a seguir ainda podem variar de Estado para Estado.

Os processos perante os Tribunais de Contas devem observar as garantias do contraditório e ampla defesa, por força do art. 5º, LV, CR/88 e da Súmula Vinculante nº 3 do STF, segundo a qual é assegurada a audiência das partes nos processos perante o Tribunal de Contas da União, excetuada a apreciação da legalidade do ato de concessão inicial de aposentadoria, reforma e pensão, considerados atos complexos que apenas se aperfeiçoam após sua apreciação pela corte de contas.[420]

No entanto, conforme ensina Valdecir Pascoal, devido às peculiaridades inerentes à função de fiscalização, pode haver nos processos de controle uma fase inicial na qual não há que se falar em ampla defesa e contraditório:

> Trata-se, com efeito, da primeira fase da instrução processual, que chamamos de fase investigatória. *Semelhantemente ao inquérito policial e à sindicância, a fase investigatória caracteriza-se pela coleta de dados* (auditorias, inspeções, informações e documentos por parte da equipe técnica do Tribunal de Contas), *culminando com a elaboração de relatório técnico, o qual poderá concluir pela regularidade da gestão* (nesse caso, o processo segue direto para a fase decisória) *ou pela constatação de irregularidades. Diante de irregularidades pela fiscalização e apontados os responsáveis, aí, sim, dá-se início à fase dialética do processo administrativo de controle,* a partir da qual os responsáveis relacionados pelo relatório técnico terão direito a ampla defesa, contraditório, recursos, possibilidade de produzirem provas e de requererem diligências e perícias.[421]

As decisões, em regra, nos processos sob a jurisdição das cortes de contas podem ser interlocutórias, definitivas ou terminativas.

---

[420] No julgamento do Recurso Extraordinário nº 636.553, no qual restou sedimentada a tese de que "em atenção aos princípios da segurança jurídica e da confiança legítima, os Tribunais de Contas estão sujeitos ao prazo de 5 anos para o julgamento da legalidade do ato de concessão inicial de aposentadoria, reforma ou pensão, a contar da chegada do processo à respectiva Corte de Contas" (Tema 445), foi levantada a discussão acerca da qualificação da aposentadoria como ato complexo. No entanto, os ministros, por maioria, mantiveram a jurisprudência considerando que "desde 1957 o STF tem se posicionado no sentido de que o ato de concessão de aposentadoria teria natureza de ato complexo, segundo o qual seria necessária a conjugação da vontade do órgão de origem e do TCU para que o ato se perfectibilizasse" (BRASIL. Supremo Tribunal Federal. Tribunal Pleno. Recurso Extraordinário nº 636.553/RS. Rel. Gilmar Mendes. Julg. em 19.2.2020. Dje 26.5.2020).

[421] PASCOAL, Valdecir. *Direito financeiro e controle externo*. Rio de Janeiro: Forense; São Paulo: Método, 2019. p. 169 (grifos nossos).

Serão ditas interlocutórias as decisões dos relatores, anteriores ao exame do mérito, que ordenam a citação ou a intimação, determinam diligências para a perfeita instrução do processo ou, ainda, que podem sobrestar o julgamento por decisão fundamentada.

Nas decisões de mérito, também denominadas definitivas, as cortes de contas deliberarão pela regularidade ou irregularidade das contas apresentadas e das condutas ou atos fiscalizados, valendo-se para tanto dos exames de auditoria aplicados, ouvido, ainda, o Ministério Público de Contas, em sua função de *custos legis*, na qual afere a regularidade formal do processo e opina acerca do mérito, por meio de parecer conclusivo.

Nos casos nos quais se apurar débito líquido e certo, o Tribunal de Contas determina ao responsável que promova, dentro do prazo legalmente estabelecido, o recolhimento atualizado do valor, acrescido de juros de mora, ou que proceda ao parcelamento do débito, a depender de manifestação de vontade do interessado e decisão do relator, sem prejuízo da aplicação de outras sanções.

Mesmo que não haja débito apurado, em razão de o fato vir a configurar grave infração à norma legal ou injustificado dano ao erário, o Tribunal de Contas pode aplicar multa ao responsável, com as cautelas referidas.

Por sua vez, as decisões terminativas são aquelas em que o tribunal não adentra no mérito dos atos praticados, seja porque as contas não reúnem condições para o seu regular processamento, seja porque fatores supervenientes tornaram antieconômica a continuidade do processo, situação em que poderão ser consideradas iliquidáveis ou arquivadas, após decisão sem resolução de mérito.

Tramitam nas cortes de contas diversas espécies de procedimentos a depender da lei orgânica de cada órgão, sendo os mais comuns: denúncias, representações, inspeções, auditorias, tomadas de contas e exame, para fins de registro, dos atos de admissão de pessoal e da concessão de aposentadoria, reformas e pensões.

Podem ser partes nos processos perante os Tribunais de Contas:

a) órgãos e entidades da administração pública, inclusive o Ministério Público de Contas;

b) agentes públicos, administradores e demais responsáveis obrigados a prestar contas;

c) terceiros, contratantes ou interessados nos atos de gestão e nos negócios públicos, que hajam concorrido para o cometimento de dano ao erário;

d) particulares que utilizem, arrecadem, guardem, gerenciem ou administrem bens e recursos públicos.

Entre as espécies recursais adotadas pelos Tribunais de Contas, as mais comumente encontradas são: agravos, embargos de declaração, embargos infringentes, pedidos de reconsideração, de reexame, recurso ordinário e recurso de revisão, devendo suas hipóteses de cabimento, prazos, procedimento, efeitos e ritualística serem estabelecidas nas respectivas leis orgânicas e regimentos internos.

As decisões dos Tribunais de Contas que imputem débito ou multa aos gestores têm eficácia de título executivo (art. 71, §3º, da CR/88), reconhecendo a doutrina e jurisprudência de forma majoritária sua natureza de título extrajudicial (art. 783 do CPC/15), idêntica à certidão de dívida ativa da fazenda pública (art. 784, IX ou XII, do CPC/15), sendo desnecessária sua inscrição em dívida ativa para fins de cobrança,[422] tornando mais célere seu procedimento, pelo fato de prescindir de processo de conhecimento para sua conformação, uma vez que este já se deu, com as peculiaridades que lhe são pertinentes, no âmbito das cortes de contas.

Conforme defendemos, embora não se trate de título executivo judicial, sua discussão no âmbito do Poder Judiciário somente será cabível para discutir sua validade em razão de violações ao devido processo legal ou abuso de poder, não se adentrando no mérito intrínseco da decisão proferida.

Não possuindo os Tribunais de Contas o permissivo constitucional de proceder à execução dos títulos que emitem, caberá às procuradorias e advocacias-gerais do Poder Executivo dos entes beneficiários realizar a execução, conforme entendimento pacífico do STF,[423] muitas vezes contra as mesmas autoridades que nomearam os dirigentes dos órgãos de advocacia pública, o que na prática implica baixa efetividade

---

[422] Nesse sentido: BRASIL. Superior Tribunal de Justiça. Tribunal Pleno. *Recurso Especial nº 1.879.563/SP*. Rel. min. Mauro Campbell Marques. Julg. em 24.11.2020. DJe 11.12.2020; BRASIL. Superior Tribunal de Justiça. Tribunal Pleno. *Recurso Especial nº 1.390.993/RJ*. Rel. min. Mauro Campbell Marques. Julg. em 10.9.2013. DJe 17.9.2013.

[423] Segundo o Tema 768 do STF, "somente o ente público beneficiário possui legitimidade ativa para a propositura de ação executiva decorrente de condenação patrimonial imposta por Tribunais de Contas (CF, art. 71, §3º)".

na propositura de ações de execução judicial que visam ao pagamento de débitos e multas pelos jurisdicionados.

Sobre a competência para execução de crédito decorrente de multa aplicada por Tribunal de Contas estadual a agente público municipal, o STF fixou, por meio do Tema 642, a tese de que "o Município prejudicado é o legitimado para a execução de crédito decorrente de multa aplicada por Tribunal de Contas estadual a agente público municipal, em razão de danos causados ao erário municipal".[424]

10.6 O procedimento da Tomada de Contas Especial (TCE)

A Tomada de Contas Especial (TCE) é um procedimento administrativo de controle cujo objeto precípuo é a apuração de responsabilidades daqueles que deram causa à perda, extravio ou outra irregularidade da qual resultou dano ao erário ou que não cumpriram o dever de prestar contas dos recursos geridos.

Em regra, o procedimento divide-se em duas fases: uma interna, desenvolvida no âmbito do próprio órgão ou entidade jurisdicionada, chamada de *preparatória*; e outra externa, desenvolvida no âmbito do Tribunal de Contas.

Jorge Ulisses Jacoby Fernandes[425] identifica três tipos de processos de tomada de contas especial: a) completa ou ordinária; b) *ex officio*, quando a instauração for determinada pelo Tribunal de Contas ao verificar grave ilegalidade ou relevante desvio de conduta do gestor e c) resultante de conversão, nos casos nos quais a corte de contas, ao examinar outro tipo de processo (a exemplo de inspeção, auditoria ou

---

[424] BRASIL. Supremo Tribunal Federal. Tribunal Pleno. *Recurso Extraordinário nº 1.003.433/RJ*. Rel. min. Marco Aurélio. Julg. em 15.9.2021. DJe 13.10.2021. Observa-se que o Superior Tribunal de Justiça entendia que, no nos casos de imputação de ressarcimento ao erário, o crédito pertenceria ao ente público cujo patrimônio foi atingido, uma vez que objetiva a recomposição do dano sofrido. Por sua vez, na aplicação da penalidade de multa, o valor deveria ser revertido ao ente ao qual o órgão sancionador se vincula. Assim, mesmo quando as multas fossem aplicadas pelo Tribunal de Contas União aos gestores estaduais e municipais, os valores correspondentes deveriam ser recolhidos aos cofres da União. O mesmo entendimento era aplicado aos tribunais municipais e estaduais. Nesse sentido: BRASIL. Superior Tribunal de Justiça. Primeira Turma. Embargos de Divergência em Agravo nº 1.138.822/RS. Rel. min. Herman Benjamin. Julg. em 13.12.2010. DJe 1º.3.2011; BRASIL. Superior Tribunal de Justiça. Segunda Turma. Recurso Especial nº 1.408.622/SP. Rel. min. Og Fernandes. Julg. em 20.2.2018. DJe 26.2.2018.

[425] FERNANDES, Jorge Ulisses Jacoby. *Tomada de contas especial:* desenvolvimento do processo na administração pública e nos Tribunais de Contas. Belo Horizonte: Fórum, 2017. p. 41.

aposentadoria), verifica a ocorrência de dano ao erário ou omissão no dever de prestar contas, convertendo o processo originário em tomada de contas especial.[426]

A fase interna da tomada de contas especial destina-se à apuração dos fatos que envolvam a eventual irregularidade na guarda e aplicação dos recursos públicos, assemelhando-se à sindicância disciplinar para apurar faltas funcionais do servidor.

Pode ser instaurada pela autoridade competente do próprio órgão ou entidade, sob pena de responsabilidade solidária (conforme estatui o art. 8º da Lei nº 8.443/1992), a partir de determinação do Tribunal de Contas ou por recomendação dos órgãos de controle interno. Tendo origem na conversão de processos de fiscalização de iniciativa da própria corte de contas, a fase interna estará satisfeita, e será instaurada diretamente a fase externa. Guarda alguma semelhança com os inquéritos, pois tem início seu procedimento com a expedição de ato relatando de forma concisa os fatos a serem apurados e designando a comissão processante responsável.

A instauração da tomada de contas especial é medida de exceção que deve ocorrer após a adoção de ações administrativas internas para caracterização e recomposição do dano. Nesse sentido, a Instrução Normativa nº 71/2012[427] do TCU prevê:

> Considerando que o Tribunal de Contas da União, na condição de órgão julgador dos processos em que se apura a ocorrência de dano ao Erário, somente deve ser acionado após a autoridade administrativa competente ter adotado, sem sucesso, as medidas administrativas necessárias à caracterização ou à elisão do dano; [...]
> Art. 3º *Diante da omissão no dever de prestar contas, da não comprovação da aplicação de recursos repassados pela União* mediante convênio, contrato de repasse, ou instrumento congênere, *da ocorrência de desfalque, alcance, desvio ou desaparecimento de dinheiro, bens ou valores públicos, ou da prática de ato ilegal, ilegítimo ou antieconômico de que resulte dano ao Erário, a autoridade*

---

[426] O TCU, ao verificar ato irregular e danos aos cofres públicos, converteu representação em tomada de contas especial e determinou a citação dos responsáveis para apresentar defesa ou recolher os valores aos cofres públicos (BRASIL. Tribunal de Contas da União. Segunda Câmara. Acórdão nº 3.462/2023. Rel. min. Marcos Bemquerer. Julg. em 16.5.2023).

[427] BRASIL. Tribunal de Contas da União. *Instrução Normativa nº 71/2012*. Dispõe sobre a instauração, a organização e o encaminhamento ao Tribunal de Contas da União dos processos de tomada de contas especial. Disponível em: https://portal.tcu.gov.br/contas-e-fiscalizacao/controle-e-fiscalizacao/tomada-de-contas-especial/legislacao-e-normativos-infralegais/instrucoes-e-decisoes-normativas.htm. Acesso em: 12 jun. 2023 (grifos nossos).

competente deve imediatamente, antes da instauração da tomada de contas especial, adotar medidas administrativas para caracterização ou elisão do dano, observados os princípios norteadores dos processos administrativos.
Parágrafo único. Na hipótese de se constatar a ocorrência de graves irregularidades ou ilegalidades de que não resultem dano ao erário, a autoridade administrativa ou o órgão de controle interno deverão representar os fatos ao Tribunal de Contas da União.

Referida instrução normativa determina como pressuposto para instauração de tomada de contas especial a existência de elementos fáticos e jurídicos que indiquem indício de dano ao erário ou omissão no dever de prestar contas (art. 5º). Dispõe, ainda, que o ato que determinar a instauração da tomada de contas especial deverá indicar, entre outros:

I - os agentes públicos omissos e/ou os supostos responsáveis (pessoas físicas e jurídicas) pelos atos que teriam dado causa ao dano ou indício de dano identificado;
II - a situação que teria dado origem ao dano ou indício de dano a ser apurado, lastreada em documentos, narrativas e outros elementos probatórios que deem suporte à sua ocorrência;
III - exame da adequação das informações contidas em pareceres de agentes públicos, quanto à identificação e quantificação do dano ou indício de dano;
IV - evidenciação da relação entre a situação que teria dado origem ao dano ou indício de dano a ser apurado e a conduta da pessoa física ou jurídica supostamente responsável pelo dever de ressarcir os cofres públicos.

Em âmbito federal, menciona-se ainda a Portaria nº 1.531/2021,[428] publicada pela Controladoria-Geral da União com o objetivo de orientar tecnicamente as autoridades administrativas federais sobre a instauração e a organização da fase interna do processo administrativo de tomada de contas especial.

O Tribunal de Contas da União já entendeu que na fase interna da tomada de contas especial ainda não há relação processual constituída, tendo em vista que nessa etapa são coletadas evidências para

---

[428] BRASIL. Controladoria-Geral da União. *Portaria nº 1.531*, de 1º de julho de 2021. Orienta tecnicamente os órgãos e entidades sujeitos ao Controle Interno do Poder Executivo Federal sobre a instauração e a organização da fase interna do processo de Tomada de Contas Especial. Disponível em: www.in.gov.br/en/web/dou/-/portaria-n-1.531-de-1-de-julho-de-2021-329484609. Acesso em: 12 jun. 2023.

fins de apuração dos fatos e das responsabilidades, razão pela qual não há prejuízo ao exercício do contraditório e da ampla defesa diante da ausência de oportunidade de defesa nessa etapa. Por outro lado, "a garantia ao direito de defesa ocorre na fase externa, com o chamamento do responsável aos autos, a partir da sua citação válida".[429]

Ao final da fase interna da TCE, a comissão processante elabora um relatório, encaminhando-o ao órgão de controle interno para manifestação, enviando-o, a seguir, à autoridade competente, que o encaminhará ao Tribunal de Contas.

A Instrução Normativa nº 71/2012 do TCU prevê hipóteses de arquivamento da tomada de contas especial antes do envio ao Tribunal de Contas da União, quais sejam: a) recolhimento do débito; b) comprovação da não ocorrência do dano imputado aos responsáveis e c) subsistência de débito inferior ao limite de R$100.000,00 (cem mil reais).[430]

Por sua vez, a fase externa da tomada de contas especial se desenrola, como visto, no âmbito do Tribunal de Contas e deve observar as garantias do contraditório e ampla defesa, com a citação dos responsáveis para apresentação de defesa, além da participação do órgão técnico e do Ministério Público de Contas.

Acerca do exercício substancial do contraditório e da ampla defesa, o Tribunal de Contas da União tem entendido pelo arquivamento de processos de tomadas de contas especial sem julgamento do mérito, diante da ausência dos pressupostos de desenvolvimento válido e regular, quando a demora na notificação/citação da parte inviabiliza o exercício da ampla defesa.[431]

Na decisão da TCE, a corte de contas poderá julgar as contas: a) regulares, dando quitação plena ao responsável; b) regulares com

---

[429] BRASIL. Tribunal de Contas da União. Segunda Câmara. Acórdão nº 3.148/2023. Rel. min. Augusto Nardes. Julg. em 25.4.2023.

[430] No caso de dispensa de instauração de tomada de contas em razão do valor, a autoridade administrativa não se exime de "adotar outras medidas administrativas ao seu alcance ou requerer ao órgão jurídico pertinente as medidas judiciais e extrajudiciais cabíveis, com vistas à obtenção do ressarcimento do débito apurado, inclusive o protesto, se for o caso" (art. 6º, §3º, da Instrução Normativa nº 71.2012 do TCU).

[431] Nesse sentido: BRASIL. Tribunal de Contas da União. Primeira Câmara. Acórdão nº 1.288/2023. Relator: min. Augusto Sherman. Sessão de 28.2.2023; BRASIL. Tribunal de Contas da União. Segunda Câmara. Acórdão nº 3.958/2023. Relator: min. Augusto Nardes. Sessão de 6.6.2023; BRASIL. Tribunal de Contas da União. Segunda Câmara. Acórdão nº 3.986/2023. Relator: min. Vital do Rêgo. Sessão de 6.6.2023; BRASIL. Tribunal de Contas da União. Segunda Câmara. Acórdão nº 3.989/2023. Relator: min. Vital do Rêgo. Sessão de 6.6.2023.

ressalvas,[432] hipótese na qual será dada quitação ao responsável com a determinação da adoção de medidas necessárias à correção das impropriedades ou faltas identificadas, de modo a prevenir a ocorrência de outras semelhantes; ou c) irregulares, com a condenação ao pagamento do débito e possibilidade de aplicação de multa. O processo será arquivado, sem julgamento do mérito, quando as contas forem consideradas iliquidáveis ou quando restar verificada a ausência de pressupostos de constituição ou de desenvolvimento válido e regular do processo.[433]

A Lei Orgânica do Tribunal de Contas da União (Lei nº 8.443/1992) prevê que, da decisão proferida em processo de contas especial, cabem recursos de reconsideração, embargos de declaração e revisão (art. 32).

---

[432] O TCU julgou regulares com ressalvas as contas de recursos recebidos por meio de convênio, tendo em vista que, embora apresentadas fora do prazo estabelecido, atestou-se não haver dano ao patrimônio público e houve comprovação de que o objetivo do programa foi atendido (BRASIL. Tribunal de Contas da União. Primeira Câmara. Acórdão nº 4.144/2023. Relator: min. Weder de Oliveira. Sessão de 30.5.2023).

[433] O TCU, por meio do Acórdão nº 3.482/2023, arquivou tomada de contas especial em razão da ausência de pressupostos de constituição e de desenvolvimento válido e regular do processo. No caso, a corte entendeu não haver agente público ou responsável privado que tivesse praticado ato lesivo ao erário, na medida em que o pagamento da pensão, posteriormente considerada indevida, foi amparado em decisão liminar do Poder Judiciário (BRASIL. Tribunal de Contas da União. Segunda Câmara. Acórdão nº 3.482/2023. Relator: min. Antonio Anastasia. Sessão de 16.5.2023).

CAPÍTULO 11

CONTROLE JUDICIAL DA ADMINISTRAÇÃO

O controle externo é assim compreendido porque o órgão controlador não integra a mesma estrutura administrativa do órgão controlado. Uma das espécies de controle externo é exercida pelo Poder Judiciário em relação aos poderes Legislativo e Executivo. Trata-se de controle preventivo, concomitante ou posterior, o que pode ser facilmente visualizado pelas tutelas jurisdicionais inibitória, cautelar ou condenatória. Nesse sentido, o art. 5º, XXXV, da Constituição da República de 1988 consagra a tutela jurisdicional não só contra a "lesão", mas também contra a "ameaça a direito". Ademais, esse controle pode ser exercitado mesmo em face das omissões administrativas.

A jurisdição é atividade (ou função, ou dever-poder) provocada, substitutiva, definitiva, indeclinável, pública e indelegável. O acionamento do Poder Judiciário não exige o prévio esgotamento da instância administrativa, o que ficou consagrado na Súmula nº 429 do Supremo Tribunal Federal.

Assim, o controle judicial, também denominado *controle judiciário*, é exercido de modo definitivo, tendo sido estabelecido o sistema da jurisdição única no ordenamento jurídico pátrio. A efetividade do processo, contudo, só se alcança quando existe a conciliação da dignidade da pessoa humana (art. 1º, III, CR/88) com o devido processo legal (art. 5º, LIV, CR/88) exercido num prazo razoável (art. 5º, LXXVIII, CR/88).

Em um Estado Democrático de Direito, o Poder Judiciário é essencial para a efetivação dos direitos e garantias fundamentais, motivo pelo qual há institutos que são indissociáveis da atividade jurisdicional escorreita, como a coisa julgada (*res judicata*), a competência jurisdicional (juízo natural), a imparcialidade, o contraditório e a ampla defesa, entre outros.

Além disso, diversas instituições, como o Ministério Público, a Defensoria Pública e a Advocacia (pública e privada), se fazem imprescindíveis para que as pretensões de controle judicial da Administração cheguem ao conhecimento do Poder Judiciário.

Com o advento da súmula vinculante, mediante a Emenda Constitucional nº 45/2004, contribuiu-se para o controle judicial dos atos administrativos, sejam eles emanados do Legislativo, do Executivo ou do próprio Poder Judiciário. Nesse particular, mencionam-se, como exemplos de controle do Poder Executivo pelo Poder Judiciário, as Súmulas Vinculantes nºs 19 e 41, que preveem, respectivamente, que não viola o artigo 145, II, da CR/88 "a taxa cobrada exclusivamente em razão dos serviços públicos de coleta, remoção e tratamento ou destinação de lixo ou resíduos provenientes de imóveis"[434] e que "o serviço de iluminação pública não pode ser remunerado mediante taxa".[435]

11.1 Peculiaridades da administração pública em juízo

Em razão da indisponibilidade do interesse público, entendeu o legislador por bem conferir à atuação do poder público em juízo regime diverso dos particulares. Nos dizeres de Hely Lopes Meirelles:

> A *Administração Pública*, quando ingressa em juízo por qualquer de suas entidades estatais, por suas autarquias, por suas fundações públicas ou por seus órgãos que tenham capacidade processual, recebe a designação tradicional de *Fazenda Pública*, porque seu erário é que suporta os encargos patrimoniais da demanda.[436]

Nesse sentido, o Código de Processo Civil prevê diversas prerrogativas à fazenda pública, tais como intimação pessoal dos advogados públicos e prazo em dobro para todas as suas manifestações processuais, exceto quando a lei estabelecer prazo próprio para o ente público (art. 183, §2º).

A fazenda pública também não se sujeita ao pagamento de custas e emolumentos, estando os atos processuais de seu interesse dispensados de preparo (art. 39 da Lei nº 6.830/1980), e tem foro próprio e

---

[434] BRASIL. Supremo Tribunal Federal. Súmula Vinculante nº 19. *DJe* 10.11.2009.
[435] BRASIL. Supremo Tribunal Federal. Súmula Vinculante nº 41. *DJe* 30.3.2015.
[436] MEIRELLES, Hely Lopes. *Direito administrativo brasileiro*. São Paulo: Malheiros, 2013. p. 809 (grifos originais).

juízo privativo estabelecidos pelas normas de organização judiciária e pela Constituição da República. É o caso da Justiça Federal (art. 109 da CR/88), competente para as causas em que a União, autarquia ou empresa pública federal for interessada na condição de autora, ré, assistente ou oponente.

A representação judicial da administração pública é feita, em âmbito federal, pela Advocacia-Geral da União (art. 131 da CR/88), da qual faz parte a Procuradoria-Geral da Fazenda Nacional, encarregada da execução da dívida ativa de natureza tributária (art. 131, §3º, da CR/88). No âmbito estadual e do Distrito Federal, a Constituição também determina a organização da carreira dos procuradores, cujo ingresso dependerá de concurso público de provas e títulos (art. 132 da CR/88). Por sua vez, o Supremo Tribunal Federal tem sedimentando o entendimento de que a Constituição não obriga a criação de procuradorias municipais.[437]

Outro detalhe é que, em função do regime diferenciado dos bens públicos, a fazenda pública cumpre suas obrigações pecuniárias advindas das ações em que é ré por meio do regime de precatórios, previsto no art. 100 da Constituição da República de 1988.

Em 2021, o regime de precatórios sofreu alterações consideráveis por meio das Emendas Constitucionais nº 113/2021 e nº 114/2021, que, entre outras medidas, permitiram o parcelamento das contribuições previdenciárias e estabeleceram limites para alocação na proposta orçamentária dos valores destinados ao pagamento dos precatórios.[438] Ademais, ficou definido que as entidades de direito público deverão incluir no seu orçamento verba necessária ao pagamento de seus débitos oriundos de sentenças transitadas em julgado constantes de precatórios judiciários apresentados até 2 de abril, fazendo-se o pagamento até o final do exercício seguinte, previsão que alterou, portanto, o prazo anterior de 1º de julho, mais benéfico aos credores.

A constitucionalidade das referidas alterações foi questionada por meio das Ações Diretas de Inconstitucionalidade nº 7.047 e nº 7.064,

---

[437] BRASIL. Supremo Tribunal Federal. Primeira Turma. Agravo Regimental no Recurso Extraordinário nº 1156016/SP. Rel. min. Luiz Fux. Julg. em 6.5.2019. DJe 16.5.2019.

[438] Conforme dados apresentados pelo Partido Democrático Trabalhista – PDT na ADI nº 7.046, a alteração reduziu, no orçamento de 2022, o valor para pagamento de precatórios de R$ 89 bilhões para cerca de R$ 45 bilhões, prorrogando assim, o pagamento de parcela considerável dos credores. Disponível em: https://redir.stf.jus.br/estfvisualizadorpub/jsp/consultarprocessoeletronico/ConsultarProcessoEletronico.jsf?seqobjetoincidente=6330822. Acesso em: 5 maio 2023.

que argumentam, em síntese, que as medidas adiam indefinidamente o pagamento dos precatórios, esvaziando direitos e garantias fundamentais e ferindo o princípio da separação dos poderes.

No tocante às empresas estatais, o Supremo Tribunal Federal tem entendido que, ao atuarem em atividades econômicas em sentido estrito, submetem-se ao mesmo regime jurídico das empresas privadas, não podendo gozar de benefícios e prerrogativas da fazenda pública. Nesse sentido, para se submeterem ao regime dos precatórios, as empresas públicas e sociedades de economia mista devem preencher três requisitos cumulativos: "(i) prestar, exclusivamente, serviços públicos de caráter essencial, (ii) em regime não concorrencial e (iii) não ter a finalidade primária de distribuir lucros".[439]

A exceção ao regime dos precatórios se dá pelas requisições de pequeno valor (RPVs), que consistem, no âmbito federal, em condenações a obrigações pecuniárias até o valor estabelecido para a competência do Juizado Especial Federal Cível, que serão pagas dentro do prazo de sessenta dias, a contar da entrega da requisição de pagamento, por força do art. 17, *caput* e §1º, da Lei nº 10.259/2001.

Por fim, em razão do art. 496, I e II, do Código de Processo Civil as sentenças proferidas contra a fazenda pública sujeitam-se ao duplo grau de jurisdição por meio de reexame necessário, salvo as exceções previstas nos §§3º e 4º do mencionado dispositivo.

11.2 Controle especial dos atos da administração pública

Hely Lopes Meirelles,[440] como um dos representantes da doutrina administrativista clássica, diferencia os atos administrativos em geral que estão sujeitos a controle judicial comum dos atos administrativos que sofrem controle especial pelo Poder Judiciário. Assim, adotando-se essa linha de pensamento que prevê a possibilidade de controle diferenciado, passa-se a estudar casos de controle especial.

11.2.1 Atos normativos

Os atos normativos com conteúdo geral e abstrato, como as leis, decretos e resoluções, excluindo-se os atos normativos de efeitos

---

[439] BRASIL. Supremo Tribunal Federal. Arguição de Descumprimento de Preceito Fundamental nº 986. Rel. min. Rosa Weber. Tribunal Pleno. Julg. em 18.4.2023. *DJe* 25.4.2023.

[440] MEIRELLES, Hely Lopes. *Direito administrativo brasileiro*. São Paulo: Malheiros, 2013. p. 791.

concretos,⁴⁴¹ são passíveis de controle realizado de maneira especial. Ensejam o controle concentrado de constitucionalidade por meio do qual se irá apreciar a conformidade constitucional das denominadas *leis em tese*, já que tais atos não são impugnáveis pela via das ações ordinárias.

Tal processo de controle de constitucionalidade em tese pode ser deflagrado pela ação direta de inconstitucionalidade e pela ação declaratória de constitucionalidade, ambas com fundamento constitucional nos arts. 102, I, "a", e 103 da Constituição da República de 1988. Elas foram reguladas, em âmbito infraconstitucional, pela Lei nº 9.868/1999. Por sua vez, as Constituições Estaduais estabelecem as normas relativas ao controle de constitucionalidade concentrado perante os tribunais de justiça.

A distinção entre atos normativos abstratos passíveis de controle especial e atos de efeitos concretos foi tratada com clareza pelo Supremo Tribunal Federal na decisão a seguir:

> CONSTITUCIONAL. CONTROLE DE CONSTITUCIONALIDADE. RESERVA DE PLENÁRIO. DECRETO LEGISLATIVO EDITADO POR ASSEMBLEIA LEGISLATIVA SUSTANDO AÇÃO PENAL CONTRA RÉU DEPUTADO ESTADUAL. OFENSA À SÚMULA VINCULANTE 10. INOCORRÊNCIA. 1. O princípio da reserva de plenário previsto no art. 97 da Constituição (e a que se refere a Súmula Vinculante n. 10) diz respeito à declaração de "inconstitucionalidade de lei ou ato normativo do Poder Público". 2. *Atos normativos têm como características essenciais a abstração, a generalidade e a impessoalidade dos comandos neles contidos. São, portanto, expedidos sem destinatários determinados e com finalidade normativa, alcançando todos os sujeitos que se encontram na mesma situação de fato abrangida por seus preceitos.* 3. O decreto legislativo que estabelece a suspensão do andamento de uma certa ação penal movida contra determinado deputado estadual não possui qualquer predicado de ato normativo. O que se tem é ato individual e concreto, com todas as características de ato administrativo de efeitos subjetivos limitados a um destinatário determinado. Atos dessa natureza não se submetem, em princípio, à norma do art. 97 da CF/88, nem estão, portanto, subordinados

---

⁴⁴¹ Hely Lopes Meirelles ensina que "as leis e decretos de efeitos concretos, entretanto, podem ser invalidados em procedimentos comuns, em mandado de segurança ou em ação popular, porque já trazem em si os resultados administrativos objetivados. Não são atos normativos gerais, mas, sim, deliberações individualizadas revestindo a forma anômala de lei ou decreto. Tais são, p. ex., as leis que criam Município, as que extinguem vantagens dos servidores públicos, as que concedem anistia fiscal e outras semelhantes. Assim também os decretos de desapropriação, de nomeação, de autorização, etc." Conf. MEIRELLES, Hely Lopes. *Direito administrativo brasileiro*. São Paulo: Malheiros, 2013. p. 794.

à orientação da Súmula Vinculante 10. Precedentes. 4. Agravo regimental a que se nega provimento.[442]

Quanto ao processo propriamente dito de elaboração de normas pelo Poder Legislativo, o STF,[443] em sede de mandado de segurança, concluiu pela inadmissibilidade de controle de constitucionalidade de caráter "preventivo" com relação a projetos de lei "em curso de formação". O que a Suprema Corte permite é a legitimidade do parlamentar para impetrar mandado de segurança objetivando coibir atos no processo legislativo incompatíveis com dispositivos constitucionais, diante do reconhecimento do "direito público subjetivo à correta elaboração das leis e das emendas à Constituição".[444]

11.2.2 Atos *interna corporis*

Interna corporis é expressão do latim que significa *internamente ao próprio* órgão *ou corporação*. Cuida-se de atos intestinos, ou seja, privativos dos órgãos dos Poderes, e cuja invasão violaria o princípio da separação dos poderes (art. 2º da CR/88).

A resolução de questões *interna corporis*, portanto, deve se dar exclusivamente no âmbito do próprio órgão. Por exemplo, não pode o Poder Judiciário usurpar a competência e decidir, pelo Poder Legislativo, a votação de determinada matéria de competência deste.

Pertinente ilustração é dada pela jurisprudência do Superior Tribunal de Justiça,[445] no sentido da não ingerência do Judiciário na definição dos critérios do sistema de rodízio para nomeação do procurador-geral do Ministério Público de Contas, sob pena de violação do princípio da separação dos poderes.

Nesse sentido, o Superior Tribunal de Justiça tem entendido que os atos *interna corporis* que são "imunes à apreciação judicial abarcam, além daqueles emanados das casas legislativas, os oriundos dos

---

[442] BRASIL. Supremo Tribunal Federal. Reclamação nº 18.165 AgR/RR. Rel. min. Teori Zavascki. Julg. em 18.10.2016. *DJe-097*, 10.5.2017 (grifos nossos).

[443] BRASIL. Supremo Tribunal Federal. Tribunal Pleno. Mandado de Segurança nº 32.033/DF. Rel. min. Gilmar Mendes. Rel. p/ Acórdão min. Teori Zavascki. Julg. em 20.6.2013. *DJ* 18.2.2014.

[444] BRASIL. Supremo Tribunal Federal. Tribunal Pleno. Mandado de Segurança nº 34.635 AgR/DF. Rel. min. Celso de Mello. Julg. em 10.10.2020. *Dje* 15.10.2020.

[445] BRASIL. Superior Tribunal de Justiça. Primeira Turma. Agravo Interno no Recurso em Mandado de Segurança nº 65.463/GO. Julg. em 2.5.2023. *Dje* 4.5.2023.

Tribunais de Contas ou mesmo dos órgãos jurisdicionais no exercício da atípica função legiferante".[446]

Nada obstante, o contorno jurídico e os aspectos meramente formais dos atos *interna corporis* podem ser examinados pelo Poder Judiciário, mormente se houver lesão a direitos subjetivos.

Sobre o tema, o Supremo Tribunal Federal[447] decidiu que se a controvérsia é puramente regimental, porque resulta de interpretação de normas regimentais, trata-se de ato *interna corporis* imune ao controle judicial, fixando a seguinte tese:

> Tema nº 1.120 – Em respeito ao princípio da separação dos poderes, previsto no art. 2º da Constituição Federal, quando não caracterizado o desrespeito às normas constitucionais pertinentes ao processo legislativo, é defeso ao Poder Judiciário exercer o controle jurisdicional em relação à interpretação do sentido e do alcance de normas meramente regimentais das Casas Legislativas, por se tratar de matéria *interna corporis*.

Seguindo essa orientação, o Supremo Tribunal Federal já definiu não ser matéria afeta à apreciação do Poder Judiciário: a fixação de prazo para que pedido de *impeachment* seja analisado pelo presidente da Câmara dos Deputados;[448] a fixação de competência de ministro do Supremo Tribunal Federal para conhecer e julgar processos[449] e a adoção do rito de urgência em proposições legislativas.[450]

11.2.3 Atos de decisão eminentemente política

Os atos políticos diferenciam-se dos meros atos de gestão administrativa, e o seu controle também é bem diverso.

Os atos políticos são atos de governo determinados por agentes da mais alta cúpula decisória do país, como os chefes dos poderes Executivo,

---

[446] BRASIL. Superior Tribunal de Justiça. Primeira Turma. Agravo Interno no Recurso em Mandado de Segurança nº 62.958/MT. Julg. em 28.6.2021. *Dje* 3.8.2021.

[447] BRASIL. Supremo Tribunal Federal. Tribunal Pleno. Recurso Extraordinário nº 1.297.884/DF. Rel. min. Dias Toffoli. Julg. em 14.6.2021. *Dje* 4.8.2021.

[448] BRASIL. Supremo Tribunal Federal. Tribunal Pleno. Agravo regimental no Mandado de Segurança nº 37.083/DF. Rel. min. Nunes Marques. Julg. em 16.8.2022. *Dje* 26.8.2022.

[449] BRASIL. Supremo Tribunal Federal. Primeira Turma. Agravo regimental no Habeas Corpus nº 222.450/SP. Rel. min. Luiz Fux. Julg. em 13.2.2023. *Dje* 17.2.2023.

[450] BRASIL. Supremo Tribunal Federal. Tribunal Pleno. Arguição de descumprimento de preceito fundamental nº 832/SC. Rel. min. Roberto Barroso. Julg. em 25.4.2023. *Dje* 5.5.2023.

Legislativo e Judiciário, no uso de sua competência constitucional, e se dirigem à condução das principais decisões da administração pública.

Ao mencionar os desafios da conceituação dos atos políticos, Hely Lopes Meirelles os exemplifica da seguinte forma:

> [...] pratica ato político o Executivo quando veta projeto de lei, quando nomeia Ministro de Estado, quando concede indulto; pratica-o o Legislativo quando rejeita veto, quando aprova contas, quando cassa mandato; pratica-o o Judiciário quando propõe a criação de tribunais inferiores, quando escolhe advogado e membro do Ministério Público para compor o quinto constitucional. Em todos esses exemplos são as conveniências do Estado que comandam o ato e infundem-lhe caráter político que o torna insuscetível de controle judicial quanto à valoração de seus motivos.[451]

Trata-se, portanto, de atos que enfrentam diretamente o mérito administrativo e têm altíssima carga de oportunidade e conveniência. Em outras palavras, têm elevado nível de discricionariedade, facultando aos governantes "um leque aberto de possibilidades de ação, sendo todas legítimas",[452] motivo pelo qual há redução da possibilidade de seu controle judicial.

Tal restrição não impede, contudo, que haja apreciação do Judiciário, em face de lesão ou ameaça a direito, nos termos do art. 5º, XXXV, da CR/88, tendo em vista a possibilidade de que, em determinados casos, os atos políticos possam causar danos a direitos individuais ou coletivos e estar em desacordo com as normas constitucionais.

Exemplificando tal orientação, ao entender pela impossibilidade de o Poder Judiciário analisar o mérito de decisão legislativa em processo de cassação parlamentar, o STJ faz explícita referência às cautelas relativas à averiguação da ocorrência (ou não) de lesão a direito subjetivo, ressalvando a possibilidade de análise dos aspectos atinentes à "observância do devido processo legal, com a abertura de contraditório e oportunidade de ampla defesa".[453]

---

[451] MEIRELLES, Hely Lopes. *Direito administrativo brasileiro*. São Paulo: Malheiros, 2013. p. 792.

[452] CARVALHO FILHO, José dos Santos. *Manual de direito administrativo*. 37. ed. Barueri (SP): Atlas, 2023. p. 875.

[453] BRASIL. Superior Tribunal de Justiça. Primeira Turma. AgInt no AREsp nº 853.247/MG. Rel. min. Sergio Kukina. Julg. em 24.5.2016. Dje 2.6.2016.

No mesmo sentido, o Supremo Tribunal Federal[454] entendeu que, embora não caiba ao Poder Judiciário adentrar no mérito da concessão de indulto, tendo em vista o juízo de conveniência e oportunidade do Presidente da República, que poderá escolher, entre as hipóteses legais e moralmente admissíveis, aquela que entender como a melhor para o interesse público no âmbito da Justiça Criminal, é possível o controle quanto à constitucionalidade da medida, uma vez que

> [...] apesar de o indulto ser ato discricionário e privativo do Chefe do Poder Executivo, a quem compete definir os requisitos e a extensão desse verdadeiro ato de clemência constitucional, a partir de critérios de conveniência e oportunidade, não constitui ato imune ao absoluto respeito à Constituição Federal e é, excepcionalmente, passível de controle jurisdicional.

Ao entender pela possibilidade de controle dos atos políticos em desconformidade com as normas constitucionais, o Supremo Tribunal Federal[455] decidiu pela inconstitucionalidade de indulto individual concedido com desvio de finalidade, uma vez que editado com violação dos princípios da moralidade e impessoalidade administrativas.

11.3 Controle judicial dos motivos

Por ser absolutamente absurdo que um ato administrativo não guarde sintonia com os motivos que o ensejaram, adota-se hoje no país o entendimento de que é possível ao Poder Judiciário exercer controle sobre a averiguação dos fatos que ensejaram a tomada de decisão administrativa em determinada direção. Tal entendimento expressa consonância com o brocardo latino *ex facto oritur ius*, que significa que *dos fatos nascem o direito*. Com efeito, pela própria teoria dos motivos determinantes, a exposição da motivação vincula a existência, a legitimidade e a validade do ato administrativo aos fatos que constam de sua razão de existir.

Assim, tendo-se em vista que a ausência de sintonia com os motivos que o ensejaram implica a invalidação do ato administrativo, o

---

[454] BRASIL. Supremo Tribunal Federal. Tribunal Pleno. Ação Direta de Inconstitucionalidade nº 5.874/DF. Redator do acórdão min. Alexandre de Moraes. Julg. em 9.5.2019. *Dje* 5.11.2020.

[455] BRASIL. Supremo Tribunal Federal. Tribunal Pleno. Ações de Descumprimento de Preceito Fundamental nºs 964, 965, 966 e 967. Rel. min. Rosa Weber. Julg. em 10.5.2023. *Dje* 19.5.2023.

Judiciário, quanto ao controle judicial dos motivos, realiza, em essência, controle de juridicidade e legalidade.

O Superior Tribunal de Justiça já decidiu que, uma vez que a regra é a publicidade das informações estatais na internet, deve a administração pública apresentar motivação clara, expressa e convincente, contemplando "fortíssimas razões para o sigilo e quase tão intensas para a rejeição à transparência ativa". Diante disso, cabe ao Poder Judiciário "analisar eventuais razões dadas pela Administração [...] sem jamais ceder à fácil justificativa da discricionariedade".[456]

11.4 Controle sobre a discricionariedade do ato

Os atos ditos discricionários são aqueles atos administrativos decorrentes do exercício da competência discricionária pelo agente público, no âmbito da qual o legislador confere ao agente público, em abstrato, o poder para definir, por exemplo, o momento de sua atuação ou decidir entre mais de uma conduta possível em determinada situação, mediante critérios de oportunidade e conveniência, denominados de mérito do ato administrativo.

Historicamente, partiu-se de doutrina restritiva acerca da possibilidade de haver controle judicial do ato discricionário. Naquele tempo, acreditava-se que o mérito do ato administrativo era intocável pelo Poder Judiciário, motivo pelo qual José Cretella Júnior defendia que "aspecto algum do mérito do ato administrativo admite revisão pelo Poder Judiciário, porque este Poder não invade terreno privativo da Administração".[457] Por sua vez, Themístocles Brandão Cavalcanti lecionava que "o ato discricionário é invulnerável à apreciação do Poder Judiciário".[458]

Contudo, ao longo do tempo, entendeu-se que vedar ao Poder Judiciário o controle de tal espécie de ato administrativo seria inviabilizar a proteção e a defesa de determinados direitos e garantias fundamentais, sobretudo porque, no Estado Democrático de Direito, a atuação do administrador deve ser pautada pela lei.

---

[456] BRASIL. Superior Tribunal de Justiça. Primeira Turma. Recurso Especial nº 1.857.098/MS. Rel. min. Og Fernandes. Julg. em 11.5.2022. Dje 24.5.2022.
[457] CRETELLA JÚNIOR, José. *Do ato administrativo*. São Paulo: José Bushatky, 1972. p. 54.
[458] CAVALCANTI, Themístocles Brandão. *Teoria dos atos administrativos*. São Paulo: Revista dos Tribunais, 1973. p. 116.

A noção de discricionariedade foi revisitada pela doutrina moderna do Direito Administrativo "para reconhecer que os espaços de escolha próprios das autoridades eleitas não configuram plexos de competências externos ao próprio ordenamento jurídico".[459]

Sobre a evolução da teoria acerca do controle judicial dos atos administrativos discricionários, Maria Sylvia Zanella Di Pietro leciona:

> Com o passar dos tempos, inúmeras teorias foram sendo elaboradas para justificar a extensão do controle judicial sobre aspectos antes considerados como abrangidos pelo conceito de mérito. A teoria do desvio de poder permitiu o exame da finalidade do ato, inclusive sob o aspecto do atendimento do interesse público; a teoria dos motivos determinantes permitiu o exame dos fatos ou motivos que levaram à prática do ato; a teoria dos conceitos jurídicos indeterminados e sua aceitação como conceitos jurídicos permitiu que o Judiciário passasse a examiná-los e a entrar em aspectos que também eram considerados de mérito; a chamada constitucionalização dos princípios da Administração também veio a limitar a discricionariedade administrativa e possibilitar a ampliação do controle judicial sobre os atos discricionários.[460]

Assim, tendo em vista que discricionariedade não se confunde com arbitrariedade, admite-se o controle jurisdicional dos atos administrativos discricionários, de modo a verificar sua adequação ao ordenamento jurídico, desde que não ocorra substituição da autonomia e da possibilidade de decisão inerentes à atividade administrativa, invadindo a margem de liberdade conferida pela lei à administração pública.

Nesse sentido, o Supremo Tribunal Federal já decidiu que "o controle jurisdicional dos atos administrativos discricionários não viola o princípio constitucional da separação dos poderes".[461] Em outra oportunidade, na qual se analisava remoção de funcionário público sem a indicação dos motivos que estariam a respaldá-la, definiu que "mesmo nos atos discricionários não há margem para que a administração atue com excessos ou desvios ao decidir".[462]

---

[459] BRASIL. Supremo Tribunal Federal. Tribunal Pleno. *Agravo Regimental em Mandado de Segurança nº 26.849/DF*. Rel. min. Luiz Fux. Julg. em 10.4.2014. *Dje* 21.5.2014.

[460] DI PIETRO, Maria Sylvia Zanella. *Direito administrativo*. 36. ed. Rio de Janeiro: Forense, 2023. p. 224.

[461] BRASIL. Supremo Tribunal Federal. Primeira Turma. *ARE nº 793.334 Agr/BA*. Rel. min. Luiz Fux. Julg. em 3.6.2014. *DJe-120*, 23.6.2014.

[462] BRASIL. Supremo Tribunal Federal. Segunda Turma. *Recurso Extraordinário nº 131.661*. Rel. min. Marco Aurélio. Julg. em 26.9.1995. *DJ* 17.11.1995.

Celso Antônio Bandeira de Mello[463] alerta para o fato de que nem sempre o ato discricionário, na teoria, se mostra efetivamente discricionário quando sopesadas as circunstâncias do caso concreto, "vale dizer, na lei se instaura uma possibilidade de discrição, mas não uma certeza que existirá em todo e qualquer caso abrangido pela dicção da regra".

Acerca do tema, o Superior Tribunal de Justiça tem entendido que não compete ao Poder Judiciário substituir a administração pública na correção de provas de concurso, cabendo-lhe, contudo, analisar a observância da legalidade e da vinculação ao edital.[464] Adotando referido posicionamento, a Corte declarou a nulidade de etapa de concurso público cujo espelho de resposta divulgado constava de padrões genéricos de correção, de modo a inviabilizar o direito de recurso dos candidatos.[465]

Em outra ocasião,[466] assentou, ao analisar caso envolvendo eliminação de candidato na fase de investigação social do concurso público para carreiras policiais, que "a discricionariedade administrativa não se encontra imune ao controle judicial, mormente diante da prática de atos que impliquem restrições de direitos dos administrados", e considerou incompatível com o princípio da razoabilidade a reprovação de candidato apenas em razão de ter este declarado o uso de drogas quando tinha 19 anos de idade.

No tocante aos processos administrativos disciplinares, o STJ tem entendido ser "vedado ao Poder Judiciário adentrar no mérito do julgamento administrativo, cabendo-lhe, apenas, apreciar a regularidade do procedimento, à luz dos princípios do contraditório e da ampla defesa".[467]

11.5 Instrumentos de atuação do controle judicial

Há diversos instrumentos por meio dos quais o Poder Judiciário atua no controle da atividade estatal, desde as ações ordinárias aos

---

[463] MELLO, Celso Antônio Bandeira de. *Curso de direito administrativo*. São Paulo: Malheiros, 2019. p. 1.022.

[464] BRASIL. Superior Tribunal de Justiça. Segunda Turma. *Agravo Interno no Recurso em Mandado de Segurança nº 67.363/PI*. Rel. min. Assusete Magalhães. Julg. em 24.4.2023. Dje 2.5.2023.

[465] BRASIL. Superior Tribunal de Justiça. Segunda Turma. *Recurso Ordinário em Mandado de Segurança nº 58.373/RS*. Rel. min. Herman Benjamin. Julg. em 16.10.2018. Dje 12.12.2018.

[466] BRASIL. Superior Tribunal de Justiça. Segunda Turma. *Agravo em Recurso Especial nº 1.806.617/DF*. Rel. min. OG Fernandes. Julg. em 1º.6.2021. Dje 11.6.2021.

[467] BRASIL. Superior Tribunal de Justiça. Primeira Turma. *Agravo Interno no Recurso em Mandado de Segurança nº 67.473/BA*. Rel. min. Benedito Gonçalves. Julg. em 13.6.2022. Dje 15.6.2022.

remédios constitucionais. Incluem-se nesses institutos o *habeas corpus*, o *habeas data*, o mandado de segurança, a ação popular, o mandado de injunção, a ação civil pública e as ações de controle concentrado de constitucionalidade, entre outras. José Afonso da Silva[468] ensina que os remédios constitucionais objetivam "sanar, corrigir, ilegalidade e abuso de poder em prejuízo de direitos e interesses individuais".

Vale lembrar, nesse sentido, que todos os remédios constitucionais previstos no art. 5º da CR/88 são direitos e garantias fundamentais insculpidos como cláusula pétrea, por força do art. 60, parágrafo 4º, inciso IV, da CR/88.

Faremos breves considerações sobre alguns instrumentos de atuação do controle judicial.

11.5.1 Habeas corpus

O instituto do *habeas corpus* (HC) tem origem remota no Direito Romano, no qual "todo cidadão podia reclamar a exibição do homem detido ilegalmente por meio de uma ação privilegiada que se chamava *interditum de libero homine exibendo*".[469] Porém, a origem do *habeas corpus* mais apontada pela doutrina é a Magna *Charta Libertatum*, de 1215, outorgada pelo Rei João Sem-Terra, na Inglaterra.

No Brasil, o *habeas corpus* foi positivado pelo Código Criminal de 1830 e pela Constituição de 1891, que previa: "dar-se-á o *habeas corpus*, sempre que o indivíduo sofrer ou se achar em iminente perigo de sofrer violência ou coação por ilegalidade ou abuso de poder" (art. 72, §22). Inicialmente, o remédio constitucional era usado de forma ampla, diante do entendimento capitaneado por Rui Barbosa de que o citado dispositivo não se restringia aos casos de prisão ou constrangimento corporal, sendo cabível para a proteção contra qualquer ilegalidade ou abuso de poder.[470] Referido posicionamento, que ficou conhecido como "doutrina brasileira do *habeas corpus*", posteriormente serviu como embasamento para a criação do mandado de segurança.

Atualmente, a Constituição da República de 1988, em seu artigo 5º, LXVIII, prevê que "conceder-se-á *habeas corpus* sempre que alguém

---

[468] SILVA, José Afonso da. *Comentário contextual à Constituição*. São Paulo: Malheiros, 2014. p. 164.
[469] MORAES, Alexandre de. *Direito constitucional*. São Paulo: Atlas, 2016. p. 135.
[470] VELLOSO, Carlos Mário. As novas garantias constitucionais. *Revista de Direito Administrativo*, Rio de Janeiro, n. 177, p. 14-28, jul./set. 1989.

sofrer ou se achar ameaçado de sofrer violência ou coação em sua liberdade de locomoção, por ilegalidade ou abuso de poder".

No plano infralegal, o remédio constitucional está disciplinado nos arts. 647 a 667 do Código de Processo Penal, que prevê a possibilidade de qualquer pessoa impetrar o *habeas corpus* em seu favor ou em favor de outrem, nesse último caso, haverá a figura do impetrante (quem propõe a ação), do paciente (pessoa cujo direito de locomoção está ameaçado ou violado) e do coator, que "diversamente do que ocorre com o mandado de segurança nem sempre será um agente público ou delegado de função pública",[471] podendo particulares serem sujeitos passivos da ação quando forem responsáveis pela ilegalidade.

Leciona Alexandre de Moraes[472] que o "*habeas corpus* é uma garantia individual ao direito de locomoção, consubstanciada em uma ordem dada pelo Juiz ou Tribunal ao coator, fazendo cessar a ameaça ou coação à liberdade de locomoção em sentido amplo", que pode ser utilizada por "qualquer do povo, nacional ou estrangeiro, independentemente da capacidade civil, política, profissional, de idade, sexo, profissão, estado mental".

Verifica-se, portanto, que a ação pode ser amplamente utilizada, pois não requer que o seu legitimado ativo tenha capacidade postulatória e dispensa qualquer formalidade,[473] estando sua gratuidade estipulada no art. 5º, LXXVII, da CR/88.

O *habeas corpus* pode ser preventivo, quando houver ameaça ao direito de locomoção, caso em que "será expedido salvo-conduto para que o paciente não sofra qualquer constrangimento ilegal pelo motivo constante da ação",[474] ou repressivo, depois de constatada a ofensa ao direito de ir e vir, em qualquer caso, cabe medida liminar.

Tendo em vista que a finalidade do *habeas corpus* é proteger a liberdade de locomoção, o Supremo Tribunal Federal vem assentando que ele não é cabível quando o "objeto seja resolver sobre o ônus das custas" (Súmula nº 395), "contra decisão condenatória a pena de multa, ou relativo a processo em curso por infração penal a que a pena

---

[471] CARVALHO FILHO, José dos Santos. *Manual de direito administrativo*. Barueri: Atlas, 2023. p. 900.

[472] MORAES, Alexandre de. *Direito constitucional*. São Paulo: Atlas, 2016. p. 139-140.

[473] MELLO, Celso Antônio Bandeira de. *Curso de direito administrativo*. 34. ed. rev. e atual. até a Emenda Constitucional 99, de 14.12.2017. São Paulo: Malheiros, 2019. p. 1.010.

[474] NEVES, Daniel Amorim Assumpção. *Ações constitucionais*. Salvador: Juspodivm, 2020. p. 516.

pecuniária seja a única cominada" (Súmula nº 693), "contra imposição da pena de exclusão de militar ou de perda de patente ou função pública" (Súmula nº 694) e "quando já extinta a pena privativa de liberdade" (Súmula nº 695).

Também não é cabível *habeas corpus* para punições militares, nos termos do art. 142, §2º, da CR/88, hipótese na qual "a proibição se refere à análise do mérito da punição militar e visa a resguardar os princípios de hierarquia e disciplina que regem as organizações militares",[475] não impedindo que o Poder Judiciário analise "pressupostos de legalidade da imposição de punição que implique constrição da liberdade".[476]

Relevante mencionar que em paradigmática decisão no julgamento do HC nº 143.641/SP, de relatoria do ministro Ricardo Lewandowski, a Segunda Turma do Supremo Tribunal Federal admitiu a possibilidade de impetração de *habeas corpus* coletivo, entendendo que o "conhecimento do *writ* coletivo homenageia nossa tradição jurídica de conferir a maior amplitude possível ao remédio heroico, conhecida como doutrina brasileira do *habeas corpus*".[477]

Por fim, aplicam-se ao *habeas corpus* as seguintes Súmulas da jurisprudência do Supremo Tribunal Federal: nºs 208, 210, 299, 319, 344, 395, 431, 606 e 690 até 695 e a Súmula nº 648 do STJ.

11.5.2 *Habeas data*

A Constituição da República consagra tal remédio constitucional por meio de seu artigo 5º, LXXII, no rol dos direitos e garantias fundamentais. Segundo o referido dispositivo, conceder-se-á *habeas data*: 1) para assegurar o conhecimento de informações relativas à pessoa do impetrante, constantes de registros ou bancos de dados de entidades governamentais ou de caráter público; e 2) para a retificação de dados, quando não se prefira fazê-lo por processo sigiloso, judicial ou administrativo.

Sendo uma ação constitucional, de caráter civil, conteúdo e rito sumário, Alexandre de Moraes afirma que

---

[475] NEVES, Daniel Amorim Assumpção. *Ações constitucionais*. Salvador: Juspodivm, 2020. p. 525.
[476] NEVES, Daniel Amorim Assumpção. *Ações constitucionais*. Salvador: Juspodivm, 2020. p. 525.
[477] BRASIL. Supremo Tribunal Federal. Segunda Turma. *Habeas Corpus nº 143641/SP*. Rel. min. Ricardo Lewandowski. Julg. em 20.2.2018. *Dje* 9.10.2018.

[...] tem por objeto a proteção do direito líquido e certo do impetrante em conhecer todas as informações e registros relativos à sua pessoa e constantes de repartições públicas ou particulares acessíveis ao público, para eventual retificação de seus dados pessoais.[478]

Sua finalidade, portanto, é fazer com que todos tenham acesso às informações que o poder público ou entidades de caráter público (como o cadastro de devedores)[479] detenham sobre sua pessoa e possam retificá-la, caso necessário. Ressalta-se que, nos termos do art. 5º, LXXVII, da CR/88, seu procedimento é gratuito.

A Lei nº 9.504/1997, que regula seu procedimento em âmbito infraconstitucional, trouxe mais uma hipótese de cabimento do *habeas data*, além das duas hipóteses constitucionais arroladas, qual seja: "a anotação nos assentamentos do interessado, de contestação ou explicação sobre dado verdadeiro, mas justificável e que esteja sob pendência judicial ou amigável" (art. 7º, III).

Tendo em vista que o direito é personalíssimo, as informações solicitadas devem ser pertinentes ao próprio impetrante. O direito tutelado pelo *habeas data* difere do direito à informação previsto no art. 5º, XXXIII, da CR/88, uma vez que este é mais amplo, podendo "referir-se a assuntos dos mais variados, como conteúdo de um parecer jurídico, de um laudo técnico, de uma informação constante do processo, de uma prova apresentada em concurso público, do depoimento de uma testemunha etc.".[480] É por essa razão que o Supremo Tribunal Federal já entendeu que o remédio constitucional "é inidôneo para franquear tanto informação a respeito de procedimento administrativo quanto certidão com o fito de afirmar a legalidade de atividade praticada pelo interessado".[481]

Por outro lado, a Suprema Corte consolidou o entendimento de que o *habeas data* "é a garantia constitucional adequada para a obtenção, pelo próprio contribuinte, dos dados concernentes ao pagamento de

---

[478] MORAES, Alexandre de. *Direito constitucional*. 12. ed. São Paulo: Atlas, 2002.p. 153.

[479] O Supremo Tribunal Federal já entendeu pela ilegitimidade do Banco do Brasil para atuar no polo passivo de *habeas data* por não atuar na condição de entidade governamental (BRASIL. Supremo Tribunal Federal. Recurso Extraordinário nº 165.304/MG. Rel. min. Octavio Gallotti. Julg. em 19.10.2000. *Dje* 15.12.2000).

[480] DI PIETRO, Maria Sylvia Zanella. *Direito administrativo*. Rio de Janeiro: Forense, 2023. p. 950.

[481] BRASIL. Supremo Tribunal Federal. Primeira Turma. Recurso Ordinário em *Habeas Data* nº 1/DF. Rel. min. Rosa Weber. Julg. em 25.4.2017. *Dje* de 17.5.2017.

tributos constantes de sistemas informatizados de apoio à arrecadação dos órgãos da administração fazendária dos entes estatais" (Tema 582).[482]

Por fim, menciona-se a jurisprudência do Superior Tribunal de Justiça, materializada em sua Súmula nº 2, segundo a qual não cabe o *habeas data* se não houve recusa de informações por parte da autoridade administrativa. Dessa maneira, é importante provocar primeiramente a autoridade administrativa para que se manifeste sobre a pretensão do interessado, de maneira a se adquirir interesse de agir para o ajuizamento da ação constitucional.

No mesmo sentido, o art. 8º da Lei nº 9.507/1997 determina que a petição inicial do *habeas data* deverá ser instruída com prova da recusa ao acesso às informações ou do decurso de mais de dez dias sem decisão. Ademais, entende-se que "o fornecimento pela Administração de informações incompletas ou insuficientes equivale à recusa e justifica a impetração de *habeas data*".[483]

11.5.3 Mandado de segurança

O mandado de segurança (MS) é ação constitucional destinada a proteger o direito líquido e certo dos cidadãos contra ilegalidade ou abuso de poder cometido, por ação ou omissão, por autoridade pública ou agente de pessoa jurídica no exercício de atribuições do poder público, conforme disposto no art. 5º, LXIX, da CR/88.

A regulação infraconstitucional do mandado de segurança está insculpida na Lei nº 12.016/2009, que prevê a possibilidade de impetração de mandado de segurança preventivo, diante de ameaça a direito líquido e certo, ou repressivo, em razão de ilegalidade já cometida.[484] Ademais, essa ação possui caráter residual, cabível quando não for o caso de *habeas corpus* – diante de lesão ou ameaça de lesão ao direito de ir e vir – ou *habeas data* – que tutela o direito à informação.

A Lei nº 12.016/2009 determina que não cabe mandado de segurança contra ato do qual possa ser interposto recurso administrativo

---

[482] BRASIL. Supremo Tribunal Federal. Tribunal Pleno. Recurso Extraordinário nº 673.707/MG. Rel. min. Luiz Fux. Julg. em 6.9.2017. *Dje* de 19.9.2012.
[483] OLIVEIRA, Rafael Carvalho Rezende. *Curso de direito administrativo*. Rio de Janeiro: Método, 2023. p. 945.
[484] MEIRELLES, Hely Lopes; WALD, Arnold; MENDES, Gilmar Ferreira. *Mandado de segurança e ações constitucionais*. São Paulo: Malheiros, 2013. p. 31.

com efeito suspensivo,[485] independentemente de caução; de decisão judicial da qual caiba recurso com efeito suspensivo e de decisão judicial transitada em julgado (art. 5º). Ademais, a Súmula nº 266 do Supremo Tribunal Federal estabelece que "não cabe mandado de segurança contra lei em tese", uma vez que a ação não pode ser utilizada "como mecanismo de controle abstrato da validade constitucional das leis e dos atos normativos em geral".[486]

Por direito líquido e certo entende-se aquele que pode ser comprovado de plano pelo impetrante da ação com a documentação disponível na inicial, "ou seja, aquela situação que permite ao autor da ação exibir desde logo os elementos de prova que conduzam à certeza e liquidez dos fatos que amparam o direito".[487] Caso o direito não possa ser comprovado na petição inicial, deverão ser propostas outras ações judiciais.

Exceção à referida regra se encontra prevista no art. 6º, §1º, da Lei nº 12.016/2009, segundo o qual, caso o documento necessário para provar as alegações se encontre em repartição pública ou em poder de autoridade que se recuse a fornecê-lo, o juiz ordenará, preliminarmente, a exibição do documento. Nesse caso, mesmo sem a documentação, poderá ser impetrado o *mandamus*.

Nos termos do art. 6º, §3º, da Lei nº 12.016/2009, considera-se autoridade coatora aquela que tenha praticado o ato impugnado ou da qual emane a ordem para a sua prática. Em muitos casos, há dificuldade na identificação da autoridade coatora, devendo a ação ser aviada em desfavor da autoridade competente para expedir o ato combatido.

O Superior Tribunal de Justiça, com o intuito de garantir a celeridade e efetividade processual, tem adotado a teoria da encampação para sanar a irregularidade do polo passivo do mandado de segurança. Nos termos da Súmula nº 628, *in verbis*:

> A teoria da encampação é aplicada no mandado de segurança quando presentes, cumulativamente, os seguintes requisitos: a) existência de vínculo hierárquico entre a autoridade que prestou informações e a que ordenou a prática do ato impugnado; b) manifestação a respeito

---

[485] Nos termos da Súmula 429 do STF: "A existência de recurso administrativo com efeito suspensivo não impede o uso do mandado de segurança contra omissão da autoridade".
[486] BRASIL. Supremo Tribunal Federal. Segunda Turma. *Agravo Regimental em Mandado de Segurança nº 344.432*. Tribunal Pleno. Rel. min. Luiz Fux. Julg. em 7.3.2017. *Dje* 23.3.2017.
[487] CARVALHO FILHO, José dos Santos. *Manual de direito administrativo*. Barueri: Atlas, 2023. p. 886.

do mérito nas informações prestadas; e c) ausência de modificação de competência estabelecida na Constituição Federal.[488]

A Lei nº 12.016/2009 equipara às autoridades coatoras: a) os representantes ou órgãos de partidos políticos; b) os administradores de entidades autárquicas; c) os dirigentes de pessoas jurídicas ou as pessoas naturais no exercício de atribuições do poder público, somente no que disser respeito a essas atribuições.

No tocante às empresas estatais e concessionárias de serviços públicos, não cabe mandado de segurança contra atos de gestão comercial praticados por seus administradores, uma vez que tais atos "se destinam à satisfação de interesses privados, submetendo-os a regime próprio das empresas privadas".[489] Por outro lado, é cabível mandado de segurança contra atos praticados no exercício da função pública.[490] Nesse sentido, a Súmula nº 333 do STJ dispõe que "cabe mandado de segurança contra ato praticado em licitação promovida por sociedade de economia mista ou empresa pública".

O prazo para a impetração do mandado de segurança é de 120 dias contados da ciência, pelo interessado, do ato impugnado (art. 23 da Lei nº 12.016/2009). Já a competência para processar e julgar o mandado de segurança é definida em função da qualificação da autoridade coatora.

Há, ainda, o mandado de segurança coletivo, que, nos termos do art. 5º, LXX, da CR/88 pode ser impetrado por partido político com representação no Congresso Nacional e por organização sindical, entidade de classe ou associação legalmente constituída e em funcionamento há pelo menos um ano, em defesa dos interesses de seus membros ou associados.

Sobre o tema, o Supremo Tribunal Federal já entendeu que "a impetração de mandado de segurança coletivo por entidade de classe em favor dos associados independe da autorização destes" (Súmula nº 629) e que "a entidade de classe tem legitimação para o mandado de segurança ainda quando a pretensão veiculada interesse apenas a uma parte da respectiva categoria" (Súmula nº 630).

---

[488] BRASIL. Superior Tribunal de Justiça. Súmula nº 628. Primeira Seção. Julg. em 12.12.2018, DJe 17.12.2018.

[489] BRASIL. Supremo Tribunal Federal. Tribunal Pleno. *Ação Direta de Inconstitucionalidade nº 4.296*. Julg. em 9.6.2021, DJe 11.10.2021.

[490] OLIVEIRA, Rafael Carvalho Rezende. *Curso de direito administrativo*. Rio de Janeiro: Método, 2023. p. 923.

O mandado de segurança coletivo tutela os direitos coletivos, assim entendidos os transindividuais, de natureza indivisível, de que seja titular grupo ou categoria de pessoas ligadas entre si ou com a parte contrária por uma relação jurídica básica, e os direitos individuais homogêneos, que são aqueles decorrentes de origem comum e da atividade ou situação específica da totalidade ou de parte dos associados ou membros do impetrante (art. 21, parágrafo único, da Lei nº 12.016/2009).

A sentença no mandado de segurança coletivo fará coisa julgada apenas aos membros do grupo ou categoria substituídos pelo impetrante, nos termos do art. 22 da Lei nº 12.016/2009.

Por fim, se aplicam ao mandado de segurança as seguintes súmulas da jurisprudência do Supremo Tribunal Federal, algumas delas inclusive já incorporadas ao texto da Lei nº 12.016/09: 101, 248, 266 a 272, 294, 299, 304, 319, 330, 392, 405, 429, 430, 433, 474, 506, 510, 512, 597, 622 a 627, 629, 630 a 632 e 701. A seu turno, no âmbito do Superior Tribunal de Justiça aplicam-se as seguintes súmulas sobre mandado de segurança: 41, 105, 169, 177, 202, 213, 333, 376, 460, 604 e 628.

11.5.4 Ação popular

Ação popular é a ação constitucional que objetiva resguardar a moralidade administrativa, o meio ambiente e o patrimônio histórico e cultural, nos termos do art. 5º, LXXIII, da Constituição da República. Observa-se que a atual Constituição alargou o campo de ação da ação popular, que, nas cartas anteriores, estava vinculada "apenas à proteção do patrimônio público".[491] Sobre a relevância da mencionada ação constitucional, Maria Sylvia Zanella Di Pietro assevera que:

> A ação popular foi a primeira que surgiu no direito brasileiro com características que a distinguem das demais ações judiciais; nestas, o autor pede a prestação jurisdicional para a defesa de um direito subjetivo próprio, sob pena de ser julgado carecedor da ação, por falta de interesse de agir. *Na ação popular, o autor pede a prestação jurisdicional para defender o interesse público, razão pela qual tem sido considerado como um direito de natureza política,* já que implica controle do cidadão sobre atos lesivos aos interesses que a Constituição quis proteger.
> Hoje existem outros remédios que refogem também às características tradicionais do processo judicial, pela possibilidade de interposição

---

[491] CARVALHO FILHO, José dos Santos. *Manual de direito administrativo*. Barueri: Atlas, 2023. p. 902.

na defesa de direitos ou interesses coletivos. Trata-se do mandado de segurança coletivo e da ação civil pública.[492]

Segundo o Texto Constitucional, qualquer cidadão é parte legítima para propor ação visando anular ato lesivo aos bens jurídicos expostos, ficando o autor isento de custas judiciais ou ônus de sucumbência, exceto quando comprovada má-fé.

O rito da ação popular é disciplinado pela Lei nº 4.717/1965, que prevê que a prova da cidadania, para ingresso em juízo, será feita com o título eleitoral, ou com documento que a ele corresponda (art. 1º, §3º), e que todos os envolvidos devem ser arrolados como sujeito passivo: pessoas públicas ou privadas, autoridades, funcionários públicos ou administradores que tenham contribuído para o ato impugnado e os beneficiários diretos dele.

No tocante ao sujeito passivo, José dos Santos Carvalho Filho salienta que a peculiaridade da ação popular "reside na possibilidade de a pessoa jurídica ré deixar de contestar ação e atuar ao lado do autor, quando tal posição atender ao interesse público (art. 6º, §3º, Lei nº 4.717/1965)".[493]

O Ministério Público possui função relevante na ação popular, uma vez que a Lei nº 4.717/1965 determina que o *parquet* acompanhará a ação, cabendo-lhe apressar a produção da prova e promover a responsabilidade, civil ou criminal, dos que nela incidirem, sendo-lhe vedado, em qualquer hipótese, assumir a defesa do ato impugnado ou dos seus autores (art. 6º, §4º). Além disso, o representante do Ministério Público deverá providenciar para que as requisições de documentos pelo juiz sejam atendidas dentro dos prazos fixados (art. 7, §1º) e promover a execução da sentença condenatória caso o autor ou terceiro não a promova em 60 dias (art. 16).

A ação popular (constitucional de rito civil) tem função desconstitutiva e condenatória na medida em que, nos termos do art. 11 da Lei nº 4.717/1965, a sentença poderá decretar a invalidade do ato e ao mesmo tempo condenar os beneficiários e responsáveis ao pagamento de perdas e danos. Ademais, a teor do seu artigo 18, sua sentença terá eficácia de coisa julgada oponível *erga omnes*, exceto no caso de haver

---

[492] DI PIETRO, Maria Sylvia Zanella. *Direito administrativo*. Rio de Janeiro: Forense, 2023. p. 977 (grifos nossos).

[493] CARVALHO FILHO, José dos Santos. *Manual de direito administrativo*. Barueri: Atlas, 2023. p. 903.

sido a ação julgada improcedente por deficiência de prova. Nesse caso, qualquer cidadão poderá intentar outra ação com idêntico fundamento, valendo-se de nova prova.

Prevalece o entendimento de que a demonstração de prejuízo material aos cofres públicos não é condição para cabimento da ação popular, tendo em vista que o ato impugnado pode ser lesivo ao patrimônio material, moral, cultural ou histórico, conforme estabelecido no Tema 836 do Supremo Tribunal Federal.

Além disso, aplicam-se à ação popular as Súmulas do STF nº 101, que dispõe que "o mandado de segurança não substitui a ação popular", e nº 365, segundo a qual "pessoa jurídica não tem legitimidade para propor ação popular".

Manifestando-se em termos jurisprudenciais sobre ação popular referente a importante decisão político-administrativa, qual seja, a demarcação de terras indígenas, o STF[494] considera que "decisão proferida em ação popular é desprovida de força vinculante, em sentido técnico. Nesses termos, os fundamentos adotados pela Corte não se estendem, de forma automática, a outros processos em que se discuta matéria similar".

11.5.5 Mandado de injunção

Trata-se de remédio constitucional previsto no art. 5º, LXXI, da CR/88, que dispõe: "conceder-se-á mandado de injunção sempre que a falta de norma regulamentadora torne inviável o exercício dos direitos e liberdades constitucionais e das prerrogativas inerentes à nacionalidade, à soberania e à cidadania". Referida ação objetiva sanar omissão legislativa de modo a possibilitar o pleno gozo dos direitos insculpidos na Constituição.

José Afonso da Silva[495] entende que o mandado de injunção é garantia nova instituída no art. 5º, LXXI, da CR/88, constituindo ação constitucional posta à disposição de quem se considere "titular de qualquer daqueles direitos, liberdades ou prerrogativas inviáveis por falta de norma regulamentadora exigida ou suposta pela Constituição".

---

[494] BRASIL. Supremo Tribunal Federal. *Petição nº 3.388 ED/RR*. Emb. Decl. na Petição. Rel. min. Roberto Barroso. Julg. em 23.10.2013. *DJe-023*, 4.2.2014.
[495] SILVA, José Afonso da. *Comentário contextual à Constituição*. São Paulo: Malheiros, 2014. p. 168.

O legitimado ativo do mandado de injunção é o titular do direito cujo exercício está impedido pela falta total ou parcial de norma regulamentadora e o legitimado passivo é o poder, órgão ou autoridade que possua atribuição para editar a norma.

A Lei nº 13.300/2016, que regulamenta o mandado de injunção, seguiu entendimento consolidado no Supremo Tribunal Federal[496] para possibilitar a impetração de mandado de injunção coletivo, quando os direitos, as liberdades e as prerrogativas forem pertencentes, indistintamente, a uma coletividade indeterminada de pessoas ou determinada por grupo, classe ou categoria. Nesses casos, a ação poderá ser impetrada pelo Ministério Público, por partido político com representação no Congresso Nacional, por organização sindical, entidade de classe ou associação legalmente constituída e em funcionamento há pelo menos um ano ou pela Defensoria Pública (art. 12).

A demora na regulação infraconstitucional do mandado de injunção deu margem a divergências de entendimento acerca da utilização da ação constitucional, sobretudo no tocante à definição de qual seria o alcance da decisão. Inicialmente, o Supremo Tribunal Federal adotou o posicionamento,[497] baseado no princípio da separação dos poderes, de que, verificada a omissão na regulamentação, caberia ao Poder Judiciário apenas declarar o órgão legislativo em mora, limitando-se a cientificá-lo da decisão.

No entanto, em 2007, a Suprema Corte alterou o entendimento e no julgamento dos Mandados de Injunção nºs 670,[498] 708[499] e 712,[500] além de cientificar a mora do Congresso Nacional, também definiu como a omissão seria suprida. No caso, constatada a ausência de norma regulamentadora do direito de greve dos servidores civis, nos termos do art. 37, VII, da CR/88, decidiu-se pela incidência da Lei Geral de Greve – Lei nº 7.783/1989 enquanto a omissão não for sanada.

---

[496] BRASIL. Supremo Tribunal Federal. Tribunal Pleno. *Mandado de Injunção nº 361/RJ*. Redator do acórdão min. Sepúlveda Pertence. Julg. em 8.4.1994. DJ 17.6.1994.

[497] BRASIL. Supremo Tribunal Federal. Tribunal Pleno. *Questão de Ordem no Mandado de Injunção nº 107/DF*. Rel. min. Moreira Alves. Julg. em 23.11.1989. DJ 21.9.1990.

[498] BRASIL. Supremo Tribunal Federal. Tribunal Pleno. *Mandado de Injunção nº 670/ES*. Redator do acórdão min. Gilmar Mendes. Julg. em 25.10.2007. DJ 31.10.2008.

[499] BRASIL. Supremo Tribunal Federal. Tribunal Pleno. *Mandado de Injunção nº 708/DF*. Rel. min. Gilmar Mendes. Julg. em 25.10.2007. DJ 31.10.2008.

[500] BRASIL. Supremo Tribunal Federal. Tribunal Pleno. *Mandado de Injunção nº 712/PA*. Rel. min. Eros Grau. Julg. em 25.10.2007. DJ 31.10.2008.

Segundo Hely Lopes Meirelles *et al.*, referida alteração de posicionamento jurisprudencial resgatou o mandado de injunção do ostracismo "para transformá-lo definitivamente em instrumento de plena efetividade e eficácia na defesa de direitos fundamentais prejudicados pela inércia do legislador".[501]

Atualmente, a Lei nº 13.300/2016 dispõe que, constatada a mora legislativa, a decisão deverá determinar prazo razoável para que o impetrado promova a edição da norma regulamentadora e estabelecer como os direitos serão exercidos ou, se for o caso, as condições em que poderá o interessado promover ação própria visando a exercê-los, caso não seja suprida a mora legislativa no prazo determinado (art. 8º).

Em regra, a decisão do mandado de injunção possui efeitos limitados às partes, mas poderá ser conferida "eficácia *ultra partes* ou *erga omnes* à decisão, quando isso for inerente ou indispensável ao exercício do direito, da liberdade ou da prerrogativa objeto da impetração" (art. 9º, §1º). Ademais, após o trânsito em julgado da decisão, "seus efeitos poderão ser estendidos aos casos análogos por decisão monocrática do relator" (art. 9º, §2º).

Ao rito do mandado de injunção aplicam-se subsidiariamente as normas processuais relativas ao mandado de segurança e o Código de Processo Civil (art. 14).

Por fim, será competente o Supremo Tribunal Federal para julgar o mandado de injunção quando a elaboração da norma regulamentadora for atribuição do Presidente da República, do Congresso Nacional, da Câmara dos Deputados, do Senado Federal, das mesas de uma dessas casas legislativas, do Tribunal de Contas da União, de um dos tribunais superiores ou do próprio Supremo Tribunal Federal (art. 102, I, "q", da CR/88).

Por sua vez, será competente o Superior Tribunal de Justiça quando a elaboração da norma regulamentadora for atribuição de órgão, entidade ou autoridade federal, da administração direta ou indireta, excetuados os casos de competência do Supremo Tribunal Federal e dos órgãos da Justiça Militar, da Justiça Eleitoral, da Justiça do Trabalho e da Justiça Federal (art. 105, I, "h", da CR/88).

---

[501] MEIRELLES, Hely Lopes; WALD, Arnold; MENDES, Gilmar Ferreira. *Mandado de segurança e ações constitucionais*. São Paulo: Malheiros, 2013. p. 330.

11.5.6 Ação civil pública

A ação civil pública foi consagrada pela Constituição da República de 1988, que estabeleceu entre as competências do Ministério Público "promover o inquérito civil e a ação civil pública, para a proteção do patrimônio público e social, do meio ambiente e de outros interesses difusos e coletivos" (art. 129, III).

A ação já estava disciplinada pela Lei nº 7.347/1985, que sofreu alterações posteriores para prever o cabimento da ação civil pública de responsabilidade por danos morais e patrimoniais causados ao meio ambiente, ao consumidor, a bens e direitos de valor artístico, estético, histórico, turístico e paisagístico, a qualquer outro interesse difuso e coletivo, por infração da ordem econômica, à ordem urbanística, à honra e à dignidade de grupos raciais, éticos ou religiosos, ao patrimônio público e social.

Odete Medauar[502] conceitua essa ação com "instrumento processual destinado a evitar ou reprimir danos aos interesses difusos ou transindividuais da sociedade, dentre os quais: meio ambiente, patrimônio cultural, patrimônio público e social", entre outros.

O ministro Alexandre Moraes explica o fortalecimento das ações destinadas a salvaguardar interesses coletivos e difusos nos seguintes termos, *in verbis*:

> O processo de amadurecimento desse sistema protetivo aos interesses difusos e coletivos, que nasceu embrionariamente com a edição da Lei 4.717/1965, para disciplinar a ação popular, inicialmente com exclusiva tutela do patrimônio público, e, posteriormente, com a Lei da Ação Civil Pública – Lei 7.347/1985, *inaugurou um sistema processual coletivo direcionado à pacificação social no tocante a litígios meta individuais, atingiu status constitucional em 1988, quando esse importante fortalecimento dos interesses difusos e coletivos decorreu de uma natural necessidade de efetiva proteção a uma nova gama de direitos resultante do reconhecimento dos denominados direitos humanos de terceira geração ou dimensão, também conhecidos como direitos de solidariedade ou fraternidade, que englobam o direito a um meio ambiente equilibrado, a uma saudável qualidade de vida, ao progresso, à paz, à autodeterminação dos povos, à proteção integral das crianças, adolescentes e idosos, à defesa do consumidor, entre outros interesses de grupos menos determinados – ou até indeterminados – de pessoas*, pois entre elas não há

---

[502] MEDAUAR, Odete. *Direito administrativo moderno*. 13. ed. rev. e atual. São Paulo: Revista dos Tribunais, 2009. p. 420.

vínculo jurídico ou fático muito preciso (JOSÉ MARCELO VIGLIAR. *Ação civil pública*. São Paulo: Atlas, 1997. p. 42 e ss.) [...].[503]

Os conceitos de direitos difusos e coletivos podem ser extraídos do Código de Defesa do Consumidor – Lei nº 8.078/1990, que assim os definiu: a) interesses ou direitos difusos são "os transindividuais, de natureza indivisível, de que sejam titulares pessoas indeterminadas e ligadas por circunstâncias de fato"; b) interesses ou direitos coletivos são "os transindividuais, de natureza indivisível de que seja titular grupo, categoria ou classe de pessoas ligadas entre si ou com a parte contrária por uma relação jurídica base" e c) interesses ou direitos individuais homogêneos "são aqueles decorrentes de origem comum" (art. 81, parágrafo único).

São legitimados para propor ação civil pública: a) o Ministério Público; b) a Defensoria Pública; c) as entidades da administração direta e indireta de todos os entes federados; e d) associação constituída há pelo menos um ano que possua entre suas finalidades institucionais a proteção dos bens jurídicos tutelados pela Lei nº 7.347/1985. Ressalta-se que o Ministério Público deverá sempre atuar nas ações civis públicas, seja como parte ou como fiscal da lei.

José dos Santos Carvalho Filho alerta para o fato de que, ao contrário do que ocorre com as ações estudadas, a ação civil pública "não se trata de meio específico e exclusivo de controle da Administração, já que pode ser intentada contra qualquer pessoa pública ou privada".[504] Contudo, diante dos bens jurídicos tutelados, a ação também pode ser utilizada para controlar a atividade estatal.

A ação civil pública poderá ser intentada para condenação em dinheiro ou para estabelecer obrigação de fazer ou não fazer e, nesse último caso, o juiz poderá impor a execução específica ou cominação de multa diária em face de descumprimento.

No tocante ao alcance das decisões, a Lei nº 9.494/1997 alterou o art. 16 da Lei nº 7.347/1985 para limitar os efeitos *erga omnes* da ação civil à competência territorial do órgão prolator. Contudo, no julgamento do Recurso Extraordinário nº 1.101.937, o Supremo Tribunal Federal considerou que referida alteração acarretou "grave prejuízo

---

[503] BRASIL. Supremo Tribunal Federal. Tribunal Pleno. *Recurso Extraordinário nº 1.101.937/SP*. Rel. min. Alexandre de Moraes. Julg. em 8.4.2021. *DJ* 14.6.2021 (grifos nossos).

[504] CARVALHO FILHO, José dos Santos. *Manual de direito administrativo*. Barueri: Atlas, 2023. p. 915.

ao necessário tratamento isonômico de todos perante a Justiça, bem como à total incidência do Princípio da Eficiência na prestação da atividade jurisdicional", na medida em que a diferenciação territorial pode acarretar tratamento desigual a pessoas titulares dos mesmos direitos, fixando a seguinte tese:

> Tema 1075 – I - É inconstitucional a redação do art. 16 da Lei 7.347/1985, alterada pela Lei 9.494/1997, sendo repristinada sua redação original; II - Em se tratando de ação civil pública de efeitos nacionais ou regionais, a competência deve observar o art. 93, II, da Lei 8.078/1990 (Código de Defesa do Consumidor); III - Ajuizadas múltiplas ações civis públicas de âmbito nacional ou regional e fixada a competência nos termos do item II, firma-se a prevenção do juízo que primeiro conheceu de uma delas, para o julgamento de todas as demandas conexas.[505]

Dessa forma, a coisa julgada nas ações civis públicas possui efeitos *erga omnes,* exceto se o pedido for julgado improcedente por insuficiência de provas, situação na qual qualquer legitimado poderá intentar outra ação com idêntico fundamento, valendo-se de nova prova.

Ao rito da ação civil pública incidem, subsidiariamente, as normas do Código de Processo Civil e, no tocante à defesa dos direitos e interesses difusos, coletivos e individuais, aplicam-se, no que couber, os dispositivos do Título III do Código de Defesa do Consumidor. Ademais, a ação civil pública também é tratada de forma pontual em legislações esparsas.

Também se aplicam à ação civil pública a Súmula nº 643 do Supremo Tribunal Federal, segundo a qual "o Ministério Público tem legitimidade para promover ação civil pública cujo fundamento seja a ilegalidade de reajuste de mensalidades escolares",[506] e as Súmulas nºs 329, 489 e 601 do Superior Tribunal de Justiça.

A jurisprudência do Superior Tribunal de Justiça informa sobre o controle dos atos da Administração mediante ação civil pública, porquanto focaliza matérias relevantes, como o controle finalístico das fundações, a tutela de interesses transindividuais e a legitimidade do Ministério Público para a proposição da referida ação.[507]

---

[505] BRASIL. Supremo Tribunal Federal. Tribunal Pleno. *Recurso Extraordinário nº 1.101.937/SP.* Rel. min. Alexandre de Moraes. Julg. em 8.4.2021. *DJ* 14.6.2021.

[506] BRASIL. Supremo Tribunal Federal. Súmula nº 643. *DJe* 13.4.2011.

[507] Relevante mencionar que o STJ manteve decisão de primeiro grau em ação civil pública que determinou que os entes estadual e municipal forneçam medicamento não integrante

11.5.7 Ação Direta de Inconstitucionalidade (ADI) e Ação Declaratória de Constitucionalidade (ADC)

Segundo o art. 102, I, "a", da Constituição da República, compete ao Supremo Tribunal Federal processar e julgar, originariamente, a ação direta de inconstitucionalidade (ADI) de lei ou ato normativo federal ou estadual, bem como a ação declaratória de constitucionalidade (ADC) de lei ou ato normativo federal. Trata-se de instrumentos do controle concentrado de constitucionalidade.

Em âmbito estadual, a Constituição da República estabeleceu que compete ao Tribunal de Justiça estadual analisar inconstitucionalidade de leis ou atos normativos estaduais ou municipais em face da Constituição Estadual (art. 125, §2º).

Podem propor ADI e ADC os legitimados previstos no art. 103 da CR/88, a saber: o Presidente da República, a Mesa do Senado Federal, a Mesa da Câmara dos Deputados, a Mesa de Assembleia Legislativa ou da Câmara Legislativa do Distrito Federal, o governador de Estado ou do Distrito Federal, o procurador-geral da república, o Conselho Federal da Ordem dos Advogados do Brasil, partido político com representação no Congresso Nacional, confederação sindical ou entidade de classe de âmbito nacional.

Em âmbito infraconstitucional, é a Lei nº 9.868/1999 que dispõe sobre o processo e julgamento da ação direta de inconstitucionalidade e da ação declaratória de constitucionalidade perante o Supremo Tribunal Federal.

Segundo Alexandre de Moraes,[508] a finalidade da ação direta de inconstitucionalidade é retirar do ordenamento jurídico lei ou ato normativo incompatível com a ordem constitucional. Em virtude de sua natureza e finalidade especial, a ADI é insuscetível de desistência (art. 5º da Lei nº 9.868/1999).

Vale lembrar que a ADI pode ser por ação ou por omissão. Segundo Celso Antônio Bandeira de Mello,[509] "será por ação quando

---

da tabela de medicamentos listados pelo SUS para menor portador de transtorno de déficit de atenção e hiperatividade (BRASIL. Superior Tribunal de Justiça. Segunda Turma. AgInt no REsp nº 1.959.037/MG. Rel. min. Francisco Falcão. Julg. em 22.4.2022. *Dje* 28.4.2022).

[508] MORAES, Alexandre de. *Direito constitucional*. 12. ed. São Paulo: Atlas, 2002. p. 618.

[509] MELLO, Celso Antônio Bandeira de. *Curso de direito administrativo*. São Paulo: Malheiros, 2019. p. 1015.

interposta para que seja apreciada em tese a inconstitucionalidade de lei ou ato normativo, objetivando sua fulminação".

Por sua vez, a ação direta de constitucionalidade por omissão diz respeito à "falta de lei ou ato normativo e a necessidade dessa atuação normativa para viabilizar direitos previstos na Constituição".[510] Nos termos do §2º do art. 103, declarada a inconstitucionalidade por omissão de medida para tornar efetiva norma constitucional, será dada ciência ao poder competente para a adoção das providências necessárias e, em se tratando de órgão administrativo, para fazê-lo em trinta dias.

Sobre a distinção entre o mandado de injunção, já estudado no tópico 11.5.5, e a ação direta de inconstitucionalidade por omissão, Gilmar Ferreira Mendes e Paulo Gustavo Gonet Branco asseveram:

> *As decisões proferidas nesses processos declaram a mora do órgão legiferante em cumprir dever constitucional de legislar, compelindo-o a editar a providência requerida*. Dessarte, a diferença fundamental entre o mandado de injunção e a ação direta de controle da omissão residiria no fato de que, enquanto o primeiro destina-se à proteção de direitos subjetivos e pressupõe, por isso, a configuração de um interesse jurídico concreto, *o processo de controle abstrato da omissão, enquanto processo objetivo, pode ser instaurado independentemente da existência de um interesse jurídico específico*.[511]

Noutro giro, a finalidade da ADC é trazer segurança jurídica e certeza sobre a validade de lei ou ato normativo federal, em consonância com o princípio da força normativa da Constituição. Também em virtude de sua natureza e finalidade, a ADC não admitirá desistência (art. 16 da Lei nº 9.868/1999).

Em relação ao procedimento da ADI, conforme o art. 6º da Lei nº 9.868/1999, ajuizada a ação, o relator pedirá informações à autoridade que houver editado o ato. Em seguida, decorrido o prazo das informações, serão ouvidos, sucessivamente, o advogado-geral da União e o procurador-geral da república, que deverão manifestar-se, cada qual, no prazo de quinze dias, consoante o art. 8º da referida lei. De fato, consoante o art. 103, §1º, da CR/88, o procurador-geral da república será ouvido em todos os processos de competência do STF.

---

[510] FERNANDES, Bernardo Gonçalves. *Curso de direito constitucional*. Salvador: Juspodivm, 2018. p. 1636.

[511] MENDES, Gilmar Ferreira de; BRANCO, Paulo Gustavo Gonet. *Curso de direito constitucional*. São Paulo: Saraiva, 2019. p. 1496-1497. Grifos nossos

Já em relação à ADC, é desnecessária a oitiva do advogado-geral da União, mas é imprescindível a do procurador-geral da república.

Consoante os arts. 10 a 12 e 21 da Lei nº 9.868/1999, é possível a concessão de medidas cautelares, tanto pelo procedimento previsto para a ADI quanto pelo procedimento previsto para a ADC.

Por outro lado, a teor dos arts. 22 e 23 da Lei nº 9.868/1999, a decisão sobre a constitucionalidade ou a inconstitucionalidade da lei ou do ato normativo somente será tomada se presentes na sessão pelo menos oito ministros do Supremo Tribunal Federal e dependerá da manifestação de seis ministros no mesmo sentido. Aduz o art. 26 da Lei nº 9.868/1999 que a decisão que declara a constitucionalidade ou a inconstitucionalidade da lei ou do ato normativo em ação direta ou em ação declaratória é irrecorrível, ressalvada a interposição de embargos declaratórios, não podendo, igualmente, ser objeto de ação rescisória.

Nos termos do art. 102, §2º, da CR/88, c/c o art. 28, parágrafo único, da Lei nº 9.868/1999, a declaração de constitucionalidade ou de inconstitucionalidade, inclusive a interpretação conforme a Constituição e a declaração parcial de inconstitucionalidade sem redução de texto, tem eficácia contra todos e efeito vinculante em relação aos órgãos do Poder Judiciário e à administração pública federal, estadual e municipal.

Em regra, a decisão na ADI tem efeitos retroativos, sendo a norma declarada inválida desde o início de sua vigência (*ex-tunc*). No entanto, a legislação prevê a possibilidade de modulação de efeitos para que o STF, por meio de decisão de dois terços dos seus membros, restrinja os efeitos ou decida o momento a partir do qual a decisão terá eficácia (*ex-nunc*), diante de razões de segurança jurídica ou de excepcional interesse social (art. 27 da Lei nº 9.868/1999).

Referido dispositivo foi declarado constitucional pelo STF no julgamento das ADIs nº 2.154[512] e nº 2.258.[513] Na oportunidade, a Ministra Cármen Lúcia, relatora do acórdão, expôs seu entendimento, *in verbis*:

> Ao modular os efeitos, este Supremo Tribunal aplica diretamente a Constituição da República, no sentido de limitar a eficácia temporal da declaração de inconstitucionalidade de determinada norma com o

---

[512] BRASIL. Supremo Tribunal Federal. Tribunal Pleno. *Ação Direta de Inconstitucionalidade nº 2.154/DF*. Rel. min. Cármen Lúcia. Julg. em 3.4.2023. *DJ* 4.4.2023.

[513] BRASIL. Supremo Tribunal Federal. Tribunal Pleno. *Ação Direta de Inconstitucionalidade nº 2.258/DF*. Tribunal Pleno. Rel. min. Cármen Lúcia. Julg. em 3.4.2023. *DJ* 4.4.2023.

fito de proteger a segurança jurídica, direitos fundamentais ou outros valores constitucionais que o Tribunal entenda devam ser preservados.

Por fim, o Supremo Tribunal Federal já entendeu que não se admite "o controle abstrato de constitucionalidade de ato normativo secundário por ser necessário o exame da lei na qual aquele se fundamenta"[514] e que o Tribunal de Justiça apenas faz controle abstrato de constitucionalidade de leis e atos normativos estaduais e municipais em face da Constituição da República "quando o parâmetro de controle invocado seja norma de reprodução obrigatória ou exista, no âmbito da Constituição estadual, regra de caráter remissivo à Carta federal".[515]

11.5.8 Arguição de Descumprimento de Preceito Fundamental (ADPF)

Nos termos do art. 102, §1º, da Constituição da República de 1988, "a arguição de descumprimento de preceito fundamental, decorrente desta Constituição, será apreciada pelo Supremo Tribunal Federal, na forma da lei".

A Lei nº 9.882/1999, que regulamenta a arguição de descumprimento de preceito fundamental (ADPF), estipula, em seu art. 1º, que a ação é cabível para evitar ou reparar lesão a preceito fundamental resultante de ato do poder público, bem como quando for relevante o fundamento da controvérsia constitucional sobre lei ou ato normativo federal, estadual ou municipal, incluídos os anteriores à Constituição.

Tendo em vista que nem a Constituição nem a legislação definem o que são "preceitos fundamentais", entende-se que compete à doutrina e à jurisprudência definir esse conceito. Assim, "a disciplina lacônica dada pela lei transferiu para o Supremo Tribunal Federal um amplo espaço de conformação do instituto por via de construção jurisprudencial".[516]

---

[514] BRASIL. Supremo Tribunal Federal. Tribunal Pleno. *Agravo Regimental na Ação Direta de Inconstitucionalidade nº 6.117/DF*. Rel. Cármen Lúcia. Julg. em 13.10.2020. *DJ* 27.10.2020.

[515] BRASIL. Supremo Tribunal Federal. Tribunal Pleno. *Ação Direta de Inconstitucionalidade nº 5.647/AP*. Rel. min. Rosa Weber. Julg. em 4.11.2021. *DJ* 17.11.2021.

[516] BARROSO, Luís Roberto. *O controle de constitucionalidade no direito brasileiro:* exposição sistemática da doutrina e análise crítica da jurisprudência. São Paulo: Saraiva, 2016.

José Afonso da Silva[517] define preceitos fundamentais como "aqueles que conformam a essência de um conjunto normativo constitucional. São aqueles que conferem identidade à constituição". Para Bernardo Gonçalves Fernandes,

> [...] os preceitos fundamentais são entendidos como aquelas normas materialmente constitucionais que fazem parte da Constituição formal. Ou seja, devem ser compreendidos como o núcleo ideológico constitutivo do Estado e da sociedade presente na Constituição formal. Em síntese, definimos eles [sic] como sendo as matérias típicas fundantes do Estado e da sociedade alocadas na Constituição.
> É claro que dentre os preceitos fundamentais, não se inclui apenas dispositivos expressos no texto constitucional, mas também as prescrições que estão alocadas de forma implícita na Constituição, desde que consideradas preceitos fundamentais.
> E quais atualmente, seriam essas normas que estão presentes na Constituição formal? Também, aqui, não há (em dicção legal) quais seriam efetivamente essas matérias. Porém, o próprio STF vem construindo, cotidianamente, um rol aberto sempre em um permanente fazer dos preceitos. *Esse rol (meramente exemplificativo e aberto), atualmente, pode elencar os seguintes artigos: 1º a 4º; 5º; 6º; 14; 18; 34, VII; 60, §4º, 170, 196, 205, 220, 222 e 225, 226 e 227da CR/88.*[518]

No julgamento da ADPF nº 33,[519] o Supremo Tribunal Federal tratou da dificuldade de se definir, *a priori*, quais são os preceitos fundamentais da Constituição. Não há dúvidas de que os direitos e garantias individuais e os princípios protegidos pela cláusula pétrea do art. 60, §4º (forma federativa de Estado, a separação dos poderes e o voto direto, secreto, universal e periódico), estão contemplados nessa categoria. No entanto, apenas a hermenêutica poderá identificar "as disposições essenciais para preservação dos princípios basilares dos preceitos fundamentais em um determinado sistema". A Suprema Corte ressaltou que a lesão a esses preceitos não se configurará apenas quando se verificar possível afronta a um princípio fundamental, "mas também a regras que confiram densidade normativa ou significado específico a esse princípio".

---

[517] SILVA, José Afonso da. *Comentário contextual à constituição*. 3. ed. São Paulo: Malheiros, 2007. p. 554.

[518] FERNANDES, Bernardo Gonçalves. *Curso de direito constitucional*. Salvador: Juspodivm, 2018. p. 1.653 (grifos nossos).

[519] BRASIL. Supremo Tribunal Federal. Tribunal Pleno. *Arguição de Descumprimento de Preceito Fundamental nº 33/PA*. Rel. min. Gilmar Mendes. Julg. em 7.12.2005. DJ 27.10.2006.

A ADPF vai além da ADI porque permite que seja submetido ao STF o controle judicial de uma lei de efeitos concretos que descumpre preceitos fundamentais. Ressalta-se que a Lei nº 9.868/1999, em seu art. 4º, §1º, estabelece que não será admitida arguição de descumprimento de preceito fundamental quando houver qualquer outro meio eficaz de sanar a lesividade.[520]

Os legitimados ativos para a ADPF, a teor do art. 2º, serão os mesmos previstos para a propositura da ADI no rol do art. 103 da CR/88. Nos termos do art. 103, §1º, da CR/88, o procurador-geral da república será ouvido em todos os processos de competência do STF, o que se aplica também à ADPF.

Outro ponto importante, constante dos arts. 5º e 6º da Lei nº 9.882/1999, é a possibilidade de deferimento de liminar em ADPF. Já no art. 8º da referida lei, consagra-se que a decisão sobre a arguição de descumprimento de preceito fundamental somente será tomada se presentes na sessão pelo menos dois terços dos ministros.

Além disso, consoante o art. 10, §3º, da Lei nº 9.882/1999, a decisão na ADPF terá eficácia contra todos e efeito vinculante relativamente aos demais órgãos do poder público.

Preceitua o art. 12 da Lei nº 9.882/1999 que a decisão que julgar procedente ou improcedente o pedido em arguição de descumprimento de preceito fundamental é irrecorrível, não podendo ser objeto de ação rescisória.

O Supremo Tribunal Federal tem atuado em temas com enorme repercussão social por meio das ações de descumprimento de preceito fundamental, a exemplo da descriminalização da interrupção de gravidez nos casos de anencefalia;[521] da constitucionalidade da política de cotas[522] e da declaração da incompatibilidade com a Constituição Federal da

---

[520] Nesse sentido, o STF não conheceu arguição de descumprimento de preceito fundamental cuja matéria impugnada poderia ser objeto de ação direta de inconstitucionalidade, ao fundamento de que "a jurisprudência do Supremo Tribunal Federal se consolidou no sentido de que o cabimento da ADPF pressupõe a ausência de outro meio eficaz para sanar a ofensa apontada pelo legitimado em sua petição inicial, dada a natureza subsidiária dessa ação" (BRASIL. Supremo Tribunal Federal. Tribunal Pleno. *Arguição de Descumprimento de Preceito Fundamental nº 500/GO*. Rel. min. Roberto Barroso. Julg. em 27.4.2022. *DJ* 3.5.2022).

[521] BRASIL. Supremo Tribunal Federal. *Arguição de Descumprimento de Preceito Fundamental nº 54 QO/DF*. Questão de Ordem na Arguição de Descumprimento de Preceito Fundamental. Rel. min. Marco Aurélio. Julg. em 27.4.2005. *DJ* 31.8.2007.

[522] BRASIL. Supremo Tribunal Federal. Tribunal Pleno. *Arguição de Descumprimento de Preceito Fundamental nº 444/DF*. Rel. min. Ricardo Lewandowski. Julg. em 26.4.2012. *DJ* 3.5.2012.

condução coercitiva de investigados ou de réus para interrogatório.[523] No âmbito específico da administração pública, por meio da ADPF nº 708, o STF determinou que a União faça funcionar o Fundo Clima, em razão do dever constitucional de tutela do meio ambiente.[524]

11.5.9 Ação de improbidade administrativa

Segundo José Afonso da Silva,[525] "a probidade administrativa é uma forma de moralidade administrativa que mereceu consideração especial pela Constituição, que pune o ímprobo com a suspensão de direitos políticos (art. 37, §4º, da CR/88)", prevendo ainda a perda da função pública, indisponibilidade de bens e ressarcimento ao erário.

No plano infraconstitucional, a matéria foi tratada pela Lei de Improbidade Administrativa (Lei nº 8.429/1992, também conhecida como LIA), que dispõe sobre os sujeitos, tipifica os atos de improbidade, as sanções, trata dos aspectos procedimentais e demais previsões sobre a matéria. Ressalta-se que a mencionada legislação sofreu profundas alterações pela Lei nº 14.320/2021, que manteve a estrutura formal da norma, mas alterou expressivamente o seu conteúdo.[526]

Segundo o art. 1º, §§5º, 6º e 7º da Lei nº 8.429/1992, os sujeitos que podem ser diretamente lesados pelos atos de improbidade são a administração direta e indireta dos três poderes de todos os entes federados, entidade privada que receba subvenção, benefício ou incentivo, fiscal ou creditício, de entes públicos ou governamentais e entidade privada para cuja criação ou custeio o erário haja concorrido ou concorra no seu patrimônio ou receita atual.

Já o sujeito ativo, segundo o art. 2º da mesma lei, pode ser o agente público, o agente político, o servidor público e todo aquele que exerça, ainda que transitoriamente ou sem remuneração, por eleição, nomeação, designação, contratação ou qualquer outra forma de investidura ou vínculo, mandato, cargo, emprego ou função nas entidades mencionadas e aqueles que induzirem ou concorrerem dolosamente

---

[523] BRASIL. Supremo Tribunal Federal. Tribunal Pleno. *Arguição de Descumprimento de Preceito Fundamental nº 186/DF*. Rel. min. Gilmar Mendes. Julg. em 14.6.2018. *DJ* 22.5.2019.

[524] BRASIL. Supremo Tribunal Federal. Tribunal Pleno. *Arguição de Descumprimento de Preceito Fundamental nº 708/DF*. Rel. min. Roberto Barroso. Julg. em 4.7.2022. *DJ* 28.9.2022.

[525] SILVA, José Afonso da. *Comentário contextual à Constituição*. São Paulo: Malheiros, 2014. p. 353.

[526] OLIVEIRA, Rafael Carvalho Rezende. *Curso de direito administrativo*. Rio de Janeiro: Método, 2023. p. 958.

para a prática do ato de improbidade. A legislação especifica que, no tocante a recursos de origem pública, também praticam atos de improbidade aqueles que celebrem convênio, contrato de repasse, contrato de gestão, termo de parceria, termo de cooperação ou ajuste administrativo equivalente com a administração pública (art. 2º, parágrafo único).

Leciona Maria Sylvia Zanella Di Pietro que o conceito de agente público previsto na Lei nº 8.429/1992 abrange não apenas os servidores com vínculo funcional, mas qualquer pessoa que preste serviço ao Estado, incluindo:

> a) Os agentes políticos (parlamentares de todos os níveis, Chefes do Poder Executivo federal, estadual e municipal, Ministros e Secretários dos Estados e dos Municípios);
> b) Os servidores públicos (pessoas com vínculo empregatício estatutário ou contratual, com o Estado);
> c) Os militares (que também têm vínculo estatutário, embora referidos na Constituição fora da seção referente aos servidores públicos); e
> d) Os particulares em colaboração com o Poder Público (que atuam sem vínculo de emprego, mediante delegação, requisição ou espontaneamente).[527]

Ressalta-se que o entendimento no sentido de estarem excluídos da responsabilização, nos termos da Lei nº 8.429/1992, aqueles agentes submetidos à Lei nº 1.079/1950, que trata de crimes de responsabilidade, restou superado pelo STF que os agentes políticos, excepcionado o presidente república,[528] estão sujeitos a um duplo regime sancionatório, uma vez que "se submetem tanto à responsabilização civil pelos atos de improbidade administrativa quanto à responsabilização político-administrativa por crimes de responsabilidade".[529]

Menciona-se, pela sua relevância, o posicionamento consolidado no âmbito da Suprema Corte brasileira de que a ação de improbidade

---

[527] DI PIETRO, Maria Sylvia Zanella. *Direito administrativo*. Rio de Janeiro: Forense, 2023. p. 1009.

[528] O Superior Tribunal de Justiça também já sedimentou o entendimento de que o "julgamento de eventuais condutas ímprobas imputadas ao Presidente da República (art. 85, V, da Carta Magna de 1988) está submetido ao regime especial de julgamento pelo Senado Federal (art. 86 da Carta Magna)". (BRASIL. Superior Tribunal de Justiça. Primeira Turma. Recurso Especial nº 1.315.217/DF. Rel. min. Napoleão Nunes Maia Filho. Julg. em 21.11.2017. *DJe* 30.11.2017).

[529] BRASIL. Supremo Tribunal Federal. Tribunal Pleno. Agravo Regimental na Petição nº 3.240/DF. Rel. min. Roberto Barroso. Julg. em 10.5.2018. *DJe* 21.8.2018. No mesmo sentido, o Tema 576 do STF.

tramita sem a incidência do foro por prerrogativa de função correspondente às ações de natureza penal. Nesse sentido, decidiu o excelso pretório:

> *O foro especial por prerrogativa de função previsto na Constituição Federal em relação às infrações penais comuns não é extensível às ações de improbidade administrativa, de natureza civil. Em primeiro lugar, o foro privilegiado é destinado a abarcar apenas as infrações penais.* A suposta gravidade das sanções previstas no art. 37, §4º, da Constituição, não reveste a ação de improbidade administrativa de natureza penal. *Em segundo lugar, o foro privilegiado submete-se a regime de direito estrito, já que representa exceção aos princípios estruturantes da igualdade e da república.* Não comporta, portanto, ampliação a hipóteses não expressamente previstas no texto constitucional. E isso especialmente porque, na hipótese, não há lacuna constitucional, mas legítima opção do poder constituinte originário em não instituir foro privilegiado para o processo e julgamento de agentes políticos pela prática de atos de improbidade na esfera civil. Por fim, a fixação de competência para julgar a ação de improbidade no 1º grau de jurisdição, além de constituir fórmula mais republicana, é atenta às capacidades institucionais dos diferentes graus de jurisdição para a realização da instrução processual, de modo a promover maior eficiência no combate à corrupção e na proteção à moralidade administrativa.[530]

No tocante aos particulares, é necessário que a sua atuação se dê em conjunto com o agente público. Nesse sentido, o Superior Tribunal de Justiça firmou entendimento de que "os particulares não podem ser responsabilizados com base na LIA sem que figure no polo passivo um agente público responsável pelo ato questionado".[531]

Observa-se que a LIA excluiu a sua incidência à pessoa jurídica na hipótese em que o ato seja também sancionado como ato lesivo à administração pública pela Lei Anticorrupção – Lei nº 12.846/2013 (art. 3º, §2º).

Segundo os arts. 9º a 11 da Lei nº 8.429/1992, os atos de improbidade são divididos em três categorias: aqueles que impliquem enriquecimento ilícito, aqueles que causem prejuízo ao erário e aqueles que atentem contra os princípios da administração pública. Nos dois primeiros casos, a legislação previu rol exemplificativo de condutas. Já

---

[530] BRASIL. Supremo Tribunal Federal. *Agravo Regimental na Petição nº 3.240*. Rel. min. Teori Zavascki. Julg. em 10.5.2018. *DJ* 22.8.2018 (grifos nossos).

[531] BRASIL. Superior Tribunal de Justiça. Segunda Turma. *Recurso Especial nº 1.980.604/PE*. Rel. min. Herman Benjamin. Julg. em 21.6.2022. Dje 30.6.2022.

no ato de improbidade por violação aos princípios, a Lei nº 14.230/2021 inovou ao estipular rol taxativo, assim, é necessária a prática de uma das ações elencadas no art. 11, além da necessidade de comprovação de que a conduta teve por finalidade obter proveito ou benefício indevido (§1º) e da existência de lesividade relevante (§4º).

Observa-se que uma das principais inovações trazidas pela Lei nº 14.230/2021 foi a extinção da modalidade culposa de improbidade, restando decidido "pelo legislador competente, mais recentemente, que só há improbidade a título de dolo, e não de mera culpa no sentido estrito do termo – imprudência, negligência ou imperícia".[532]

Também foi previsto que a configuração do ato de improbidade por dano ao erário (art. 10) depende da comprovação efetiva da lesão ao erário, o que afasta a improbidade por dano presumido.[533] Destaca-se que, nesse caso, não é exigido o enriquecimento ilícito do agente, tendo em vista que a conduta se qualifica pela lesão patrimonial aos cofres públicos.

Outra alteração promovida pela Lei nº 14.230/2021 foi a menção expressa à incidência dos princípios constitucionais do Direito Administrativo Sancionador às ações de improbidade. Sobre o tema, leciona Fábio Medina Osório, *in verbis*:

> [...] Nesse contexto, cabe dizer que a Reforma da Lei de Improbidade Administrativa (Lei nº 8.249.1992) consagrou, explicitamente, como se disse, a aplicabilidade dos princípios constitucionais do Direito Administrativo Sancionador ao campo da improbidade administrativa. Ao fazê-lo, apenas consolidou direitos fundamentais aos réus e acusados em geral, reforçando o Estado Democrático de Direito e acolhendo orientação jurisprudencial já consolidada no Brasil.[534]

O rol de sanções por atos de improbidade está previsto no art. 12, incisos I a III, da Lei nº 8.429/1992 (com redação dada pela Lei nº

---

[532] CAMMAROSANO, Márcio. O elemento subjetivo dolo para configuração de improbidade administrativa e o reconhecimento de sua ocorrência por Tribunais de Contas. *In*: MOTTA, Fabrício; VIANA, Ismar (coord.). *Improbidade administrativa e Tribunais de Contas*: as inovações da lei nº 14.230/2021. Belo Horizonte: Fórum, 2022. p. 213.

[533] OLIVEIRA, Rafael Carvalho Rezende. *Curso de direito administrativo*. Rio de Janeiro: Método, 2023. p. 971.

[534] OSÓRIO, Fábio Medina. O novo conceito de sanção administrativa e o regime jurídico da improbidade administrativa. *In*: MOTTA, Fabrício; VIANA, Ismar (coord.). *Improbidade administrativa e Tribunais de Contas*: as inovações da lei nº 14.230/2021. Belo Horizonte: Fórum, 2022. p. 18-19.

14.230/2021), variando em razão do tipo de ato de improbidade cometido. Existem, independente da condenação ao ressarcimento do dano, as seguintes espécies de sanções: 1) perda de bens e valores; 2) perda da função pública;[535] 3) suspensão dos direitos políticos; 4) pagamento de multa civil;[536] 5) proibição de contratar com o poder público; e 6) proibição de receber benefícios ou incentivos fiscais ou creditícios.

A teor do art. 21 (com redação dada pela Lei nº 14.230/2021), a aplicação das sanções previstas na Lei de Improbidade Administrativa independe tanto da efetiva ocorrência de dano ao patrimônio público (salvo no tocante às condutas previstas no art. 10) quanto da aprovação ou rejeição das contas pelo órgão de controle interno ou pelo tribunal ou conselho de contas.

Embora o Ministério Público tenha especial função diante das ações de improbidade, o Supremo Tribunal Federal, no âmbito das Ações Diretas de Inconstitucionalidade nºs 7.042[537] e 7.043, declarou a inconstitucionalidade parcial de dispositivos que previam legitimidade ativa exclusiva do *parquet* de forma a restabelecer a competência concorrente e disjuntiva entre o Ministério Público e a fazenda pública para propor ação por ato de improbidade administrativa e para a celebração de acordos de não persecução civil.

A redação inicial da lei de improbidade vedava a celebração de transação, acordo ou conciliação no curso da ação de improbidade. No entanto, a tendência de consensualidade na administração pública convergiu para a positivação, pela Lei nº 13.964/2019, do acordo de não persecução civil, que, com as alterações promovidas pela Lei nº

---

[535] O STJ sumulou o entendimento no sentido de que "compete à autoridade administrativa aplicar a servidor público a pena de demissão em razão da prática de improbidade administrativa, independentemente de prévia condenação, por autoridade judiciária, à perda da função pública" (Súmula nº 651). Sobre o tema, em resposta à Consulta nº 1.088.954, o TCE-MG entendeu que, "condenado o servidor público à perda da função pública e tendo a sentença condenatória transitado em julgado, cabe ao administrador apenas declarar a perda da função pública através de ato administrativo, dispensada a instauração de procedimento administrativo prévio" (MINAS GERAIS. Tribunal de Contas do Estado. Tribunal Pleno. *Consulta nº 1.088.954*. Rel. Cons. Durval Ângelo. Julg. em 29.3.2023. DOC. 19.4.2023).

[536] "A multa civil prevista na Lei de Improbidade Administrativa consubstancia sanção pecuniária, sem qualquer cunho indenizatório, motivo pelo qual não configura *bis in idem* sua aplicação cumulada com a imposição de ressarcimento ao erário". (BRASIL. Superior Tribunal de Justiça. *Agravo Interno no Agravo em Recurso Especial nº 1.275.175/PB*. Julg. em 11.2.2020. *DJe* 30.3.2020).

[537] BRASIL. Supremo Tribunal Federal. Tribunal Pleno. *Ação Direta de Inconstitucionalidade nº 7.042/DF*. Rel. min. Alexandre de Moraes. Julg. em 31.8.2022. Dje 27.2.2023.

14.230/2021, poderá ser celebrado no curso da investigação de apuração do ilícito, no curso da ação de improbidade ou no momento da execução da sentença condenatória, estando condicionado à promoção dos seguintes resultados: integral ressarcimento do dano e reversão à pessoa jurídica lesada da vantagem indevida obtida.

Para a celebração do acordo, a nova legislação previu que o Tribunal de Contas competente deverá se manifestar acerca da apuração do valor do dano a ser ressarcido no prazo de 90 dias. No entanto, o ministro Alexandre de Moraes, nos autos da ADI nº 7.236/DF, ajuizada pela Associação Nacional dos Membros do Ministério Público (Conamp), deferiu parcialmente a medida cautelar para suspender a eficácia de artigos da Lei nº 8.429/1992, incluídos ou alterados pela Lei nº 14.230/2021, entre eles, o que trata da atuação do Tribunal de Contas, ao fundamento de que "a norma aparenta condicionar o exercício da atividade-fim do Ministério Público à atuação da Corte de Contas",[538] o que configuraria, em análise sumária, desrespeito à plena autonomia do Ministério Público, consagrada nos artigos 127 e 128 da CR/88.

Referida decisão também suspendeu a eficácia dos seguintes dispositivos: a) art. 1º, §8º, que afasta a improbidade quando a conduta for embasada em jurisprudência controversa; b) artigo 12, §1º, segundo o qual a sanção de perda da função atinge apenas o vínculo de mesma qualidade e natureza que o agente público ou político detinha com o poder público na época do cometimento da infração; c) art. 12, §10, que prevê que para efeitos de contagem do prazo da sanção de suspensão dos direitos políticos, computar-se-á retroativamente o intervalo de tempo entre a decisão colegiada e o trânsito em julgado da sentença condenatória; e d) art. 21, §4º, que dispõe que a absolvição criminal em ação que discuta os mesmos fatos, confirmada por decisão colegiada, impede o trâmite da ação de improbidade.

O relator, ministro Alexandre de Moraes, conferiu interpretação conforme ao art. 23-C para considerar que os atos que ensejem enriquecimento ilícito, perda patrimonial, desvio, apropriação, malbaratamento ou dilapidação de recursos públicos dos partidos políticos, ou de suas fundações, serão responsabilizados nos termos da Lei nº 9.096/1995, mas sem prejuízo da incidência da ação de improbidade.

---

[538] BRASIL. Supremo Tribunal Federal. *Ação Direta de Inconstitucionalidade nº 7.236/DF*. Decisão Monocrática. Rel. min. Alexandre de Moraes. Julg. em 27.12.2022. Dje 10.1.2023.

A ação de improbidade administrativa deve ser proposta dentro do prazo prescricional previsto em seu art. 23, que, com as alterações da Lei nº 14.230/2021, passou a ser de 8 (oito) anos, contados a partir da ocorrência do fato ou, no caso de infrações permanentes, do dia em que cessou a permanência. A legislação também estabeleceu causas interruptivas e suspensivas da prescrição, bem como a prescrição intercorrente de 4 (quatro) anos.

Ressalta-se que, ainda que haja a prescrição das sanções, o processo poderá continuar para apurar o dano ao erário, conforme se depreende do Tema Repetitivo nº 1.089 do STJ: "na ação civil pública por ato de improbidade administrativa é possível o prosseguimento da demanda para pleitear o ressarcimento do dano ao erário, ainda que sejam declaradas prescritas as demais sanções previstas no art. 12 da Lei 8.429/92".[539] Tal entendimento guarda consonância com o que vem sendo decidido pelo Supremo Tribunal Federal, o qual vem reputando como imprescritíveis as ações de ressarcimento ao erário fundadas na prática de ato doloso tipificado na Lei de Improbidade Administrativa (Tema 897).

Diante das alterações trazidas pela Lei nº 14.320/2021, instalou-se controvérsia acerca da aplicabilidade das normas no tempo, ou seja, se seria possível a aplicação retroativa da legislação em benefício do autor do ato ímprobo, conforme art. 5º, XL, da CR/88. Ao apreciar o Tema 1.199, o STF fixou a seguinte tese:

> 1) É necessária a comprovação de responsabilidade subjetiva para a tipificação dos atos de improbidade administrativa, exigindo-se – nos artigos 9º, 10 e 11 da LIA – a presença do elemento subjetivo – dolo;
> 2) A norma benéfica da Lei 14.230/2021 – revogação da modalidade culposa do ato de improbidade administrativa –, é irretroativa, em virtude do artigo 5º, inciso XXXVI, da Constituição Federal, não tendo incidência em relação à eficácia da coisa julgada; nem tampouco durante o processo de execução das penas e seus incidentes;
> 3) A nova Lei 14.230/2021 aplica-se aos atos de improbidade administrativa culposos praticados na vigência do texto anterior da lei, porém sem condenação transitada em julgado, em virtude da revogação expressa do texto anterior; devendo o juízo competente analisar eventual dolo por parte do agente;

---

[539] BRASIL. Superior Tribunal de Justiça. *Recurso Especial nº 1.899.407/DF*. Rel. min. Assusete Magalhães. Julg. em 20.9.2021. *DJe* 13.10.2021.

4) O novo regime prescricional previsto na Lei 14.230/2021 é irretroativo, aplicando-se os novos marcos temporais a partir da publicação da lei.[540]

Dessa forma, no tocante aos tipos culposos, a Suprema Corte brasileira entendeu que a nova legislação não incide sobre as decisões transitadas em julgado, apenas nas ações que estejam em andamento, "sendo assim, afigura-se inadmissível prosseguir em investigação, ação judicial ou sem sentença condenatória relativamente a condutas movidas por culpa".[541] Por sua vez, na aplicação dos prazos prescricionais, considerou-se que os novos prazos passam a contar a partir de 26.10.2021.

Finalmente, face à relativa independência entre as instâncias penal, civil e administrativa, nada impede que, além da condenação por improbidade administrativa, o agente que cometeu o fato responda também criminalmente e perante o seu estatuto funcional, em razão do fato que lhe é imputado.

Diz-se que a independência entre as instâncias é relativa na medida em que a legislação apresenta casos de comunicação entre elas, ao dispor, por exemplo, que as provas produzidas perante os órgãos de controle e as correspondentes decisões deverão ser consideradas na formação da convicção do juiz (art. 21, §2º) e que as sentenças civis e penais produzirão efeitos em relação à ação de improbidade quando concluírem pela inexistência da conduta ou pela negativa da autoria (art. 21, §3º).

11.5.10 Outros meios judiciais de controle da administração

Segundo Marçal Justen Filho,[542] "a responsabilidade civil do Estado consiste no dever de indenizar as perdas e danos materiais e morais sofridos por terceiros em virtude de ação ou omissão antijurídica imputável ao Estado". As ações de responsabilidade civil do Estado constituem mecanismo de controle judicial da atividade administrativa que materializam a referida indenização.

---

[540] BRASIL. Supremo Tribunal Federal. Tribunal Pleno. *Recurso Extraordinário com Agravo nº 843.989*. Rel. min. Alexandre de Moraes. Julg. em 18.8.2022. *DJe* 12.12.2022.

[541] CARVALHO FILHO, José dos Santos. *Manual de direito administrativo*. Barueri: Atlas, 2023. p. 926.

[542] JUSTEN FILHO, Marçal. *Curso de direito administrativo*. 2. ed. rev. e atual. São Paulo: Saraiva, 2006. p. 806.

No Brasil, adota-se a responsabilidade objetiva do Estado e a responsabilidade subjetiva do agente público, uma vez que a Constituição da República de 1988 prevê que

> [...] as pessoas jurídicas de direito público e as de direito privado prestadoras de serviços públicos responderão pelos danos que seus agentes, nessa qualidade, causarem a terceiros, assegurado o direito de regresso contra o responsável nos casos de dolo ou culpa.[543]

No tocante à legitimação passiva concorrente entre a administração pública e o agente público causador do dano, o Supremo Tribunal Federal tem entendido pela impossibilidade de se demandar diretamente o agente público pelo dano causado, fixando a seguinte tese:

> Tema: 940 – A teor do disposto no art. 37, §6º, da Constituição Federal, a ação por danos causados por agente público deve ser ajuizada contra o Estado ou a pessoa jurídica de direito privado prestadora de serviço público, sendo parte ilegítima para a ação o autor do ato, assegurado o direito de regresso contra o responsável nos casos de dolo ou culpa.[544]

Nos termos do art. 1º-C da Lei nº 9.494/1997, prescreve em cinco anos o direito de obter indenização dos danos causados por agentes de pessoas jurídicas de direito público e de pessoas jurídicas de direito privado prestadoras de serviços público. Referido dispositivo estendeu a prescrição quinquenal contra a fazenda pública às "concessionárias, permissionárias ou autorizatárias de serviços ou qualquer entidade privada que preste serviço público a qualquer título".[545]

O Supremo Tribunal Federal, em diversas oportunidades, tratou da responsabilidade civil do Estado fixando os seguintes temas:

> Tema: 130 – A responsabilidade civil das pessoas jurídicas de direito privado prestadoras de serviço público é objetiva relativamente a terceiros

---

[543] BRASIL. *Constituição da República Federativa do Brasil de 1988*. Disponível em: www.planalto.gov.br/ccivil_03/constituicao/constituicao.htm. Acesso em: 14 jun. 2023.

[544] BRASIL. Supremo Tribunal Federal. Tribunal Pleno. *Recurso Extraordinário nº 1.027.633/SP*. Rel. min. Marco Aurélio. Julg. em 14.8.2019. *DJ* 6.12.2019.

[545] DI PIETRO, Maria Sylvia Zanella. *Direito administrativo*. Rio de Janeiro: Forense, 2023. p. 841.

usuários e não usuários do serviço, segundo decorre do art. 37, §6º, da Constituição Federal.[546]

Tema: 362 – Nos termos do artigo 37, §6º, da Constituição Federal, não se caracteriza a responsabilidade civil objetiva do Estado por danos decorrentes de crime praticado por pessoa foragida do sistema prisional, quando não demonstrado o nexo causal direto entre o momento da fuga e a conduta praticada.[547]

Tema: 365 – Considerando que é dever do Estado, imposto pelo sistema normativo, manter em seus presídios os padrões mínimos de humanidade previstos no ordenamento jurídico, é de sua responsabilidade, nos termos do art. 37, §6º, da Constituição, a obrigação de ressarcir os danos, inclusive morais, comprovadamente causados aos detentos em decorrência da falta ou insuficiência das condições legais de encarceramento.[548]

Tema: 366 – Para que fique caracterizada a responsabilidade civil do Estado por danos decorrentes do comércio de fogos de artifício, é necessário que exista a violação de um dever jurídico específico de agir, que ocorrerá quando for concedida a licença para funcionamento sem as cautelas legais ou quando for de conhecimento do poder público eventuais irregularidades praticadas pelo particular.[549]

Tema: 512 – O Estado responde subsidiariamente por danos materiais causados a candidatos em concurso público organizado por pessoa jurídica de direito privado (art. 37, §6º, da CRFB/88), quando os exames são cancelados por indícios de fraude.[550]

Tema: 592 – Em caso de inobservância do seu dever específico de proteção previsto no art. 5º, inciso XLIX, da Constituição Federal, o Estado é responsável pela morte de detento.[551]

---

[546] BRASIL. Supremo Tribunal Federal. Tribunal Pleno. *Recurso Extraordinário nº 591.874/MS*. Rel. min. Ricardo Lewandowski. Julg. em 26.8.2009. *DJ* 18.12.2009.

[547] BRASIL. Supremo Tribunal Federal. Tribunal Pleno. *Recurso Extraordinário nº 608.880/MT*. Redator do Acórdão min. Alexandre de Moraes. Julg. em 8.9.2020. *DJ* 1º.10.2020.

[548] BRASIL. Supremo Tribunal Federal. Tribunal Pleno. *Recurso Extraordinário nº 580.252/MS*. Redator do Acórdão min. Gilmar Mendes. Julg. em 16.2.2017. *DJ* 11.9.2017.

[549] BRASIL. Supremo Tribunal Federal. Tribunal Pleno. *Recurso Extraordinário nº 136.861/SP*. Redator do Acórdão min. Gilmar Mendes. Julg. em 11.3.2020. *DJ* 22.1.2021.

[550] BRASIL. Supremo Tribunal Federal. Tribunal Pleno. *Recurso Extraordinário nº 662.405/AL*. Rel. min. Luiz Fux. Julg. em 29.6.2020. *DJ* 13.8.2020.

[551] BRASIL. Supremo Tribunal Federal. Tribunal Pleno. *Recurso Extraordinário nº 841.526/RS*. Rel. min. Luiz Fux. Julg. em 30.3.2016. *DJ* 1º.8.2016.

Tema: 777 – O Estado responde, objetivamente, pelos atos dos tabeliães e registradores oficiais que, no exercício de suas funções, causem dano a terceiros, assentado o dever de regresso contra o responsável, nos casos de dolo ou culpa, sob pena de improbidade administrativa.[552]

Tema: 1.055 – É objetiva a Responsabilidade Civil do Estado em relação a profissional da imprensa ferido por agentes policiais durante cobertura jornalística, em manifestações em que haja tumulto ou conflitos entre policiais e manifestantes. Cabe a excludente da responsabilidade da culpa exclusiva da vítima, nas hipóteses em que o profissional de imprensa descumprir ostensiva e clara advertência sobre acesso a áreas delimitadas, em que haja grave risco à sua integridade física.[553]

Noutro giro, lembra Odete Medauar[554] que o controle judicial da administração pública não é exercido somente por ações movidas contra esta, mas também por ações que ela interpõe provocando a jurisdição, o que se dá por ação de reintegração de posse, ação expropriatória, ação discriminatória de terras públicas, ação civil pública e da execução da dívida ativa, entre outros exemplos.

De fato, desde ações de rito ordinário até ações de rito especial podem ser utilizadas, visando-se controlar atos da administração pública, constituindo as medidas listadas neste capítulo meros exemplos da atividade de controle jurisdicional.

---

[552] BRASIL. Supremo Tribunal Federal. Tribunal Pleno. *Recurso Extraordinário nº 842.846/RS*. Rel. min. Luiz Fux. Julg. em 27.2.2019. *DJ* 13.8.2019.

[553] BRASIL. Supremo Tribunal Federal. Tribunal Pleno. *Recurso Extraordinário nº 1.209.429/SP*. Rel. min. Luiz Fux. Julg. em 10.6.2021. *DJ* 20.10.2021.

[554] MEDAUAR, Odete. *Direito administrativo moderno*. 13. ed. rev. e atual. São Paulo: Revista dos Tribunais, 2009. p. 414.

CAPÍTULO 12

CONTROLE DEMOCRÁTICO DA ADMINISTRAÇÃO PÚBLICA[555]

A necessidade de múltiplas instâncias de controle da administração pública remonta à antiguidade, sendo necessidade revelada pelo próprio Aristóteles,[556] que afirmava: "como certas magistraturas têm o manejo dos dinheiros públicos, é forçoso que haja outra autoridade para receber e verificar as contas, sem que ela própria seja encarregada de outro mister".

12.1 Controle social ou extraorgânico

Com a moderna organização do Estado e diante das tensões decorrentes da rígida estrutura social imposta até então, surgiram as primeiras noções de direitos fundamentais, em face do abuso de poder tão inerente, em regra, àqueles alçados à condição de soberanos, cujo conceito é formulado por José Afonso da Silva:[557] "São aquelas prerrogativas e instituições que o Direito Positivo concretiza em garantias de uma convivência digna, livre e igual de todas as pessoas".

A concepção de Estado Democrático de Direito comporta, entre outros elementos, a existência de previsão constitucional de um rol enunciativo de direitos e garantias fundamentais. Verifica-se que, ao

---

[555] As ideias iniciais deste capítulo constam da obra: MOURÃO, Licurgo; FERREIRA, Diogo; CASTRO, Rodrigo Pironti Aguirre de. Capítulo 15 – Controle da Administração Pública. p. 1108-1117. *In:* MOTTA, Carlos Pinto Coelho (coord.). *Curso prático de direito administrativo.* 3. ed. rev., atual. e ampl. Belo Horizonte: Del Rey, 2011.

[556] ARISTÓTELES. *A política.* Tradução de Silveira Chaves. São Paulo: Edipro, 1995. p. 211.

[557] SILVA, José Afonso da. *Curso de direito constitucional positivo.* 14. ed. São Paulo: Malheiros Editores, 1997. p. 176.

longo da história, a participação popular estava intimamente ligada à ideia de limitação dos poderes do soberano, como afirmamos:

> A ideia de limitação dos poderes estatais observou uma evolução histórica que se associou, indelevelmente, à concepção de um rol mínimo de declarações de direitos fundamentais, cujos primeiros fragmentos são encontrados na Magna Carta *Libertatum* de 1215, posteriormente na *Petition of Rights* de 1628 e na *Bill of Rights* de 1689, tendo sua inspiração mais próxima na Declaração de Direitos do Bom Povo da Virgínia de 1776, na Declaração dos Direitos do Homem e do Cidadão de 1789 e, por fim, na Declaração Universal dos Direitos do Homem de 1948.[558]

Diante da evolução histórica, exsurge que desde a Assembleia Constituinte Francesa de 1789 já se concebia como expressão de direito fundamental a necessidade de se imporem limites à atuação estatal e de seus representantes mediante a atividade de controle da gestão pública. Tal controle dar-se-ia por intermédio dos representantes do povo, conforme se depreende do artigo 15 de *La Déclaration des Droits de l'Homme et du Citoyen*,[559] que dispunha: *"Article 15. La société a le droit de demander compte à tout agent public de son administration"*.[560]

Nesse sentido é a lição de José dos Santos Carvalho Filho, que, a propósito do controle social da administração pública, discorre nos seguintes termos:

> Modernamente, as normas jurídicas, tanto constitucionais como legais, têm contemplado a possibilidade de ser exercido controle do Poder Público, em qualquer de suas funções, por segmentos oriundos da sociedade. É o que se configura como *controle social*, assim denominado justamente por ser uma forma de controle exógeno do Poder Público nascido das diversas demandas dos grupos sociais. Cuida-se, sem dúvida, de poderoso instrumento democrático, permitindo a efetiva participação dos cidadãos em geral no processo de exercício do poder.[561]

---

[558] MOURÃO, Licurgo. Dez anos de gestão fiscal responsável: experiências para a efetividade do controle governamental como instrumento de responsabilidade fiscal. *In:* CASTRO, Rodrigo Pironti Aguirre de (coord.). *Lei de Responsabilidade Fiscal:* ensaios em comemoração aos 10 anos da Lei Complementar n. 101/2000. Belo Horizonte: Fórum, 2010. p. 255-256.

[559] Em português: "Declaração dos Direitos do Homem e do Cidadão de 1789". Grifos no original.

[560] Em tradução livre para o português: "Art. 15. A sociedade tem o direito de responsabilizar qualquer funcionário público por sua administração".

[561] CARVALHO FILHO, José dos Santos. *Manual de direito administrativo*. 37. ed. São Paulo: Atlas, 2023. p. 808.

No Brasil, a Constituição da República, promulgada em 5 de outubro de 1988, estabeleceu, em seu preâmbulo e no artigo 1º, o Estado Democrático de Direito, sendo prescritos como fundamentos de nossa república a soberania, a cidadania e a dignidade da pessoa humana. Consagrou, ainda, o mais indicativo dos princípios democráticos, qual seja, o da soberania popular, segundo o qual "todo poder emana do povo, que o exerce por meio de seus representantes eleitos ou diretamente, nos termos desta Constituição" (CR/88, art. 1º, parágrafo único).

Decorrente dessa disposição constitucional, estimula-se a participação da sociedade na gestão das políticas públicas (art. 194, VII; art. 198, III; art. 204, II; art. 206, VI; art. 227, §7º, da Constituição da República), de modo a tornar mais participativa e representativa a democracia. Isso se dá por meio da adoção do Orçamento Participativo ou por meio das formas previstas de participação direta no processo legislativo, quais sejam, o plebiscito ou leis de iniciativa popular e ainda pelos conselhos (de educação, de saúde, da criança e do adolescente etc.), em função das especificidades do gasto a ser realizado e do monitoramento da efetividade das políticas públicas implantadas. Nesse ponto, cabe destacar os ensinamentos de Odete Medauar, para quem:

> Parece adequado inserir, no âmbito do controle social, atuações do cidadão, isolado ou mediante associações, referentes a decisões já tomadas e a decisões em vias de adoção, com *o intuito de verificar ou provocar a verificação* da sua legalidade, moralidade, impessoalidade, economicidade, conveniência e oportunidade ou de *quaisquer* aspectos de *todas* as atuações da Administração Pública. Nesta sede o controle social se refere a verificações realizadas *diretamente* pelas pessoas físicas ou por associações da sociedade civil, com o intuito de analisar e examinar situações administrativas já ocorridas ou que virão a ocorrer, estas com base em propostas, projetos, programas, medidas que a Administração pretende adotar. Os mecanismos de controle social permitem, *por si*, que a Administração corrija ou evite inadequações nos seus atos ou omissões, e também suscitam a atuação dos órgãos de controle.[562]

Controle democrático ou social da administração pública, portanto, importa à sociedade, pois propicia o acompanhamento da execução e a avaliação dos resultados alcançados pelas políticas públicas

---

[562] MEDAUAR, Odete. *Controle da administração pública*. Belo Horizonte: Fórum, 2020. p. 171. Disponível em: www.forumconhecimento.com.br/livro/4093/4271/27960. Acesso em: 5 jun. 2023. Grifos no original.

implementadas quanto ao alcance de seus objetivos, processos executórios desenvolvidos e resultados quantitativos e qualitativos.

A doutrina erige outros significados para a expressão *controle social*. Como já destacou José dos Santos Carvalho Filho, pode ser considerado como "forma de controle exógeno do Poder Público nascido das diversas demandas dos grupos sociais".[563]

Odete Medauar, por sua vez, baseando-se nos conceitos propostos por autores como Floriano de Azevedo Marques Neto,[564] para quem o controle social consiste no "exercício de um direito subjetivo público à fiscalização das atividades administrativas", assim o define:

> [...] o controle social se refere a verificações realizadas *diretamente* pelas pessoas físicas ou por associações da sociedade civil, com o intuito de analisar e examinar atuações administrativas já ocorridas ou que irão ocorrer, estas com base em propostas, projetos, programas, medidas que a Administração pretende adotar. Os mecanismos de controle social permitem, *por si*, que a Administração corrija ou evite inadequações nos seus atos ou omissões, e também suscita, a atuação dos órgãos de controle.[565]

Ana Carla Bliacheriene, Bruna de Cassia Teixeira e Davi Quintanilha Failde de Azevedo,[566] por sua vez, entendem que tal espécie de controle designa a "fiscalização do governo por particulares, cidadãos, instituições da sociedade civil ou pela coletividade em geral, quanto ao cumprimento dos deveres das autoridades públicas".

José dos Santos Carvalho Filho explica que o controle social se exerce basicamente de duas formas, a saber:[567] o *controle natural*, quando

---

[563] CARVALHO FILHO, José dos Santos. *Manual de direito administrativo*. 37. ed. São Paulo: Atlas, 2023. p. 808.

[564] MARQUES NETO, Floriano de Azevedo. Os grandes desafios do controle da administração pública. *Apud* MEDAUAR, Odete. *Controle da administração pública*. Belo Horizonte: Fórum, 2020. p. 171. Disponível em: www.forumconhecimento.com.br/livro/4093/4271/27960. Acesso em: 5 jun. 2023.

[565] MEDAUAR, Odete. *Controle da administração pública*. Belo Horizonte: Fórum, 2020. p. 170. Disponível em: www.forumconhecimento.com.br/livro/4093/4271/27960. Acesso em: 5 jun. 2023. Grifos no original.

[566] BLIACHERIENE, Ana Carla; TEIXEIRA, Bruna de Cassia; AZEVEDO, Davi Quintanilha Failde de. Teoria do desenvolvimento e as perspectivas para um controle popular das contas públicas. *Apud* MEDAUAR, Odete. *Controle da administração pública*. Belo Horizonte: Fórum, 2020. p. 171. Disponível em: www.forumconhecimento.com.br/livro/4093/4271/27960. Acesso em: 5 jun. 2023.

[567] CARVALHO FILHO, José dos Santos. *Manual de direito administrativo*. 37. ed. São Paulo: Atlas, 2023. p. 809.

executado diretamente pelos membros da sociedade, individualmente ou por meio de entes representativos, e o *controle institucional,* exercido por órgãos e entidades do poder público visando à defesa de interesses da coletividade, como é o caso do Ministério Público, dos órgãos de proteção ao consumidor (Procons), da Defensoria Pública, dos órgãos de ouvidoria e outros do gênero.

A necessidade de criação de entes despersonalizados de articulação entre governo e sociedade observa um crescimento vertiginoso, a partir da década de 1990, com a criação de conselhos. Por força da previsão legal em normas infraconstitucionais posteriormente editadas, ocorreu a implementação dos Conselhos de Saúde (Lei nº 8.142, de 1990), dos Conselhos Tutelares e de Direitos da Criança e do Adolescente (Lei nº 8.069, de 1990), dos Conselhos de Acompanhamento e Controle Social do Fundo de Manutenção e Desenvolvimento da Educação Básica e de Valorização dos Profissionais da Educação (Lei nº 14.133, de 2020), e dos Conselhos Escolares (Lei nº 9.394, de 1996), bem como, no âmbito dos Estados-Membros e Municípios, dos Conselhos de Educação e Conselhos Escolares, respectivamente.

Como bem esclarece a Controladoria-Geral da União:

> O controle social, entendido como a participação do cidadão na gestão pública, é um mecanismo de prevenção da corrupção e de fortalecimento da cidadania. [...] revela-se como complemento indispensável ao controle institucional, exercido pelos órgãos fiscalizadores.[568]

Em um país de dimensões continentais como o Brasil, torna-se imperioso o envolvimento da sociedade civil organizada no combate à corrupção, uma vez que o controle da administração pública pelos próprios órgãos e entidades que a compõem não tem se mostrado plenamente eficaz. Nesse sentido, é a lição de Jorge Ulisses Jacoby Fernandes,[569] segundo o qual: "[...] o único sistema de controle verdadeiramente eficaz é o que considera a sociedade como agente e força motriz [...]".

O controle social, portanto, interfere positivamente na aplicação escorreita dos recursos e na qualidade do gasto público efetuado, uma

---

[568] BRASIL. Presidência da República. *Olho vivo no dinheiro público:* controle social. Brasília: Controladoria-Geral da União, 2008. p. 9.
[569] FERNANDES, Jorge Ulisses Jacoby. Contas públicas: novo paradigma. *Revista do Tribunal de Contas do Município do Rio de Janeiro*, ano XXI, n. 26, p. 13, abr. 2004.

vez que o acompanhamento da gestão se dá por estruturas democráticas de controle, legitimadas pela própria sociedade, prevenindo a ocorrência de desvios de modo muito mais eficaz e tempestivo.

Uma das principais ferramentas para a participação popular nas ações de políticas públicas é a promoção da transparência na condução da gestão pública. Entre os diversos modos de materializar a transparência, destacam-se aqueles previstos pela Lei nº 12.527, de 2011, que rege o acesso à informação, ao regulamentar, em especial, o art. 5º, XXXIII, e o art. 37, §3º, II, ambos da Constituição da República.

A Lei nº 12.527/2011, ou simplesmente Lei de Acesso à Informação, destina-se a assegurar tal direito fundamental, conforme dispõe o *caput* de seu art. 3º. Entre as diretrizes que orientam a execução da lei, estão a observância da publicidade como preceito geral e do sigilo como exceção, assim como a divulgação de informações de interesse público, independentemente de solicitações, o que se costuma nomear de "transparência ativa".

Gilmar Ferreira Mendes correlaciona o direito de acesso à informação ao direito de petição; este último como mecanismo de materialização do primeiro, no seguinte sentido:

> Não se trata, apenas, [o direito de petição] de um direito amplamente disponível, mas de garantia processual que figura como mecanismo apto para a materialização do plexo normativo de outros direitos fundamentais, entre os quais sobressai, de modo indissociável, o direito de acesso à informação previsto no art. 5º, XXXIII, do texto constitucional.
> [...]
> A lei de acesso à informação [...] acabou por conferir maior efetividade ao próprio direito de petição, ao prever, entre outras disposições: a) o dever do órgão ou entidade pública de autorizar ou conceder o acesso imediato à informação disponível (art. 11), ou no prazo não superior a 20 dias quando se tratar de casos em que não seja possível o acesso imediato (art. 11, §1º); b) oferecimento, pelo Poder Público, de meios para que o próprio requerente possa requisitar a informação de que necessitar; c) a responsabilidade do agente público que recusar a fornecer a informação requerida, retardar deliberadamente o seu fornecimento, ou fornecê-la intencionalmente de forma incorreta, incompleta ou imprecisa, com a previsão de sanções como advertência, multa, rescisão de vínculo com o Poder Público.[570]

---

[570] MENDES, Gilmar Ferreira; BRANCO, Paulo Gustavo Gonet. *Curso de direito constitucional*. 14. ed. rev. e atual. São Paulo: Saraiva Educação, 2019. p. 510-511 (grifos nossos).

O controle social é instrumentalizado por outros mecanismos previstos na Constituição e nas demais leis. A respeito das diversas formas de concretização da participação social, José dos Santos Carvalho Filho[571] chama a atenção para o fato de que, embora esta inclua a função legislativa – caso da iniciativa popular[572] prevista no art. 61, §2º, da Constituição de 1988 –, é na função administrativa que se expressa de forma mais significativa.

Veja-se nesse cenário, por exemplo, a Lei nº 13.460, de 2017, que dispõe sobre a participação, proteção e defesa dos direitos dos usuários de serviços públicos, a partir do que dispõe o art. 37, §3º, I, da Constituição de 1988. Dos diversos direitos básicos dos usuários elencados nessa Lei, destacam-se os de participar no acompanhamento da prestação e na avaliação dos serviços (art. 6º, I) e de acessar e obter informações relativas à sua pessoa (art. 6º, III).

Vale citar, ainda, que, por expressa previsão constitucional, a participação social é assegurada no âmbito do sistema de seguridade social (art. 194, parágrafo único, VII, da Constituição de 1988),[573] ao qual se deve conferir caráter democrático, viabilizado pela cogestão entre administração e cidadãos.[574]

Fica claro, portanto, que a informação é matéria fundamental para o desempenho eficiente e eficaz do controle social, e, nesse sentido, ao longo de todo o Texto Constitucional, encontramos a previsão da participação popular no processo de realização do gasto público, ao longo de todas as etapas da execução orçamentária, desde o planejamento de gastos até a avaliação dos resultados das políticas públicas implantadas.

---

[571] CARVALHO FILHO, José dos Santos. *Manual de direito administrativo*. 37. ed. São Paulo: Atlas, 2023. p. 809.

[572] CR/88, art. 61, *caput* e §2º: "A iniciativa das leis complementares e ordinárias cabe a qualquer membro ou Comissão da Câmara dos Deputados, do Senado Federal ou do Congresso Nacional, ao Presidente da República, ao Supremo Tribunal Federal, aos Tribunais Superiores, ao Procurador-Geral da República e aos cidadãos, na forma e nos casos previstos nesta Constituição. [...] §2º A iniciativa popular pode ser exercida pela apresentação à Câmara dos Deputados de projeto de lei subscrito por, no mínimo, um por cento do eleitorado nacional, distribuído pelo menos por cinco Estados, com não menos de três décimos por cento dos eleitores de cada um deles".

[573] CR/88, art. 194, *caput* e parágrafo único, VII: "A seguridade social compreende um conjunto integrado de ações de iniciativa dos Poderes Públicos e da sociedade, destinadas a assegurar os direitos relativos à saúde, à previdência e à assistência social. [...] VII - caráter democrático e descentralizado da administração, mediante gestão quadripartite, com participação dos trabalhadores, dos empregadores, dos aposentados e do Governo nos órgãos colegiados".

[574] CARVALHO FILHO, José dos Santos. *Manual de direito administrativo*. 37. ed. São Paulo: Atlas, 2023. p. 809.

12.2 Controle democrático orçamentário

O exercício do controle democrático, visto anteriormente, pode incidir especificamente sobre o orçamento público.

Como se sabe, no Brasil, adota-se a técnica do orçamento-programa, segundo a qual os problemas que afligem a sociedade, e que são por ela identificados como contidos no espectro de ação estatal, são enfrentados em ações governamentais limitadas no tempo (projetos) ou por meio de ações governamentais contínuas (atividades). Tais ações visam combater as causas dos problemas, devendo ser aglutinadas em programas governamentais, juntamente com seus objetivos e indicadores, que servirão para medir o resultado do programa. Todos os programas governamentais são inseridos na Lei do Plano Plurianual (PPA). Sua execução dar-se-á paulatinamente por meio de recursos orçamentários e financeiros disponibilizados anualmente pela Lei Orçamentária Anual (LOA), suficientes para atender aos programas e suas respectivas etapas. Os programas a serem executados em um exercício são aqueles indicados como prioritários pela Lei de Diretrizes Orçamentárias (LDO), tendentes a minorar os efeitos dos problemas evidenciados pela sociedade, conforme demonstração gráfica de Selene Nunes:[575]

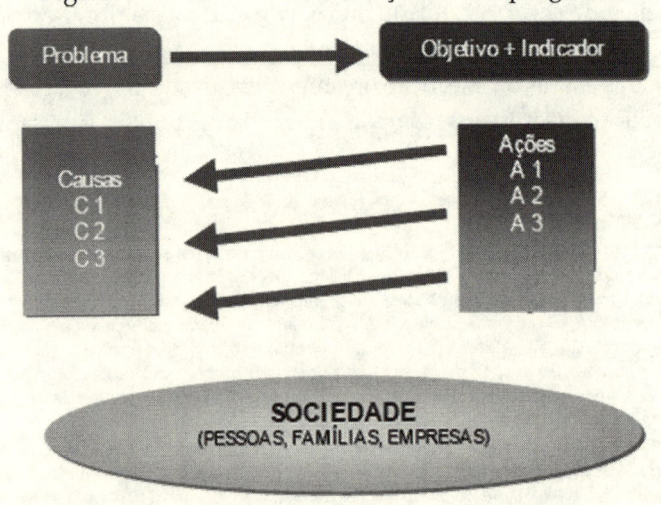

Figura 1 – Processo de elaboração de um programa

---

[575] NUNES, Selene Peres *et al. Programa Nacional de Treinamento:* manual básico de treinamento para municípios. 2. ed. Brasília: Ministério do Planejamento, 2002. p. 29.

Claro que a participação dos cidadãos na elaboração dos instrumentos legais que permitirão enfrentar os problemas que afligem a sociedade é crucial para o atingimento de atuação estatal verdadeiramente democrática e voltada para a satisfação dos anseios da coletividade. Tais instrumentos são a Lei do Plano Plurianual, a Lei de Diretrizes Orçamentárias e a Lei Orçamentária Anual, sendo esta a mais conhecida.

Cabe à população não apenas participar de reuniões de elaboração de instrumentos de planejamento (audiências públicas, reuniões do Orçamento Participativo, plenárias, reuniões dos conselhos e das entidades representativas da sociedade civil organizada), mas também acompanhar e fiscalizar o processo legislativo de apreciação e votação das leis orçamentárias, observando se o seu representante eleito honrou os compromissos assumidos em campanha e o que fora deliberado nas reuniões com a população.

Nesse ponto, recorre-se aos ensinamentos do professor Fernando Facury Scaff, para quem, mesmo diante do próprio alerta de que "É preciso ter muita cautela para que o sistema de controle financeiro não sufoque o desenvolvimento das ações governamentais",[576] o controle é instrumento "tipicamente republicano", uma vez que quem assume incumbências públicas deve prestar contas dos seus atos ao povo.[577] Há que ter em mente, ainda, que:

> [...] nem sempre o controle público é suficiente para controlar o próprio Estado. Em razão desse e de outros fatores, surge a necessidade de um controle social, que, ao lado do controle público, visa subsidiá-lo e, muitas vezes, supri-lo, podendo mesmo funcionar contra ele.[578]

Isso porque é complexo o processo de elaboração de um programa governamental, por requerer, de acordo com a técnica do orçamento-programa, o atendimento concatenado de diversas etapas para sua perfeita conformação.

---

[576] SCAFF, Fernando Facury. *Orçamento republicano e liberdade igual*. Belo Horizonte: Fórum, 2021. Disponível em: www.forumconhecimento.com.br/livro/4234. Acesso em: 6 jun. 2023. p. 425.

[577] SCAFF, Fernando Facury. *Orçamento republicano e liberdade igual*. Belo Horizonte: Fórum, 2021. Disponível em: www.forumconhecimento.com.br/livro/4234. Acesso em: 6 jun. 2023. p. 423.

[578] SCAFF, Fernando Facury. *Orçamento republicano e liberdade igual*. Belo Horizonte: Fórum, 2021. Disponível em: www.forumconhecimento.com.br/livro/4234. Acesso em: 6 jun. 2023. p. 497.

Inicialmente, de acordo com as demandas hauridas das reuniões comunitárias, identificam-se problemas que afligem os cidadãos. Sendo de interesse da coletividade sua satisfação, deverão ser pensados os meios necessários para erradicar o problema ou, ao menos, minorar os seus efeitos. Identificados os problemas a serem enfrentados, necessário será definir o público-alvo beneficiado com a implementação do programa, de modo a legitimá-lo, e mensurar os impactos que terá na sociedade. A solução apontada como satisfatória para o sucesso do programa será monitorada quanto ao atingimento de seus objetivos, o que deverá ser mensurado em um lapso temporal predeterminado, normalmente anual, estabelecendo-se o indicador ou o conjunto de indicadores do programa, bem como seu índice mais recente, de modo a permitir sua comparação futura.

A partir da execução dos programas governamentais ao longo do ano, a participação popular revela-se mais uma vez essencial, pois a ela caberá o papel fiscalizador primário da inação ou dos eventuais desvios verificados, de modo a combatê-los, reduzi-los ou eliminá-los. Para tanto, utilizar-se-á inclusive de denúncias e representações aos órgãos e entidades de controle da administração ou, se for o caso, dos meios de impugnação administrativos ou judiciais.

A propósito, ciente das diversas formas de controle democrático do orçamento, das finanças e da execução de políticas públicas, Heleno Taveira Torres pondera que:

> No âmbito da Constituição Financeira, dentre outros, o mais importante elemento revelador da democratização do procedimento financeiro foi a atribuição do direito de participação popular no controle do gasto público, uma das mais importantes novidades da legitimidade democrática da Constituição Financeira, prescrita no art. 74, §2º, pelo qual *qualquer cidadão, partido político, associação ou sindicato é parte legítima para, na forma da lei, denunciar irregularidades ou ilegalidades perante o Tribunal de Contas da União.* Como corolário dessa competência popular, tem-se *a fiscalização da atuação dos órgãos do Estado como dever de toda a sociedade,* tanto por aqueles afetados diretamente quanto por qualquer outro cidadão que tenha ciência de qualquer vício na formação das receitas, na realização dos gastos ou nos procedimentos de controle em torno da atividade financeira do Estado.[579]

---

[579] TORRES, Heleno Taveira. *Direito constitucional financeiro*: teoria da constituição financeira. São Paulo: Revista dos Tribunais, 2014. p. 458 (grifos nossos).

Ressalte-se que nem todos os programas governamentais são considerados finalísticos, compreendidos como sendo aqueles cujo benefício gerado terá como destinatário primário a população. Isso porque, dentro da técnica orçamentária, os programas inseridos no Plano Plurianual podem ser classificados em quatro tipos, em regra, podendo haver variações em face de o direito financeiro ser matéria de competência legislativa concorrente, consoante o que prevê o art. 24, I, da CR/88:

> a) Programas finalísticos:
> Programas cujos objetivos visam solucionar problemas ou atender a demandas cujo beneficiário direto será o segmento social tido como público-alvo. Como exemplo, temos o programa Bolsa Família, do governo federal. Segundo o Glossário de Termos Orçamentários (GTO), programa finalístico é o conjunto de ações orçamentárias e não orçamentárias de unidade responsável, suficientes para enfrentar um problema da sociedade, conforme objetivos e metas.[580]
>
> b) Programas de serviços ao Estado:
> Programas cujo beneficiário direto das ações governamentais neles contido é o próprio governo. Suas ações são executadas por órgãos ou entidades cuja finalidade é atender às demandas da própria administração pública. A título exemplificativo, temos o programa capacitação de servidores, presente na maioria dos governos de todos os entes da federação.
>
> c) Programas de gestão:
> Reúnem ações governamentais que objetivam planejar e formular políticas setoriais e coordenar o controle dos programas que se encontram sob a responsabilidade de determinado órgão, sendo seu beneficiário primário, mais uma vez, o próprio Estado. Um exemplo de programa desse tipo é o denominado Gestão da Política de Segurança Pública. Segundo o GTO, é o conjunto de ações orçamentárias e não orçamentárias, não associado aos programas finalísticos de governo, mas ao apoio, à gestão e à manutenção da atuação governamental.[581]

---

[580] BRASIL. Congresso Nacional. *Glossário de termos orçamentários*. Disponível em: www.congressonacional.leg.br/legislacao-e-publicacoes/glossario-orcamentario/-/orcamentario/lista/P. Acesso em: 19 jun. 2023.

[581] BRASIL. Congresso Nacional. *Glossário de termos orçamentários*. Disponível em: www.congressonacional.leg.br/legislacao-e-publicacoes/glossario-orcamentario/-/orcamentario/lista/P. Acesso em: 19 jun. 2023.

d) Programas de apoio administrativo:
Congregam as atividades padronizadas que permitirão ofertar os insumos não passíveis de alocação direta junto aos demais tipos de programa. Como exemplo, temos os programas denominados de Apoio Administrativo.

Fica claro, portanto, que não serão todos os recursos arrecadados direcionados à satisfação diretamente das necessidades da população. Revela-se, pois, imprescindível a pressão política exercida pela sociedade civil organizada, de modo a que um montante significativo dos recursos disponíveis seja destinado aos programas finalísticos. Isso somente será possível por meio da participação efetiva, inclusive nos chamados orçamentos participativos e pela não criação ou manutenção de estruturas estatais improdutivas, inefetivas ou obsoletas.

O Orçamento Participativo (OP) tem objetivo aparentemente simples: trazer os cidadãos para discutir ações em seus bairros e cidades e escolher prioridades alocativas para os recursos destinados a saúde, segurança, habitação, transporte, saneamento etc. Revela-se uma das formas mais exitosas de controle democrático da administração pública, por permitir uma riquíssima experiência de cidadania a todos os participantes, algo crucial para a construção de uma sociedade verdadeiramente democrática.

Quando entendemos a democracia participativa como princípio básico de gestão pública, propicia-se um novo olhar acerca da forma de governar. Com ela, os cidadãos assumem postura mais proativa, participando ativamente como agentes de transformação social e de promoção do bem-estar comum.

Ao longo dos anos em que tal prática foi implantada, algumas grandes cidades brasileiras, como Porto Alegre (RS), Londrina (PR), Belo Horizonte (MG), Betim (MG), Campinas (SP), Mauá (SP), Volta Redonda (RJ), Vitória (ES), Recife (PE), Olinda (PE) e Belém do Pará (PA)[582] vivenciaram a metodologia segundo a qual se busca que o orçamento da cidade seja decidido de maneira aberta, propiciando o controle social efetivo sobre o que é feito a partir daí. Assim, a população se organiza nos bairros e distritos para discutir e estudar a melhor forma de

---

[582] COSTA, Danielle Martins Duarte. Vinte anos de Orçamento Participativo: análise das experiências em municípios brasileiros. *Cadernos Gestão Pública e Cidadania*, São Paulo, v. 15, n. 56, 2010. Disponível em: https://bibliotecadigital.fgv.br/ojs/index.php/cgpc/article/view/3190. Acesso em: 19 jun. 2023.

administrar os recursos disponíveis, elegendo aqueles serviços e obras mais importantes para todos. Além disso, podem acompanhar cada passo da arrecadação e dos gastos, controlando se o dinheiro público está sendo recolhido e empregado da maneira que eles mesmos definiram.

No entanto, é preciso destacar que, em uma democracia em permanente tensão, como a brasileira, a implementação dos mecanismos de democracia participativa está longe do ideal. Fernando Facury Scaff[583] explica que os anos de execução dos instrumentos de descentralização das decisões orçamentárias, que englobam o Orçamento Participativo, nas mais diversas cidades do país, revelaram alguns problemas importantes, tais como: a manipulação das assembleias deliberativas e de suas plateias, com composições desproporcionais aos interesses defendidos em cada caso; os embates e dificuldades de articulação entre agentes da democracia representativa e da democracia participativa; as limitações orçamentárias de receitas para fazer frente às despesas definidas em assembleia popular; a setorização indevida de demandas populares muitas vezes complexas, a envolver mais de um distrito da cidade, criando um cenário inoportuno de disputa.

Em relação à cidade de Recife, situada na região Nordeste do Brasil, com inúmeros problemas de geração de renda, por exemplo, cita-se pesquisa acadêmica que buscou avaliar a evolução dos programas de participação direta dos cidadãos nas decisões orçamentárias ao longo dos anos, a partir da coleta de dados primários e secundários.[584] As conclusões da pesquisa revelam, além dos benefícios, alguns males estruturais que prejudicam tais experiências de democracia direta no país, a exemplo da descontinuidade de experiências exitosas em razão da alternância de governos com perspectivas programáticas distintas, da falta de transparência e da paulatina desarticulação de instrumentos de controle social ao longo dos anos.

O Orçamento Participativo se dispõe a promover transformações significativas nas relações entre sociedade e governantes, em várias cidades brasileiras. Segundo a então Secretaria do Orçamento Participativo

---

[583] SCAFF, Fernando Facury. *Orçamento republicano e liberdade igual*. Belo Horizonte: Fórum, 2021. p. 508. Disponível em: www.forumconhecimento.com.br/livro/4234. Acesso em: 6 jun. 2023.

[584] SANTOS, Rodrigo Callou da Silva. *Do Orçamento Participativo ao Recife Participa*: uma avaliação comparativa dos processos de participação no planejamento e gestão urbanos do Recife. Dissertação (Mestrado) – Centro de Artes e Comunicação, Universidade Federal de Pernambuco, Recife, 2017.

da Prefeitura Municipal de Olinda, no Estado de Pernambuco,[585] seus resultados ultrapassariam os da maioria dos casos de reforma governamental que visariam apenas ao aumento de eficiência e diminuição de custos, criando vantagens para a população, quais sejam:

a) levantar as reais necessidades dos habitantes do município;

b) abrir oportunidade para que sejam feitas sugestões – quem tem propostas para a melhoria e desenvolvimento da cidade pode trazê-las para as reuniões plenárias e, lá, defendê-las;

c) beneficiar as áreas mais carentes, nas quais a participação popular é mais efetiva;

d) aumentar a transparência da administração municipal, trazendo informação sobre a aplicação dos recursos e o andamento das obras e permitindo a fiscalização direta pelos interessados;

e) fortalecer a democracia, à medida que abre espaço para que os cidadãos sejam ouvidos no momento da decisão;

f) aumentar a capacitação e valorizar o papel das organizações populares, como as associações de moradores.

Vê-se que na cidade de Belo Horizonte, situada na região mais rica do Brasil, qual seja, a Sudeste, também foi implantada a participação orçamentária democrática, mediante os instrumentos de Orçamento Participativo Presencial e de Orçamento Participativo Digital, conforme se demonstra:

> Belo Horizonte vivenciou essas experiências e, em 1993, houve uma inversão na escolha de prioridades: moradores foram chamados a participar indicando as obras mais importantes para a cidade. Teve início um processo de participação popular que avançava para além do caráter consultivo e convidava os cidadãos para deliberar sobre a destinação de parte dos recursos municipais: o Orçamento Participativo.[586]

Embora a participação popular proporcionada pela adoção do Orçamento Participativo resulte na melhoria das práticas político-administrativas de forma geral, já que traz os cidadãos ao centro das decisões relevantes, aumentando sua qualidade e utilidade para a população, aplica-se a Belo Horizonte – MG, em linhas gerais, o mesmo conjunto de

---

[585] PREFEITURA MUNICIPAL DE OLINDA. Secretaria do Orçamento Participativo. *O que é Orçamento Participativo*. Olinda: PMO, 2002. p. 5-6.

[586] PREFEITURA MUNICIPAL DE BELO HORIZONTE. *Orçamento Participativo Digital 2008*. Disponível em: https://prefeitura.pbh.gov.br/urbel/orcamento-participativo. Acesso em: 30 jun. 2023.

problemas que emergiu da implementação do Orçamento Participativo em Recife – PE. Nesse contexto, alerta o autor:

> [...] que se caracterizarmos o OP como um processo onde os cidadãos têm maior controle e poder sobre as decisões do setor público, juntamente com o momento político e econômico vivido no Brasil desde 2013, onde manifestações tomaram a rua por conta de uma insatisfação junto aos gestores do país, há um movimento inverso [...] onde o povo clama por uma coisa e na verdade tem seus poderes reduzidos ou onde o povo parece não aproveitar o espaço deliberativo [...].[587]

De outra perspectiva, para além das críticas à evolução do uso do método nos últimos anos, cabe complementar que a experiência foi considerada pela Organização das Nações Unidas (ONU)[588] uma das 40 melhores práticas de gestão pública urbana no mundo. O Banco Mundial reconheceu o processo de participação popular de Porto Alegre como exemplo bem-sucedido de ação comum entre governo e sociedade civil. Afirmou ainda que muitas cidades de outros países, como é o caso de Saint-Denis (França), Rosário (Argentina), Montevidéu (Uruguai), Barcelona (Espanha), Toronto (Canadá) e Bruxelas (Bélgica), adotaram o Orçamento Participativo seguindo os passos de Porto Alegre. Ao longo do tempo, mais cidades ao redor do mundo aderiram à experiência, em níveis de implementação variados, tais como: Buenos Aires (Argentina),[589] Sevilha (Espanha),[590] Nova York (Estados Unidos),[591] Los Angeles (Estados Unidos)[592] e Maputo (Moçambique).[593]

---

[587] MATHIAS, Igor Reis Moreira. *Orçamento Participativo*: uma nova abordagem para Belo Horizonte – MG. Dissertação (Mestrado Profissional) – Instituto de Ciências Humanas e Sociais, Universidade Federal Fluminense, Volta Redonda, 2017.

[588] PREFEITURA MUNICIPAL DE OLINDA. Secretaria do Orçamento Participativo. *O que é Orçamento Participativo*. Olinda: PMO, 2002. p. 9.

[589] BUENOS AIRES. BA Elige – Ideas que transforman la ciudad. ¿Qué es BA Elige? Disponível em: https://baelige.buenosaires.gob.ar/ba_elige. Acesso em: 19 jun. 2023.

[590] SEVILLA. Portal de Transparencia. *Presupuestos y Participación*. Disponível em: www.sevilla.org/transparencia/relaciones-con-los-ciudadanos/2-compromiso-ciudadania/presupuestos-y-participacion. Acesso em: 19 jun. 2023.

[591] NEW YORK. New York City Council. *Participatory Budgeting*. Disponível em: https://council.nyc.gov/pb/. Acesso em: 19 jun. 2023.

[592] LOS ANGELES. *L.A. Repair Participatory Budgeting*. Disponível em: https://repair.lacity.gov/. Acesso em: 19 jun. 2023.

[593] ALI, Miguel Abudo Momade. *Marcos e desafios para implantação do Orçamento Participativo no município de Nampula* – Moçambique entre 2014-2017. Tese (Doutorado) – Centro de Artes e Comunicação, Programa de Pós-Graduação em Desenvolvimento Urbano, Universidade Federal de Pernambuco, Recife, 2021.

Os delegados do Orçamento Participativo, no Brasil, em regra, são capacitados em cursos com técnicos de controle externo dos Tribunais de Contas dos Estados (TCEs), professores universitários e técnicos em orçamento, participando do processo de decisões sobre os assuntos mais importantes do município. Também recebem, em regra, uma versão popular do PPA em linguagem mais acessível para facilitar o acompanhamento dos projetos e custos.

A população reunida nas assembleias elege suas prioridades em três níveis: em primeiro lugar, as do município como um todo; em seguida, por comunidade; e, finalmente, em cada um dos bairros. Nas comunidades e nos bairros, as questões costumam girar principalmente em torno de moradia, calçamento de ruas, esgotamento sanitário, entre outras, de acordo com as particularidades de cada área.

As prioridades eleitas pelos moradores durante o Orçamento Participativo devem servir de subsídio para preparação da Lei Orçamentária Anual (LOA) e do Plano Plurianual (PPA). Um dos obstáculos à efetiva implementação desse instrumento de democracia participativa se expressa na subsistência da dúvida quanto à força vinculante das decisões assembleares. Para Fernando Facury Scaff,[594] as decisões dos cidadãos sobre o Orçamento Participativo devem passar pelo crivo do Poder Legislativo, para que se tornem normas orçamentárias. Para o autor, a interação entre instâncias decisórias de naturezas distintas reforça a "relação de tensão entre democracia representativa e direta".

Com efeito, importante aspecto relativo ao tema refere-se à iniciativa formal das leis orçamentárias, que é privativa do chefe do Poder Executivo, não estando ele obrigado a seguir, ao menos do ponto de vista estritamente legal, o que venha a ser decidido pela população nas reuniões plenárias para discussão do orçamento. Nesse sentido é a decisão do Tribunal de Justiça de Minas Gerais, assim ementada:

> EMENTA: AÇÃO DIRETA DE INCONSTITUCIONALIDADE – MEDIDA CAUTELAR – ART. 8º DA LEI Nº 2.088/2014 DO MUNICÍPIO DE BRUMADINHO – LEI ORDINÁRIA – APLICAÇÃO DE NO MÍNIMO 2% (DOIS POR CENTO) NO "ORÇAMENTO PARTICIPATIVO" – PARÂMETRO DO §5º DO ART. 155 DA CONSTITUIÇÃO DO ESTADO – RESERVA DA LEI DE DIRETRIZES ORÇAMENTÁRIAS E PREVISÃO DO MÍNIMO

---

[594] SCAFF, Fernando Facury. *Orçamento republicano e liberdade igual*. Belo Horizonte: Fórum, 2021. p. 504. Disponível em: www.forumconhecimento.com.br/livro/4234. Acesso em: 6 jun. 2023.

DE 1% (UM POR CENTO) – CONCESSÃO DA MEDIDA CAUTELAR. 1. O fato de a lei cujo dispositivo é impugnado ter sido publicada em 2017 não afasta o "periculum in mora" para a concessão de medida cautelar, pois se trata de comando cuja aplicação se renova a cada ano, quando da elaboração das leis orçamentárias. 2. *É juridicamente plausível a tese de que o estabelecimento, em lei ordinária municipal, de obrigatoriedade de destinação de 2% (dois por cento) da receita corrente líquida do Município para atender ao chamado "orçamento participativo" viola não apenas a iniciativa privativa do Prefeito quanto à legislação orçamentária, mas, sobretudo, a reserva da lei de diretrizes orçamentárias, de cada ano, para a fixação desse percentual, conforme estabelecido no §5º do art. 155 da Constituição do Estado.*[595]

Embora o artigo 48 da Lei Complementar nº 101/2000 (Lei de Responsabilidade Fiscal) imponha o incentivo à participação popular durante os processos de elaboração e de discussão dos planos, orçamentos e leis de diretrizes orçamentárias, e embora o inciso XII do artigo 29 da CR/88 determine a cooperação das associações representativas no planejamento municipal, nada disso significa, em princípio, a obrigatoriedade legal do Poder Executivo em atender ao que discutido nessas instâncias. A obrigatoriedade dá-se apenas no campo político e nos eventuais efeitos negativos de seu não atendimento por parte do chefe do Executivo. Justamente por isso, Fernando Facury Scaff alerta que "é necessário que haja efetivo comprometimento em cumprir os anseios expostos pela sociedade, sem o que todo esse processo será *meramente discursivo e enganador*".[596]

Por fim, não se olvide que o artigo 44 da Lei Federal nº 10.257, de 10 de julho de 2001 (Estatuto da Cidade), sendo o diploma legal que regulamentou os arts. 182 e 183 da Constituição da República, estabelecendo diretrizes gerais da política urbana, previu, no âmbito da gestão orçamentária participativa, a obrigatoriedade da realização de debates, audiências e consultas públicas sobre as propostas do Plano Plurianual, da Lei de Diretrizes Orçamentárias e do orçamento anual como condição obrigatória para sua aprovação pela Câmara Municipal, *in verbis*:

---

[595] MINAS GERAIS. Tribunal de Justiça do Estado de Minas Gerais. *Ação Direta de Inconstitucionalidade nº 1.0000.17.045934-1/000*. Relator: Des. Armando Freire, Relator para o acórdão: Des. Edgard Penna Amorim. Órgão Especial. Julgamento em: 5.12.2018. Publicação em: 13.2.2019 (grifos nossos).

[596] SCAFF, Fernando Facury. *Orçamento republicano e liberdade igual*. Belo Horizonte: Fórum, 2021. p. 504. Disponível em: www.forumconhecimento.com.br/livro/4234. Acesso em: 6 jun. 2023 (grifos nossos).

Art. 44. No âmbito municipal, a gestão orçamentária participativa de que trata a alínea *f* do inciso III do art. 4º desta Lei incluirá a realização de debates, audiências e consultas públicas sobre as propostas do plano plurianual, da lei de diretrizes orçamentárias e do orçamento anual, como condição obrigatória para sua aprovação pela Câmara Municipal.[597]

12.3 Formas de exercício do controle democrático

Impende ressaltar que há várias formas de controle democrático, seja aquele realizado em conselhos de políticas públicas, seja aquele exercido diretamente pelos cidadãos, individual ou coletivamente, como é o caso do Orçamento Participativo, do qual se tratou no tópico anterior.

Entre os diversos modos de exercer a participação e o controle democráticos, alguns deles previstos em normas legais de cunho geral, remete-se ao que dispõe a Lei de Introdução às Normas do Direito Brasileiro (Decreto-Lei nº 4.657/1942), com as alterações introduzidas pela Lei nº 13.655/2018. Mencionam-se, a propósito, os arts. 26 e 29 do aludido diploma.[598] Destaca-se, ainda, pela similitude de conteúdo, o art. 32 da Lei nº 9.784/1999 (Lei Federal de Processo Administrativo): "Art. 32. Antes da tomada de decisão, a juízo da autoridade, diante da relevância da questão, poderá ser realizada audiência pública para debates sobre a matéria do processo".

Os meios possíveis de participação são assim identificados pela Controladoria-Geral da União:

> [...] os conselhos são instâncias de exercício da cidadania, que abrem espaço para a participação popular na gestão pública. [...] Assim, os conselhos podem desempenhar, conforme o caso, funções de fiscalização, de mobilização, de deliberação ou de consultoria.[599]

---

[597] BRASIL. Presidência da República. *Lei nº 10.257*, de 10 de julho de 2001. Regulamenta os arts. 182 e 183 da Constituição Federal, estabelece diretrizes gerais da política urbana e dá outras providências. Brasília: Presidência da República, Casa Civil, 2001.

[598] LINDB, arts. 26 e 29, *caput*: "Art. 26. Para eliminar irregularidade, incerteza jurídica ou situação contenciosa na aplicação do direito público, inclusive no caso de expedição de licença, a autoridade administrativa poderá, após oitiva do órgão jurídico e, quando for o caso, após realização de *consulta pública*, e presentes razões de relevante interesse geral, celebrar compromisso com os interessados, observada a legislação aplicável, o qual só produzirá efeitos a partir de sua publicação oficial. [...] Art. 29. Em qualquer órgão ou Poder, a edição de atos normativos por autoridade administrativa, salvo os de mera organização interna, *poderá ser precedida de consulta pública* para manifestação de interessados, preferencialmente por meio eletrônico, a qual será considerada na decisão" (grifos nossos).

[599] BRASIL. Controladoria-Geral da União. *Controle social*: orientações aos cidadãos para participação na gestão pública e exercício do controle social. 3. ed. Brasília: 2012. p. 21.

É possível ainda a participação do cidadão no controle democrático da administração pública de modo individual ou coletivo, conforme nos esclarece, mais uma vez, a Controladoria-Geral da União:

> [...] cada cidadão ou grupo de cidadãos, isoladamente ou em conjunto com entidades ou organizações da sociedade civil, pode ser fiscal das contas públicas. Cada um desses atores sociais pode, por exemplo, verificar se o município, o Estado e a União realizaram, na prática, as obras das escolas conforme previsto ou se os valores das notas fiscais e valores das compras e obras realizadas são compatíveis com os preços de mercado.
> No caso dos municípios, por exemplo, a Constituição Federal assegura, no §3º do Artigo 31, que suas contas ficarão à disposição de qualquer contribuinte para exame e apreciação durante 60 dias, anualmente, sendo possível o questionamento da legitimidade das contas nos termos da lei.[600]

São exemplos de conselhos previstos nas legislações infraconstitucionais, entre outros, o Conselho de Alimentação Escolar (Lei Federal nº 11.947, de 2009), o Conselho de Saúde (Lei Federal nº 8.142, de 1990), o Conselho do Fundo de Manutenção e Desenvolvimento da Educação Básica e de Valorização dos Profissionais da Educação – Fundeb (Lei Federal nº 14.133, de 2020), o Conselho de Assistência Social (Lei Federal nº 8.742, de 1993) e o Conselho Estadual de Política Cultural (em Minas Gerais, vide a Lei Estadual nº 11.726, de 1994, e a Lei Delegada Estadual nº 180, de 2011).

Aos meios tradicionais de participação e controle social, somam-se novas ferramentas viabilizadas pelo significativo avanço da ciência da computação e da tecnologia da informação. Nesse cenário, cita-se, como um primeiro exemplo, o disposto na Lei nº 13.709, de 14 de agosto de 2018, Lei Geral de Proteção de Dados, que dispõe sobre o tratamento de dados pessoais, inclusive nos meios digitais, por pessoa natural ou por pessoa jurídica de direito público ou privado, com o objetivo de proteger os direitos fundamentais de "liberdade e de privacidade e o livre desenvolvimento da personalidade da pessoa natural". Essa lei, que também preconiza a transparência na ação estatal:

> [...] faz parte do conjunto de normas, formado também pela Lei de Acesso à Informação (Lei nº 12.527/2011) e pela Lei de Transparência

---

[600] BRASIL. Controladoria-Geral da União. *Controle social*: orientações aos cidadãos para participação na gestão pública e exercício do controle social. 3. ed. Brasília: 2012. p. 21.

(LC nº 101/2009), que exige clareza na divulgação de atos e ações, ao mesmo tempo em que estabelece restrições quanto à divulgação dos dados pessoais. Para o atendimento a esse conjunto de leis, é importante a criação de uma cláusula geral de concordância para divulgação de dados, em documentos e contratos públicos, conforme dita a Lei da Transparência. Também para garantir o cumprimento da legislação, o armazenamento de dados sensíveis deverá ser seguro e com acesso controlado.[601]

Mais recentemente, cita-se como potencial mecanismo de controle, inclusive social, o denominando *blockchain*, que, nas palavras da professora Odete Medauar, constitui:

> Relevante possibilidade de controle social [...] cuja inserção no setor público vem divulgada pioneiramente por Marçal Justen Filho em eventos e publicações. Nas palavras deste autor *"Blockchain* é um protocolo que conjuga a criptografia, o arquivamento de atos em número indeterminado de computadores e a exigência de vínculo entre o ato posterior e o anterior. Isso gera uma corrente indissociável de arquivos" [...] "Ninguém consegue eliminar nem alterar atos consumados". "Anote-se que a tecnologia do *blockchain* está disponível no mercado e sua utilização não envolve maiores dificuldades" [...] "Isso permitirá identificar a data e a autoria de cada ato, inviabilizando o acréscimo superveniente das informações essenciais e a tentativa de correção *a posteriori*". "A repercussão dessas inovações será significativa, impondo a observância compulsória da disciplina legal e facilitando o controle quanto à regularidade da atuação dos agentes estatais e sujeitos privados". Deste modo, o controle social seria realizado sobre licitações, por exemplo, com a utilização de computadores, notebooks e, mesmo, celulares. Várias atividades administrativas poderiam ser objeto do controle social se as autoridades adotassem este meio eletrônico.[602]

Quer estejam consolidados ou em estágio de potencial implementação, os mecanismos de controle social dependem da mobilização da sociedade, assim como da assunção de compromisso de efetivação por parte daqueles a quem cabe viabilizar os meios institucionais de

---

[601] PARANÁ. Controladoria-Geral do Estado do Paraná. *Cartilha da LGPD*. Abril, 2020. Disponível em: www.cge.pr.gov.br/Pagina/Cartilhas-da-Lei-Geral-de-Protecao-de-Dados-LGPD. Acesso em: 12 jun. 2023.
[602] MEDAUAR, Odete. *Controle da administração pública*. Belo Horizonte: Fórum, 2020. p. 174. Disponível em: www.forumconhecimento.com.br/livro/4093/4271/27960. Acesso em: 5 jun. 2023.

participação. O cidadão tem a tarefa de participar da gestão governamental, de forma responsável e segura, e de exercer o controle social da despesa pública para um controle efetivo dos recursos públicos e utilização dos recursos disponíveis para atender ao interesse da coletividade.

Claro que, na esteira de maior participação popular no controle da administração pública, problemas adicionais também surgiram. A expansão vertiginosa do chamado terceiro setor é um deles. Mais que fiscalizar as ações do poder público, a sociedade civil organizada passa a colaborar diretamente com o Estado na prestação de serviços que, em regra, deveriam ser ofertados pelas entidades públicas, gerando nova demanda por controle também voltado a entidades que colaboram com o Estado. Em razão dessa necessidade, foi editada a Lei nº 13.019, de 31 de julho de 2014, que estabelece o regime jurídico das parcerias entre a administração pública e as organizações da sociedade civil, além de reger os controles institucional e social dessas parcerias.[603]

---

[603] Veja-se o que dispõe o art. 60 da Lei nº 13.019/2014: "Art. 60. Sem prejuízo da fiscalização pela administração pública e pelos órgãos de controle, a execução da parceria será acompanhada e fiscalizada pelos conselhos de políticas públicas das áreas correspondentes de atuação existentes em cada esfera de governo. Parágrafo único. As parcerias de que trata esta Lei estarão também sujeitas aos mecanismos de controle social previstos na legislação".

CAPÍTULO 13

A LEI DE RESPONSABILIDADE FISCAL E O CONTROLE DA ADMINISTRAÇÃO

A Lei Complementar nº 101, de 4 de maio de 2000, foi editada na esteira do esforço de estabilização empreendido a partir do plano de estabilização econômica de 1994, sendo, por isso mesmo, estabelecidas regras que resgataram as normas de planejamento e de transparência na gestão, de modo a que o alcance do equilíbrio das contas públicas seja feito de modo perene.

Nesse sentido, estatuiu o parágrafo 1º, do artigo 1º, da Lei de Responsabilidade Fiscal (LRF) que "a responsabilidade na gestão fiscal pressupõe a ação planejada e transparente, em que se previnem riscos e corrigem desvios capazes de afetar o equilíbrio das contas públicas [...]".

A LRF, ao buscar orientar e robustecer a fiscalização da gestão das contas públicas, perseguiu o desiderato de garantir a responsabilidade na arrecadação de receitas e na realização de despesas, almejando o equilíbrio das contas públicas do país.

Podemos citar, em termos gerais, suas principais inovações, entre elas: o estabelecimento de limite máximo para as despesas dos governos com pessoal; a criação de medidas de promoção da transparência e do controle social da execução do orçamento; o estabelecimento de critérios para a gestão das finanças públicas em situações de emergência, tais como recessão econômica ou queda na arrecadação tributária; e a criação de sanções para os gestores públicos que descumprirem as normas fiscais impostas, por meio da aplicação de multas e, até mesmo, pela imputação de inelegibilidade à ocupação de cargos públicos.

A LRF foi editada em atendimento ao insculpido no artigo 163 da CR/88, de modo a estabelecer marcos norteadores das finanças públicas no Brasil, como afirmamos:

A despeito de medidas consideradas mais simples e efetivas no soerguimento da capacidade de investimento do Estado, tais como a redução das despesas de custeio pelo monitoramento da efetividade do gasto público, a redução do tamanho do Estado, uma maior capacitação dos gestores públicos e o fortalecimento do substancial rol de organismos de controle já existentes, foi editada a chamada Lei de Responsabilidade Fiscal, sob os auspícios do consenso de Washington, que buscou criar mecanismos que impusessem maior seriedade e responsabilidade na gestão das finanças públicas por parte dos entes federados, com fulcro em mandamento constitucional proeminente presente no artigo 163 da Constituição da República de 1988.

[...]

Impende ressaltar que não inovou o legislador infraconstitucional, ao contrário, buscou experiências internacionais exitosas que foram implementadas na Comunidade Econômica Europeia, por meio do *Tratado de Maastricht* de 1992, nos Estados Unidos da América, por meio do *Budget Enforcement Act* de 1990 e também na Nova Zelândia, por meio do *Fiscal Responsibility Act* de 1994, estabelecendo os princípios e metas para uma gestão fiscal responsável.[604]

Importante contraponto fazem Gilberto Bercovici e Luís Fernando Massonetto ao destacar que a LRF, "ao contrário da opinião corrente, encerra um processo iniciado na década de 1970, não inicia uma fase nova das finanças públicas brasileiras". Da sua perspectiva, a reestruturação das finanças públicas no Brasil "não é fruto exclusivo de nossas vicissitudes históricas, mas encaixa-se dentro de um processo mais amplo de mudança da função do orçamento público", o qual teve início "a partir das transformações ocorridas no sistema capitalista desde a década de 1970".[605]

Nesses termos, Gilberto Bercovici e Luís Fernando Massonetto afirmam que, no "período do chamado 'consenso keynesiano' (1945-1973) [...], os orçamentos do chamado Estado Social, teriam, então, a característica fundamental de garantir direitos e a prestação de serviços públicos para a maioria da população". Contudo, de acordo com os autores, "as mudanças do processo de acumulação de capital, notadamente a

---

[604] MOURÃO, Licurgo; FILHO VIANA, Gélzio Gonçalves. Matriz de risco, seletividade e materialidade: paradigmas qualitativos para a efetividade das entidades de fiscalização superiores. *Revista do Tribunal de Contas do Estado de Minas Gerais*, v. 74, n. 1, p. 238, 240-242, jan./mar. 2010.

[605] BERCOVICI, Gilberto; MASSONETTO, Luís Fernando. A constituição dirigente invertida: a blindagem da Constituição Financeira e a agonia da Constituição Econômica. *Boletim de Ciências Econômicas*, XLIX, p. 67, 2006.

'financeirização' do capitalismo como ocorre a partir da década de 1970", promoveram a alteração da "função do fundo público no sistema capitalista".[606]

Apesar de continuar "sendo um instrumento essencial", o fundo público, nas palavras dos autores, não serviria "mais, preponderantemente, para, por meio de direitos sociais e serviços públicos, assegurar a reprodução da força de trabalho, passando também a ser disputado com o objectivo de garantir a remuneração do próprio capital".[607] Como resultado, o Direito Financeiro adquiriria uma nova função ao dispor sobre

> a organização do espaço político-econômico da acumulação [...] a tutela jurídica da renda do capital e da sanção de ganhos financeiros privados, a partir da alocação de garantias estatais ao processo sistêmico de acumulação liderado pelo capital financeiro.[608]

No caso brasileiro, o cenário seria agravado por um movimento, sobretudo da doutrina e da prática constitucional pós-1988, denominado de blindagem da constituição financeira. Gilberto Bercovici e Luís Fernando Massonetto afirmam que esse fenômeno se caracteriza por uma interpretação que aparta as normas de Direito Financeiro contidas na Constituição da República de 1988 do restante do seu texto. Esquece-se, assim, da advertência de Eros Roberto Grau, segundo a qual "não se interpreta a Constituição em tiras, aos pedaços".[609] Dessa forma, para os autores:

> A constituição financeira de 1988, que deveria dar suporte para a implementação da constituição econômica de 1988, falhou nesta tarefa. Um dos motivos é a separação que a doutrina e a prática constitucionais pós-1988 promoveram entre a constituição financeira e a constituição econômica, como se uma não tivesse nenhuma relação com a outra e

---

[606] BERCOVICI, Gilberto; MASSONETTO, Luís Fernando. A constituição dirigente invertida: a blindagem da Constituição Financeira e a agonia da Constituição Econômica. *Boletim de Ciências Económicas*, XLIX, p. 68, 2006.

[607] BERCOVICI, Gilberto; MASSONETTO, Luís Fernando. A constituição dirigente invertida: a blindagem da Constituição Financeira e a agonia da Constituição Econômica. *Boletim de Ciências Económicas*, XLIX, p. 68, 2006.

[608] BERCOVICI, Gilberto; MASSONETTO, Luís Fernando. A constituição dirigente invertida: a blindagem da Constituição Financeira e a agonia da Constituição Econômica. *Boletim de Ciências Económicas*, XLIX, p. 69, 2006.

[609] GRAU, Eros Roberto. *A ordem econômica na Constituição de 1988*. 14. ed. São Paulo: Malheiros Editores, 2010. p. 164.

como se ambas não fizessem parte da mesma Constituição de 1988. *A constituição financeira passou a ser interpretada e aplicada como se fosse "neutra", meramente processual, com diretrizes e lógica próprias, separada totalmente da ordem econômica e social, esterilizando, assim, a capacidade de intervenção do Estado na economia.* Separada da constituição financeira, a constituição econômica de 1988 foi transformada em mera "norma programática".[610]

O resultado desse movimento seria a substituição da constituição dirigente pela figura da constituição dirigente invertida, assim descrita pelos autores:

> [...] a constituição dirigente das políticas públicas e dos direitos sociais é entendida como prejudicial aos interesses do país, causadora última das crises econômicas, do déficit público e da "ingovernabilidade"; a constituição dirigente invertida, isto é, a constituição dirigente das políticas neoliberais de ajuste fiscal é vista como algo positivo para a credibilidade e a confiança do país junto ao sistema financeiro internacional. Esta, *a constituição dirigente invertida, é a verdadeira constituição dirigente, que vincula toda a política do Estado brasileiro à tutela estatal da renda financeira do capital, à garantia da acumulação de riqueza privada.*[611]

De todo modo, ponto de grande importância também a ser destacado no texto da Lei de Responsabilidade Fiscal diz respeito ao seu capítulo IX, incentivando o controle social e a transparência. Nestes termos:

> [...] a transparência na elaboração e divulgação de planos, orçamentos, balanços, demonstrativos, relatórios e outros documentos, também em versões simplificadas, foi alvo de diversas normatizações ao longo de todo o texto da lei, notadamente nos artigos 48 a 49, tais como, por exemplo, a exigência de elaboração de demonstrativo das metas anuais e de demonstrativo da estimativa e compensação da renúncia de receita e da margem de expansão das despesas obrigatórias de caráter continuado.[612]

---

[610] BERCOVICI, Gilberto; MASSONETTO, Luís Fernando. A constituição dirigente invertida: a blindagem da Constituição Financeira e a agonia da Constituição Económica. *Boletim de Ciências Económicas*, XLIX, p. 67, 2006 (grifos nossos).

[611] BERCOVICI, Gilberto; MASSONETTO, Luís Fernando. A constituição dirigente invertida: a blindagem da Constituição Financeira e a agonia da Constituição Económica. *Boletim de Ciências Económicas*, XLIX, p. 73, 2006 (grifos nossos).

[612] MOURÃO, Licurgo; FILHO VIANA, Gélzio Gonçalves. Matriz de risco, seletividade e materialidade: paradigmas qualitativos para a efetividade das entidades de fiscalização

Claro que o amplíssimo espectro de abrangência da Lei de Responsabilidade Fiscal trouxe dificuldades adicionais ao pleno cumprimento de seus dispositivos, seja pelo seu alcance espacial, seja pelo estrutural, ao abranger todos os poderes (Executivo, Legislativo e Judiciário) e as três esferas de governo (federal, estadual e municipal), ao introduzir práticas e conceitos novos que se confrontaram com o empirismo e a baixa capacitação técnica, em regra, daqueles incumbidos da gestão dos recursos públicos, notadamente nos pequenos Municípios do país, que são a maioria deles.

Ao estabelecer a observância de diversos limites de endividamento e de gastos, além da obrigatoriedade de adoção de medidas para a contenção das despesas públicas, a LRF impôs a profissionalização da gestão técnica, promovendo, em consequência, o rompimento histórico da dependência dos repasses, obrigatórios ou voluntários, do ente federal, estimulando-se, entre outras medidas, a modernização das máquinas estaduais e municipais de arrecadação de recursos próprios.

Sendo assim, buscou a Lei de Responsabilidade Fiscal, em última análise, o estímulo à formação de nova geração de gestores públicos, preocupada com a chamada administração pública gerencial, cujo norte de atuação é o atingimento de metas de desempenho e a qualidade do gasto público, de modo a proporcionar a melhoria da qualidade de vida da coletividade. Como afirmamos:

> Os mecanismos implementados objetivaram o controle, em especial, dos gastos mais nevrálgicos em termos de contingenciamento e de volume de recursos envolvidos, entre eles os gastos com pessoal e o montante de endividamento público, através da definição de metas fiscais, de arrecadação de receitas e de limites de realização de despesas, o estabelecimento de mecanismos de compensação fiscal, condições para a geração de despesas de caráter permanente e uma especial atenção para um período historicamente sensível para a extrapolação do limite do razoável em termos de finanças públicas, qual seja, o último ano de mandato dos gestores.[613]

---

superiores. *Revista do Tribunal de Contas do Estado de Minas Gerais*, v. 74, n. 1, p. 242, jan./mar. 2010.

[613] MOURÃO, Licurgo; FILHO VIANA, Gélzio Gonçalves. Matriz de risco, seletividade e materialidade: paradigmas qualitativos para a efetividade das entidades de fiscalização superiores. *Revista do Tribunal de Contas do Estado de Minas Gerais*, v. 74, n. 1, p. 247, jan./mar. 2010.

Ocorre que, para atender ao desiderato de maior transparência, controle e fiscalização, o legislador impôs ao gestor o manejo de um sem-fim de novos demonstrativos, muitos deles sobrepostos em suas exigências e registros, agravado ainda pela desarmonia hoje reinante em relação a alguns conceitos essenciais ao controle que se espera. Entre eles, citamos a fixação do alcance do conceito de gastos total com pessoal que ora permite a inclusão ou não dos valores despendidos com inativos e com imposto de renda retido, além da disparidade terminológica no que toca aos gastos com saúde, que, da mesma forma, ora permite incluir os gastos com saneamento, ora não, a depender.

O controle e a fiscalização do cumprimento das normas presentes na Lei de Responsabilidade Fiscal e, por conseguinte, da administração pública estão sob a responsabilidade do Poder Legislativo e dos Tribunais de Contas, bem como do sistema de controle interno de cada poder e, ainda, do Ministério Público.

Entre o rol dos itens passíveis de controle estabelecidos pela Lei de Responsabilidade Fiscal, encontramos, entre outros:

a) a não instituição, a não previsão e a não arrecadação de todos os impostos de sua competência, cuja sanção é a suspensão de transferências voluntárias (art. 11, parágrafo único);

b) a não eliminação do excesso, enquanto perdurar a extrapolação dos limites de despesas com pessoal, cuja sanção é a suspensão de transferências voluntárias, de obtenção de garantias, de contratação de operações de crédito, exceto para refinanciamento da dívida mobiliária e redução das despesas com pessoal (art. 23, §3º);

c) a extrapolação do limite de despesa com pessoal no primeiro quadrimestre do último ano do mandato, cuja sanção é a mesma da anterior (art. 23, §4º);

d) o não retorno aos limites da despesa de pessoal nos prazos estabelecidos na LRF, cuja sanção é a suspensão, enquanto perdurar o excesso, de todos os repasses de verbas federais e estaduais (art. 169, §2º, da CR/88);

e) a não eliminação no prazo do excedente da dívida consolidada e enquanto perdurar seu excesso, cuja sanção é a proibição de realizar operações de crédito interna ou externa, inclusive por antecipação de receita, ressalvado o refinanciamento do principal atualizado da dívida mobiliária (art. 31, §1º);

f) não observar o prazo de retorno ao limite máximo da dívida contratada e enquanto perdurar o excesso, cuja sanção é a vedação ao recebimento de transferências voluntárias da União ou do Estado (art. 31, §2º);

g) a extrapolação do limite do montante da dívida no primeiro quadrimestre do último ano do mandato do chefe do Poder Executivo, cuja sanção é a proibição de realizar operações de crédito interna ou externa, inclusive por antecipação de receita, ressalvado o refinanciamento do principal atualizado da dívida mobiliária (art. 31, §3º);

h) não estabelecer os mecanismos de compensação e de correção de desvios para as operações de crédito, realizando-as com infração às disposições contidas na LRF, enquanto perdurar a irregularidade, cuja sanção é a vedação ao recebimento de transferências voluntárias, obtenção de garantias, realização de operações de crédito, exceto para refinanciamento da dívida mobiliária e redução das despesas com pessoal (art. 33, §3º);

i) não honrar dívida que venha a ser saldada pela União ou Estado, cuja sanção é a suspensão do acesso a novos créditos ou financiamentos até a liquidação da dívida (art. 40, §10);

j) descumprir os prazos para enviar as contas à União (com cópia para o Poder Executivo do respectivo Estado) ou para a divulgação do Relatório Resumido de Execução Orçamentária e do Relatório de Gestão Fiscal, cuja sanção é a vedação de realização de transferências voluntárias e da contratação de operações de crédito, exceto para refinanciamento da dívida mobiliária (art. 51, §2º, art. 52, §2º, e art. 55, §3º);

k) permanecer acima do limite para despesa de pessoal no prazo de dois exercícios, caso em 1999 estivesse acima desse limite, cuja sanção é, até a regularização, o impedimento de o ente receber transferências voluntárias, obter garantias, realizar operações de crédito, exceto para o refinanciamento da dívida mobiliária e redução das despesas com pessoal (art. 70, parágrafo único).

A despeito da sua vigência por mais de duas décadas, verifica-se que a implementação da gestão fiscal responsável na administração pública brasileira ainda é uma quimera. Inúmeras tentativas de sua mitigação foram intentadas e colocadas em prática a cada sobressalto econômico, a exemplo da Emenda Constitucional nº 95/2016 (Teto de Gastos), da Emenda Constitucional nº 109/2021 (Emergencial) e, por último, a proposta de Novo Arcabouço Fiscal (Projeto de Lei Complementar nº 93/2023), que, mais uma vez, propõe o controle da dívida pública, a adoção de limite de gastos por órgão federal e medidas de ajuste fiscal para corrigir eventuais desequilíbrios fiscais.

O diagnóstico é antigo e, ao que parece, a terapêutica também. É o que discutiremos nos tópicos adiante.

13.1 Transparência da gestão fiscal (arts. 48, 48-A e 49)

O controle social é necessário para garantir que os recursos públicos serão aplicados de modo a alcançar os objetivos dos programas governamentais presentes nas leis orçamentárias e levados à execução. Trata-se, pois, de matéria de interesse da cidadania em geral, na medida em que questões alocativas impactam diretamente a vida de todos os cidadãos.

Para Marcus Abraham, além da "transparência fiscal", outro pilar da Lei de Responsabilidade Fiscal (LRF) é a "cidadania fiscal", compreendida como estímulo à participação popular no controle e na fiscalização da atividade financeira do Estado.[614] O legislador complementar, portanto, andou bem ao criar um capítulo específico na LRF para a transparência, o controle e a fiscalização orçamentária do Estado pela sociedade. Isso porque a soberania popular é um dos fundamentos da República Federativa do Brasil (art. 1º, parágrafo único, CR/88) cujo exercício não se limita ao direito de votar e ser votado, abrangendo também a participação ativa na gestão da coisa pública.

Sendo assim, nos artigos referidos, a LRF impõe a transparência na gestão dos recursos públicos ao mesmo tempo em que determina a forma pela qual esse objetivo será alcançado, mediante participação social.

De acordo com o art. 48, *caput*, da LRF, os planos, orçamentos e leis de diretrizes orçamentárias; as prestações de contas e o respectivo parecer prévio; o Relatório Resumido da Execução Orçamentária e o Relatório de Gestão Fiscal; bem como as versões simplificadas desses documentos são considerados instrumentos de transparência da gestão fiscal, aos quais será dada ampla divulgação, inclusive em meios eletrônicos de acesso público.

Importante registrar que a Lei Complementar nº 156/2016 alterou a redação do art. 48 da LRF. Com a reforma legislativa, o antigo parágrafo único do art. 48 da LRF foi renumerado para §1º e a redação do

---

[614] ABRAHAM, Marcus. *Lei de responsabilidade fiscal comentada*. Rio de Janeiro: Forense, 2016. p. 244.

seu inciso II foi modificada. Além disso, foram criados os parágrafos 2º, 3º, 4º, 5º e 6º desse dispositivo legal.

O §1º do art. 48 da LRF dispõe sobre outras formas pelas quais será assegurada a transparência dos gastos públicos. Dentre elas, incluem-se o incentivo à participação popular e à realização de audiência pública durante os processos de elaboração e discussão dos planos, Lei de Diretrizes Orçamentárias e orçamentos. Também consta a necessidade de o poder público liberar, em tempo real e nos meios eletrônicos de acesso público, informações pormenorizadas sobre a execução orçamentária e financeira, para conhecimento e acompanhamento pela sociedade. Por fim, há determinação expressa no sentido de que seja adotado sistema integrado de administração financeira e controle, que atenda a padrão mínimo de qualidade estabelecido pelo Poder Executivo da União, bem como contenha informações precisas quanto à execução de despesas e ao lançamento de receitas, nos termos estabelecidos pelo art. 48-A, da LRF.

Na sequência, o §2º, do art. 48 da LRF trouxe o dever de a União, os Estados e os Municípios disponibilizarem informações e dados contábeis, orçamentários e fiscais de acordo com a periodicidade, o formato e o sistema estabelecidos pelo órgão central de contabilidade da União, os quais deverão ser divulgados em meio eletrônico de amplo acesso público. Satisfeitos esses requisitos, o §5º do art. 48 da LRF considera atendido o dever de ampla divulgação a que se refere o *caput* desse artigo.

Já o §3º do art. 48 da LRF dispõe que Estados, Distrito Federal e Municípios deverão encaminhar ao Ministério da Fazenda, nos termos e na periodicidade a serem definidos em instrução específica deste órgão, as informações necessárias para a constituição do registro eletrônico centralizado e atualizado das dívidas públicas interna e externa.

O descumprimento das determinações impostas pelos parágrafos 2º e 3º do art. 48 da LRF ensejará, conforme o §4º do mesmo dispositivo legal, a punição prevista pelo art. 51, §2º, da LRF, qual seja: a proibição de recebimento de transferências voluntárias e de contratação de operações de crédito, exceto as destinadas ao pagamento da dívida mobiliária. Por fim, o §6º do art. 48 da LRF determina que todos os poderes e órgãos referidos no art. 20 da LRF, incluídos autarquias, fundações públicas, empresas estatais dependentes e fundos do ente da federação, devem utilizar sistemas únicos de execução orçamentária e financeira, mantidos e gerenciados pelo Poder Executivo, resguardada a autonomia.

Assim, a reforma da LRF pretendeu padronizar a divulgação das informações e dos dados contábeis, orçamentários e fiscais dos entes federativos, conforme modelo disponibilizado pela União. Isso confere maior clareza às informações e facilita a atuação cidadã no controle e na fiscalização da gestão fiscal nas três esferas da federação.

No art. 49, *caput*, da LRF, o legislador complementar determinou que as contas apresentadas pelo chefe do Poder Executivo ficarão disponíveis, durante todo o exercício, no respectivo Poder Legislativo e no órgão técnico responsável pela sua elaboração, para consulta e apreciação pelos cidadãos e instituições da sociedade. O disposto nesse artigo não apenas repete o §3º do art. 31 da CR/88, como também amplia seu alcance, na medida em que, para a Constituição da República, as contas municipais ficarão disponíveis apenas por sessenta dias.

Embora importante, esse dispositivo normativo é de pouca utilidade prática para o cidadão médio. Diz-se de pouca utilidade porque a simples disponibilização das contas de todos os chefes do Poder Executivo no Poder Legislativo e no órgão que as elaborou não significa efetividade do controle, pois este pressupõe a existência de conhecimento técnico apurado de quem realizará tal atividade, o que não é simples.

13.2 Escrituração e consolidação das contas (arts. 50 e 51)

Consentânea com seu caráter amplo e complexo, a LRF dedica toda uma seção para inovar em aspectos contábeis. A nosso ver, nesta matéria, o legislador complementar cometeu uma atecnia, uma vez que a previsão constitucional para sua edição não arrola aspectos contábeis como sendo de sua alçada. Na prática, isso trouxe dificuldades de registro e consolidação de toda ordem, ainda hoje não resolvidos em sua inteireza pelo órgão central de contabilidade previsto no parágrafo 2º do art. 50.

Sendo assim, conforme os incisos do art. 50 da LRF, a escrituração das contas públicas precisará observar as seguintes normas de contabilidade pública:

> I - a disponibilidade de caixa constará de registro próprio, de modo que os recursos vinculados a órgão, fundo ou despesa obrigatória fiquem identificados e escriturados de forma individualizada;

II - a despesa e a assunção de compromisso serão registradas segundo o regime de competência, apurando-se, em caráter complementar, o resultado dos fluxos financeiros pelo regime de caixa;
III - as demonstrações contábeis compreenderão, isolada e conjuntamente, as transações e operações de cada órgão, fundo ou entidade da administração direta, autárquica e fundacional, inclusive empresa estatal dependente;
IV - as receitas e despesas previdenciárias serão apresentadas em demonstrativos financeiros e orçamentários específicos;
V - as operações de crédito, as inscrições em Restos a Pagar e as demais formas de financiamento ou assunção de compromissos junto a terceiros, deverão ser escrituradas de modo a evidenciar o montante e a variação da dívida pública no período, detalhando, pelo menos, a natureza e o tipo de credor;
VI - a demonstração das variações patrimoniais dará destaque à origem e ao destino dos recursos provenientes da alienação de ativos.[615]

Passadas mais de duas décadas desde a edição da LRF, ainda tramita na Câmara dos Deputados o PL nº 8.325/2017, não tendo sido criado o Conselho de Gestão Fiscal de que trata o art. 67, que deveria servir como grande foro para discussão e alinhamento de entendimentos, de modo a dar norte seguro aos jurisdicionados quanto a sua aplicação. Enquanto não for criado, caberá ao órgão central de contabilidade da União editar normas gerais para a consolidação das contas públicas. De fato, tal leniência do Poder Legislativo denota a pouca importância que se dá ao tema do controle fiscal, o que contribui significativamente para as inúmeras crises fiscais pelas quais passou o país.

Vale destacar que esse é um assunto de extrema relevância e de enormes dificuldades práticas, sobretudo em razão das empresas estatais dependentes.[616] Previstas no inciso III, art. 2º, da LRF, as empresas estatais dependentes, embora registrem suas operações de acordo com as normas da Lei das Sociedades por Ações, Lei nº 6.404/1976, alterada pela Lei nº 11.638/2007, deverão informar seus fatos contábeis também atendendo as normas da contabilidade pública presentes na Lei nº 4.320/1964.

---

[615] BRASIL. Presidência da República. *Lei Complementar nº 101*, de 4 de maio de 2000. Estabelece normas de finanças públicas voltadas para a responsabilidade na gestão fiscal e dá outras providências. Brasília: Presidência da República, Casa Civil, 2000.

[616] Empresa estatal dependente é a empresa controlada que receba do ente controlador recursos financeiros para o pagamento de despesas com pessoal ou de custeio em geral ou de capital, excluídos, no último caso, aqueles provenientes de aumento de participação acionária.

O parágrafo 3º do art. 50 da LRF estabelece, ainda, que a administração pública manterá sistema de custos que permita a avaliação e o acompanhamento da gestão orçamentária, financeira e patrimonial. Estamos diante de mais um dispositivo da LRF que carece de real concretude, uma vez que jamais foi aplicado em sua inteireza pelos jurisdicionados, nem cobrado seu atendimento pelos órgãos de controle, em regra.

É que inexistem, em regra, ao menos de forma sistematizada e disponível àqueles obrigados ao cumprimento do dispositivo legal, ferramentas técnicas aptas a permitir o levantamento dos custos e a avaliação dos resultados dos programas governamentais financiados com recursos orçamentários, conforme estatui o artigo 4º, inciso I, alínea "e", da Lei Complementar nº 101/2000.[617]

Exceção a esse estado de coisas é o desenvolvimento, no âmbito do Tribunal de Justiça de Minas Gerais, de sistema informatizado de levantamento de custos e avaliação de metas do qual nos dá notícias Jair Eduardo Santana.[618] Também, no âmbito federal, as portarias STN nºs 157 e 716/2011 estabeleceram Sistema de Informações de Custos – SIC.

O art. 51, *caput*, da LRF determina que, até o dia 30 de junho, o Poder Executivo da União promoverá a consolidação, nacional e por esfera de governo, das contas dos entes da Federação relativas ao exercício anterior e a sua divulgação, inclusive por meio eletrônico de acesso público. Já os parágrafos 1º e 2º, art. 51, da LRF foram alterados pela Lei Complementar nº 178/2021.[619] Pela nova redação desses dispositivos legais, Estados e Municípios deverão encaminhar suas contas ao Poder Executivo da União até 30 de abril. O descumprimento desse prazo impedirá, até que a situação seja regularizada, que o Poder ou órgão referido no art. 20 da LRF receba transferências voluntárias e contrate operações de crédito, exceto as destinadas ao pagamento da dívida mobiliária.

---

[617] BRASIL. Presidência da República. *Lei Complementar nº 101*, de 4 de maio de 2000. Estabelece normas de finanças públicas voltadas para a responsabilidade na gestão fiscal e dá outras providências. Brasília: Presidência da República, Casa Civil, 2000.

[618] SANTANA, Jair Eduardo. Sistema de custos e avaliação de metas na administração pública: SAG – Um caso de sucesso na administração judiciária do Tribunal de Justiça de Minas Gerais. *In:* CASTRO, Rodrigo Pironti Aguirre de (coord.). *Lei de Responsabilidade Fiscal:* ensaios em comemoração aos 10 anos da Lei Complementar nº 101/2000. Belo Horizonte: Fórum, 2010. p. 157-182.

[619] BRASIL. Presidência da República. *Lei Complementar nº 178*, de 13 de janeiro de 2021. Estabelece o Programa de Acompanhamento e Transparência Fiscal e o Plano de Promoção do Equilíbrio Fiscal. Brasília: Presidência da República, Casa Civil, 2021.

13.3 Relatório Resumido da Execução Orçamentária (arts. 52 e 53)

O Relatório Resumido da Execução Orçamentária é mais um exemplo, a nosso ver, da prolixidade da LRF, que impõe mais um demonstrativo sem se preocupar em, antecipadamente, esclarecer e firmar os conceitos que viabilizarão ou não seu preenchimento para efeitos de controle da administração pública. Exemplo disso é a exigência de inserção, em relatório bimestral, de "balanço orçamentário" que, por disposição legal, somente é levantado anualmente, precedido de seus balancetes mensais.[620]

Por fim, estabelece o legislador outras inúmeras declarações, demonstrativos adicionais e informações extras de pouca utilidade, as quais se configuram em redundâncias que tornam o controle pouco efetivo. Isso porque as informações requeridas no parágrafo 1º, art. 53, da LRF já estarão presentes em todos os demais demonstrativos exigidos pela lei, inclusive no novo Relatório de Gestão Fiscal.

13.4 Relatório de Gestão Fiscal (arts. 54 e 55)

O complexo Relatório de Gestão Fiscal (RGF) é mais um instrumento estabelecido pela LRF cujo objetivo é monitorar de perto os itens mais relevantes de receita, despesa, endividamento, metas e resultados alcançados (superávit primário e superávit nominal), imprescindíveis ao alcance da propalada gestão fiscal responsável.

Previsto no art. 54 da LRF, o relatório será emitido ao final de cada quadrimestre pelos titulares dos poderes e órgãos elencados no art. 20. O documento abrangerá todas as informações necessárias à verificação da consecução das metas fiscais e dos limites de que trata a lei. Além disso, deverá demonstrar o relato das medidas corretivas adotadas ou a adotar, em caso de frustração das metas ou da ultrapassagem de quaisquer dos limites presentes na lei.

---

[620] BRASIL. Presidência da República. *Lei nº 4.320*, de 17 de março de 1964. Estatui Normas Gerais de Direito Financeiro para elaboração e controle dos orçamentos e balanços da União, dos Estados, dos Municípios e do Distrito Federal. Art. 101: "Os resultados gerais do exercício serão demonstrados no Balanço Orçamentário, no Balanço Financeiro, no Balanço Patrimonial, na Demonstração das Variações Patrimoniais, segundo os Anexos números 12, 13, 14 e 15 e os quadros demonstrativos constantes dos Anexos números 1, 6, 7, 8, 9, 10, 11, 16 e 17".

O art. 55 da LRF impõe uma série de informações que deverão constar do relatório. Inicialmente, determina que o relatório conterá: comparativo com os limites da LRF para despesa total com pessoal, distinguindo inativos e pensionistas; dívidas consolidada e mobiliária; e concessão de garantias; operações de crédito, inclusive por antecipação de receita (art. 55, inciso I, alíneas "a", "b", "c", "d" e "e", da LRF).

Também deverá constar do relatório indicação das medidas corretivas adotadas ou a adotar, se ultrapassados quaisquer dos limites (art. 55, inciso II, da LRF). Da mesma forma, o relatório abrangerá demonstrativos, no último quadrimestre, do montante das disponibilidades de caixa em 31 de dezembro. Demonstrará ainda o montante de inscrição em Restos a Pagar das despesas liquidadas; das empenhadas e não liquidadas decorrentes de contratos administrativos ou de convênios em andamento; das empenhadas e não liquidadas, inscritas até o limite do saldo da disponibilidade de caixa; e das despesas não inscritas por falta de disponibilidade de caixa e cujos empenhos foram cancelados. Ainda, deverá demonstrar o cumprimento do disposto no inciso II e na alínea "b", inciso IV, do art. 38 da LRF (art. 55, inciso III, da LRF), no último quadrimestre relativo à existência de quitação das operações de crédito por antecipação de receita, até o dia 10 de dezembro, e da proibição de sua contratação no último ano de mandato do presidente, governador, ou prefeito municipal.

Verifica-se que o Relatório de Gestão Fiscal será publicado até trinta dias após o encerramento do período a que corresponder, devendo-se garantir amplo acesso ao público, inclusive por meio eletrônico (art. 55, parágrafo 2º, da LRF).

13.5 Prestação de contas (arts. 56 a 58)

De acordo com as normas contidas nesses artigos, as contas prestadas receberão parecer prévio, separadamente, do respectivo Tribunal de Contas, o que deverá ocorrer no prazo de sessenta dias, contados do recebimento destas.

Na prática, temos mais um dispositivo de aplicabilidade mitigada, uma vez que a maioria das constituições estaduais estabelece prazo mais elástico para que os Tribunais de Contas se desincumbam de seu mister.

Na primeira edição desta obra, sustentávamos ser de constitucionalidade duvidosa a regra insculpida no art. 56, *caput*, da LRF. Referido dispositivo legal, estabelecia que as contas prestadas pelos chefes do Poder Executivo incluiriam, além das suas próprias, as dos presidentes dos órgãos dos Poderes Legislativo e Judiciário e do chefe do Ministério Público, referidos no art. 20, as quais deveriam receber parecer prévio, separadamente, do respectivo Tribunal de Contas.

Na linha da posição firmada pelo Supremo Tribunal Federal no julgamento da ADI nº 1.779,[621] defendíamos que, à luz da Constituição da República de 1988, os Tribunais de Contas são competentes para emitir parecer prévio somente em relação às contas apresentadas pelo chefe do Poder Executivo, cujo julgamento caberá ao Poder Legislativo do respectivo ente federado.

Àquele tempo, estava pendente de julgamento de mérito pelo Supremo Tribunal Federal a ADI nº 2.324, proposta pela Associação dos Membros dos Tribunais de Contas (Atricon).[622] Na ação, a Associação arguiu a inconstitucionalidade do art. 56, *caput*, da LRF. Para tanto, sustentou a requerente que a redação do dispositivo normativo impugnado violava o art. 71, incisos I e II, da CR/88.

Isso porque, conforme o art. 71, inciso I, da CR/88, compete ao Tribunal de Contas da União apreciar as contas prestadas anualmente pelo Presidente da República, mediante parecer prévio que deverá ser elaborado em sessenta dias a contar de seu recebimento. Por sua vez, o art. 71, inciso II, da CR/88, dispõe ser da competência do Tribunal de Contas da União julgar as contas dos administradores e demais responsáveis por dinheiros, bens e valores públicos da administração direta e indireta, incluídas as fundações e sociedades instituídas e mantidas

---

[621] BRASIL. Supremo Tribunal Federal. Tribunal Pleno. *Ação Direta de Inconstitucionalidade nº 1.779/PE*. Rel. min. Ilmar Galvão. Julg. em 23.4.1998. *DJ* 22.5.1998. Cita-se julgado do STF sobre o tema, *in verbis*: "A Constituição Federal é clara ao determinar, em seu art. 75, que as normas constitucionais que conformam o modelo federal de organização do Tribunal de Contas da União são de observância compulsória pelas Constituições dos Estados-membros. Precedentes. 4. No âmbito das competências institucionais do Tribunal de Contas, o Supremo Tribunal Federal tem reconhecido a clara distinção entre: 1) a competência para apreciar e emitir parecer prévio sobre as contas prestadas anualmente pelo Chefe do Poder Executivo, especificada no art. 71, inciso I, CF/88; 2) e a competência para julgar as contas dos demais administradores e responsáveis, definida no art. 71, inciso II, CF/88. Precedentes. 5. Na segunda hipótese, o exercício da competência de julgamento pelo Tribunal de Contas não fica subordinado ao crivo posterior do Poder Legislativo" (BRASIL. Supremo Tribunal Federal. Tribunal Pleno. *Ação Direta de Inconstitucionalidade nº 3.715/TO*. Rel. min. Gilmar Mendes. Julg. em 21.8.2014. *DJe*-213, 30.10.2014).

[622] BRASIL. Supremo Tribunal Federal. Tribunal Pleno. *Ação Direta de Inconstitucionalidade nº 2.324*. Rel. min. Alexandre de Moraes. Julg. em 22.8.2019. *DJ* 14.9.2020.

pelo poder público federal, e as contas daqueles que derem causa a perda, extravio ou outra irregularidade de que resulte prejuízo ao erário.

Assim, a Atricon argumentou que a redação do art. 56, *caput*, da LRF submeteria indevidamente as contas dos Poderes Legislativo e Judiciário à mesma lógica das contas presidenciais. Por essa razão, foi requerida a inconstitucionalidade da expressão "as quais receberão parecer prévio, separadamente, do respectivo Tribunal de Contas". Por maioria de votos, o Supremo Tribunal Federal reconheceu a inconstitucionalidade da expressão impugnada, nos termos do voto ministro relator Alexandre de Moraes, vencido o ministro Marco Aurélio.

Além disso, importante norma se encontra presente no parágrafo 3º, art. 56, da LRF, que estabelece a obrigatoriedade de se dar ampla divulgação dos resultados da apreciação das contas, julgadas ou tomadas, propiciando a transparência e a possibilidade do exercício do controle social.

Segundo o art. 58 da LRF, a prestação de contas evidenciará o desempenho da arrecadação em relação à previsão, destacando as providências adotadas no âmbito da fiscalização das receitas e combate à sonegação, as ações de recuperação de créditos nas instâncias administrativa e judicial, bem como as demais medidas para incremento das receitas tributárias e de contribuições. Esse é mais um artigo da LRF carecedor de implementação na prática. A maioria das prestações de contas limita-se aos aspectos contábeis de atendimento aos índices constitucionais de saúde e educação.

13.6 Fiscalização da gestão fiscal (art. 59)

O *caput* do art. 59 da LRF teve a sua redação alterada pela Lei Complementar nº 178/2021. A reforma legislativa manteve a determinação de o Poder Legislativo, diretamente ou com o auxílio dos Tribunais de Contas, e do sistema interno de cada poder e do Ministério Público fiscalizar o cumprimento da LRF. A novidade diz respeito à necessidade dessa fiscalização considerar as normas de padronização metodológica editadas pelo conselho de gestão fiscal, de que trata o art. 67 da LRF.

Conforme os incisos I a VI do art. 59, *caput*, da LRF, o exercício dessa atividade fiscalizatória deve verificar, em especial:

> I - O atingimento das metas estabelecidas na Lei de Diretrizes Orçamentárias.

II - Os limites e condições para realização de operações de crédito e inscrição em *restos a pagar*.
III - As medidas adotadas para o retorno da despesa total com pessoal ao respectivo limite.
IV - As providências tomadas, conforme o disposto no art. 31, da LRF, para a recondução dos montantes das dívidas consolidada e mobiliária aos respectivos limites.
V - A destinação de recursos obtidos com a alienação de ativos, tendo em vista as restrições constitucionais e as da LRF.
VI - O cumprimento do limite de gastos totais dos legislativos municipais, quando houver.

Assim, são inúmeras as competências já cometidas aos Tribunais de Contas, tendo sido acrescidas novas atribuições em razão da edição Lei de Responsabilidade Fiscal, o que mais uma vez proporcionou maiores e crescentes tensões entre essas instituições e as casas legislativas por maior participação nos recursos orçamentários destinados a sua manutenção e desincumbência de seu mister constitucional.

Discorrendo acerca das competências dos Tribunais de Contas, Jorge Ulisses Jacoby Fernandes esclarece:

> O Tribunal de Contas da União tem competência sobre:
> a) a União, abrangidos todos os seus órgãos não personalizados;
> b) a administração direta e indireta da União;
> c) a pessoa física ou jurídica que:
> c.1) utilize, arrecade, gerencie ou administre
> c.1.1) dinheiros da União;
> c.1.2) bens da União;
> c.1.3) valores públicos da União; ou, ainda
> c.2) por cujos atos a União responda, ou que em nome desta assuma obrigação de natureza pecuniária.
> [...]
> No passado muito se debateu sobre a extensão do controle às pessoas jurídicas de direito privado, mormente quando integralizadas por recursos de particulares.
> [...].[623]

A rigor, a competência delineada não se faz em razão da própria pessoa, mas das ações de *utilizar, arrecadar, gerenciar* ou *administrar*

---

[623] FERNANDES, Jorge Ulisses Jacoby. *Tribunais de contas do Brasil:* jurisdição competência. Belo Horizonte: Fórum, 2003. p. 435-437.

dinheiros, bens e valores públicos ou pelos quais a União responda ou que em nome desta assuma obrigações de natureza pecuniária.

Apesar de as ações se sobreporem à qualidade das pessoas responsáveis por essas ações, em várias ocasiões, ao longo de mais de um século de existência do TCU, pessoas e entes tentaram não ser englobados no controle por ele exercido, embora utilizassem recursos públicos.

Após o advento da CR/88, além das tradicionais competências presentes no Texto Constitucional, várias leis infraconstitucionais passaram a incumbir às cortes de contas diversos novos encargos de controle da administração pública, assim como o fez a LRF, em razão da especialidade de sua atuação. Entre essas leis encontram-se: a Lei nº 8.666, de 21 de junho de 1993, Lei de Licitações e Contratos; a Lei nº 8.987, de 13 de fevereiro de 1995, Lei de Concessão e Permissão da Prestação de Serviços Públicos; a Lei nº 11.079, de 30 de dezembro de 2004, Lei de Parcerias Público-Privadas; a Lei nº 11.107, de 6 abril de 2005, Lei de Consórcios Públicos; e, mais recentemente, a Nova Lei de Licitação e Contratos, a Lei nº 14.133/2021.

Saliente-se que não se encontra limitada a atuação das cortes de contas apenas a esses aspectos. Com a Lei Complementar nº 131/2009,[624] foi inserido, no texto da LRF, o art. 73-A, segundo o qual "qualquer cidadão, partido político, associação ou sindicato é parte legítima para denunciar ao respectivo Tribunal de Contas e ao órgão competente do Ministério Público o descumprimento das prescrições estabelecidas nesta Lei Complementar".

Importante inovação e mais atribuições foram previstas nos incisos I a V, parágrafo 1º, do art. 59 da LRF. De acordo com o referido dispositivo legal, os Tribunais de Contas alertarão os poderes ou órgãos quando constatarem:

> I - A possibilidade de a realização da receita não comportar o cumprimento das metas de resultado primário ou nominal estabelecidas;
> II - Que o montante da despesa total com pessoal ultrapassou 90% (noventa por cento) do limite;

---

[624] BRASIL. Presidência da República. *Lei Complementar nº 131*, de 27 de maio de 2009. Acrescenta dispositivos à Lei Complementar nº 101, de 4 de maio de 2000, que estabelece normas de finanças públicas voltadas para a responsabilidade na gestão fiscal e dá outras providências, a fim de determinar a disponibilização, em tempo real, de informações pormenorizadas sobre a execução orçamentária e financeira da União, dos Estados, do Distrito Federal e dos Municípios. Brasília: Presidência da República, Casa Civil, 2009.

III - Que os montantes das dívidas consolidada e mobiliária, das operações de crédito e da concessão de garantia se encontram acima de 90% (noventa por cento) dos respectivos limites;
IV - Que os gastos com inativos e pensionistas se encontram acima do limite definido em lei;
V - Fatos que comprometam os custos ou os resultados dos programas ou indícios de irregularidades na gestão orçamentária.

Fica claro, portanto, que, ao final de cada bimestre, caberá aos Tribunais de Contas alertar os poderes ou os órgãos mencionados no art. 20 sobre a possibilidade de o cumprimento das metas de resultado primário ou nominal estabelecidas no Anexo de Metas Fiscais não ser comportado pela realização da receita. Tal previsão é essencial para que medidas de mitigação e de contenção de gastos (limitação de empenho) sejam deflagradas.[625]

O legislador estabeleceu, ainda, que compete aos Tribunais de Contas verificar os cálculos dos limites da despesa total com pessoal de cada Poder e órgão referido no art. 20 da LRF, de acordo com os percentuais determinados no art. 19, função típica do sistema de controle interno, cometida pelo legislador, aos Tribunais de Contas. Uma vez atingido o chamado limite prudencial dos gastos com pessoal, algumas medidas obrigatórias deverão ser tomadas e acompanhadas pelas cortes de contas, como a suspensão da concessão de novas vantagens ou aumentos de remuneração, da criação de cargos e novas admissões, da alteração de estrutura de carreira e da contratação de hora extra.

Por fim, no que toca ao Banco Central do Brasil e suas relações com ente da Federação, também será atribuição específica do Tribunal de Contas da União verificar o cumprimento de vedações estabelecidas nos parágrafos 2º, 3º e 4º do art. 39 da LRF.

13.7 Demais normas jurídicas em matéria de responsabilidade fiscal

Sendo dinâmico o processo de ajuste de práticas arraigadas, verifica-se evolução da percepção da importância da implementação de normas de gestão fiscal responsável. Ao longo dos anos, foram editadas

---

[625] AGUIAR, Ubiratan Diniz de. *A multiplicação das ações dos Tribunais de Contas*. [s.d.]. Disponível em: http://controlesocial.fdr.com.br/download/saibamais/FDR_CONTROLESOCIAL_MULTIPLICACAO.pdf.

outras normas jurídicas em matéria de responsabilidade fiscal, após a promulgação da Lei de Responsabilidade Fiscal, foram elas:

a) Resolução nº 43/2001 do Senado Federal: regulamentou o artigo 31 da Lei de Responsabilidade Fiscal e estabeleceu critérios para o cálculo dos limites de gastos com pessoal pelos entes federativos;

b) Emenda Constitucional nº 95/2016: instituiu o Novo Regime Fiscal e estabeleceu limites para o aumento das despesas públicas pelos próximos 20 anos;

c) Lei nº 13.497/2017: previu a possibilidade de redução de jornada de trabalho e salário de servidores públicos em caso de crise fiscal;

d) Lei nº 13.658/2018: alterou a Lei de Responsabilidade Fiscal e passou a exigir que os Municípios apresentem plano de redução de despesas com pessoal em caso de ultrapassagem do limite prudencial previsto na lei;

e) Lei nº 13.707/2018: estabeleceu a Lei de Diretrizes Orçamentárias para o exercício financeiro de 2019 e previu medidas de ajuste fiscal para equilibrar o orçamento público.

Com o advento da pandemia de covid-19 no Brasil, foi necessária a edição de diversas normas jurídicas no plano nacional, visando a minorar os efeitos deletérios verificados na economia e nas finanças públicas.

A necessidade de enormes aportes de recursos para fazer face às demandas de assistência social e saúde durante a pandemia também foi impactada pela brutal queda de arrecadação e pela descontinuidade de inúmeras atividades laborais e fechamento de empresas, comércios e pequenos negócios, gerando quedas de arrecadação nunca antes vivenciadas, em face da baixa atividade econômica no período.

Desemprego, fome, mortes e corrupção formaram a "tempestade perfeita" em termos de pressões sobre as normas de gestão fiscal responsável, em face das medidas emergenciais de satisfação das necessidades de remédios, alimentos, respiradores, insumos hospitalares e vacinas, entre outros.

Durante a pandemia no Brasil, foram editadas diversas normas jurídicas em matéria de responsabilidade fiscal, de modo a flexibilizar as regras e permitir o enfrentamento da crise sanitária e econômica decorrentes. No plano infraconstitucional, algumas delas foram:

a) Lei Complementar nº 173/2020: estabeleceu o Programa Federativo de Enfrentamento ao Coronavírus SARS-CoV-2 (covid-19) e dispôs sobre medidas de enfrentamento à crise fiscal decorrente da pandemia, incluindo a suspensão de alguns dispositivos da Lei de Responsabilidade Fiscal (LRF);

b) *Lei Complementar nº 177/2021:* alterou a Lei Complementar nº 101, de 4 de maio de 2000, para vedar a limitação de empenho e movimentação financeira das despesas relativas à inovação e ao desenvolvimento científico e tecnológico custeadas por fundo criado para tal finalidade, e a Lei nº 11.540, de 12 de novembro de 2007, para modificar a natureza e as fontes de receitas do Fundo Nacional de Desenvolvimento Científico e Tecnológico (FNDCT) e incluir programas desenvolvidos por organizações sociais entre as instituições que podem acessar os recursos do FNDCT;

c) *Lei Complementar nº 178/2021:* alterou a Lei Complementar nº 101/2000 (LRF) para permitir que os Estados, o Distrito Federal e os Municípios pudessem contar com recursos financeiros da União para realizar investimentos e despesas de capital mesmo que estivessem descumprindo as regras de limite de endividamento previstas na LRF;

d) *Projeto de Lei Complementar nº 93/2023:* instituiu regime fiscal sustentável para garantir a estabilidade macroeconômica do país e criar as condições adequadas ao crescimento socioeconômico, com fundamento no art. 6º da Emenda Constitucional nº 126, de 21 de dezembro de 2022, e no inciso VIII do *caput* e no parágrafo único do art. 163 da Constituição Federal; e altera a Lei Complementar nº 101, de 4 de maio de 2000 (Lei de Responsabilidade Fiscal), e a Lei nº 10.633, de 27 de dezembro de 2002;

e) *Lei nº 14.605/2020:* permitiu a contratação simplificada de obras e serviços de engenharia durante a pandemia, visando garantir a continuidade de investimentos em infraestrutura e a manutenção de empregos;

f) *Resolução nº 43/2020 do Senado Federal:* autorizou Estados e Municípios a contratarem operações de crédito com garantia da União durante a pandemia, mesmo que não tivessem cumprido as exigências da LRF quanto ao limite de endividamento;

g) *Portaria nº 139/2020 do Ministério da Economia:* permitiu a postergação do pagamento de tributos federais pelas empresas afetadas pela pandemia, como forma de aliviar o caixa de empresas em meio à crise.

Foram, ainda, promulgadas emendas constitucionais com o objetivo de aumentar a capacidade do Estado brasileiro no combate aos efeitos da pandemia de covid-19 e, no ano de 2022, também da guerra Rússia-Ucrânia:

a) Emenda Constitucional nº 106/2020: institui regime extraordinário fiscal, financeiro e de contratações para enfrentamento de calamidade pública nacional decorrente de pandemia;

b) Emenda Constitucional nº 108/2021: estabeleceu critérios de distribuição da cota municipal do Imposto sobre Operações Relativas à Circulação de Mercadorias e sobre Prestações de Serviços de Transporte Interestadual e Intermunicipal e de Comunicação (ICMS), para disciplinar a disponibilização de dados contábeis pelos entes federados, para tratar do planejamento na ordem social e para dispor sobre o Fundo de Manutenção e Desenvolvimento da Educação Básica e de Valorização dos Profissionais da Educação (Fundeb); alterou o Ato das Disposições Constitucionais Transitórias e deu outras providências;

c) Emenda Constitucional nº 109/2021: alterou os artigos 29-A, 37, 49, 84, 163, 165, 167, 168 e 169, da CR/88 e os artigos 101 e 109 do Ato das Disposições Constitucionais Transitórias; acrescentou os artigos 164-A, 167- A, 167-B, 167-C, 167-D, 167-E, 167-F e 167-G à CR/88; revogou dispositivos do Ato das Disposições Constitucionais Transitórias e instituiu regras transitórias sobre a redução de benefícios tributários; desvinculou parcialmente o superávit financeiro de fundos públicos e suspendeu condicionalidades para a realização de despesas com concessão de auxílio emergencial residual para enfrentar as consequências sociais e econômicas da pandemia de covid-19;

d) Emenda Constitucional nº 113/2021: alterou a Constituição da República de 1988 e o Ato das Disposições Constitucionais Transitórias para estabelecer o novo regime de pagamentos de precatórios, modificar normas relativas ao Novo Regime Fiscal e autorizar o parcelamento de débitos previdenciários dos Municípios; e deu outras providências;

e) Emenda Constitucional nº 114/2021: alterou a Constituição da República de 1988 e o Ato das Disposições Constitucionais Transitórias para estabelecer o novo regime de pagamentos de precatórios, modificar normas relativas ao Novo Regime Fiscal e autorizar o parcelamento de débitos previdenciários dos Municípios; e dá outras providências;

f) Emenda Constitucional nº 123/2022: alterou o art. 225 da CR/88 para estabelecer diferencial de competitividade para os biocombustíveis; incluiu o art. 120 no Ato das Disposições Constitucionais Transitórias para reconhecer o estado de emergência decorrente da elevação extraordinária e imprevisível dos preços do petróleo, combustíveis e seus derivados e dos impactos sociais dela decorrentes; autorizou a União a entregar auxílio financeiro aos Estados e ao Distrito Federal que outorgarem créditos tributários do Imposto sobre Operações relativas à Circulação de Mercadorias e sobre Prestações de Serviços de Transporte Interestadual e Intermunicipal e de Comunicação (ICMS) aos produtores e distribuidores de etanol hidratado; expandiu o auxílio gás dos brasileiros, de que trata a Lei nº 14.237, de 19 de novembro de 2021; instituiu auxílio para caminhoneiros autônomos; expandiu o Programa Auxílio Brasil, de que trata a Lei nº 14.284, de 29 de dezembro de 2021; e instituiu auxílio para entes da Federação financiarem a gratuidade do transporte público;

g) Emenda Constitucional nº 126/2022: alterou a Constituição da República de 1988, para dispor sobre as emendas individuais ao projeto de lei orçamentária, e o Ato das Disposições Constitucionais Transitórias para excluir despesas dos limites previstos no art. 107; definiu regras para a transição da Presidência da República aplicáveis à Lei Orçamentária de 2023; e deu outras providências.

Na sequência, abordaremos as principais inovações legislativas havidas no período, tanto em sede infraconstitucional quanto constitucional.

13.7.1 Leis Complementares nº 173/2020, nº 177/2021 e nº 178/2021

A Lei Complementar nº 173/2020 estabeleceu o Programa Federativo de Enfrentamento à pandemia de covid-19, promoveu alterações na LRF e deu outras providências. Seu art. 1º, parágrafo 1º, definiu as iniciativas do programa, dentre elas, a suspensão dos pagamentos das dívidas contratadas entre, de um lado, a União, e, de outro, os Estados, o Distrito Federal e os Municípios. Outras medidas adotadas foram a reestruturação de operações de crédito interno e externo junto ao sistema financeiro e instituições multilaterais de crédito, bem como a entrega de recursos da União, na forma de auxílio financeiro, aos demais entes federados, no exercício de 2020, e em ações de enfrentamento ao SARS-CoV-2 (covid-19).

A Lei Complementar nº 173/2020 também vedou, no período de 1º de março a 31 de dezembro de 2020, que a União executasse garantias das dívidas decorrentes dos contratos de refinanciamento de dívidas celebrados com os Estados e com o Distrito Federal, bem como dos contratos de abertura de crédito firmados com os Estados, além das garantias das dívidas decorrentes dos contratos de refinanciamento celebrados com os Municípios e o parcelamento de débitos previdenciários.

Vale destacar também que a Lei Complementar nº 173/2020 promoveu alterações na LRF, sobretudo em seus artigos 21 e 65. A nova redação conferida ao art. 21 da LRF atualizou as hipóteses de nulidade de pleno direito para fins de controle da despesa total com pessoal. No que diz respeito ao art. 65 da LRF, a Lei Complementar nº 173/2020 incluiu os parágrafos 1º, 2º e 3º ao mencionado dispositivo legal a fim de regulamentar a atuação dos entes federados quando da ocorrência de calamidade pública reconhecida pelo Congresso Nacional.

De acordo com o art. 21, inciso I, alíneas "a" e "b", da LRF, ficou determinado que é nulo de pleno direito o ato que provoque aumento da despesa com pessoal e não atenda às exigências dos artigos 16 e 17 da LRF e ao disposto no inciso XIII, *caput*, do art. 37 e no parágrafo 1º do art. 169, ambos da CR/88.

Para fins do art. 21, inciso II, da LRF, é considerado nulo de pleno direito o ato que resulte em aumento da despesa com pessoal nos 180 dias anteriores ao final do mandato do titular de poder ou órgão referido no art. 20 da LRF. Já para o art. 21, inciso III, da LRF, é nulo o ato que resulte em aumento da despesa com pessoal que preveja parcelas a serem implementadas em períodos posteriores ao final do mandato do titular de poder ou órgão referido no art. 20 da LRF.

Por fim, segundo o art. 21, inciso IV, da LRF, é nula de pleno direito a aprovação, a edição ou a sanção, por chefe do Poder Executivo, por presidente e demais membros da mesa ou órgão decisório equivalente do Poder Legislativo, por presidente de tribunal do Poder Judiciário e pelo chefe do Ministério Público, da União e dos Estados, de norma legal contendo plano de alteração, reajuste e reestruturação de carreiras do setor público, ou a edição de ato, por esses agentes, para nomeação de aprovados em concurso público, quando resultar em aumento da despesa com pessoal nos cento e oitenta dias anteriores ao final do mandato do titular do Poder Executivo ou resultar em aumento da despesa com pessoal que preveja parcelas a serem implementadas em períodos posteriores ao final do mandato do titular do Poder Executivo.

Conforme o parágrafo 1º do art. 21 da LRF, as restrições de que tratam os incisos II, III e IV desse dispositivo legal devem ser aplicadas inclusive durante o período de recondução ou reeleição para o cargo de titular do poder ou órgão autônomo e aplicam-se somente aos titulares ocupantes de cargo eletivo dos poderes referidos no art. 20 da LRF. O parágrafo 2º do art. 21 da LRF determina que, para fins do disposto neste artigo, serão considerados atos de nomeação ou de provimento de cargo público aqueles referidos no parágrafo 1º do art. 169 da CR/88 ou aqueles que, de qualquer modo, acarretem a criação ou o aumento de despesa obrigatória.

Por sua vez, o parágrafo 1º do art. 65 da LRF estabelece que, na ocorrência de calamidade pública reconhecida pelo Congresso Nacional, serão dispensados os limites, condições e demais restrições aplicáveis à União, aos Estados, ao Distrito Federal e aos Municípios, bem como sua verificação, para contratação e aditamento de operações de crédito; concessão de garantias; contratação entre entes da federação; e recebimento de transferências voluntárias.

Ainda de acordo com esse mesmo dispositivo legal, também serão dispensados os limites e afastadas as vedações e sanções previstas e decorrentes dos artigos 35, 37 e 42 da LRF, bem como será dispensado o cumprimento do disposto no parágrafo único do art. 8º da LRF desde que os recursos arrecadados sejam destinados ao combate à calamidade pública. Por fim, serão afastadas as condições e as vedações previstas nos artigos 14, 16 e 17 da LRF desde que o incentivo ou benefício e a criação ou o aumento da despesa sejam destinados ao combate à calamidade pública.

Todas essas dispensas aplicam-se exclusivamente às unidades da federação atingidas e localizadas no território em que for reconhecido o estado de calamidade pública pelo Congresso Nacional e enquanto perdurar o referido estado de calamidade, especificamente aos atos de gestão orçamentária e financeira necessários ao atendimento de despesas relacionadas ao cumprimento do decreto legislativo. Além disso, elas não afastam as disposições relativas a transparência, controle e fiscalização.

A Lei Complementar nº 177/2021 visou impedir que recursos destinados ao Fundo Nacional de Desenvolvimento Científico e Tecnológico (FNDCT) sejam contingenciados. Assim, foi alterada a redação do art. 9º, parágrafo 2º, da LRF, para vedar a limitação de empenho e movimentação financeira das despesas relativas à inovação e ao desenvolvimento científico e tecnológico custeadas pelo fundo criado para tal finalidade e as ressalvadas pela Lei de Diretrizes Orçamentárias.

Além disso, a Lei Complementar nº 177/2021 alterou a natureza do FNDCT por meio da nova redação conferida ao art. 1º da Lei nº

11.540/2007. Assim, ao invés de mero fundo de natureza contábil, o FNDCT transformou-se em um fundo especial de natureza contábil e financeira, com a importante ressalva de que o FNDCT não é fundo de investimentos e não se vincula ao Sistema Financeiro Nacional.

Outra importante inovação trazida pela Lei Complementar nº 177/2021 diz respeito à nova redação do *caput* do art. 11 da Lei nº 11.540/2007. Nesses termos, ficou determinado que constitui objeto da destinação dos recursos do FNDCT o apoio a programas, projetos e atividades de ciência, tecnologia e inovação, compreendendo a pesquisa básica ou aplicada, a inovação, a transferência de tecnologia e o desenvolvimento de novas tecnologias de produtos e processos, de bens e de serviços, bem como a capacitação de recursos humanos, o intercâmbio científico e tecnológico e a implementação, manutenção e recuperação de infraestrutura de pesquisa de ciência, tecnologia e inovação.

A Lei Complementar nº 177/2021 também acrescentou três parágrafos ao art. 11 da Lei nº 11.540/2007. O parágrafo 1º dispõe que os créditos orçamentários programados no FNDCT não serão objeto da limitação de empenho prevista no art. 9º da LRF. O parágrafo 2º, por sua vez, veda a imposição de quaisquer limites à execução da programação financeira relativa às fontes vinculadas ao FNDCT, exceto quando houver frustração na arrecadação das receitas correspondentes. Por fim, o parágrafo 3º veda a alocação orçamentária dos valores provenientes de fontes vinculadas ao FNDCT em reservas de contingência de natureza primária ou financeira. Nesse sentido, pode-se dizer que a Lei Complementar nº 177/2021 representou uma vitória para a ciência, a tecnologia e a inovação brasileiras.

A Lei Complementar nº 178/2021 estabeleceu o Programa de Acompanhamento e Transparência Fiscal, bem como o Plano de Promoção do Equilíbrio Fiscal. De acordo com o art. 1º da Lei Complementar nº 178/2021, o Programa de Acompanhamento e Transparência Fiscal tem por objetivo reforçar a transparência fiscal dos Estados, do Distrito Federal e dos Municípios e compatibilizar as respectivas políticas fiscais com as da União. Referido programa será avaliado, revisado e atualizado periodicamente. Ademais, será amplamente divulgado, inclusive em meios eletrônicos de acesso público, conforme dispõe o parágrafo 1º do mencionado dispositivo legal. Já o parágrafo 3º do art. 1º da Lei Complementar nº 178/2021 determina que o ente federado que aderir a ele firmará o compromisso de contrair novas dívidas exclusivamente de acordo com os termos do programa.

Nos termos do parágrafo 2º do art. 1º da Lei Complementar nº 178/2021, haverá a possibilidade de o programa estabelecer metas e compromissos para o Estado, o Distrito Federal e o Município. Além disso, de acordo com o parágrafo 4º do mesmo dispositivo legal, haverá a possibilidade de esse programa estabelecer limites individualizados para a contratação de dívidas em percentual da receita corrente líquida, de acordo com a capacidade de pagamento apurada conforme metodologia definida pelo Ministério da Economia.

Já o Plano de Promoção do Equilíbrio Fiscal, previsto pelo art. 3º da Lei Complementar nº 178/2021, conterá conjunto de metas e de compromissos pactuados entre a União e cada ente federado com o objetivo de promover o equilíbrio fiscal e a melhoria das respectivas capacidades de pagamento. O parágrafo 1º desse dispositivo legal determina que o plano terá vigência temporária, requisitos adicionais de adesão por Estado, pelo Distrito Federal ou por Município e demais condições definidas em regulamento. A metodologia de cálculo e a classificação da capacidade de pagamento dos entes federados serão dispostas em ato do ministro de Estado da Economia (art. 3º, parágrafo 2º, da Lei Complementar nº 178/2021).

De todo modo, o Plano de Promoção do Equilíbrio Fiscal deverá conter, no mínimo: as metas e compromissos pactuados nos termos do art. 3º, *caput*, da Lei Complementar nº 178/2021, e autorização para contratações de operações de crédito com garantia da União e as condições para liberação dos recursos financeiros (art. 3º, parágrafo 3º, da Lei Complementar nº 178/2021).

Ainda entre as novidades promovidas pela Lei Complementar nº 178/2021, destacam-se as medidas de reforço à responsabilidade fiscal, do seu capítulo IV, especialmente no que se refere às despesas com pessoal. A Emenda Constitucional nº 109/2021 alterou a redação do art. 169, *caput*, da CR/88, que, agora, dispõe que a despesa com pessoal ativo e inativo e pensionistas da União, dos Estados, do Distrito Federal e dos Municípios não pode exceder os limites estabelecidos em lei complementar.

A lei complementar a que faz referência o texto constitucional é a LRF. Sendo assim, determina o art. 19 da LRF que, para os fins do disposto no art. 169, *caput*, da CR/88, a despesa total com pessoal, em cada período de apuração e em cada ente da federação, não poderá exceder os percentuais da receita corrente líquida, a seguir discriminados: União: 50%; Estados: 60%; Municípios: 60%. O art. 20 da LRF estabelece a repartição dos limites globais do art. 19, determinando que esta não poderá exceder os percentuais nele previstos.

Desse modo, na esfera federal, os limites para despesa com pessoal são de 2,5% para o Poder Legislativo, incluído o Tribunal de Contas da União; 6% para o Poder Judiciário; 40,9% para o Poder Executivo; e 0,6% para o Ministério Público da União. Já na esfera estadual, são de 3% para o Poder Legislativo, incluído o Tribunal de Contas do Estado; 6% para o Poder Judiciário; 49% para o Poder Executivo; e 2% para o Ministério Público dos Estados. Por fim, na esfera municipal, são 6% para o Poder Legislativo, incluído o Tribunal de Contas do Município, quando houver; e 54% para o Poder Executivo.

Com a Lei Complementar nº 178/2021, houve reforço da separação dos limites individualizados para o Poder Legislativo, o Tribunal de Contas, o Poder Judiciário e o Ministério Público. A referida lei tomou o cuidado de evitar a situação na qual o pagamento de aposentadoria de servidor que na ativa não estava vinculado à estrutura administrativa do Poder Executivo fosse considerado gasto do Executivo e não do poder ou órgão autônomo ao qual esteve vinculado antes se aposentar.

Conforme se constata do parágrafo 7º do art. 20 da LRF, incluído pela Lei Complementar nº 178/2021, os poderes e órgãos referidos neste artigo deverão apurar, de forma segregada para aplicação dos limites de que trata este artigo, a integralidade das despesas com pessoal dos respectivos servidores inativos e pensionistas mesmo que o custeio dessas despesas esteja a cargo de outro poder ou órgão.

A Lei Complementar nº 178/2021 também estabeleceu, em seu art. 15, regra para redução das despesas com pessoal até os limites da LRF. Assim, o poder ou órgão cuja despesa total com pessoal ao término do exercício financeiro de 2021 estivesse acima do limite previsto pelo art. 20 da LRF deveria eliminar à razão de, pelo menos, 10% a cada exercício a partir de 2023, por meio da adoção, entre outras, das medidas previstas nos artigos 22 e 23 da LRF, de forma a se enquadrar no respectivo limite até o término do exercício de 2032.

Relevante para essas medidas é a nova redação conferida ao art. 18 da LRF, pela Lei Complementar nº 178/2021, a qual modificou a forma de apuração da despesa total com pessoal. De acordo com essa alteração, agora, a despesa total com pessoal será apurada somando-se a realizada no mês em referência com as dos onze meses imediatamente anteriores, adotando-se o regime de competência, independentemente de empenho, devendo-se observar também a remuneração bruta do servidor, sem qualquer dedução ou retenção, ressalvada a redução para atendimento ao disposto no art. 37, inciso XI, da CR/88.

13.7.2 Emendas Constitucionais nº 106, de 7 de maio de 2020, e nº 109, de 15 de março de 2021

A pandemia de covid-19, inegavelmente, repercutiu sobre as ordens financeira e social. Para fazer frente às consequências geradas pelo novo coronavírus, medidas legislativas foram editadas com vistas a proporcionar condições necessárias para o Estado brasileiro atuar diante do cenário de crise humanitária, sanitária e econômica.

Inicialmente, por meio do Decreto Legislativo nº 6/2020, o Congresso Nacional reconheceu, por solicitação do Presidente da República, o estado de calamidade pública decorrente da pandemia de covid-19, para os fins do art. 65 da LRF. Posteriormente, o Congresso Nacional promulgou a Emenda Constitucional nº 106/2020, também conhecida como "orçamento de guerra".[626]

O objetivo dessa emenda constitucional foi facilitar os gastos públicos federais no combate ao novo coronavírus. Daí o seu nome: "orçamento de guerra". Para tanto, esses gastos foram separados do orçamento geral da União. Por essa razão, uma série de excepcionalidades foi criada. Nesse sentido, Fernando Facury Scaff assevera, *in verbis*:

> *O mecanismo criado busca isolar os gastos com o combate* à *Covid-19 dos demais gastos previstos no orçamento anual.* Trata-se de uma técnica de planejamento e gestão orçamentária para permitir que se afaste temporariamente a responsabilidade fiscal e a busca de certo equilíbrio, *apontando para a necessária prioridade de gastos para a preservação da vida e da saúde da população brasileira e a manutenção das empresas.* Isso certamente acarretará maiores dispêndios públicos com saúde e preservação dos empregos e das empresas, ao mesmo tempo em que gerará maior endividamento público, pois as receitas correntes cairão de forma drástica.[627]

---

[626] BRASIL. Senado Federal. Congresso promulga emenda que institui Orçamento de Guerra. *Senado Notícias,* 2020. Disponível em: https://www12.senado.leg.br/noticias/materias.2020/05/07/congresso-promulga-emenda-que-institui-orcamento-de-guerra. Acesso em: 13 jun. 2023.

[627] SCAFF, Fernando Facury. O estado de emergência financeira e o orçamento de guerra. *Revista do Advogado,* São Paulo, n. 148, p. 101, dez. 2020 (grifos nossos).

De acordo com o seu art. 1º, a Emenda Constitucional nº 106/2020 instituiu regime extraordinário fiscal, financeiro e de contratações para o enfrentamento de calamidade pública nacional decorrente da pandemia de covid-19, somente naquilo em que a urgência fosse incompatível com o regime regular, nos termos definidos pela própria Emenda Constitucional nº 106/2020. Promulgada em 7 de maio de 2020, a emenda convalidou os atos de gestão praticados a partir de 20 de março daquele ano, desde que com ela compatíveis (art. 10 da Emenda Constitucional nº 106/2020).

O art. 2º, *caput*, dessa emenda constitucional proporcionou ao Poder Executivo federal a possibilidade de adoção de processos simplificados de contratação de pessoal, em caráter temporário e emergencial, bem como de obras, serviços e compras desde que asseguradas, quando possível, competição e igualdade de condições a todos os concorrentes. No caso de contratação de pessoal por tempo determinado para atender à necessidade temporária de excepcional interesse público do art. 37, inciso IX, da CR/88, ficou dispensada a demonstração de prévia dotação orçamentária para atender às projeções de despesa de pessoal e aos acréscimos dela decorrentes, assim como de autorização específica na Lei de Diretrizes Orçamentárias do art. 169, parágrafo 1º, incisos I e II, da CR/88.

O art. 3º, *caput*, da Emenda Constitucional nº 106/2020 dispensou a observância das limitações legais quanto à criação, à expansão ou ao aperfeiçoamento de ação governamental que acarretasse aumento de despesa e à concessão ou à ampliação de incentivo ou benefício de natureza tributária da qual decorresse renúncia de receita, para as proposições legislativas e os atos do Poder Executivo com propósito exclusivo de enfrentar a calamidade e suas consequências sociais e econômicas, que não implicassem despesa permanente e cuja vigência e efeitos fossem restritos à sua duração.

Já o parágrafo único do art. 3º da Emenda Constitucional nº 106/2020 permitiu que a pessoa jurídica em débito com o sistema da seguridade social pudesse contratar com o poder público e dele receber benefícios ou incentivos fiscais ou creditícios, afastando a aplicação do art. 195, parágrafo 3º, da CR/88 durante o estado de calamidade pública nacional.

O art. 4º, *caput*, da Emenda Constitucional nº 106/2020, da mesma forma, dispensou aplicação ao art. 167, inciso III, da CR/88. Assim, durante a integralidade do exercício financeiro em que vigorou a calamidade pública nacional decorrente da pandemia de covid-19, não houve vedação à realização de operações de créditos que excedessem o montante das despesas de capital, independentemente da existência de autorização mediante créditos suplementares ou especiais com finalidade precisa aprovados pela maioria absoluta do Poder Legislativo. Ficou determinado, ainda, que o Ministério da Economia publicaria, a cada 30 dias, relatório com os valores e o custo das operações de crédito realizadas no período de vigência do estado de calamidade pública nacional (art. 4º, parágrafo único, Emenda Constitucional nº 106/2020).

De acordo com o art. 5º da Emenda Constitucional nº 106/2020, as autorizações de despesas para o enfrentamento da pandemia de covid-19 deveriam constar de programações orçamentárias específicas ou contar com marcadores que as identificassem. Além disso, essas mesmas despesas precisariam ser avaliadas separadamente na prestação de contas do Presidente da República e evidenciadas até 30 dias após o encerramento de cada bimestre no relatório resumido da execução orçamentária de que trata o art. 165, parágrafo 3º, da CR/88.

De acordo com o art. 9º da Emenda Constitucional nº 106/2020, eventual irregularidade ou descumprimento dos limites impostos por essa emenda constitucional ensejaria a possibilidade de o Congresso Nacional sustar, por decreto legislativo, qualquer decisão de órgão ou entidade do Poder Executivo. Fernando Facury Scaff avaliou a Emenda Constitucional nº 106/2020 como "um bom produto legislativo, com pesos e contrapesos bastante adequados, mantido o poder de controle no Congresso, que se espera venha a ser exercido com atenção e responsabilidade". Para o autor, "a intervenção do Estado nos momentos de crise" seria "determinante para retornarmos a trilhar os caminhos da boa governança de modo ágil e responsável".[628]

Infelizmente, a pandemia de covid-19 se prolongou no ano de 2021. Nesse sentido, foi preciso um novo arranjo orçamentário para que o Estado brasileiro pudesse amparar a população no contexto de crise. Ainda ao final do exercício financeiro de 2020, Élida Graziane Pinto, Caroline Stéphanie Maciel e Paula Carolina Mata alertavam para a necessidade de haver planejamento das "ações governamentais nas searas sanitária, assistencial e econômica para o próximo exercício financeiro,

---

[628] SCAFF, Fernando Facury. O estado de emergência financeira e o orçamento de guerra. *Revista do Advogado*, São Paulo, n. 148, p. 102-103, dez. 2020.

haja vista a necessidade de enfrentamento continuado da pandemia da covid-19, diante da (real) possibilidade de uma segunda onda".[629]

Críticas à Emenda Constitucional nº 106/2020, para as autoras, "ao longo de 2020, o improviso patrimonialista e o precário planejamento" marcaram "a execução do Orçamento de Guerra". Conforme relatam, "cresceram consideravelmente o risco de abuso de poder político em pleno ano eleitoral e as denúncias de apropriação privada de recursos públicos". Dessa forma, ponderam que "a flexibilidade das regras – sem suficientes transparência e monitoramento – propiciou a expansão errática e desordenada das despesas e, por conseguinte, da dívida pública".[630]

Como o cenário indicava que a pandemia persistiria em 2021, para as autoras, era evidente que "as projeções fiscais do próximo ano precisam ser melhor calibradas, para que a retirada abrupta dos estímulos estatais não acabe por sufocar a economia e a sociedade, que operam sob frágeis e mínimos sinais de vitalidade".[631]

Em 15 de março de 2021, foi promulgada a Emenda Constitucional nº 109. Essa emenda constitucional promoveu uma série inovações no sistema constitucional brasileiro. Dentre elas, alterou os artigos 29-A, 37, 49, 84, 163, 165, 167, 168 e 169 da CR/88, bem como os artigos 101 e 109 do Ato das Disposições Constitucionais Transitórias. Ademais, acrescentou os artigos 164-A, 167- A, 167-B, 167-C, 167-D, 167-E, 167-F e 167-G à CR/88. Por outro lado, revogou dispositivos do Ato das Disposições Constitucionais Transitórias e instituiu regras sobre a redução de benefícios tributários. Também desvinculou parcialmente o superávit financeiro de fundos públicos e suspendeu condicionantes para a realização de despesas com concessão de auxílio emergencial residual para enfrentar as consequências sociais e econômicas da pandemia de covid-19.

---

[629] PINTO, Élida Graziane; MACIEL, Caroline Stéphanie Francis dos Santos; DA MATA, Paula Carolina de Oliveira Azevedo. Um ensaio sobre a cegueira orçamentária de 2021: Improviso patrimonialista e precário planejamento marcam execução do orçamento de guerra de 2020. *Jota*, 2020, p. 1.

[630] PINTO, Élida Graziane; MACIEL, Caroline Stéphanie Francis dos Santos; DA MATA, Paula Carolina de Oliveira Azevedo. Um ensaio sobre a cegueira orçamentária de 2021: Improviso patrimonialista e precário planejamento marcam execução do orçamento de guerra de 2020. *Jota*, 2020, p. 1.

[631] PINTO, Élida Graziane; MACIEL, Caroline Stéphanie Francis dos Santos; DA MATA, Paula Carolina de Oliveira Azevedo. Um ensaio sobre a cegueira orçamentária de 2021: Improviso patrimonialista e precário planejamento marcam execução do orçamento de guerra de 2020. *Jota*, 2020, p. 1.

Antes de analisar especificamente os pontos mais importantes da Emenda Constitucional nº 109/2021, cabe trazer à baila a interpretação geral de Kiyoshi Harada sobre essa emenda constitucional. Para o autor, a obra do poder constituinte derivado reformador objetivou "viabilizar a superação dos limites de despesas previstas na Lei Orçamentária Anual a fim de possibilitar a reinstituição do auxílio emergencial à população vulnerável". Da sua perspectiva, "entretanto, sob a simpática bandeira de inclusão social inúmeras maldades foram perpetradas".[632]

Em tom irônico, Kiyoshi Harada afirma ser "curioso que essa Emenda, que autoriza extrapolar os limites das despesas previstas na Lei Orçamentária Anual de 2021", tenha sido promulgada antes da aprovação dessa lei pelo Congresso Nacional. Na sequência, constata-se a razão da ironia do autor. Nas suas palavras: "a Emenda sob análise instituiu inúmeras regras voltadas aparentemente para a proteção da saúde financeira do Estado, porém, todas elas no nível utópico não passível de execução".[633]

Ora, como já se sabia, de antemão, que as disposições da Emenda Constitucional nº 109/2021 seriam irrealizáveis, então, foi prevista a possibilidade de extrapolar a Lei Orçamentária Anual antes mesmo da sua aprovação pelas casas congressuais. Sobre as novidades trazidas pela Emenda Constitucional nº 109/2021, Kiyoshi Harada é enfático: *"são 121 novas normas inócuas, entre artigos, incisos, letras e parágrafos introduzidos por essa Emenda"*.[634]

Seja como for, vale a pena destacar alguns pontos da Emenda Constitucional nº 109/2021. No art. 49 da CR/88, foi incluído o inciso XVIII, para determinar que compete ao Congresso Nacional decretar o estado de calamidade pública de âmbito nacional. Já no art. 84 da CR/88 foi incluído o inciso XXVII, que atribui ao Presidente da República a competência para propor ao Congresso Nacional a decretação do estado de calamidade pública de âmbito nacional.

A Emenda Constitucional nº 109/2021 incluiu novos artigos na Constituição da República de 1988, boa parte deles semelhantes às disposições da Emenda Constitucional nº 106/2020. Dessa forma, pode-se dizer que o legislador constituinte reformador pretendeu criar

---

[632] HARADA, Kiyoshi. *Direito financeiro e tributário*. 31. ed. São Paulo: Dialética, 2022. p. 211.
[633] HARADA, Kiyoshi. *Direito financeiro e tributário*. 31. ed. São Paulo: Dialética, 2022. p. 211.
[634] HARADA, Kiyoshi. *Direito financeiro e tributário*. 31. ed. São Paulo: Dialética, 2022. p. 212 (grifos nossos).

um regime constitucional de calamidade pública de âmbito nacional. Substituiu-se, assim, a transitoriedade que maculava o chamado "orçamento de guerra".

Basicamente, o art. 167-B, da CR/88, replicou o art. 1º, da Emenda Constitucional nº 106/2020, porém, com o reconhecimento de que o regime extraordinário fiscal, financeiro e de contratações para atender às necessidades de estado de calamidade pública de âmbito nacional deve se dar, agora, nos termos dos artigos 167-C, 167-D, 167-E, 167-F e 167-G, da CR/88. O art. 167-C, da CR/88, seguiu essa tendência e também apenas reproduziu o teor do *caput*, do art. 2º, da Emenda Constitucional nº 106/2020. O mesmo se passa com o art. 167-D, da CR/88, que, por sua vez, retrata o disposto no art. 3º, *caput* e parágrafo único, da Emenda Constitucional nº 106.2020. Igualmente, o art. 167-E, da CR/88, repete o art. 4º, *caput*, da Emenda Constitucional nº 106.2020, contudo, não incorpora ao texto constitucional permanente o parágrafo único, do art. 4º, dessa emenda constitucional.

O art. 167-F da CR/88 foge da tendência de repetir o disposto na Emenda Constitucional nº 106/2020. Referido dispositivo constitucional inova ao pretender conferir à União mecanismos para enfrentar calamidade pública de âmbito nacional decretada pelo Congresso Nacional, por solicitação do Presidente da República. Desse modo, conforme o inciso I desse dispositivo constitucional, são dispensados, durante a integralidade do exercício financeiro em que vigore a calamidade pública, os limites, as condições e demais restrições aplicáveis à União para a contratação de operações de crédito, bem como sua verificação. O seu inciso II, por sua vez, prevê que o superávit financeiro apurado em 31 de dezembro do ano imediatamente anterior pode ser destinado à cobertura de despesas oriundas das medidas de combate à calamidade pública de âmbito nacional e ao pagamento da dívida pública.

No parágrafo 1º do art. 167-F da CR/88, há previsão de que lei complementar possa definir outras suspensões, dispensas e afastamentos aplicáveis durante a vigência do estado de calamidade pública de âmbito nacional. Já no seu parágrafo 2º, há exceções ao disposto no inciso II do *caput* desse artigo. Desse modo, eventual superávit financeiro apurado em 31 de dezembro do ano anterior ao estado de calamidade pública não se aplica às seguintes fontes de recursos: decorrentes de repartição de receitas a Estados, ao Distrito Federal e a Municípios; decorrentes das vinculações estabelecidas pelos artigos 195, 198, 201, 212, 212-A e 239 da Constituição da República de 1988; e destinadas ao registro de receitas oriundas da arrecadação de doações ou de empréstimos compulsórios, de transferências recebidas para o atendimento de finalidades determinadas ou das receitas de capital produto de operações de financiamento celebradas com finalidades contratualmente determinadas.

O art. 167-G, *caput*, da CR/88 dispõe que, uma vez determinado o estado de calamidade pública de âmbito nacional, aplicam-se à União as vedações previstas pelo art. 167-A da CR/88. Por sua vez, o parágrafo 1º excepciona as hipóteses nas quais não se aplicam as vedações do *caput*. Já o parágrafo 2º prescreve que, na hipótese de que trata o art. 167-B, não se aplica a alínea "c" do inciso I do *caput* do art. 159 da Constituição, devendo a transferência a que se refere aquele dispositivo ser efetuada nos mesmos montantes transferidos no exercício anterior à decretação da calamidade. Por fim, o parágrafo 3º desse mesmo dispositivo constitucional afirma serem facultadas aos Estados, Distrito Federal e Municípios as vedações do *caput*.

A Emenda Constitucional nº 109/2021 trouxe consigo mecanismos para controlar os gastos públicos e equilibrar as contas dos entes federados. Ao tempo da sua promulgação, estava em vigor, para a União, a Emenda Constitucional nº 95/2016, que impunha um teto de gastos para as despesas primárias do governo federal limitado ao montante do exercício financeiro anterior, corrigido pela inflação do período.

Por essa razão, a Emenda Constitucional nº 109/2021 incluiu o art. 109 do Ato das Disposições Constitucionais Transitórias. Esse dispositivo constitucional criou uma espécie de gatilho a ser acionado quando, na aprovação da lei orçamentária, fosse verificado que, no âmbito das despesas sujeitas ao teto de gastos imposto pela Emenda Constitucional nº 95/2016, a proporção da despesa obrigatória primária em relação à despesa primária total fosse superior a 95% (noventa e cinco por cento). Nessa hipótese, aplicar-se-ia ao respectivo poder ou órgão, até o final do exercício a que se refere a lei orçamentária, sem prejuízo de outras medidas, uma série de vedações.

É preciso salientar que, com a promulgação da Emenda Constitucional nº 126/2022, o regime fiscal imposto pela Emenda Constitucional nº 95/2016 foi substituído pelo Novo Arcabouço Fiscal (Projeto de Lei Complementar nº 93/2023), analisado adiante. Assim, na prática, tem-se como superado esse gatilho estabelecido pela Emenda Constitucional nº 109/2021, pois, nos termos do art. 9º da Emenda Constitucional nº 126/2022, ficaram revogados, dentre outros, os artigos 107 e 109 do Ato das Disposições Constitucionais Transitórias.

De todo modo, boa parte das vedações impostas pelo art. 109 do Ato das Disposições Constitucionais Transitórias permanece em vigor, porém, no art. 167-A da CR/88, incluído pela Emenda Constitucional nº 109/2021, que as incorporou ao texto permanente da Constituição. Por óbvio, essas vedações não incidem sobre as despesas sujeitas ao teto de gastos, tampouco à União. Destinam-se, assim, aos Estados, Distrito Federal e Municípios.

De acordo com o art. 167-A da CR/88, apurado que, no período de doze meses, a relação entre despesas correntes e receitas correntes supera 95%, no âmbito dos Estados, do Distrito Federal e dos Municípios, é facultado aos poderes Executivo, Legislativo e Judiciário, ao Ministério Público, ao Tribunal de Contas e à Defensoria Pública do ente, enquanto permanecer a situação, aplicar o mecanismo de ajuste fiscal de vedação previsto em seus incisos. Referido mecanismo abrange a vedação de:

> I - concessão, a qualquer título, de vantagem, aumento, reajuste ou adequação de remuneração de membros de Poder ou de órgão, de servidores e empregados públicos e de militares, exceto dos derivados de sentença judicial transitada em julgado ou de determinação legal anterior ao início da aplicação das medidas de que trata este artigo;
> II - criação de cargo, emprego ou função que implique aumento de despesa;
> III - alteração de estrutura de carreira que implique aumento de despesa;
> IV - admissão ou contratação de pessoal, a qualquer título, ressalvadas:
> a) as reposições de cargos de chefia e de direção que não acarretem aumento de despesa;
> b) as reposições decorrentes de vacâncias de cargos efetivos ou vitalícios;
> c) as contratações temporárias de que trata o inciso IX do *caput* do art. 37 desta Constituição; e
> d) as reposições de temporários para prestação de serviço militar e de alunos de órgãos de formação de militares;
> V - realização de concurso público, exceto para as reposições de vacâncias previstas no inciso IV deste *caput*;
> VI - criação ou majoração de auxílios, vantagens, bônus, abonos, verbas de representação ou benefícios de qualquer natureza, inclusive os de cunho indenizatório, em favor de membros de Poder, do Ministério Público ou da Defensoria Pública e de servidores e empregados públicos e de militares, ou ainda de seus dependentes, exceto quando derivados de sentença judicial transitada em julgado ou de determinação legal anterior ao início da aplicação das medidas de que trata este artigo;
> VII - criação de despesa obrigatória;

VIII - adoção de medida que implique reajuste de despesa obrigatória acima da variação da inflação, observada a preservação do poder aquisitivo referida no inciso IV do caput do art. 7º desta Constituição;
IX - criação ou expansão de programas e linhas de financiamento, bem como remissão, renegociação ou refinanciamento de dívidas que impliquem ampliação das despesas com subsídios e subvenções;
X - concessão ou ampliação de incentivo ou benefício de natureza tributária.

Segundo o parágrafo 1º do art. 167-A da CR/88, caso as despesas correntes superem 85% das receitas correntes, as medidas citadas podem ser, no todo ou em parte, implementadas por atos do chefe do Poder Executivo com vigência imediata, facultado aos demais poderes e órgãos autônomos implementá-las em seus respectivos âmbitos. O parágrafo 2º desse mesmo dispositivo constitucional determina que qualquer ato praticado conforme o parágrafo 1º deve ser submetido, em regime de urgência, à apreciação do Poder Legislativo.

O parágrafo 3º do art. 167-A da CR/88 dispõe sobre a eficácia do ato autorizado pelo parágrafo 1º. Sendo assim, o ato perde a eficácia, reconhecida a validade dos atos praticados na sua vigência, quando: rejeitado pelo Poder Legislativo; transcorrido o prazo de 180 dias sem que se ultime a sua apreciação; ou quando apurado que não mais se verifica a hipótese prevista no parágrafo 1º, isto é, que as despesas correntes superem 85% das receitas correntes mesmo após a sua aprovação pelo Poder Legislativo.

No que se refere à periodicidade da verificação da proporção entre despesas e receitas correntes, o parágrafo 4º do art. 167-A da CR/88 estabelece que a apuração deverá ser realizada bimestralmente. Ademais, o parágrafo 5º destaca que as disposições tratadas nesse artigo não constituem obrigação de pagamento futuro pelo ente da Federação ou direitos de outrem sobre o erário, bem como não revogam, dispensam ou suspendem o cumprimento de dispositivos constitucionais e legais que disponham sobre metas fiscais ou limites máximos de despesas.

Por fim, o parágrafo 6º traz a importante ressalva no sentido de que, ocorrendo a hipótese de que trata o *caput* do art. 167-A da CR/88, até que todas as medidas nele previstas tenham sido adotadas por todos os poderes e órgãos nele mencionados, de acordo com declaração do respectivo Tribunal de Contas, é vedada: a concessão, por qualquer outro ente da federação, de garantias ao ente envolvido e a tomada de operação de crédito por parte do ente envolvido com outro ente da federação, diretamente ou por intermédio de seus fundos, autarquias, fundações ou empresas estatais dependentes, ainda que sob a forma de novação, refinanciamento ou postergação de dívida contraída anteriormente. Ressalvam-se, entretanto, os financiamentos destinados a projetos específicos celebrados na forma de operações típicas das agências financeiras oficiais de fomento.

13.7.3 Emendas Constitucionais nº 123, de 14 de julho de 2022, e nº 126, de 21 de dezembro de 2022

No ano de 2022, novas disputas orçamentárias foram travadas no Brasil, mais uma vez, em sede constitucional. Ainda sob os efeitos da pandemia de covid-19, as contas públicas do país também foram influenciadas pela guerra Rússia-Ucrânia, sobretudo pela elevação do preço do petróleo, dos combustíveis e de seus derivados. Assim, à crise humanitária e sanitária provocada pela pandemia do novo coronavírus, somou-se o cenário de instabilidade internacional decorrente do mencionado conflito armado. Tudo isso no contexto da mais acirrada eleição presidencial da história republicana do país.

Em 14 de julho de 2022, foi promulgada a Emenda Constitucional nº 123/2022. Decorrente da Proposta de Emenda à Constituição (PEC) nº 1.2022, essa emenda constitucional ficou conhecida como "kamikaze", por autorizar gastos públicos federais e a criação de benefícios sociais para além do limite do teto de gastos imposto pela Emenda Constitucional nº 95/2016.[635]

Conforme o seu art. 1º, a Emenda Constitucional nº 123/2022 estabeleceu diferencial de competitividade para os biocombustíveis, bem como medidas para atenuar os efeitos do estado de emergência devido à elevação extraordinária e imprevisível dos preços do petróleo, dos combustíveis, seus derivados e dos impactos sociais dela decorrentes. Para tanto, seu art. 2º conferiu nova redação ao inciso VIII, parágrafo 1º, do art. 225, da CR/88. O objetivo dessa mudança constitucional foi manter regime fiscal favorecido para os biocombustíveis destinados ao consumo final, a fim de assegurar-lhes tributação inferior a incidente

---

[635] NUNES, Felipe. PEC: entenda o que está por trás da proposta que quer destravar programas sociais. *Folha de São Paulo*, 30 jun. 2022. Disponível em: https://www1.folha.uol.com.br/mercado.2022/06/pec-kamikaze-entenda-o-que-esta-por-tras-da-proposta-que-quer-destravar-programas-sociais.shtml. Acesso em: 19 jun. 2023.

sobre combustíveis fósseis e garantir diferencial competitivo em relação a estes.

Já o seu art. 3º criou o art. 120 do Ato das Disposições Constitucionais Transitórias, o qual reconheceu, no ano de 2022, o estado de emergência devido à elevação extraordinária e imprevisível dos preços do petróleo, dos combustíveis, seus derivados e dos impactos sociais dela decorrentes.

O parágrafo único do art. 2º da Emenda Constitucional nº 123/2022, por sua vez, criou as condições para a implementação das medidas de enfrentamento dos impactos decorrentes do estado de emergência então reconhecido por essa emenda constitucional. Sendo assim, seu inciso I determinou que as despesas que seriam atendidas por meio de crédito extraordinário não seriam consideradas para fins de apuração do resultado primário, nem do limite estabelecido para as despesas primárias do teto de gastos imposto pela Emenda Constitucional nº 95/2016, bem como ficariam ressalvadas da regra de ouro do art. 167, inciso III, da CR/88.

O inciso II, parágrafo único, do art. 2º da Emenda Constitucional nº 123/2022, por sua vez, determinou que a abertura do crédito extraordinário para atender às necessidades decorrentes do estado de emergência declarado por essa emenda constitucional dar-se-ia independentemente da observância do art. 167, §3º, da CR/88. Por fim, o inciso III, do parágrafo único, do art. 2º, da Emenda Constitucional nº 123/2022 autorizou a dispensa das limitações legais, inclusive quanto à necessidade de compensação, para a criação, a expansão ou o aperfeiçoamento de ação governamental que acarretasse aumento de despesa e também para a eventual renúncia de receita que pudesse ocorrer.

Os benefícios sociais instituídos pela Emenda Constitucional nº 123/2022 foram dispostos nos incisos I a VII do seu art. 5º. Conforme a síntese esclarecedora de Kiyoshi Harada, são eles:

> a) o benefício mensal do Auxílio Brasil de que trata a Lei nº 14.284.2021 passa dos atuais R$ 400,00 para R$ 600,00 até o limite de R$ 26.000.000.000,00
> b) o Programa Auxílio Gás de que trata a Lei nº 14.237.2021 passa para R$ 120,00 para o botijão de 13 kg até o limite de R$ 1.050.000.000,00;
> c) a União aportará para os Estados, Distrito Federal e Municípios recursos emergenciais de R$ 2.500.000.000,00 para custeio de transporte coletivo gratuito aos idosos, previsto no §2º, do art. 230 da CF;
> d) concede aos Transportadores Autônomos de Cargas registrados no RNTRC o auxílio mensal de R$ 1.000,00 até o limite de R$ 5.400.000.000,00;

e) a União entregará recursos financeiros de R$ 3.800.000.000,00 em cinco parcelas mensais de R$ 760.000.000,00 exclusivamente aos Estados e ao Distrito Federal que outorgarem créditos do ICMS aos produtores ou distribuidores de etanol hidratado em seu território, em montante equivalente ao valor recebido;

f) aos taxistas registrados é outorgado o auxílio transporte no importe total de R$ 2.000.000.000,00.[636]

Para o autor, essa emenda constitucional instituiu "diretamente benefícios sociais casuísticos, para serem executados até 31.12.2022". Por essa razão, ela *"nada tem de abstrato e genérico como devem ser as normas de uma emenda constitucional, por ter uma finalidade específica predeterminada, para surtir efeito a curto prazo"*. Da sua perspectiva, a Emenda Constitucional nº 123/2022 foi uma medida para contornar o teto de gastos imposto pela Emenda Constitucional nº 95/2016 e viabilizar a concessão de benefícios sociais em período vedado pela legislação eleitoral.[637]

O intuito de driblar a legislação eleitoral fica claro da leitura do parecer do Senador Fernando Bezerra, relator da Proposta de Emenda à Constituição nº 1/2022 perante a Comissão de Constituição, Justiça e Cidadania do Senado Federal. Em determinada passagem do parecer, o senador confessadamente afirma que "o reconhecimento do estado de emergência é importante para dar o necessário suporte legal às diferentes políticas públicas, focadas nos mais vulneráveis, que o substitutivo propõe".[638]

Como justificativa, o senador alegou que o art. 70, parágrafo 10, da Lei nº 9.504/1997 proíbe a "distribuição gratuita de bens, valores ou benefícios por parte da Administração Pública, exceto nos casos de

---

[636] HARADA, Kiyoshi. *Direito financeiro e tributário*. 31. ed. São Paulo: Dialética, 2022. p. 213.

[637] HARADA, Kiyoshi. *Direito financeiro e tributário*. 31. ed. São Paulo: Dialética, 2022. p. 213 (grifos nossos).

[638] BRASIL. Senado Federal. Comissão de Constituição, Justiça e Cidadania. *Parecer e Relatório à PEC nº 1.2022*. Altera a Emenda Constitucional nº 109, de 15 de março de 2021, para dispor sobre a concessão temporária de auxílio diesel a caminhoneiros autônomos, de subsídio para aquisição de gás liquefeito de petróleo pelas famílias de baixa renda brasileiras e de repasse de recursos da União com vistas a garantir a mobilidade urbana dos idosos, mediante a utilização dos serviços de transporte público coletivo, e autorizar a União, os Estados, o Distrito Federal e os Municípios a reduzirem os tributos sobre os preços do diesel, biodiesel, gás e energia elétrica, bem como outros tributos de caráter extrafiscal, p. 6-7. Disponível em: https://legis.senado.leg.br/sdleg-getter/documento?dm=9179188&ts=1660247379164&disposition=inline&_gl=1*13bxyid*_ga*OTc0NDg3NTEyLjE2ODIwMTY4OTY.*_ga_CW3ZH25XMK*MTY4NzE5OTc5NC40MS4xLjE2ODcyMDAwNDUuMC4wLjA. Acesso em: 19 jun. 2023.

calamidade pública, de estado de emergência ou de programas sociais já em execução no ano anterior à eleição". Então, "por esse motivo, o substitutivo começa por reconhecer o estado de emergência para 2022".[639]

Ao discorrer sobre a Emenda Constitucional nº 123/2022, Gerson dos Santos Sicca e Élida Graziane Pinto destacaram que as "regras fiscais [...] tornaram-se engrenagens de um sistema de crise permanente, sobretudo após a instituição do teto de gastos dado pela Emenda nº 95/2016", devido a "readequações e renegociações contínuas no meio político, a fim de amoldar a regra à pauta do momento". Sua crítica aponta que "necessidade e emergência são as palavras mágicas que falseiam a justificação de alterações constitucionais sucessivas, com crescente menosprezo à integridade da Constituição de 1988".[640]

A decretação do estado de emergência, utilizada para escapar da vedação imposta pela legislação eleitoral, não passou desapercebida pela crítica dos autores. Nas suas palavras, essa emenda constitucional foi "utilizada com o nítido objetivo de viabilizar o que se mostrava legalmente inviável". Por essa razão, sustentavam que "o controle de constitucionalidade da Emenda *Kamikaze* deve ser oportunidade para barrar o estado permanente de exceção que vem se desenhando".[641]

É certo que uma forma de governo republicana, como a instituída pela Constituição da República de 1988, não admite a mudança circunstancial das regras eleitorais para beneficiar aqueles que estão no exercício do mandato em face de seus concorrentes no pleito. Por isso, o art. 16 da CR/88 consagra o princípio da anterioridade eleitoral, segundo o qual a lei que alterar o processo eleitoral entrará em vigor

---

[639] BRASIL. Senado Federal. Comissão de Constituição, Justiça e Cidadania. *Parecer e Relatório à PEC nº 1.2022*. Altera a Emenda Constitucional nº 109, de 15 de março de 2021, para dispor sobre a concessão temporária de auxílio diesel a caminhoneiros autônomos, de subsídio para aquisição de gás liquefeito de petróleo pelas famílias de baixa renda brasileiras e de repasse de recursos da União com vistas a garantir a mobilidade urbana dos idosos, mediante a utilização dos serviços de transporte público coletivo, e autorizar a União, os Estados, o Distrito Federal e os Municípios a reduzirem os tributos sobre os preços de diesel, biodiesel, gás e energia elétrica, bem como outros tributos de caráter extrafiscal, p. 7. Disponível em: https://legis.senado.leg.br/sdleg-getter/documento?dm=9179188&ts=1660247379164&disposition=inline&_gl=1*13bxyid*_ga*OTc0NDg3NTEyLjE2ODIwMTY4OTY.*_ga_CW3ZH25XMK*MTY4NzE5OTc5NC40MS4xLjE2ODcyMDAwNDUuMC4wLjA. Acesso em: 19 jun. 2023.

[640] SICCA, Gerson dos Santos; PINTO, Élida Graziane. Banalização da exceção na EC 123.2022: em busca de algum controle. *Conjur*, 2022, p. 1. Disponível em: www.conjur.com.br.2022-jul-26/contas-vista-banalizacao-excecao-ec-12322-busca-algum-controle. Acesso em: 19 jun. 2023.

[641] SICCA, Gerson dos Santos; PINTO, Élida Graziane. Banalização da exceção na EC 123/2022: em busca de algum controle. *Conjur*, 2022, p. 1. Disponível em: www.conjur.com.br.2022-jul-26/contas-vista-banalizacao-excecao-ec-12322-busca-algum-controle. Acesso em: 19 jun. 2023.

na data de sua publicação, não se aplicando a eleição que ocorra até um ano da data de sua vigência. Da mesma forma, é impensável que, em uma república, as disputas eleitorais possam se dar com abuso de poder econômico ou político, sendo essa, inclusive, a razão de ser dos parágrafos 9º e 10 do art. 14 da CR/88.

Não por outro motivo, Fernando Facury Scaff criticou o uso da máquina pública pelo governo federal no ano de 2022, reconhecendo que a Emenda Constitucional nº 123/2022 se incluía em um amplo rol de medidas destinadas a interferir no resultado das eleições presidenciais daquele ano. Por essa razão, o autor sustentava, *in verbis*:

> *O papel do TSE não pode se restringir à análise da logística eleitoral*, como a questão das urnas eletrônicas, o que vem fazendo com perfeição, *mas deve ser também o de guardião da paridade de armas eleitorais, a fim de que todos os candidatos tenham efetivamente iguais chances nas eleições*, em especial com os olhos voltados ao que determina a Constituição, que veda o abuso de poder econômico (artigo 14, §10).
> *Se não corrigirmos isso, não teremos uma república, mas apenas um simulacro democrático, formalista.*[642]

Mesmo com todas essas críticas, a Emenda Constitucional nº 123/2022 vigorou até 31 de dezembro daquele ano e os benefícios nela previstos foram concedidos à população que deles necessitava. No entanto, em 21 de dezembro de 2022, uma nova emenda constitucional com impacto sobre a ordem financeira da Constituição da República de 1988 foi promulgada. Trata-se da Emenda Constitucional nº 126/2022, originária da Proposta de Emenda à Constituição nº 32/2022, conhecida como "PEC da transição".[643]

Essa emenda constitucional abriu espaço orçamentário para permitir que o governo federal pudesse arcar, no ano de 2023, com os custos de programas sociais como o Bolsa Família, o Auxílio Gás e a Farmácia Popular, dentre outros. Nesse sentido, foi autorizado um

---

[642] SCAFF, Fernando Facury. Do seu bolso para a urna: o imposto como cabo eleitoral. *Conjur*, 2022, p. 1. Disponível em: www.conjur.com.br.2022-out-11/contas-vista-bolso-urna-imposto-cabo-eleitoral. Acesso em: 19 jun. 2023 (grifos nossos).

[643] SIQUEIRA, Carol; PIOVESAN, Eduardo. PEC da Transição é promulgada pelo Congresso. *Câmara dos Deputados*, Brasília, 21.12.2022. Disponível em: www.camara.leg.br/noticias/931149-PEC-DA-TRANSICAO-E-PROMULGADA-PELO-CONGRESSO. Acesso em: 20 jun. 2023.

acréscimo no importe de R$ 145.000.000.000,00 no limite de gastos do orçamento da União para o exercício financeiro de 2023.

Também ficou determinada a prorrogação do prazo final da Desvinculação de Receitas da União (DRU) até 31 de dezembro de 2024. Assim, permitiu-se que 30% da arrecadação da União relativa às contribuições sociais, sem prejuízo do pagamento das despesas do Regime Geral de Previdência Social (RGPS), às contribuições de intervenção no domínio econômico e às taxas, já instituídas ou que vierem a ser criadas, pudessem ser utilizadas para outros fins.

Outra importante medida viabilizada pela Emenda Constitucional nº 126/2022 foi a superação do regime fiscal imposto pela Emenda Constitucional nº 95/2016. Logo, ficou determinado que o Presidente da República deveria enviar ao Congresso Nacional, até o dia 31 de agosto de 2023, projeto de lei complementar em substituição ao teto de gastos.

Após sucessivas emendas constitucionais para excepcionar o regime fiscal imposto pela Emenda Constitucional nº 95/2016, o legislador constituinte reformador andou bem ao estabelecer a obrigação de substituir o teto de gastos. Os efeitos decorrentes da pandemia de covid-19, bem como da guerra Rússia-Ucrânia sobre as ordens econômica e social, demonstraram que um limite fixo de gastos para o governo federal não se sustentava.

O cenário de crise sanitária e de retração das atividades econômicas exigiu a implementação de programas sociais de amparo aos mais necessitados e de combate à fome e à miséria, os quais, em razão da trava imposta pelo teto de gastos, não poderiam ser realizados caso a Emenda Constitucional nº 95/2016 fosse seguida. Dessa forma, um regime fiscal inflexível mostrou-se inadequado ante as disposições de conteúdo compromissório e socioeconômico da Constituição da República de 1988 que determinam a obrigação de agir ao Estado brasileiro para reduzir a brutal desigualdade social que assola o país.

13.8 Novo Arcabouço Fiscal

O Novo Arcabouço Fiscal é composto por um conjunto de regras cujo objetivo é indicar para a sociedade brasileira e agentes internacionais como o Estado brasileiro pretende exercer o controle das contas públicas e realizar investimentos ao longo dos anos. Proposto pelo Projeto de Lei Complementar nº 93/2023, de autoria do Poder Executivo, o Novo Arcabouço Fiscal foi previsto pelo artigo 6º da Emenda Constitucional nº 126/2022, em substituição ao teto de gastos imposto pela Emenda Constitucional nº 95/2016.

Conforme o artigo 6º da Emenda Constitucional nº 126/2022, até o dia 31 de agosto de 2023, o Presidente da República deveria encaminhar ao Congresso Nacional projeto de lei complementar com o objetivo de instituir regime fiscal sustentável para a garantia da estabilidade macroeconômica e para a criação das condições adequadas ao crescimento socioeconômico do país. Isso foi feito em 18 de abril de 2023, com a apresentação do Projeto de Lei Complementar nº 93/2023 à Câmara dos Deputados.[644]

De acordo com o parecer da Comissão de Constituição, Justiça e Cidadania do Senado Federal à Proposta de Emenda à Constituição nº 32/2022, posteriormente convertida na Emenda Constitucional nº 126/2022, a superação da Emenda Constitucional nº 95/2016 se justificava pois "o Teto de Gastos não consegue, há muito, ser uma âncora fiscal crível".[645] Isso porque, como a Emenda Constitucional nº 95/2016 limitava os gastos públicos ao valor referente ao montante gasto no exercício financeiro anterior corrigido pelo Índice Nacional de Preços ao Consumidor Amplo – IPCA, não seria possível aumentar as despesas estatais além desse limite, mesmo diante do crescimento da arrecadação ou da demanda por prestação de serviços públicos. Ou seja, conforme as regras estabelecidas pelo teto de gastos, há apenas correção nominal do valor destinado às despesas públicas, sem qualquer espaço para crescimento real.

Nesse sentido, segundo o parecer da Comissão de Constituição, Justiça e Cidadania do Senado Federal à Proposta de Emenda à Constituição nº 32/2022:

---

[644] BRASIL. Câmara dos Deputados. *Projeto de Lei Complementar nº 93*, de 18 de abril de 2023. Institui regime fiscal sustentável para garantir a estabilidade macroeconômica do País e criar as condições adequadas ao crescimento socioeconômico, nos termos do disposto no art. 6º da Emenda à Constituição nº 126, de 21 de dezembro de 2022. Brasília: Câmara dos Deputados, 2023. Disponível em: www.camara.leg.br/proposicoesWeb/fichadetramitacao?idProposicao=2357053. Acesso em: 30 maio 2023.

[645] BRASIL. Senado Federal. Comissão de Constituição, Justiça e Cidadania. *Parecer e Relatório à PEC nº 32 de 2022*. Altera o Ato das Disposições Constitucionais Transitórias para permitir a implementação do Programa Bolsa Família e definir regras para a transição da Presidência da República aplicáveis à Lei Orçamentária de 2023 e dá outras providências, p. 13. Disponível em: https://legis.senado.leg.br/sdleg-getter/documento?dm=9219667&ts=1679936061021&disposition=inline&_gl=1*1446a9p*_ga*OTc0NDg3NTEyLjE2ODIwMTY4OTY.*_ga_CW3ZH25XMK*MTY4NTYxOTkzOC4yMS4xLjE2ODU2MTk5NzcuMC4wLjA. Acesso em: 30 maio 2023.

[...] *seria difícil manter o Teto de Gastos por tanto tempo em decorrência de pressões por aumento do provimento dos serviços públicos*. Entre outros, aspectos demográficos, que produziriam o crescimento vegetativo de algumas despesas, como associadas à previdência e à saúde, e comprimiriam, no limite, a zero, o espaço para despesas discricionárias, notadamente, os investimentos. *Nesse cenário, o teto de gastos, em vez de promotor, se transformaria em um obstáculo para o desenvolvimento e crescimento econômico*.[646]

Analisando retrospectivamente o cenário político nacional e o que aconteceu no país desde a entrada em vigor da Emenda Constitucional nº 95/2016, o parecer da Comissão de Constituição, Justiça e Cidadania do Senado Federal à Proposta de Emenda à Constituição nº 32/2022 concluiu que, apesar das sucessivas alterações no regime fiscal imposto pelo teto de gastos a fim de ampliar espaço para a realização de despesas, a economia brasileira manteve-se estável, afastando, assim, o pessimismo de economistas liberais em relação à solidez econômica do país. Ainda de acordo com o referido parecer, embora tenha havido exceções ao teto de gastos nesse período, elas não foram suficientes para atender as reais necessidades do país. Senão, veja-se:

Sem entrar no mérito do que ocorreu, o fato é que *as poucas reformas concretizadas foram insuficientes para evitar a tendência de supressão do espaço fiscal para despesas discricionárias*. Não é por menos que, nos últimos *anos, nada menos que cinco PECs flexibilizando o teto de gastos foram promulgadas. A economia brasileira tem sido capaz de absorver essa expansão de gastos sem gerar o círculo vicioso temido pelos economistas liberais* descrito pela sequência "aumento de desconfiança, seguido de redução de gastos privados, que reduz a renda, o que exige aumento de gastos públicos direcionados à seguridade social, o que gera novo aumento da desconfiança".[647]

---

[646] BRASIL. Senado Federal. Comissão de Constituição, Justiça e Cidadania. *Parecer e Relatório à PEC nº 32 de 2022*. Altera o Ato das Disposições Constitucionais Transitórias para permitir a implementação do Programa Bolsa Família e definir regras para a transição da Presidência da República aplicáveis à Lei Orçamentária de 2023 e dá outras providências, p. 13-14. Disponível em: https://legis.senado.leg.br/sdleg-getter/documento?dm=9219667&ts=1679936061021&disposition=inline&_gl=1*1446a9p*_ga*OTc0NDg3NTEyLjE2ODIwMTY4OTY.*_ga_CW3ZH25XMK*MTY4NTYxOTkzOC4y MS4xLjE2ODU2MTk5NzcuMC4wLjA. Acesso em: 30 maio 2023 (grifos nossos).

[647] BRASIL. Senado Federal. Comissão de Constituição, Justiça e Cidadania. *Parecer e Relatório à PEC nº 32 de 2022*. Altera o Ato das Disposições Constitucionais Transitórias para permitir a implementação do Programa Bolsa Família e definir regras para a transição da Presidência da República aplicáveis à Lei Orçamentária de 2023, e dá outras providências, p. 14. Disponível em: https://legis.senado.leg.br/sdleg-getter/documento?dm=9219667&ts=1679936061021&disposition=inline&_gl=1*1446a9p*_

A mesma observação também foi feita em sede doutrinária. Ao tempo da tramitação da Proposta de Emenda à Constituição nº 32/2022, Fernando Facury Scaff afirmou que o teto de gastos cumpria uma função muito mais mítica ou simbólica do que efetiva na contenção dos gastos públicos, tendo em vista a série de emendas constitucionais, que, desde a promulgação da Emenda Constitucional nº 95/2016, excepcionou o regime fiscal por ela imposto, nestas palavras:

> O *teto de gastos* foi criado através da Emenda Constitucional 95, de 15 de dezembro de 2016, e, a partir de então, o debate sobre as finanças públicas brasileiras passou a ser dominado por ele. *Em tese, tudo é feito para respeitar o teto, e, invariavelmente, se acha um jeito de criar goteiras no teto — a tal ponto que ele cumpre hoje muito mais uma função mítica ou simbólica, do que a efetiva função de conter os gastos.*[648]

Scaff criticou o teto de gastos por impedir aumento de despesas públicas quando houvesse aumento da arrecadação, bem como quando houvesse necessidades excepcionais, o que se passou, por exemplo, durante a pandemia de covid-19. Nas palavras do autor:

> *Tal como foi desenhado, entendo que o teto de gastos foi um erro.* Uso uma metáfora para expor a ideia. Imaginemos o *teto de gastos* aplicado a uma família composta por um casal e dois filhos, com renda total de R$ 3.000 e gastos de R$ 1.500. Passados alguns anos, os filhos conseguem empregos e a renda familiar cresce para R$ 6.000, porém, em face do *teto de gastos*, mesmo com o acréscimo de renda, essa família só poderá gastar R$ 1.500. Em adendo, suponhamos que um dos membros adoeça e necessite de mais medicamentos e até da assistência de cuidadores — o *teto de gasto* será o mesmo, de R$ 1.500, a despeito do incremento das despesas com saúde.
> Esse exemplo demonstra que *o teto de gastos é um freio inadequado, pois impede que despesas sejam realizadas, mesmo ocorrendo (1) aumento da renda, ou (2), quando há necessidade de aumentar gastos básicos, como com saúde.*[649]

---

ga*OTc0NDg3NTEyLjE2ODIwMTY4OTY.*_ga_CW3ZH25XMK*MTY4NTYxOTkzOC4y MS4xLjE2ODU2MTk5NzcuMC4wLjA. Acesso em: 30 maio 2023 (grifos nossos).

[648] SCAFF, Fernando Facury. A correlação entre o teto de gastos e o orçamento secreto. *Conjur*, 2022, p. 1. Disponível em: www.conjur.com.br.2022-dez-20/contas-vista-correlacao-entre-teto-gastos-orcamento-secreto. Acesso em: 30 maio 2023 (grifos nossos).

[649] SCAFF, Fernando Facury. A correlação entre o teto de gastos e o orçamento secreto. *Conjur*, 2022, p. 1. Disponível em: www.conjur.com.br.2022-dez-20/contas-vista-correlacao-entre-teto-gastos-orcamento-secreto. Acesso em: 30 maio 2023 (grifos nossos).

Élida Graziane Pinto também critica o teto de gastos. Para ela, as sucessivas alterações observadas no regime fiscal imposto pela Emenda Constitucional nº 95/2016 demonstraram a própria insustentabilidade dessa emenda constitucional. Nas suas palavras:

> *Muito embora seja inegável que o teto é iníquo e disfuncional, sua sobrevivência é assegurada por meio de várias emendas curtas e ineptas (liberações de "fura-teto" a conta-gotas)*, em movimento que objetiva, em última instância, atender às supostas expectativas do mercado financeiro, enquanto aumenta o custo de intermediação de parlamentares fisiológicos que querem a constitucionalização do Orçamento Secreto.[650]

Segundo a autora, desde 2016, foram promulgadas oito emendas constitucionais, visando alterar pontos específicos do teto de gastos para que o governo federal pudesse fazer frente a demandas sociais por mais investimentos públicos, sobretudo, em virtude da pandemia de covid-19. Por essa razão, denominou as emendas constitucionais ao Ato das Disposições Constitucionais Transitórias destinadas a alterar a Emenda Constitucional nº 95/2016 de "Retrato de Dorian Gray fiscal".[651]

Da sua perspectiva, assim como no romance de Oscar Wilde, em que o jovem Dorian Gray, encantado pelos prazeres da vida, resolve vender sua alma para garantir que um quadro com o seu retrato envelheça no lugar do seu corpo, o Ato das Disposições Constitucionais Transitórias seria o local escolhido pela sociedade brasileira para esconder sua incapacidade de cumprir as promessas contidas na Constituição de 1988. Dessa forma, para Élida Graziane Pinto,

> Persiste, pois, o sério e cínico impasse na tentativa de ocultar dentro do ADCT tudo o que a sociedade brasileira e, em especial, os governos não conseguem pactuar honesta e estruturalmente no texto permanente da Constituição de 1988.
> Se fosse operador do direito no Brasil atual, Oscar Wilde poderia perfeitamente adaptar seu *O Retrato de Dorian Gray* para a persistência da DRU e do Teto no ADCT. *Tantos e tão sucessivos redesenhos ali denotam uma imagem horrenda e cínica da nossa realidade, enquanto o texto constitucional*

---

[650] PINTO, Élida Graziane. "Retrato de Dorian Gray fiscal" mudou 17 vezes o ADCT por DRU e teto. *Conjur*, 2022, p. 1. Disponível em: www.conjur.com.br.2022-nov-29/contas-vista-dorian-gray-fiscal-alterou-17-vezes-adct-dru-teto. Acesso em: 30 maio 2023 (grifos nossos).

[651] PINTO, Élida Graziane. "Retrato de Dorian Gray fiscal" mudou 17 vezes o ADCT por DRU e teto. *Conjur*, 2022, p. 1. Disponível em: www.conjur.com.br.2022-nov-29/contas-vista-dorian-gray-fiscal-alterou-17-vezes-adct-dru-teto. Acesso em: 30 maio 2023.

> *permanente segue formalmente belo e atraente em suas promessas civilizatórias de dignidade da pessoa humana e direitos fundamentais oponíveis ao Estado.*[652]

Ao abordar o Novo Arcabouço Fiscal, José Maurício Conti destaca que a medida veio em substituição ao teto de gastos imposto pela Emenda Constitucional nº 95/2016, o qual "se mostrou excessivamente rígido e um tanto improvisado, com medidas de caráter geral e sem atender as especificidades de cada situação e setores da economia".[653] A rigidez e a generalidade da Emenda Constitucional nº 95/2016 são criticadas pelo autor nos seguintes termos:

> *A forma rígida e genérica estabelecida pelo "teto de gastos"*, com um "corte" nas despesas baseado nos valores então vigentes, impedido o respectivo crescimento além da previsão de inflação para os períodos subsequentes, sem nenhuma adaptação a circunstâncias específicas presentes nem futuras, *nunca foi reconhecida como uma medida bem construída. Evidenciou-se*, como já adiantado, ser uma medida improvisada com funções de sinalizar uma orientação de ação governamental mais contida em relação aos gastos públicos, que seguramente exigiria ajustes, especialmente pelo longo prazo de vigência, *pouco compatível com a velocidade das alterações pelas quais passa o mundo moderno.*[654]

A fixação de um limite estático para os gastos públicos, como feito pela Emenda Constitucional nº 95/2016, evidenciou, para o autor, a própria insustentabilidade dessa emenda constitucional, na medida em que, para contornar os seus efeitos, foi preciso criar exceções ao regime por ela imposto, sobretudo, no período da pandemia de covid-19:

> [...] *as falhas e imprecisões* de um regime imposto de forma apressada *logo mostraram sua fragilidade, e os "furos no teto" começaram a aparecer. O período de pandemia, com as repentinas e significativas alterações nas finanças*

---

[652] PINTO, Élida Graziane. "Retrato de Dorian Gray fiscal" mudou 17 vezes o ADCT por DRU e teto. *Conjur*, 2022, p. 1. Disponível em: www.conjur.com.br.2022-nov-29/contas-vista-dorian-gray-fiscal-alterou-17-vezes-adct-dru-teto. Acesso em: 30 maio 2023 (grifos nossos).

[653] CONTI, José Maurício. O "Novo Arcabouço Fiscal": o que podemos esperar? *OrbisNews*, 2023, p. 1. Disponível em: www.orbisnews.com.br/itens-39/o-%E2%80%9Cnovo-arcabou%C3%A7o-fiscal%E2%80%9D%3A-o-que-podemos-esperar%3F-. Acesso em: 15 jun. 2023.

[654] CONTI, José Maurício. Novo 'arcabouço' e expectativas que não seja 'calabouço' da gestão fiscal responsável. *Jota*, 2023, p. 1. Disponível em: www.jota.info/opiniao-e-analise/colunas/coluna-fiscal/novo-arcabouco-e-expectativas-que-nao-seja-calabouco-da-gestao-fiscal-responsavel-04052023. Acesso em: 15 jun. 2023 (grifos nossos).

públicas por ela provocadas, *exigiram mudanças que apressaram ajustes no regime instituído, tornando-o ainda mais difícil de se sustentar na forma proposta inicialmente.*[655]

Diante da incapacidade de a Emenda Constitucional nº 95/2016 controlar os gastos públicos e garantir o desenvolvimento sustentável do país, foi preciso construir um novo regime fiscal menos rígido, mais realista e vocacionado à garantia da estabilidade macroeconômica e à criação das condições adequadas ao crescimento socioeconômico. A tal finalidade serviu o então Projeto de Lei Complementar nº 93/2023.

Posto que é menos rígido, porque veiculado em lei complementar e não em emenda constitucional, é, pois, passível de alteração pelo quórum de maioria absoluta, ao invés de três quintos dos membros de ambas as casas do Congresso Nacional. Assim, entrega a discussão sobre a capacidade financeira do Estado à política, seu lugar de origem, o que não quer dizer, contudo, desvinculação constitucional, já que a Constituição continuará a ser o seu parâmetro de validade.

Considera-se o Novo Arcabouço Fiscal mais realista, porque, ao invés de um limite fixo de gastos determinado pelo montante das despesas primárias do exercício financeiro anterior corrigido apenas pela inflação do período, agora, possui bandas móveis para o crescimento real da despesa, isto é, acima da inflação. Isso permite evitar excesso de gastos em momentos de crescimento de receitas, bem como ausência de recursos em períodos de estagnação econômica ou recessão.

Verifica-se ser mais vocacionado à garantia da estabilidade macroeconômica e à criação das condições adequadas ao crescimento socioeconômico, porque, para além do expressamente determinado pelo artigo 6º da Emenda Constitucional nº 126/2022, sua pretensão, conforme comunicação oficial do Ministério da Fazenda, é "garantir responsabilidade social com responsabilidade fiscal".[656]

Constata-se, pois, a relevância de toda a discussão política e teórica subjacente ao Novo Arcabouço Fiscal. Trata-se de matéria que

---

[655] CONTI, José Maurício. Novo 'arcabouço' e expectativas que não seja 'calabouço' da gestão fiscal responsável. *Jota*, 2023, p. 1. Disponível em: www.jota.info/opiniao-e-analise/colunas/coluna-fiscal/novo-arcabouco-e-expectativas-que-nao-seja-calabouco-da-gestao-fiscal-responsavel-04052023. Acesso em: 15 jun. 2023 (grifos nossos).

[656] BRASIL. Ministério da Fazenda. Assessoria Especial de Comunicação Social. *Novo Arcabouço/Regra Fiscal (Projeto de Lei: regime fiscal sustentável)*, p. 2. Disponível em: www.gov.br/fazenda/pt-br/assuntos/noticias.2023/abril/arquivo/18-04-23-perguntas-e-respostas-arcabouco-fiscal.pdf. Acesso em: 30 maio 2023.

impacta diretamente toda a sociedade, na medida em que está diretamente relacionada à capacidade financeira do Estado brasileiro custear programas de ação para a implementação de políticas públicas de promoção do bem-estar e de garantia de direitos, bem como realizar investimentos, visando ao desenvolvimento nacional, conforme determina a Constituição.

Especificamente, de acordo com o Novo Arcabouço Fiscal, o projeto de Lei de Diretrizes Orçamentárias conterá anexo de metas fiscais que incluirá, para o exercício financeiro a que se referir e para os três exercícios seguintes, em valores correntes e constantes: as metas anuais para o resultado primário do governo central para os orçamentos fiscal e da seguridade social da União; os intervalos de tolerância para essas metas; e o marco fiscal de médio prazo, com projeções para os principais agregados fiscais que compõem os cenários de referência.

Conforme o Novo Arcabouço Fiscal, para os exercícios de 2024 a 2027, a meta de resultado primário do governo federal terá um intervalo de tolerância de 0,25% do PIB para cima e para baixo em cada ano. De acordo com a Lei de Diretrizes Orçamentárias de 2024, as metas de resultado primário para os anos de 2024, 2025 e 2026 serão, respectivamente, 0,0%, 0,5% e 1,0%, com banda de 0,25%, para mais ou para menos.

O gráfico a seguir colacionado, elaborado pela Consultoria Legislativa e pela Consultoria de Orçamento e Fiscalização da Câmara dos Deputados, ilustra as metas de resultado primário previstas pelo governo federal para os exercícios de 2024, 2025 e 2026:

Gráfico 1 – Metas anuais para o resultado primário relativas aos exercícios financeiros de 2024, 2025 e 2026[657]

Resultado primário — meta (% do PIB)

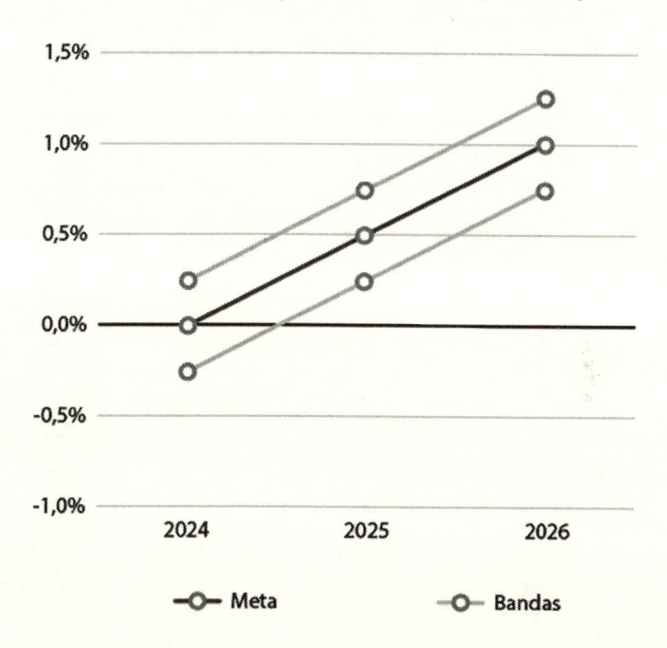

[Gráfico de linhas mostrando Meta e Bandas para os anos 2024, 2025 e 2026, com valores entre -0,5% e 1,5% do PIB]

—◯— Meta   —◯— Bandas

Ainda de acordo com o Novo Arcabouço Fiscal, quando o resultado primário crescer dentro da banda estabelecida, o crescimento da despesa será igual a 70% do crescimento real da receita primária (acumulada em doze meses encerrados em junho do exercício anterior a que se refere a Lei Orçamentária Anual), descontados da variação acumulada do IPCA apurado no mesmo período. Por outro lado, caso o resultado primário fique abaixo da banda inferior da meta, o total da despesa do ano seguinte ficará limitado a 50% do crescimento da receita, também corrigido pelo IPCA do período. Em ambos os casos, todavia, os gastos estão limitados a um crescimento real da despesa de no mínimo 0,6% ao ano e de no máximo de 2,5% ao ano.

---

[657] BRASIL. Câmara dos Deputados. Consultoria de Orçamento e Fiscalização da Câmara dos Deputados. *Novo Arcabouço Fiscal*. 2023. Disponível em: www.camara.leg.br/internet/agencia/infograficos-html5/novo-arcabouco-fiscal/index.html#:~:text=O%20Regime%20Fiscal%20Sustent%C3%A1vel%2C%20conhecido,equil%C3%ADbrio%20entre%20arrecada%C3%A7%C3%A3o%20e%20despesas. Acesso em: 30 maio 2023.

O gráfico elaborado conjuntamente pela Consultoria Legislativa e pela Consultoria de Orçamento e Fiscalização da Câmara dos Deputados ilustra o mecanismo descrito no parágrafo anterior, a partir de uma situação hipotética. Supondo que o crescimento real da receita seja de 2,5% e a meta de superávit primário tenha sido cumprida, o aumento real da despesa poderá ser de no máximo 1,75%. Porém, se mesmo com o crescimento hipotético de receita de 2,5%, a meta de superávit primário for descumprida, o governo federal poderá gastar no máximo 1,25% a mais do que no exercício financeiro anterior, como se demonstra:

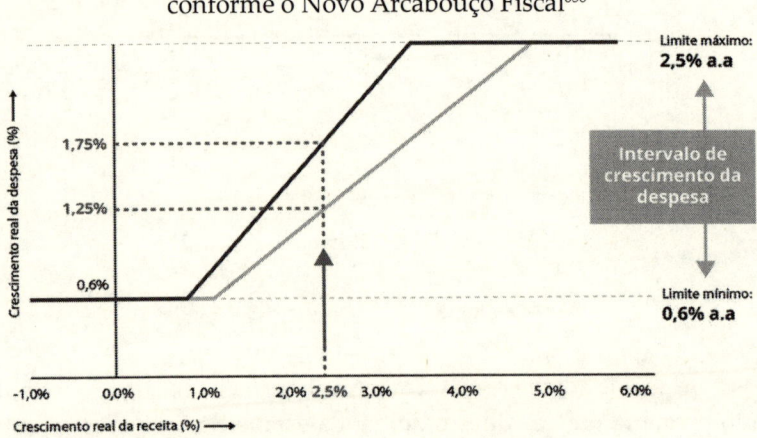

Gráfico 2 – Limitação dos gastos públicos, conforme o Novo Arcabouço Fiscal[658]

No caso de as metas não serem cumpridas até a apuração anual seguinte, serão aplicadas as vedações previstas nos incisos II, III e VI a X, do artigo 167-A, da CR/88, com fundamento no artigo 163, parágrafo único, da CR/88. Essas vedações incluem proibição de criar cargo, emprego ou função na administração pública e alterar estrutura de carreira que implique aumento de despesa, entre outras. Persistindo o

---

[658] BRASIL. Câmara dos Deputados. Consultoria de Orçamento e Fiscalização da Câmara dos Deputados. *Novo Arcabouço Fiscal*. 2023. Disponível em: www.camara.leg.br/internet/agencia/infograficos-html5/novo-arcabouco-fiscal/index.html#:~:text=O%20Regime%20Fiscal%20Sustent%C3%A1vel%2C%20conhecido,equil%C3%ADbrio%20entre%20arrecada%C3%A7%C3%A3o%20e%20despesas. Acesso em: 30 maio 2023.

descumprimento da meta, serão aplicadas as vedações previstas nos incisos I a X do artigo 167-A da CR/88.

Caso o Presidente da República venha a demonstrar que o impacto e a duração das medidas adotadas serão suficientes para compensar a diferença havida entre o resultado primário e o limite inferior do intervalo de tolerância, poderá enviar mensagem ao Congresso Nacional, acompanhada de projeto de lei complementar, que proponha a suspensão parcial ou a gradação das vedações mencionadas.

De todo modo, segundo o Novo Arcabouço Fiscal, o descumprimento do limite inferior da meta de resultado primário não configura infração à Lei de Responsabilidade Fiscal, desde que o agente público responsável tenha adotado, no âmbito de sua competência, as medidas de limitação de empenho e pagamento, preservado o nível mínimo de despesas discricionárias necessárias ao funcionamento regular da administração pública e não tenha ordenado ou autorizado medida em desacordo com as vedações previstas nos incisos do artigo 167-A da CR/88 aplicáveis em caso de descumprimento da meta.

O Novo Arcabouço Fiscal também garante que, na hipótese de haver superávit primário excedente à banda superior da meta, o equivalente a 70% desse superávit será destinado exclusivamente a investimentos, contudo, limitados a 0,25% do total do PIB. Com essa medida, assegura-se a possibilidade de realizar obras de infraestrutura e estimular a criação de um ciclo de crescimento econômico para o país com eventuais reservas que superarem o limite superior do intervalo de tolerância. Porém, caso o resultado primário seja deficitário, não poderá haver esse aumento de gastos.

Ao tempo da tramitação do Projeto de Lei Complementar nº 93/2023, grande controvérsia política se formou em torno de quais despesas deveriam ficar limitadas pelo mecanismo de controle de gastos criado pelo Novo Arcabouço Fiscal. A proposta trata do tema em seu art. 3º, parágrafo 2º.

Tal como enviado pelo Presidente da República à Câmara dos Deputados, o Projeto de Lei Complementar nº 93/2023 deixava de fora da base de cálculo e dos limites individualizados para o montante global das dotações orçamentárias relativas a despesas primárias, dentre outros, os gastos da União com a complementação para o Fundo de Manutenção e Desenvolvimento da Educação Básica e de Valorização dos Profissionais da Educação (Fundeb), de que trata o art. 212-A, incisos IV e V, da CR/88. Além da complementação da União para o Fundeb, na formulação original do Projeto de Lei Complementar nº 93/2023, também estavam fora dos limites de despesa do Novo Arcabouço Fiscal as transferências da União para os fundos de saúde dos Estados, do Distrito Federal e dos Municípios, na forma de assistência financeira complementar para o cumprimento dos pisos nacionais salariais para o enfermeiro, o técnico de enfermagem, o auxiliar de enfermagem e a parteira, de acordo com o disposto no art. 198, parágrafos 12, 13, 14 e 15, da CR/88.

Contudo, o projeto aprovado pela Câmara dos Deputados e enviado à apreciação do Senado Federal excluiu ambas as exceções citadas. Assim, os gastos com o complemento do Fundeb bem como do piso da enfermagem ficaram limitados pelo Novo Arcabouço Fiscal.

Um dia após a confirmação da modificação do Projeto de Lei Complementar nº 93/2023 pelo Plenário da Câmara dos Deputados para incluir as complementações da União com o Fundeb e com o piso da enfermagem nos limites estabelecidos pelo Novo Arcabouço Fiscal, a Comissão de Educação do Senado Federal realizou audiência pública com representantes de trabalhadores da educação de Estados e Municípios, na qual ficou firmado acordo para tentar reverter a inclusão do Fundeb nas regras do Novo Arcabouço Fiscal.[659]

A mudança também foi criticada pela doutrina. Élida Graziane Pinto afirmou que a inclusão das complementações da União para o Fundeb e para piso da enfermagem nos limites de despesa do Novo Arcabouço Fiscal, tal como feito pela Câmara dos Deputados, teria transformado os respectivos pisos constitucionais em teto, "sem qualquer margem fiscal para expansão adicional ou progressividade real". Isto é, "tornaram-se complementações do tipo 'piso-teto', porque não há como lhes fazer crescer faticamente qualquer montante ao longo do tempo, além dos respectivos patamares obrigatórios".[660]

Diante desse cenário, o relator do Novo Arcabouço Fiscal no Senado Federal, senador Omar Aziz, anunciou publicamente a intenção

---

[659] BAPTISTA, Rodrigo. Arcabouço Fiscal: inclusão do Fundeb é criticada em audiência na CE. *Senado Notícias*, Brasília, 24 maio 2023. Disponível em: www12.senado.leg.br/noticias/materias.2023/05/24/arcabouco-fiscal-inclusao-do-fundeb-e-criticada-em-audiencia-na-ce. Acesso em: 7 jun. 2023.

[660] PINTO, Élida Graziane. PLP 93/2023 frustra federalismo fiscal e custeio dos direitos fundamentais. *Conjur*, 2023, p. 1. Disponível em: www.conjur.com.br.2023-mai-30/contas-vista-plp-932023-frustra-federalismo-fiscal-custeio-direitos. Acesso em: 14 jun. 2023.

de retirar a complementação da União para o Fundeb do limite estabelecido dos gastos públicos pelo Novo Arcabouço Fiscal.[661]

13.8.1 A avaliação do Projeto de Lei Complementar nº 93/2023 pela Consultoria de Orçamentos, Fiscalização e Controle do Senado Federal

Além da controvérsia política em torno do investimento público nas áreas de educação e saúde, representada pelas discussões sobre a inclusão ou não das complementações da União para o Fundeb e para o piso da enfermagem nos limites estabelecidos pelo Novo Arcabouço Fiscal, o Projeto de Lei Complementar nº 193/2023 também foi alvo de críticas da área técnica do Senado Federal, em estudo realizado pelos consultores legislativos Rita de Cássia Leal Fonseca dos Santos e Fernando Moutinho Ramalho Bittencourt.[662]

Para os autores, no geral, "as ideias principais sobre o novo arcabouço fiscal apresentadas até agora pelo Poder Executivo trazem um mecanismo que parece um bom ponto de partida". Contudo, da sua perspectiva, ele possui "problemas específicos de desenho que comprometem sua implantação".[663]

Os autores destacam, inicialmente, que o Projeto de Lei Complementar nº 93/2023, da forma como enviado pelo Chefe do Poder Executivo ao Congresso Nacional, não conta com "qualquer parâmetro exógeno à decisão anual que possa figurar como indicador de consistência e que tenha exigibilidade para esses agentes". Desse modo, "todo o funcionamento das regras fica vinculado às mesmas condicionantes políticas e econômicas incidentes sobre a aprovação do orçamento anual".[664]

---

[661] FUNDEB E FUNDO Constitucional do DF não entrarão no Arcabouço, diz Omar. *Senado Notícias*, Brasília, 15 jun. 2023. Disponível em: https://www1.folha.uol.com.br/mercado.2023/06/relator-do-arcabouco-quer-fundeb-fora-do-limite-e-ajuste-para-evitar-corte-de-ate-r-40-bi.shtml. Acesso em: 15 jun. 2023.

[662] SANTOS, Rita de Cássia Leal Fonseca dos; BITTENCOURT, Fernando Moutinho Ramalho. Novo Arcabouço Fiscal – avaliação da proposta do Poder Executivo (PL nº 93/2023 – Complementar). *Orçamento em Discussão*, nº 50, Senado Federal, Consultoria de Orçamentos, Fiscalização e Controle, Brasília, maio 2023.

[663] SANTOS, Rita de Cássia Leal Fonseca dos; BITTENCOURT, Fernando Moutinho Ramalho. Novo Arcabouço Fiscal – avaliação da proposta do Poder Executivo (PL nº 93/2023 – Complementar). *Orçamento em Discussão*, nº 50, Senado Federal, Consultoria de Orçamentos, Fiscalização e Controle, Brasília, maio 2023. p. 36.

[664] SANTOS, Rita de Cássia Leal Fonseca dos; BITTENCOURT, Fernando Moutinho Ramalho. Novo Arcabouço Fiscal – avaliação da proposta do Poder Executivo (PL nº

Para justificar a sua posição, os autores argumentam que a ausência de um mecanismo que especifique metas orçamentárias objetivas e mais duradouras indicaria falta de disposição do país em conferir a estabilidade e a previsibilidade apreciada pelos agentes econômicos. Contudo, ressaltam que, ao dizê-lo, não estão sugerindo que as metas propostas no Novo Arcabouço Fiscal não seriam razoáveis. Nas suas palavras:

> [...] a especificação de metas objetivas que ultrapassem o próximo orçamento representa algum compromisso político dos agentes (além ter de custos políticos de reversão), o que gera uma expectativa de maior previsibilidade e estabilidade, que têm valor intrínseco para a operação da economia. Por tais razões, a observação sob este critério permanece relevante. Não se trata de alegar irrazoabilidade substantiva das metas propostas para o horizonte do governo atual: a questão aqui é que *não existe nada no arcabouço fiscal proposto que explicite uma meta substantiva externa à decisão orçamentária anual, e que não dependa (uma vez aprovado o mesmo) da validação de Congresso e Executivo nesse mesmo processo decisório. Assim, grande parte do efeito de previsibilidade, estabilidade e ancoragem de expectativas pretendido para um mecanismo de regras fiscais perde-se na medida em que não se tenha nas decisões de curto prazo compromisso explícito com um resultado predeterminado ao longo do tempo.*[665]

Rita de Cássia Leal Fonseca dos Santos e Fernando Moutinho Ramalho Bittencourt sustentam também que "uma lei complementar com o arcabouço fiscal não é, por certo, o *locus* de definição de metas operacionais detalhadas numericamente, tais como resultados primários e outras variáveis anuais". Para fundamentar a sua posição, afirmam que "os fundamentos de planejamento estratégico ensinam que tanto o resultado perseguido (a métrica do objetivo final e sua meta) quanto a estratégia para atingi-lo (as regras de despesas) devem constar do mesmo instrumento".[666]

93/2023 – Complementar). *Orçamento em Discussão,* nº 50, Senado Federal, Consultoria de Orçamentos, Fiscalização e Controle, Brasília, maio 2023. p. 9.

[665] SANTOS, Rita de Cássia Leal Fonseca dos; BITTENCOURT, Fernando Moutinho Ramalho. Novo Arcabouço Fiscal – Avaliação da Proposta do Poder Executivo (PL nº 93/2023 – Complementar). *Orçamento em Discussão,* nº 50, Senado Federal, Consultoria de Orçamentos, Fiscalização e Controle, Brasília, maio 2023. p. 10 (grifos nossos).

[666] SANTOS, Rita de Cássia Leal Fonseca dos; BITTENCOURT, Fernando Moutinho Ramalho. Novo Arcabouço Fiscal – Avaliação da Proposta do Poder Executivo (PL nº 93/2023 – Complementar). *Orçamento em Discussão,* nº 50, Senado Federal, Consultoria de Orçamentos, Fiscalização e Controle, Brasília, maio 2023. p. 10.

A preocupação dos autores é com a transparência e a fiscalização do cumprimento das metas propostas pelo Novo Arcabouço Fiscal. Por essa razão, propõem que "ter um instrumento com todos os elementos é mais transparente do que fragmentá-lo em vários instrumentos e, assim, permite uma visão mais consistente da estrutura proposta".[667]

A técnica legislativa adotada pelo Novo Arcabouço Fiscal também é criticada por José Maurício Conti. Para o autor, "sob o ponto de vista jurídico, o projeto peca pela complexidade do texto, repleto de referências a outras normas, muitas delas de leis ordinárias, além da falta de simplicidade no cálculo dos novos limites", os quais estão "vinculados a valores sujeitos a divergências nas metodologias e nem sempre fáceis de serem apurados".[668]

Segundo José Maurício Conti, houve "excessivo detalhamento em muitas normas, com especificidades não adequadas a uma lei complementar, que deve estabelecer normas de caráter mais geral, ainda que seja direcionada expressamente à União". Dessa forma, "o texto se mostra complexo, e a referência à legislação ordinária, bem como o excesso de referências cruzadas a outras normas, também é prejudicial à organização e interpretação do ordenamento jurídico como um todo, e deveria ter sido evitado".[669]

Outro ponto diz respeito à ausência "de um compromisso de resultado final a médio prazo", independente "do processo decisório orçamentário tradicional". A adoção de um mecanismo como esse possibilitaria "reduzir incertezas" e, ao mesmo tempo, "responsabilizar os agentes pelo cumprimento do objetivo".[670]

Sobre as incertezas que rondam o Novo Arcabouço Fiscal, José Maurício Conti destaca "as previsões preliminares dos especialistas em

---

[667] SANTOS, Rita de Cássia Leal Fonseca dos; BITTENCOURT, Fernando Moutinho Ramalho. Novo Arcabouço Fiscal – Avaliação da Proposta do Poder Executivo (PL nº 93/2023 – Complementar). *Orçamento em Discussão*, nº 50, Senado Federal, Consultoria de Orçamentos, Fiscalização e Controle, Brasília, maio 2023. p. 10.

[668] CONTI, José Maurício. O "Novo Arcabouço Fiscal": o que podemos esperar? *OrbisNews*, 2023, p. 1. Disponível em: www.orbisnews.com.br/itens-39/o-%E2%80%9Cnovo-arcabou%C3%A7o-fiscal%E2%80%9D%3A-o-que-podemos-esperar%3F-. Acesso em: 15 jun. 2023.

[669] CONTI, José Maurício. Novo 'arcabouço' e expectativas que não seja 'calabouço' da gestão fiscal responsável. *Jota*, 2023, p. 1. Disponível em: www.jota.info/opiniao-e-analise/colunas/coluna-fiscal/novo-arcabouco-e-expectativas-que-nao-seja-calabouco-da-gestao-fiscal-responsavel-04052023. Acesso em: 15 jun. 2023.

[670] CONTI, José Maurício. Novo 'arcabouço' e expectativas que não seja 'calabouço' da gestão fiscal responsável. *Jota*, 2023, p. 11. Disponível em: www.jota.info/opiniao-e-analise/colunas/coluna-fiscal/novo-arcabouco-e-expectativas-que-nao-seja-calabouco-da-gestao-fiscal-responsavel-04052023. Acesso em: 15 jun. 2023.

finanças públicas, que não vislumbram um cenário econômico positivo para o período, nem sinais claros de que haverá um ajuste expressivo nas contas públicas". Conforme a análise de Conti, a preocupação desses especialistas está amparada no diagnóstico de que o sucesso do Novo Arcabouço Fiscal "depende de significativo incremento de receitas e corte de despesas, medidas sempre difíceis de serem tomadas, exigindo força e vontade política e da colaboração, principalmente, do Poder Legislativo".[671]

Rita de Cássia Leal Fonseca dos Santos e Fernando Moutinho Ramalho Bittencourt ponderam que tal proposta, inevitavelmente, resvalaria no aprendizado decorrente da vigência do teto de gastos no Brasil exatamente pela rigidez daquele regime fiscal que impedia a realização de ajustes necessários em suas regras, em virtude de contingências do processo político. Assim, os autores evidenciam, *in verbis*:

> *Qualquer debate sobre a existência de uma* âncora *intertemporal no Brasil será inevitavelmente influenciado pela experiência recente do teto de gastos: teme-se que uma regra rígida será abandonada de forma mais ou menos dissimulada quando os interesses do processo político assim o determinarem* (com o agravante, no caso do teto de gastos, que a sua inserção na Constituição ou em outra norma de maior hierarquia leve a uma desmoralização desses próprios veículos pelas sucessivas modificações determinadas pelo interesse político imediato em quebrar a regra).[672]

Na sequência, destacam que a fixação de uma meta objetiva de médio prazo é inerente a qualquer regra fiscal. Dessa maneira, não se deveria temer o risco de descumprimento dissimulado ou de cumprimento seletivo dessa meta objetiva de médio prazo, pois o descumprimento das normas financeiras, por mais bem elaboradas que sejam, seria sempre possível, bastando uma maioria parlamentar com disposição para tanto, como asseveram:

> *Qualquer arcabouço fiscal (inclusive um que se limite a fixar regras operacionais de curto prazo) pode ser abandonado formalmente (ou seletivamente cumprido,*

---

[671] CONTI, José Maurício. O "Novo Arcabouço Fiscal": o que podemos esperar? *OrbisNews*, 2023, p. 1. Disponível em: www.orbisnews.com.br/itens-39/o-%E2%80%9Cnovo-arcabou%C3%A7o-fiscal%E2%80%9D%3A-o-que-podemos-esperar%3F-. Acesso em: 15 jun. 2023.

[672] SANTOS, Rita de Cássia Leal Fonseca dos; BITTENCOURT, Fernando Moutinho Ramalho. Novo Arcabouço Fiscal – Avaliação da Proposta do Poder Executivo (PL nº 93/2023 – Complementar). *Orçamento em Discussão*, nº 50, Senado Federal, Consultoria de Orçamentos, Fiscalização e Controle, Brasília, maio 2023, p. 11 (grifos nossos).

mediante diferentes formas de anistia ou "contabilidade criativa") se houver uma posição suficientemente majoritária para isso. O fracasso do teto de gastos como tentativa de retirar parcela da discricionariedade dos decisores políticos sobre o orçamento não se deve a esse objetivo *per se*, que é a essência de qualquer regra fiscal, mas a erros de concepção, conjunturas políticas desfavoráveis, ou quaisquer outros fatores inerentes ao seu desenho e circunstâncias de aplicação; mais importante, *o fracasso do teto de gastos não pode ser utilizado como um pretexto para impugnar novas tentativas de estabelecer mecanismos fiscais de redução da discricionariedade macrofiscal do processo orçamentário anual, que continuam mais necessárias que nunca.*[673]

A falta de uma regra que fixe um objetivo fiscal geral não é, contudo, a única ausência criticada no Projeto de Lei Complementar nº 93/2023. De acordo com o estudo produzido pelos consultores legislativos do Senado Federal, "a principal lacuna" do projeto seria esta: "todo o arcabouço fiscal proposto gira em torno apenas da despesa primária e (parcialmente) da receita primária".[674]

Na sua leitura, "o nível da dívida pública (e o resultado final da ação distributiva das finanças públicas, em termos mais gerais) é afetado não apenas pelos resultados primários, mas pelos resultados financeiros (inclusive em maior proporção)". Portanto, concluem que "qualquer mecanismo de gestão fiscal deve, ao menos, evidenciar o efeito final de todos esses componentes".[675]

Ao não o fazer, o Novo Arcabouço Fiscal estaria "mapeando, e intervindo, em apenas uma proporção muito menor das receitas e das despesas públicas do que aquelas que efetivamente incidem sobre a dívida". O resultado disso seria "esconder do debate público o real efeito de todos os demais componentes, retirando-lhes do foco que é

---

[673] SANTOS, Rita de Cássia Leal Fonseca dos; BITTENCOURT, Fernando Moutinho Ramalho. Novo Arcabouço Fiscal – Avaliação da Proposta do Poder Executivo (PL nº 93/2023 – Complementar). *Orçamento em Discussão*, nº 50, Senado Federal, Consultoria de Orçamentos, Fiscalização e Controle, Brasília, maio 2023, p. 12 (grifos nossos).

[674] SANTOS, Rita de Cássia Leal Fonseca dos; BITTENCOURT, Fernando Moutinho Ramalho. Novo Arcabouço Fiscal – Avaliação da Proposta do Poder Executivo (PL nº 93/2023 – Complementar). *Orçamento em Discussão*, nº 50, Senado Federal, Consultoria de Orçamentos, Fiscalização e Controle, Brasília, maio 2023, p. 13.

[675] SANTOS, Rita de Cássia Leal Fonseca dos; BITTENCOURT, Fernando Moutinho Ramalho. Novo Arcabouço Fiscal – Avaliação da Proposta do Poder Executivo (PL nº 93/2023 – Complementar). *Orçamento em Discussão*, nº 50, Senado Federal, Consultoria de Orçamentos, Fiscalização e Controle, Brasília, maio 2023, p. 13.

concedido ao debate público sobre a despesa primária".[676] Entre os gastos que compõem o resultado financeiro não contemplados pelo Novo Arcabouço Fiscal, estariam, por exemplo, encargos da dívida e demais despesas financeiras.[677]

Rita de Cássia Leal Fonseca dos Santos e Fernando Moutinho Ramalho Bittencourt conferem especial atenção às desonerações fiscais, assunto ao qual dedicamos tópico inteiro desta obra. Para os autores, esses gastos tributários seriam apenas tangencialmente computados pelo Novo Arcabouço Fiscal, na medida em que repercutem sobre a receita que compõe o resultado. Entretanto, não seria abordada a questão de sua efetividade e transparência. Com isso, dificultar-se-ia a discussão cidadã sobre a sua manutenção, o que seria agravado pelo elevado valor que as renúncias de receita possuem atualmente no país. A questão é precisamente tratada nestes termos, *in verbis*:

> Vale destacar que *todo o universo de desonerações fiscais e gastos tributários afeta diretamente o resultado primário: no entanto, é computado somente de forma indireta no arcabouço fiscal (ou seja, pelo efeito que possa ter na receita que compõe o resultado)*. Portanto, no momento da decisão de metas fiscais, não se coloca explicitamente à sociedade a escolha por conceder ou não essas desonerações (assim como se coloca e força a escolha por realizar ou não a despesa primária), *permitindo que o processo decisório desses favores siga sem o escrutínio e o protagonismo que tem a decisão sobre a despesa*. Não se trata de despesa de menor porte: em 2017, a Receita Federal do Brasil calculava que esses gastos tributários montavam a 4,11 % do PIB, e o próprio Secretário do Tesouro apontou na entrevista de apresentação da proposta do novo arcabouço fiscal que *só em 2022 esse esforço aumentou em pelo menos 1,5% do PIB – tudo isso frente a um déficit fiscal, proposto pelo próprio arcabouço, de 0,5% do PIB para 2023.*[678]

---

[676] SANTOS, Rita de Cássia Leal Fonseca dos; BITTENCOURT, Fernando Moutinho Ramalho. Novo Arcabouço Fiscal – Avaliação da Proposta do Poder Executivo (PL nº 93/2023 – Complementar). *Orçamento em Discussão*, nº 50, Senado Federal, Consultoria de Orçamentos, Fiscalização e Controle, Brasília, maio 2023, p. 14.

[677] SANTOS, Rita de Cássia Leal Fonseca dos; BITTENCOURT, Fernando Moutinho Ramalho. Novo Arcabouço Fiscal – Avaliação da Proposta do Poder Executivo (PL nº 93/2023 – Complementar). *Orçamento em Discussão*, nº 50, Senado Federal, Consultoria de Orçamentos, Fiscalização e Controle, Brasília, maio 2023, p. 14.

[678] SANTOS, Rita de Cássia Leal Fonseca dos; BITTENCOURT, Fernando Moutinho Ramalho. Novo Arcabouço Fiscal – Avaliação da Proposta do Poder Executivo (PL nº 93/2023 – Complementar). *Orçamento em Discussão*, nº 50, Senado Federal, Consultoria de Orçamentos, Fiscalização e Controle, Brasília, maio 2023, p. 16 (grifos nossos).

O mesmo aconteceria com "questões como a não tributação de lucros e dividendos", "isenção da tributação sobre juros sobre capital próprio", "equidade da tributação (ou não tributação) de patrimônio", "toda a estrutura de alíquotas e isenções dos tributos indiretos sobre consumo envolvidas na atual proposta de reforma tributária" ou "a arrecadação destinada às entidades do chamado 'Sistema S'".[679]

Outra crítica dos autores diz respeito ao veículo de implementação das metas e da banda de resultado primário do Novo Arcabouço Fiscal. A preocupação é no sentido de que entregar tal definição à Lei de Diretrizes Orçamentárias possibilitaria a revisão das metas e da banda a cada exercício financeiro. Desse modo, "a projeção intertemporal de resultados não pode ser atribuída a uma lei que tem, constitucionalmente, segundo essa interpretação mais restritiva, vigência limitada ao exercício a que se aplica".[680] Portanto, "o que deve ser evitado, com todo empenho, é que seja atribuído à Lei de Diretrizes Orçamentárias o mandato de rever ou renovar a cada ano as metas fiscais".[681]

Rita de Cássia Leal Fonseca dos Santos e Fernando Moutinho Ramalho Bittencourt também criticam "a extinção das sanções pelo descumprimento de metas hoje constantes da lei de responsabilidade fiscal e da lei de crimes fiscais".[682] Da sua perspectiva, não existem "razões válidas para excluir as atuais sanções relativas à violação das regras fiscais – sendo o caso, inclusive, de pensar em outras ainda mais diretas para cercar de maior efeito vinculante as novas regras".[683]

---

[679] SANTOS, Rita de Cássia Leal Fonseca dos; BITTENCOURT, Fernando Moutinho Ramalho. Novo Arcabouço Fiscal – Avaliação da Proposta do Poder Executivo (PL nº 93/2023 – Complementar). *Orçamento em Discussão*, nº 50, Senado Federal, Consultoria de Orçamentos, Fiscalização e Controle, Brasília, maio 2023, p. 16.

[680] SANTOS, Rita de Cássia Leal Fonseca dos; BITTENCOURT, Fernando Moutinho Ramalho. Novo Arcabouço Fiscal – Avaliação da Proposta do Poder Executivo (PL nº 93/2023 – Complementar). *Orçamento em Discussão*, nº 50, Senado Federal, Consultoria de Orçamentos, Fiscalização e Controle, Brasília, maio 2023, p. 21.

[681] SANTOS, Rita de Cássia Leal Fonseca dos; BITTENCOURT, Fernando Moutinho Ramalho. Novo Arcabouço Fiscal – Avaliação da Proposta do Poder Executivo (PL nº 93/2023 – Complementar). *Orçamento em Discussão*, nº 50, Senado Federal, Consultoria de Orçamentos, Fiscalização e Controle, Brasília, maio 2023, p. 23.

[682] SANTOS, Rita de Cássia Leal Fonseca dos; BITTENCOURT, Fernando Moutinho Ramalho. Novo Arcabouço Fiscal – Avaliação da Proposta do Poder Executivo (PL nº 93/2023 – Complementar). *Orçamento em Discussão*, nº 50, Senado Federal, Consultoria de Orçamentos, Fiscalização e Controle, Brasília, maio 2023, p. 24.

[683] SANTOS, Rita de Cássia Leal Fonseca dos; BITTENCOURT, Fernando Moutinho Ramalho. Novo Arcabouço Fiscal – Avaliação da Proposta do Poder Executivo (PL nº 93/2023 – Complementar). *Orçamento em Discussão*, nº 50, Senado Federal, Consultoria de Orçamentos, Fiscalização e Controle, Brasília, maio 2023, p. 25.

Para os consultores legislativos do Senado Federal, a definição das metas como "bandas de variação", na forma como trazida pelo projeto, "é um preciosismo irrelevante".[684] Como as metas são exigíveis anualmente, "o espaço para ajustes rápidos nas despesas é estreito. Resta unicamente, então, a adoção de contingenciamentos de baixa qualidade gerencial".[685]

Melhor seria se a exigência da meta fosse plurianual, pois, assim, a extrapolação de gastos apurados ao final de um exercício dentro do período da meta seria tratada nos ciclos seguintes.[686] Com vistas a evitar a malversação de recursos públicos, sustentam que "a prestação de contas anual do Presidente da República, as prerrogativas de fiscalização do Congresso Nacional e a previsão de crime de responsabilidade pelo descumprimento das metas fiscais" seriam "mecanismos suficientes para facultar o acompanhamento e a exigibilidade da consistência entre os procedimentos de autorização e execução das despesas anuais e o cumprimento plurianual das metas fiscais estabelecidas",[687] com o que, de forma enfática, concordamos.

Na sequência, os autores sobem o tom da crítica em relação ao Novo Arcabouço Fiscal. Da sua perspectiva, os "mecanismos de metas fiscais da Lei de Responsabilidade Fiscal foram amplamente desmoralizados e tiveram sua capacidade regulatória esvaziada pela possibilidade (permitida pelo silêncio legislativo) de desenhar metas *ad hoc*".[688] Dessa forma, permitir-se-ia excluir anualmente despesas do resultado

---

[684] SANTOS, Rita de Cássia Leal Fonseca dos; BITTENCOURT, Fernando Moutinho Ramalho. Novo Arcabouço Fiscal – Avaliação da Proposta do Poder Executivo (PL nº 93/2023 – Complementar). *Orçamento em Discussão*, nº 50, Senado Federal, Consultoria de Orçamentos, Fiscalização e Controle, Brasília, maio 2023, p. 25.

[685] SANTOS, Rita de Cássia Leal Fonseca dos; BITTENCOURT, Fernando Moutinho Ramalho. Novo Arcabouço Fiscal – Avaliação da Proposta do Poder Executivo (PL nº 93/2023 – Complementar). *Orçamento em Discussão*, nº 50, Senado Federal, Consultoria de Orçamentos, Fiscalização e Controle, Brasília, maio 2023, p. 26.

[686] SANTOS, Rita de Cássia Leal Fonseca dos; BITTENCOURT, Fernando Moutinho Ramalho. Novo Arcabouço Fiscal – Avaliação da Proposta do Poder Executivo (PL nº 93/2023 – Complementar). *Orçamento em Discussão*, nº 50, Senado Federal, Consultoria de Orçamentos, Fiscalização e Controle, Brasília, maio 2023, p. 26-27.

[687] SANTOS, Rita de Cássia Leal Fonseca dos; BITTENCOURT, Fernando Moutinho Ramalho. Novo Arcabouço Fiscal – Avaliação da Proposta do Poder Executivo (PL nº 93/2023 – Complementar). *Orçamento em Discussão*, nº 50, Senado Federal, Consultoria de Orçamentos, Fiscalização e Controle, Brasília, maio 2023, p. 27.

[688] SANTOS, Rita de Cássia Leal Fonseca dos; BITTENCOURT, Fernando Moutinho Ramalho. Novo Arcabouço Fiscal – Avaliação da Proposta do Poder Executivo (PL nº 93/2023 – Complementar). *Orçamento em Discussão*, nº 50, Senado Federal, Consultoria de Orçamentos, Fiscalização e Controle, Brasília, maio 2023, p. 27.

primário de acordo com "critérios de conveniência política de ocasião (a exemplo de despesas do PAC, de despesas de determinados grupos empresariais estatais, etc.)",[689] o que se configura em uma verdadeira antecipação do malogro do equilíbrio fiscal tão desejado.

O resultado seria a perda da "previsibilidade" e da "estabilidade do mecanismo de ancoragem de expectativas, erodindo a credibilidade de qualquer cenário fiscal prospectivo".[690] José Maurício Conti aponta que essa omissão também "tem gerado inquietação nos agentes econômicos e sociais", pois abre "espaço para a violação impune de aspectos importantes para a manutenção do rigor no cumprimento das normas de gestão fiscal responsável".[691]

As cláusulas de escape do Novo Arcabouço Fiscal também são criticadas. Em primeiro lugar porque "aplicam-se apenas aos limites para a despesa primária". Em segundo lugar porque "foram mantidas e ampliadas, de forma a nosso ver desarrazoada, as exceções ao limite de despesas". Sobre esse último ponto, destacam os autores que exceções como "transferências constitucionais de receita, atendimento a precatórios, complementações do Fundeb" são inevitáveis e "não parecem ser de molde a prejudicar a efetividade da regra".[692]

Ressalva, entretanto, é feita à exceção das despesas com "capitalização de estatais", uma vez que, da sua perspectiva, "representa decisão de política discricionária e inteiramente rotineira". Da mesma forma, criticam excepcionar despesas para "a realização de eleições", por considerarem que essa despesa "é de natureza periódica, e pode ser planejada pelo orçamento dos órgãos executores". O mesmo se passa com "casos de calamidade", que, apesar de "imprescindível para a credibilidade de uma regra fiscal", para os autores, no Novo Arcabouço

---

[689] SANTOS, Rita de Cássia Leal Fonseca dos; BITTENCOURT, Fernando Moutinho Ramalho. Novo Arcabouço Fiscal – Avaliação da Proposta do Poder Executivo (PL nº 93/2023 – Complementar). *Orçamento em Discussão*, nº 50, Senado Federal, Consultoria de Orçamentos, Fiscalização e Controle, Brasília, maio 2023, p. 27.

[690] SANTOS, Rita de Cássia Leal Fonseca dos; BITTENCOURT, Fernando Moutinho Ramalho. Novo Arcabouço Fiscal – Avaliação da Proposta do Poder Executivo (PL nº 93/2023 – Complementar). *Orçamento em Discussão*, nº 50, Senado Federal, Consultoria de Orçamentos, Fiscalização e Controle, Brasília, maio 2023, p. 27.

[691] CONTI, José Maurício. O "Novo Arcabouço Fiscal": o que podemos esperar? *OrbisNews*, 2023, p. 1. Disponível em: www.orbisnews.com.br/itens-39/o-%E2%80%9Cnovo-arcabou%C3%A7o-fiscal%E2%80%9D%3A-o-que-podemos-esperar%3F-. Acesso em: 15 jun. 2023.

[692] SANTOS, Rita de Cássia Leal Fonseca dos; BITTENCOURT, Fernando Moutinho Ramalho. Novo Arcabouço Fiscal – Avaliação da Proposta do Poder Executivo (PL nº 93/2023 – Complementar). *Orçamento em Discussão*, nº 50, Senado Federal, Consultoria de Orçamentos, Fiscalização e Controle, Brasília, maio 2023, p. 27-28.

Fiscal "são muito mal capturadas pelo simples instrumento do crédito extraordinário".[693]

Propõem que "um novo arcabouço seria oportunidade para formular as cláusulas de escape em termos substantivos, ou seja, na definição de circunstâncias efetivamente excepcionais e verdadeiramente ameaçadoras à estabilidade social",[694] o que não ocorre com a proposta apresentada.

Os consultores legislativos do Senado Federal apresentam "uma crítica mais forte" contra "a natureza estática que adquirem as cláusulas de exceção ao limite de despesas ao serem inscritas textualmente no marco geral do arcabouço". Da sua perspectiva, da forma como apresentado, o Novo Arcabouço Fiscal mostrar-se-ia ineficaz diante de "novas exceções plausíveis" ou de situações nas quais "determinadas exceções atuais podem perder materialidade dentro da equação da despesa primária".[695]

Para contornar os inconvenientes apontados no estudo, sustentam a necessidade de "que as cláusulas de exceção ao limite de despesas primárias devam ser colocadas em termos mais gerais na lei complementar, e remetidas ao instrumento de materialização de cada cenário fiscal plurianual". Com isso, criar-se-ia "um *trade off* entre impedir a manipulação oportunista das definições de regras a cada momento" e "a natureza conjuntural de parte das considerações válidas sobre a conveniência de exclusão de determinadas despesas da regra de limitação da despesa primária".[696]

Os autores apontam "vulnerabilidades graves". A primeira delas diz respeito à menção a "investimentos" da forma como descrita pelo art.

---

[693] SANTOS, Rita de Cássia Leal Fonseca dos; BITTENCOURT, Fernando Moutinho Ramalho. Novo Arcabouço Fiscal – Avaliação da Proposta do Poder Executivo (PL nº 93/2023 – Complementar). *Orçamento em Discussão*, nº 50, Senado Federal, Consultoria de Orçamentos, Fiscalização e Controle, Brasília, maio 2023, p. 28.

[694] SANTOS, Rita de Cássia Leal Fonseca dos; BITTENCOURT, Fernando Moutinho Ramalho. Novo Arcabouço Fiscal – Avaliação da Proposta do Poder Executivo (PL nº 93/2023 – Complementar). *Orçamento em Discussão*, nº 50, Senado Federal, Consultoria de Orçamentos, Fiscalização e Controle, Brasília, maio 2023, p. 28.

[695] SANTOS, Rita de Cássia Leal Fonseca dos; BITTENCOURT, Fernando Moutinho Ramalho. Novo Arcabouço Fiscal – Avaliação da Proposta do Poder Executivo (PL nº 93/2023 – Complementar). *Orçamento em Discussão*, nº 50, Senado Federal, Consultoria de Orçamentos, Fiscalização e Controle, Brasília, maio 2023, p. 29.

[696] SANTOS, Rita de Cássia Leal Fonseca dos; BITTENCOURT, Fernando Moutinho Ramalho. Novo Arcabouço Fiscal – Avaliação da Proposta do Poder Executivo (PL nº 93/2023 – Complementar). *Orçamento em Discussão*, nº 50, Senado Federal, Consultoria de Orçamentos, Fiscalização e Controle, Brasília, maio 2023, p. 29.

6º, parágrafo 1º, do Projeto de Lei Complementar nº 93/2023, tal como enviado pelo Poder Executivo à Câmara dos Deputados. Acusam-na de possuir "um formato impreciso e genérico".[697]

A segunda, relacionada à primeira, dizia respeito ao fato de que priorizar investimento "não é, em si mesmo, qualquer garantia de qualidade do gasto", pois "uma regra assim genérica pode representar um indutor de desperdício", sendo necessário que "o arcabouço fiscal destinasse o piso nele desenhado a uma relação de projetos específicos e individualizados".[698] Contudo, vale destacar que a Câmara dos Deputados corrigiu esses problemas, conforme se constata da leitura dos artigos 9º e 10 do Projeto de Lei Complementar nº 93/2023, encaminhado ao Senado Federal.

Os autores criticam o "irrealismo embutido na noção de simplesmente 'fixar um piso' para o investimento [...], independentemente dos demais componentes da despesa primária". Para eles, como "em momentos de restrição fiscal ocorre exatamente a redução do espaço para as decisões possíveis acerca da despesa discricionária", "falar em 'piso de investimentos' nesse contexto, sem mais cuidados, é simplesmente assumir que a despesa discricionária será cortada de forma igualmente incondicional e arbitrária", "correndo o risco de inviabilizar o funcionamento mínimo do Estado".[699]

Considerando "a necessidade de que haja a aplicação de revisões periódicas de gasto (*spending reviews*) e de avaliações de impacto das políticas públicas finalísticas", os autores apontam para a importância de "que o arcabouço fiscal a ser escolhido explicite a institucionalização do mecanismo, de forma a impulsionar a sua efetiva implementação". Destacam, ainda, ser preciso explicitar que o "objeto das revisões periódicas não será apenas a despesa primária, mas também os programas

---

[697] SANTOS, Rita de Cássia Leal Fonseca dos; BITTENCOURT, Fernando Moutinho Ramalho. Novo Arcabouço Fiscal – Avaliação da Proposta do Poder Executivo (PL nº 93/2023 – Complementar). *Orçamento em Discussão*, nº 50, Senado Federal, Consultoria de Orçamentos, Fiscalização e Controle, Brasília, maio 2023, p. 30.

[698] SANTOS, Rita de Cássia Leal Fonseca dos; BITTENCOURT, Fernando Moutinho Ramalho. Novo Arcabouço Fiscal – Avaliação da Proposta do Poder Executivo (PL nº 93/2023 – Complementar). *Orçamento em Discussão*, nº 50, Senado Federal, Consultoria de Orçamentos, Fiscalização e Controle, Brasília, maio 2023, p. 31.

[699] SANTOS, Rita de Cássia Leal Fonseca dos; BITTENCOURT, Fernando Moutinho Ramalho. Novo Arcabouço Fiscal – Avaliação da Proposta do Poder Executivo (PL nº 93/2023 – Complementar). *Orçamento em Discussão*, nº 50, Senado Federal, Consultoria de Orçamentos, Fiscalização e Controle, Brasília, maio 2023, p. 32.

de natureza financeira e as desonerações tributárias", pois, da sua perspectiva, "a lógica de revisão e o impacto fiscal são similares".[700]

Outro alvo de crítica pelos autores é a ausência de "definição das condições em que pode ser executada a despesa pública no caso de não haver aprovação da lei orçamentária anual até o início do exercício, e até que tal lei seja sancionada e publicada". Argumentam que "esta dependência absoluta de uma lei também anual é um risco inaceitável para as finanças nacionais". Sendo assim, recomendam que "um arcabouço que se pretenda solução eficaz dos problemas mais imediatos contemple uma regulação mínima permanente das condições da execução provisória da lei orçamentária anual".[701]

Por fim, Rita de Cássia Leal Fonseca dos Santos e Fernando Moutinho Ramalho Bittencourt discorrem sobre a regra de ouro do art. 167, inciso III, da CR/88. Os autores afirmam que, durante a sua vigência, a regra teria sido "desprovida de eficácia". Justificam a sua posição ao argumento de que

> [...] o seu descumprimento foi seguidamente excepcionalizado pelo Congresso Nacional, sem qualquer discussão de mérito, em votações rotineiras do crédito suplementar ali exigido, mas sobretudo carente de sentido econômico ou gerencial. Assim, o tratamento da matéria é obrigatório para o arcabouço, e deve, no mérito, equivaler à simples eliminação da obrigação para quaisquer entes da Federação, por perda de qualquer finalidade relevante.[702]

Como qualquer proposta legislativa de amplo impacto social, político, jurídico e econômico, o Novo Arcabouço Fiscal desperta profundos debates, na medida em que, com ele, está em jogo o futuro do país. Certamente, a proposta não é perfeita, muito menos se encontra pronta e acabada. Aliás, justamente por isso é que o Novo Arcabouço

---

[700] SANTOS, Rita de Cássia Leal Fonseca dos; BITTENCOURT, Fernando Moutinho Ramalho. Novo Arcabouço Fiscal – Avaliação da Proposta do Poder Executivo (PL nº 93/2023 – Complementar). *Orçamento em Discussão*, nº 50, Senado Federal, Consultoria de Orçamentos, Fiscalização e Controle, Brasília, maio 2023, p. 33.

[701] SANTOS, Rita de Cássia Leal Fonseca dos; BITTENCOURT, Fernando Moutinho Ramalho. Novo Arcabouço Fiscal – Avaliação da Proposta do Poder Executivo (PL nº 93/2023 – Complementar). *Orçamento em Discussão*, nº 50, Senado Federal, Consultoria de Orçamentos, Fiscalização e Controle, Brasília, maio 2023, p. 34.

[702] SANTOS, Rita de Cássia Leal Fonseca dos; BITTENCOURT, Fernando Moutinho Ramalho. Novo Arcabouço Fiscal – Avaliação da Proposta do Poder Executivo (PL nº 93/2023 – Complementar). *Orçamento em Discussão*, nº 50, Senado Federal, Consultoria de Orçamentos, Fiscalização e Controle, Brasília, maio 2023, p. 34.

Fiscal passou a ser expresso por lei complementar e não mais por norma constitucional e também abandonou a imobilidade do antigo teto de gastos imposto pela Emenda Constitucional nº 95/2016. Assim, a expectativa é de que o país tenha um novo marco legal que possibilite o regramento das disputas políticas existentes na sociedade brasileira em prol da responsabilidade social com responsabilidade fiscal.

13.9 Das isenções fiscais

Normalmente, quando se discute temas relacionados ao equilíbrio fiscal, dois grandes eixos costumam orientar o debate, no mais das vezes, em tom de urgência. Por um lado, alega-se a necessidade de cortar gastos públicos. Por outro, exige-se reestruturar administrativamente o Estado. Nessas discussões, as isenções fiscais simplesmente costumam passar desapercebidas.

Assim, em um cenário de escassez de recursos e alta demanda por serviços públicos, o debate sobre as isenções fiscais é tema da ordem do dia. Nesses termos, é oportuna a observação de Ricardo Lobo Torres. Segundo o autor, é "importante observar que, para o equilíbrio orçamentário, torna-se necessário não só diminuir a despesa pública como também evitar as renúncias de receita". Isso porque, da sua perspectiva, "gastos tributários ou renúncias de receita são os mecanismos financeiros empregados na vertente da receita pública", dentre os quais se inclui a isenção fiscal, cujos efeitos "produzem os mesmos resultados econômicos da despesa pública".[703]

No Brasil, de acordo com o artigo 150, parágrafo 6º, da CR/88, somente por lei específica federal, estadual ou municipal poderá ser concedida isenção fiscal. Já o artigo 165, parágrafo 6º, da CR/88 determina que o projeto de lei orçamentária será acompanhado de demonstrativo regionalizado do efeito, sobre as receitas e despesas decorrentes, dentre outras, de isenções fiscais.

Importante inovação diz respeito ao parágrafo 16 acrescentado ao artigo 165 da CR/88 pela Emenda Constitucional nº 109/2021. Referida inovação diz respeito à necessidade das leis de que trata o artigo 165 da CR/88 observarem, no que couber, os resultados do monitoramento e da avaliação das políticas públicas previstos no parágrafo 16 do artigo

---

[703] TORRES, Ricardo Lobo. *Curso de direito financeiro e tributário*. 18. ed. Rio de Janeiro: Renovar, 2011. p. 195.

37 da CR/88. Por sua vez, o artigo 37, parágrafo 16, da CR/88, também acrescentado ao Texto Constitucional pela Emenda Constitucional nº 109/2021, dispõe que os órgãos e entidades da administração pública, individual ou conjuntamente, devem realizar avaliação das políticas públicas, inclusive com divulgação do objeto a ser avaliado e dos resultados alcançados, na forma da lei.

Desse modo, reforça-se a pretensão constitucional de controle e fiscalização das isenções fiscais, que já podia ser extraída do texto originário da Constituição, tal como elaborado pela Assembleia Nacional Constituinte. Isso porque, segundo o artigo 70, *caput*, da CR/88, a fiscalização da aplicação das subvenções e renúncia de receitas, dentre outras, será exercida pelo Congresso Nacional, mediante controle externo, e pelo sistema de controle interno de cada Poder.

Em verdade, o controle e a fiscalização das isenções fiscais são decorrência dos princípios da legalidade, impessoalidade, moralidade, publicidade e eficiência do artigo 37, *caput*, da CR/88, verdadeiros corolários do princípio republicano. Princípio este que, mais do que dispor sobre a forma de interação entre os Poderes constituídos do Estado, exige igualdade formal de todos perante a lei, não tolerando privilégios de qualquer ordem.[704]

Nesse sentido, na medida em que a isenção fiscal constitui, na lição de Ricardo Lobo Torres, exemplo de "privilégio fiscal",[705] é preciso distinguir privilégios fiscais odiosos dos não odiosos. Privilégios fiscais odiosos são aqueles que "ofendem a igualdade e os direitos fundamentais e são proibidos pela CF (art. 150, II)".[706] Por sua vez, "os privilégios não odiosos, justificados por considerações de justiça, tornam-se legítimos em nosso sistema jurídico".[707]

Não basta apenas lei específica que conceda exceção à regra tributária geral para que uma isenção fiscal se justifique à luz da Constituição. Além desse critério formal, isto é, da lei específica que concede isenção fiscal, é preciso que haja fundamento constitucional apto a fundamentar a renúncia de receita autorizada pelo diploma legislativo.

---

[704] FERNANDES, Bernardo Gonçalves. *Curso de direito constitucional*. 13. ed. Salvador: Juspodivm, 2021, p. 331.
[705] TORRES, Ricardo Lobo. *Curso de direito financeiro e tributário*. 18. ed. Rio de Janeiro: Renovar, 2011, p. 306.
[706] TORRES, Ricardo Lobo. *Curso de direito financeiro e tributário*. 18. ed. Rio de Janeiro: Renovar, 2011. p. 306.
[707] TORRES, Ricardo Lobo. *Curso de direito financeiro e tributário*. 18. ed. Rio de Janeiro: Renovar, 2011. p. 306.

Segundo a lição de Ricardo Lobo Torres, essa preocupação tem uma razão histórica. O autor destaca em sua obra que, durante o século XX, o Brasil atravessou regimes autoritários "que agravaram sensivelmente o problema dos privilégios. De 30 a 45 e de 64 a 79 assistimos a uma simbiose entre o Estado e uma certa parcela da burguesia e do empresariado, com o recrudescimento da política de concessão de privilégios".[708] Por essa razão, segundo o autor, in verbis:

> A CF fornece algumas orientações básicas para a política das isenções. O art. 150, II proíbe privilégios odiosos, que são os destituídos de razoabilidade e de apoio na capacidade contributiva ou no desenvolvimento econômico. O art. 70 determina que o Tribunal de Contas faça o controle da legitimidade e da economicidade, o que inclui *o exame do real proveito das renúncias de receita para o crescimento do País. O art. 165, §6º, determina que o orçamento seja acompanhado de demonstrativo dos efeitos de todas as renúncias e subvenções, desmascarando, assim, os incentivos camuflados e equiparando os privilégios radicados na receita pública* (isenção, dedução, anistia, remissão, isto é, renúncias de receita ou gastos tributários) aos que operam na vertente da despesa aos que operam na vertente da despesa (subvenções, restituições de tributos etc.).[709]

Não obstante isso, no marco das celebrações dos 20 anos da Constituição da República de 1988, Fernando Facury Scaff destacava a incompleta consolidação do princípio republicano na cultura do país, dentre outros temas, no que se refere às isenções fiscais:

> O vocábulo "república" pode ser usado tanto como substantivo, designando uma forma de governo, quanto como adjetivo, indicando um comportamento republicano, uma postura republicana.
> [...]
> Após quase 120 anos sob este regime republicano (vocábulo usado como substantivo), *há um sentimento de que a sociedade brasileira ainda não chegou a um nível razoável de convivência republicana (vocábulo usado como adjetivo), em especial no que se refere ao uso das verbas públicas, no* âmbito *da arrecadação, das renúncias fiscais e do gasto público.*[710]

---

[708] TORRES, Ricardo Lobo. *Curso de direito financeiro e tributário*. 18. ed. Rio de Janeiro: Renovar, 2011. p. 307.

[709] TORRES, Ricardo Lobo. *Curso de direito financeiro e tributário*. 18. ed. Rio de Janeiro: Renovar, 2011. p. 307-308 (grifos nossos).

[710] SCAFF, Fernando Facury. República, tributação e finanças. *In:* NUNES, António José Avelãs; COUTINHO, Jacinto Nelson de Miranda (coord.). *O direito e o futuro – o futuro do direito*. Coimbra: Almedina, 2008. p. 313-314 (grifos nossos).

Ao abordar especificamente o tema das isenções fiscais, Fernando Facury Scaff exemplifica o argumento da ausência de consolidação de uma cultura republicana no país a partir da guerra fiscal entre os Estados-Membros da federação, afirmando que, na prática, o que há é "um verdadeiro leilão de benefícios, uma licitação às avessas".[711]

Como pressuposto do cenário descrito por Scaff, estaria o seguinte dilema: "é melhor arrecadar mais hoje ou incrementar o desenvolvimento com vistas a aumentar a arrecadação amanhã?".[712] Para o autor, essa é uma questão premente. Da sua perspectiva, o "dilema econômico entre incentivar a industrialização futura ou arrecadar mais na atualidade é um dos mais difíceis que a sociedade hoje enfrenta, e somente mecanismos democráticos poderão apurar a real vontade popular na escolha entre estas opções".[713]

Um dos objetivos da República Federativa do Brasil é garantir o desenvolvimento nacional (artigo 3º, inciso II, da CR/88). Para atingir esse objetivo, a própria Constituição confere ao Estado brasileiro a competência para explorar diretamente atividade econômica quando necessário aos imperativos da segurança nacional ou a relevante interesse nacional, conforme definidos em lei (artigo 173, *caput*, CR/88). A Constituição também atribui ao Estado a competência para intervir indiretamente na economia, na qualidade de agente normativo e regulador da atividade econômica, ao exercer, na forma da lei, as funções de fiscalização, incentivo e planejamento, sendo este determinante para o setor público e indicativo para o setor privado (artigo 174, *caput*, CR/88).

A isenção fiscal é hipótese de intervenção indireta do Estado na economia, por meio da qual o ente federativo abdica de auferir receitas tributárias no presente, com a finalidade de atrair investimentos privados para estimular o crescimento de determinado setor da economia. As perdas financeiras decorrentes da isenção fiscal em si seriam recompostas pela geração de emprego e renda pelo setor beneficiado, bem como pela arrecadação indireta de tributos.

---

[711] SCAFF, Fernando Facury. República, tributação e finanças. *In:* NUNES, António José Avelãs; COUTINHO, Jacinto Nelson de Miranda (coord.). *O direito e o futuro – o futuro do direito.* Coimbra: Almedina, 2008. p. 327.

[712] SCAFF, Fernando Facury. República, tributação e finanças. *In:* NUNES, António José Avelãs; COUTINHO, Jacinto Nelson de Miranda (coord.). *O direito e o futuro – o futuro do direito.* Coimbra: Almedina, 2008. p. 328.

[713] SCAFF, Fernando Facury. República, tributação e finanças. *In:* NUNES, António José Avelãs; COUTINHO, Jacinto Nelson de Miranda (coord.). *O direito e o futuro –* o futuro do direito. Coimbra: Almedina, 2008. p. 329.

No entanto, se não houver planejamento adequado, tampouco fiscalização periódica da relação custo-benefício de determinada política de isenção fiscal, a situação ganha ares de dramaticidade. Novamente, as conclusões de Fernando Facury Scaff são esclarecedoras:

> *Atrair investimentos privados em detrimento de arrecadação atual implica em acréscimo de necessidades públicas (escolas, hospitais, saneamento) que o poder público não terá o condão de enfrentar por falta de recursos presentes, durante o tempo do benefício concedido. E, fruto do mercado, as próprias empresas instaladas não terão folga orçamentária para implementar este tipo de gasto público, por mais benemerentes que sejam – o que não é lugar comum.*
>
> *[...] o mercado não é bom condutor de políticas públicas, que não se regulam pelo lucro, mas pela redução das desigualdades, sejam econômicas, sociais, culturais, etc. O ajuste fino entre estas duas situações extremas é muito difícil, senão impossível.*
>
> *A tendência é o estiolamento das finanças públicas após determinado período, seja atual (para aqueles que optarem pela indiscriminada concessão de benefícios) seja futuro (para os que não seguirem a regra majoritária de mercado). Ou ainda, entre estas duas situações, na pendência do prazo de benefícios concedidos e do aumento de necessidades públicas geradas.*[714]

Trata-se de tema sensível e ainda atual. Exemplo disso é o recém-publicado Relatório de Auditoria realizado pelo Tribunal de Contas da União e pela Controladoria-Geral da União nas Políticas Automotivas de Desenvolvimento Regional (PADR), sob responsabilidade do então Ministério da Economia, que estabeleceu benefícios tributários a montadoras que instalaram plantas fabris nas regiões Norte, Nordeste e Centro-Oeste.[715] O objetivo do Relatório foi avaliar a situação, bem como os resultados das PADR, a fim de identificar possíveis falhas e lacunas para aperfeiçoar a atuação do governo federal em políticas públicas.

As PADR foram introduzidas pelas Leis nº 9.440/1997 e nº 9.826/1999. Ambas estabeleceram benefícios tributários como incentivo econômico para montadoras e fornecedoras de peças automotivas que eventualmente se instalassem nas regiões contempladas pela legislação.

---

[714] SCAFF, Fernando Facury. República, tributação e finanças. *In:* NUNES, António José Avelãs; COUTINHO, Jacinto Nelson de Miranda (coord.). *O direito e o futuro* – o futuro do *direito*. Coimbra: Almedina, 2008. p. 328-329 (grifos nossos).

[715] BRASIL. Tribunal de Contas da União. Relatório de Auditoria. Processo nº 007.210/2022-1. Acórdão nº 600/2023 – Plenário. Rel. min. Antonio Anastasia. Sessão: 29.3.2023.

Sendo assim, a ação de controle visou verificar se os benefícios concedidos pelas Leis nº 9.440/1997 e nº 9.826/1999 atenderam ao propósito de induzir o desenvolvimento regional das áreas contempladas pelas PADR e a melhorar os indicadores socioeconômicos dessas regiões.

O voto do ministro Antonio Anastasia, no acórdão do Relatório de Auditoria, Processo nº 007.210/2022-1, do Tribunal de Contas da União, delineia com clareza os benefícios fiscais concedidos ao setor automotivo pelas PADR, revelando o caráter absolutamente não efetivo das renúncias concedidas, quando contrastadas com seu delineamento constitucional, *in verbis*:

[...]
3. Os benefícios da Lei 9.440/1997 visavam empreendimentos instalados ou que viessem a se instalar nas regiões N, NE e CO, desde que habilitados pelo Poder Executivo até 31/5/1997 (ou 31/3/1998, em casos que especifica) e com atividades afetas à montagem e fabricação de tipos diversos de veículos terrestres (p. ex. transporte de mercadorias, de passageiros ou uso misto; tratores, colheitadeiras, máquinas rodoviárias, empilhadeiras; carroçarias, reboques), além de partes, peças, componentes e pneumáticos destinados aos referidos veículos.

4. A Lei 9.440/1997 exigiu dos beneficiários o cumprimento de requisitos de contrapartida (investimentos produtivos e em pesquisa e desenvolvimento em projetos e respectivos produtos, em montante superior a R$ 2,5 bilhões para montadoras de veículos e a R$ 500 milhões para fabricantes de autopeças) e medidas de compensação anual (investimentos em pesquisa, desenvolvimento e inovação na região, superior a 10% do valor do benefício).

5. A Lei 9.826/1999, por sua vez, estabeleceu, entre outros, o direito a crédito presumido do IPI incidente nas saídas de produtos (automóveis para transporte de passageiros, de mercadorias ou uso misto), de empreendimentos industriais instalados nas áreas de atuação das Superintendências de Desenvolvimento da Amazônia (Sudam), do Nordeste (Sudene) e na região Centro-Oeste, em relação a projetos apresentados até 31/10/1999, e que, após aprovação, entrassem em operação em até 42 meses.

6. Os benefícios concedidos pela Lei 9.440/1997 (alterada pelas Leis 9.532/1997, 12.218/2010, 12.407/2011 e 13.755/2018) variaram ao longo dos anos e, desde 2010, consistem apenas do crédito presumido sore o IPI. Já os benefícios da Lei 9.826/1999 (alterada pelas Leis 12.218/2010,

12.407/2011, 12.973/2014, 13.755/2018 e 14.076/2020) têm sido os créditos presumidos sobre o IPI desde a instituição do diploma legal.[716]

Na sequência, o voto do ministro Antonio Anastasia apresenta as empresas beneficiadas pelas PADR:

Figura 2 – Empresas beneficiadas pelas PADR no âmbito das Leis nº 9.440/1997 e nº 9.826/1999

Empresa	Cidade	Lei	Período
HPE Automotores do Brasil Ltda. [Mitsubishi e Suzuki]	Catalão/GO	9.826/1999	Desde 1999
Caoa Montadora de Veículos Ltda. [Hyundai e Chery]	Anápolis/GO	9.826/1999	Desde 2003
Troller Veículos Especiais	Horizonte/CE	9.440/1997	1997 a 2021
Ford Motor Company Brasil Ltda.	Camaçari/BA	9.826/1999	2000 a 2006
		9.440/1997	2007 a 2021
Acumuladores Moura S.A.	Belo Jardim/PE	9.440/1997	Desde 1997
Tecnologia em Componentes Automotivos S/A (TCA)	Jaboatão dos Guararapes/PE	9.440/1997	2002 a 2011
Fiat Chrysler Automóveis Ltda	Goiana/PE	9.440/1997	Desde 2011

Os custos das políticas de isenção fiscal ao setor automotivo são expostos pelo voto do ministro Antonio Anastasia, apresentando um vultoso volume de renúncia de receitas, como se demonstra:

[...]
8. Dados obtidos no curso da fiscalização, com valores atualizados até abril/2022, indicam que *desde 2010 o volume de recursos direcionado a essas políticas automotivas superou o montante acumulado de R$ 50 bilhões*, tendo resultado em custo anual superior a R$ 5 bilhões nos últimos exercícios, recaindo esse custo redistributivo aos pagadores de impostos.[717]

Em seguida, o voto do ministro Antonio Anastasia apresenta os achados da auditoria realizada pelo Tribunal de Contas da União, em

---

[716] BRASIL. Tribunal de Contas da União. Relatório de Auditoria. Processo nº 007.210/2022-1. Acórdão nº 600/2023 – Plenário. Rel. min. Antonio Anastasia. Sessão: 29.03.2023, p. 87. Destaques nossos.

[717] BRASIL. Tribunal de Contas da União. Relatório de Auditoria. Processo nº 007.210/2022-1. Acórdão nº 600/2023 – Plenário. Rel. min. Antonio Anastasia. Sessão: 29.3.2023. p. 88 (grifos nossos).

conjunto com a Controladoria-Geral da União, nos quais se constata a flagrante não aderência ao interesse público das renúncias de receita analisadas, *in verbis*:

> [...]
> 9. O presente trabalho, conduzido pela SecexDesenvolvimento em parceria com a Controladoria-Geral da União – CGU, no período de 12/4 a 29/9/2022, buscou tratar a seguinte questão fundamental de auditoria: as PADR foram concebidas e apresentam maturidade que concorram efetivamente para a indução do desenvolvimento das regiões brasileiras com indicadores socioeconômicos carentes de melhora estrutural, e estão atendendo a esse propósito?
> 10. Em resposta à questão, foram apontados três achados principais, agregados a partir de dimensões analíticas e categorias adotadas:
> Achado 1: *As PADR* não são o resultado de um processo de produção de política pública para o tratamento de problema público e *possuem falhas profundas em sua formulação;*
> Achado 2: *As PADR apresentam falhas estruturais de governança e o governo federal não demonstra para a sociedade qual a performance* das PADR, nem de sua atuação como agente responsável por essas políticas; e
> Achado 3: *As PADR produziram impactos limitados em termos locais e com um alto custo de renúncia de receita por emprego gerado.*[718]

Conforme o voto do ministro Antonio Anastasia, a ação de controle realizada pelo Tribunal de Contas da União em conjunto com a Controladoria-Geral da União verificou que as PADR, da forma como executadas, não atingiram o objetivo de descentralizar a indústria automotiva do país, tiveram um alto custo-benefício, além de terem sido incapazes de aumentar o desenvolvimento socioeconômico das regiões contempladas. Todos esses fatores evidenciam o malogro da iniciativa e a necessidade de uma permanente e efetiva ação de controle sobre esse importantíssimo instrumento de indução de desenvolvimento econômico e social, ora desvirtuado, *in verbis*:

> [...]
> 39. *A situação verificada, no entendimento da equipe, levou ao não alcance dos objetivos de descentralizar a indústria automotiva no país e a uma alta renúncia de receita para poucos empregos gerados, sem impacto significativo na promoção do almejado desenvolvimento regional.*

---

[718] BRASIL. Tribunal de Contas da União. Relatório de Auditoria. Processo nº 007.210/2022-1. Acórdão nº 600/2023 – Plenário. Rel. min. Antonio Anastasia. Sessão: 29.3.2023. p. 88 (grifos nossos).

40. A avaliação de impacto, em âmbito geral, foi realizada pela equipe a partir da análise da evolução da participação, no emprego da indústria automotiva, de cada região do país e das localidades imediatas às regiões elegíveis das PADR (peça 147, p. 67-68). *Constatou a equipe que o aumento no emprego nas regiões N, NE e CO concentrou-se em localidades específicas, próximas às instalações dos empreendimentos beneficiados.*[719]

Os custos das PADR feitas sem o devido planejamento e a adequada fiscalização da relação custo-benefício, nos termos do voto do ministro Antonio Anastasia, revelam que 78% dos insumos utilizados pelas fábricas instaladas nas regiões Norte, Nordeste e Centro-Oeste foram provenientes de fornecedores instalados nas regiões Sul e Sudeste, o que sobejamente demonstra que os benefícios fiscais concedidos são inefetivos para atingir os fins a que se propuseram, *in verbis*:

> [...]
> 41. Segundo o Relatório, um fator que explica a limitação do impacto das PADR é o fato de que *a política não promoveu a aglomeração industrial ao redor das fábricas beneficiárias*. A partir de dados do Programa de Incentivo à Inovação Tecnológica e Adensamento da Cadeia Produtiva de Veículos Automotores (Inovar-Auto), a equipe identificou que *do total adquirido pelas cinco fábricas beneficiárias das PADR, 78% provieram de fornecedores instalados nas regiões Sudeste e Sul.*[720]

Por razões técnicas, foi tomada como exemplo a fábrica da Fiat-FCA (Jeep) instalada em 2015 no município de Goiana-PE. A análise da relação custo-benefício da implantação dessa planta fabril no estado de Pernambuco revelou que apenas a região circunvizinha ao empreendimento se beneficiou da sua instalação. Além disso, restou demonstrado que apenas no ano de 2019 a Fiat Chrysler Automóveis (FCA) foi beneficiada pela isenção fiscal no importe de R$ 4,6 bilhões. No mesmo período, a empresa gerou 11.258 empregos. Dessa forma, *o custo mensal de cada emprego gerado foi de aproximadamente R$ 34 mil reais para os cofres públicos!*

---

[719] BRASIL. Tribunal de Contas da União. Relatório de Auditoria. Processo nº 007.210/2022-1. Acórdão nº 600/2023 – Plenário. Rel. min. Antonio Anastasia. Sessão: 29.3.2023. p. 91 (grifos nossos).

[720] BRASIL. Tribunal de Contas da União. Relatório de Auditoria. Processo nº 007.210/2022-1. Acórdão nº 600/2023 – Plenário. Rel. min. Antonio Anastasia. Sessão: 29.3.2023. p. 91 (grifos nossos).

Com base nos achados da análise desse mesmo empreendimento, foi possível constatar que o aumento da remuneração da população da região imediatamente beneficiada foi inferior aos benefícios auferidos pela empresa, sendo, portanto, desproporcional o custo da política face ao incremento da renda da população local, como registrado no voto do ministro Antonio Anastasia, *in verbis*:

> [...]
> 42. Os apontamentos acima foram corroborados pela equipe com a aplicação de metodologia de controle sintético (Apêndice B, peça 146, p. 10-24) ao caso específico da fábrica automotiva da empresa Fiat-FCA (Jeep), instalada em 2015 no município de Goiana-PE. A seleção do empreendimento se deu em virtude de ser o único que possuía dados dos indicadores selecionados para períodos anteriores à instituição dos programas (PIB per capita; pessoal ocupado total/população; pessoal ocupado técnico científico/população; e salários/população; disponíveis apenas a partir de 2006).
> 43. As principais constatações da aplicação da metodologia ao caso concreto da FCA foram as seguintes:
> a) *o impacto da instalação da fábrica da FCA* (PIB per capita, pessoal ocupado total, pessoal ocupado técnico-científico, variação do emprego na indústria automotiva) *foi restrito à região imediata, sem efeitos sobre a região intermediária;*
> b) considerando que a FCA foi beneficiada com R$ 4,6 bilhões em 2019 (R$ 388 milhões por mês), e que no período teriam sido gerados 11.258 empregos na região, *o custo mensal da política por empregado foi estimado em R$ 34,4 mil, valor esse considerado bastante elevado, em comparação com outros programas, a exemplo do Auxílio Brasil de R$ 600,00 e do Benefício de Prestação Continuada de R$ 1.212,00;* e
> c) sob o ponto de vista do aumento de remuneração como impacto das PADR, a auditoria levantou que na região imediata de Goiana-Timbaúba, o indicador de salário apresentou o valor de R$ 3.689 por habitante em 2019, comparativamente ao valor de R$ 2.781 obtido pela metodologia do controle sintético. *A diferença de R$ 908 (R$ 3.689 – R$ 2.781) para os 347.700 habitantes da região resulta num montante estimado de R$ 316 milhões de aumento de remuneração em 2019. Considerando a renúncia fiscal de R$ 4,6 bilhões nesse mesmo ano, a equipe ressaltou a desproporcionalidade entre o alto custo para o Tesouro face ao pequeno aumento da renda local.*[721]

---

[721] BRASIL. Tribunal de Contas da União. Relatório de Auditoria. Processo nº 007.210/2022-1. Acórdão nº 600/2023 – Plenário. Rel. min. Antonio Anastasia. Sessão: 29.3.2023, p. 91 (grifos nossos).

Após a análise dos dados coletados, fica evidente que a renúncia fiscal concedida foi absolutamente desproporcional aos benefícios econômicos e sociais alcançados, significando, em verdade, a apropriação pelo beneficiário de vultoso montante orçamentário cuja aplicação direta junto à população local lograria maior efetividade. O ministro Antonio Anastasia, assim, concluiu, *in verbis*:

> [...]
> 56. As análises conduzidas pela equipe de fiscalização na auditoria em exame revelaram que *as PADR não foram concebidas a partir de diagnóstico de problema público e de suas causas, de modo que sua formulação ocorreu sem se fundamentar em evidências, nem orientada à resolução de um problema público conhecido, por meio do tratamento de suas causas.* A situação conduziu à instituição de política sem objetivos concretos e sem modelo lógico que demonstre "o que" / "de que maneira" está sendo tratado, nem se está sendo feito sob o menor custo possível.
> 57. A situação se agrava a partir da constatação de que não foram suficientemente definidos os papéis de direção, supervisão e coordenação da implementação, do monitoramento e da avaliação das políticas. Essas graves falhas estruturais de governança e gestão revelam: i) a falta de *accountability* das PADR e dos agentes; e ii) o desconhecimento por parte do governo federal quanto ao endereçamento de causas da problemática do baixo desenvolvimento regional a partir dos baixos impactos de que se tem conhecimento, associados à execução dessas políticas.[722]

Os ministros do Tribunal de Contas da União concordaram com as razões do voto do ministro Antonio Anastasia. Também foi determinado ao Ministério do Desenvolvimento, Indústria, Comércio e Serviços que apresentasse, em até 90 dias, plano de ação com designação de medidas, responsáveis e prazos de implementação, para avaliação das PADR a partir da realização de diagnóstico atualizado do problema nos entes federados beneficiados pelas Leis nº 9.440/1997 e nº 9.826/1999. O objetivo dessa medida é provocar o Poder Executivo a, com base em evidências, analisar alternativas de interrupção ou redução da intensidade da intervenção estatal e, se for o caso, redesenhar as PADR.

Outra determinação do Tribunal de Contas da União ao Ministério do Desenvolvimento, Indústria, Comércio e Serviços foi o

---

[722] BRASIL. Tribunal de Contas da União. Relatório de Auditoria. Processo nº 007.210/2022-1. Acórdão nº 600/2023 – Plenário. Rel. min. Antonio Anastasia. Sessão: 29.3.2023, p. 93 (grifos nossos).

estabelecimento de todos os papéis de direção, supervisão, coordenação, operação e outros que se identificarem necessários; instâncias decisórias (individuais ou colegiadas), bem como os processos, atividades e produtos afetos e necessários à formulação/revisão, monitoramento e avaliação das PADR.

Por fim, ficou determinado que o Ministério do Desenvolvimento, Indústria, Comércio e Serviços amadureça a governança e gestão estratégica, tática e operacional das PADR, com a designação dos agentes responsáveis por cada um dos papéis definidos como resultado do atendimento das medidas anteriores.

O caso das PADR recentemente analisado pelo Tribunal de Contas da União revela a importância de se levar em consideração, nos debates sobre equilíbrio fiscal, não apenas propostas de revisão dos gastos governamentais com políticas sociais e de reforma da estrutura administrativa do Estado, como também a constante fiscalização dos resultados gerados pelas isenções fiscais concedidas pelo poder público a determinados setores da economia. Assim, cumpre-se o mandamento constitucional dos artigos 165, parágrafo 16, e 37, parágrafo 16, da CR/88, ao mesmo tempo em que se possibilita abrir espaço no orçamento público para novas receitas advindas de eventual revisão de isenções fiscais ineficientes.

Com razão, portanto, Élida Graziane Pinto, ao afirmar que as "leis não são autoexecutáveis. Precisam ser monitoradas em sua consecução. A ação do Estado custa e repercute na economia".[723] Nesse sentido, ainda conforme a autora, é preciso, mais do que nunca, estar ciente de que

> Abrir mão da arrecadação não pode ser um ato voluntarioso dos agentes públicos porque custa a capacidade estatal de execução de diversas políticas públicas. É preciso, portanto, efetivamente monitorar os impactos, as medidas compensatórias, as contrapartidas e, sobretudo, a real necessidade de se conceder, manter ou ampliar os gastos tributários. Nesse escopo reflexivo, o controle assumiria o seu principal papel (pedagógico) de retroalimentar o planejamento, aprimorando o exame não só dos problemas sociais, mas também das propostas de atuação

---

[723] PINTO, Élida Graziane. (Ir)responsabilidade na gestão das renúncias de receitas: um estudo sobre o frágil dever de avaliação de impacto fiscal e das correspondentes medidas compensatórias e contrapartidas. *In*: FIRMO FILHO, Alípio Reis; WARPECHOWSKI, Ana Cristina; RAMOS FILHO, Carlos Alberto de Moraes (coord.). *Responsabilidade na gestão fiscal*: estudos em homenagem aos 20 anos da lei complementar nº 101/2000. Belo Horizonte: Fórum, 2020. p. 227.

integrada com o mercado e das possíveis soluções eleitas democraticamente como prioridades de ação governamental para o próximo ciclo de política pública.[724]

---

[724] PINTO, Élida Graziane. (Ir)responsabilidade na gestão das renúncias de receitas: um estudo sobre o frágil dever de avaliação de impacto fiscal e das correspondentes medidas compensatórias e contrapartidas. *In:* FIRMO FILHO, Alípio Reis; WARPECHOWSKI, Ana Cristina; RAMOS FILHO, Carlos Alberto de Moraes (coord.). *Responsabilidade na gestão fiscal:* estudos em homenagem aos 20 anos da lei complementar nº 101/2000. Belo Horizonte: Fórum, 2020. p. 229-230.

CAPÍTULO 14

CONSIDERAÇÕES FINAIS

A Declaração dos Direitos do Homem e do Cidadão já continha, em seu artigo 15, a previsão de que a sociedade tem o direito de pedir contas a todo agente público quanto à sua administração. Com o advento do Estado de Direito, entronizam-se o controle da administração pública e a prestação de contas pelos agentes públicos que administram os interesses, bens e valores da coletividade. Nesse sentido, o artigo 70, parágrafo único, da Constituição da República de 1988 traz em seu texto a previsão de que

> [...] prestará contas qualquer pessoa física ou jurídica, pública ou privada, que utilize, arrecade, guarde, gerencie ou administre dinheiros, bens e valores públicos ou pelos quais a União responde, ou que, em nome desta, assume obrigações de natureza pecuniária.

O controle da administração pública, portanto, pode ser entendido como o conjunto de meios jurídicos e administrativos por meio dos quais se exerce o poder de fiscalização e de revisão da atividade administrativa em quaisquer dos entes, poderes e órgãos que a compõem, sendo certo que todas as suas atividades, sejam discricionárias ou vinculadas, estão submetidas aos princípios vetores insculpidos no art. 37, *caput*, da CR/88, quais sejam: legalidade, impessoalidade, moralidade, publicidade e eficiência.

Em uma sociedade verdadeiramente democrática não pode prevalecer o arbítrio, devendo imperar o rol de princípios previstos na Constituição, todos eles dotados de grande carga valorativa e aptos a viabilizar a interpretação das demais normas jurídicas, em especial aquelas que permitem o exercício do controle da atuação dos agentes estatais.

Vimos que um rol extenso de normas permite o exercício do controle democrático sob as mais diversas nuances e matizes que envolvem a atuação da administração pública em suas relações com os administrados e também com as organizações da sociedade civil, em regime de cooperação mútua, para a consecução de finalidades de interesse público e recíproco.

O Decreto-Lei nº 201/1967 e a Lei nº 1.079/1950, entre outras normas vetustas, trazem disposições que vedam a realização de despesas públicas de maneira ilícita ou a falta de prestação de contas dos respectivos atos administrativos, entre eles os atos de governo e os de gestão.

No aspecto do controle sistêmico da administração pública, a Lei nº 12.846, de 1º de agosto de 2013, veio a preencher uma lacuna sensível na legislação nacional ao estatuir a possibilidade de responsabilização administrativa e civil de pessoas jurídicas que eventualmente pratiquem atos contra a administração pública, nacional ou estrangeira. Até mesmo funcionários públicos estrangeiros envolvidos em transações comerciais internacionais podem ser alcançados caso venham a praticar atos lesivos que atentam contra o patrimônio público nacional, contra os princípios da administração pública ou contra os compromissos internacionais assumidos pelo país, posto que o Brasil aderiu à Convenção sobre o Combate da Corrupção de Funcionários Públicos Estrangeiros em Transações Comerciais Internacionais, por meio do Decreto nº 3.678/2000.

Da mesma forma, o controle democrático possibilita a desconsideração da personalidade jurídica, instituto no qual se supera a natureza jurídica empresarial para alcançar as pessoas físicas sócias, no caso de cometimento de fraudes, por meio da ação civil pública de responsabilidade por danos causados ao meio ambiente, ao consumidor, a bens e direitos de valor artístico, estético, histórico, turístico e paisagístico, nos termos da Lei nº 7.347/1985.

Também revisitamos as diversas classificações relacionadas ao controle da administração pública, estruturadas de acordo com os seguintes fatores: quem, onde, como e quando se efetiva o controle. Os modos de classificar variam conforme cada posição doutrinária, buscando cada autor sua sistematização didática do controle.

É importante consignar que, embora o controle possa ser realizado de modo prévio, concomitante ou posterior, a efetividade do controle tende a ser tanto maior quanto mais antecipada for sua atuação, numa lógica de prevenção de atos potencialmente lesivos. É o caso da homologação e a aprovação dos atos administrativos. Embora não haja a obrigatoriedade, atualmente os Tribunais de Contas fazem, muitas vezes utilizando-se de inteligências artificias, a seleção automática dos editais de licitação lançados pela administração pública, de modo a detectar previamente falhas, acompanhando a produção do ato administrativo e seus efeitos.

O controle pode ser: interno ou externo, a depender da posição que cada um dos poderes estatais ocupa, no momento da fiscalização sobre seus próprios órgãos e atos administrativos. Assim, no controle interno, o órgão controlador integra a própria administração controlada, como é o caso, por exemplo, das corregedorias e das controladorias-gerais, de que se destaca em especial a Controladoria-Geral da União, que se dedica ao controle interno no âmbito federal. No caso do controle externo, o titular é o Poder Legislativo, que o exerce com o apoio dos Tribunais de Contas. Portanto, será externo quando o órgão controlador não pertencer à estrutura da administração controlada, como é o caso do controle exercido pelo Parlamento, pelo Judiciário, pelo Ministério Público e pelo Tribunal de Contas em relação aos atos do Poder Executivo. Também pode ser exercido o controle externo dos atos dos Tribunais de Contas pelos poderes legislativos.

O controle externo abrange os seguintes aspectos da administração: contábil, financeiro, orçamentário, operacional e patrimonial. De fato, caso existisse controle externo que substituísse o núcleo do mérito (conveniência e oportunidade), seria possível que o órgão controlador passasse a tomar as decisões pelo órgão controlado, violando o art. 2º da CR/88. O fundamento infraconstitucional para o controle externo pode ser encontrado nos arts. 81 e 82 da Lei nº 4.320/1964. Por fim, o controle externo, da mesma maneira que o controle interno, também pode ser alcançado de ofício ou mediante provocação dos interessados, coexistindo com o controle interno.

De acordo com os setores fundamentais do Estado, o controle pode ser legislativo, judicial ou administrativo. Com efeito, trata-se de uma classificação quanto à natureza da atividade (função) estatal que exerce o controle. É constituído por todos os normativos que propiciam ao Poder Legislativo o controle de certos atos de outros poderes, e é exercido por meio de seus órgãos (Congresso Nacional, Câmara dos Deputados, Senado Federal, Assembleias Legislativas, Câmara Distrital e Câmara de Vereadores), seja diretamente (por seus plenários ou comissões parlamentares), seja com o apoio de órgãos constitucionais autônomos, possuidores de competências constitucionais próprias, instituídos para esse fim específico, como é o caso dos Tribunais de Contas. A Constituição da República consagra tal controle, conforme prevê o art. 49, incisos V, IX e X. Nesse sentido, a jurisprudência do Supremo Tribunal Federal entendeu legítimo, no caso concreto, o controle parlamentar da atividade regulamentar do Poder Executivo, a teor do art. 49, V, CR/88.

Vimos que o controle exercido pelo Poder Judiciário possui previsão constitucional, em consonância com o art. 5º, inciso XXXV. Por sua vez, o controle administrativo é aquele que se origina da função administrativa exercida tanto pelo Executivo quanto por órgãos administrativos do Legislativo e Judiciário sobre seus próprios atos, com fundamento no princípio da autotutela. A lei e a jurisprudência reconhecem tal controle, o que se verifica pela criação do Conselho Nacional de Justiça (art. 103-B da CR/88) e do Conselho Nacional do Ministério Público (art. 130-A da CR/88).

O controle também pode ocorrer em relação à natureza do conteúdo do ato controlado. Tem por finalidade anular e extinguir atos que estejam em desconformidade com a ordem jurídica ou legislação em sentido amplo, o que abrange tanto a conformidade constitucional quanto a infraconstitucional. O controle de mérito se dá mediante aprovação ou revogação das condutas administrativas, conforme elas sejam, respectivamente, convenientes e oportunas ou não. Entretanto, não se admite que o juízo de admissão e oportunidade, inerente à atividade administrativa, seja examinado pelo órgão de fiscalização, *a priori*.

O controle hierárquico pressupõe a existência ou não de obediência funcional entre os órgãos controladores e controlados. Por sua vez, o controle finalístico implica a não subordinação entre a entidade controladora e a controlada. É o controle que acontece com as pessoas jurídicas da administração indireta (autarquias, fundações públicas, empresas públicas e sociedades de economia mista), que são controladas pela administração direta, sem que, entretanto, haja qualquer autoridade entre esta e aquelas.

Uma das atuações mais importantes do controle democrático da administração pública se dá por meio de uma provocação dos administrados. No Brasil, para o administrado, sempre há a possibilidade de levar as irregularidades de que se saiba ao Judiciário, por força do art.

5º, XXXV, da CR/88. O direito de petição, em sentido amplo, é o principal fundamento para o exercício do controle no âmbito administrativo. Por meio dele, é possível formular a sua pretensão, expondo os fatos e fundamentos jurídicos e expondo o seu pedido, devendo a administração pública decidir as solicitações em geral dos administrados, nos termos do art. 48 da Lei nº 9.784/1999.

No Brasil, o direito de petição está inserido no rol dos direitos e garantias individuais fundamentais, precisamente no art. 5º, XXXIV, "a", da Constituição da República de 1988, que estipula ser a todos assegurado, independentemente do pagamento de taxas, o direito de petição aos poderes públicos, em defesa de direitos ou contra ilegalidade ou abuso de poder. Já em sentido estrito, o direito de petição pode ser formulado a qualquer tempo e por qualquer pessoa.

Do direito de petição decorrem, dentre outros, o recurso, a representação e o pedido de reconsideração e a reclamação. O recurso administrativo trata-se de um meio de impugnar decisões administrativas, causando a própria administração pública a reformar ou modificar uma decisão desfavorável ao administrado. A representação é o recurso administrativo pelo qual o recorrente, denunciando irregularidades, ilegalidades e condutas abusivas oriundas de agentes da administração, postula a apuração e regularização dessas situações. Por sua vez, o pedido de reconsideração visa à modificação de decisão administrativa dirigida à mesma autoridade que decidiu a questão, representando um efeito processual iterativo, também denominado efeito processual regressivo, conforme preceitua o art. 56, §1º, da Lei nº 9.784/1999. Já a reclamação é uma modalidade de recurso em que o interessado postula a revisão de ato que lhe prejudica direito ou interesse.

O processo administrativo tem como objetivos gerais a garantia do direito dos administrados, a facilitação do controle da administração pública, a legitimação do poder, a melhoria do conteúdo das decisões administrativas e a observância do devido processo legal em âmbito administrativo. Nesse sentido, a Lei nº 9.784/1999, que serve de parâmetro para as leis de outras esferas administrativas, dispõe sobre o processo administrativo como um todo. Por sua incidência sobre todo o território nacional, em âmbito federal, bem como por sua estruturação e exposição da matéria, a Lei nº 9.784/1999 serve de referência para a exposição do assunto.

O princípio da legalidade determina que a administração pública anule ou faça a correção, quando for possível, dos atos administrativos que estejam em desconformidade com o ordenamento jurídico. A invalidação de um ato administrativo pode se expressar de maneira relativa (atos anuláveis) ou absoluta (atos nulos), podendo ser reconhecida tanto pela administração quanto pelo Poder Judiciário. Gera efeitos retroativos, porém não prejudica terceiros de boa-fé, com base no direito adquirido, ato jurídico perfeito ou coisa julgada, institutos esses que são protegidos com destaque pelo art. 5º, XXXVI, CR/88.

O poder-dever da administração de invalidar seus próprios atos encontra limite temporal no princípio da segurança jurídica, de índole constitucional, pela evidência de razão de que os administrados não podem ficar indefinidamente sujeitos à instabilidade originada da autotutela do poder público. A atuação da administração pública diante dos atos administrativos nulos tem padrões fixados pela jurisprudência por meio da Súmula nº 473, do STF, que estabeleceu caber à administração anular seus próprios atos ilegais, quando eivados de vícios, já que deles não se originam direitos.

A fiscalização financeira, orçamentária, operacional e patrimonial é derivada do princípio da indisponibilidade do interesse público e do princípio da autotutela, tendo amparo no art. 70 da Constituição da República e no art. 93 do Decreto-Lei nº 200, de 25.2.1967, entre outros dispositivos. Um dos instrumentos técnicos para o exercício da fiscalização é a auditoria governamental, cuja finalidade básica é comprovar a legalidade e aprovação dos atos e fatos administrativos e avaliar os resultados alcançados quanto aos aspectos de eficiência, eficácia e economicidade.

Vale lembrar que tanto a fiscalização financeira quanto a orçamentária visam certificar a observância das normas gerais de Direito Financeiro contidas na Lei nº 4.320/1964, além dos ditames dos arts. 165 a 169 da CR/88, que trazem normas de Direito Financeiro e Orçamentário, da Lei de Diretrizes Orçamentárias e do Plano Plurianual.

Na moderna concepção do controle democrático da administração pública, a eficiência não pode ser vista apenas como a obrigatoriedade de reduzir custos e produzir superávits ou aumentar a lucratividade estatal, como se esta fosse a diretriz primal da gestão governamental. A existência do princípio da eficiência como norma positivada no artigo 37 da Constituição da República impõe ao intérprete uma análise em prol do cidadão, interpretação ampliativa de seus direitos, conformando mais uma forma de controle e um dever de probidade da atividade administrativa.

Atualmente se reconhece o princípio da segurança jurídica como um dos princípios norteadores da administração pública, uma vez que presente na Constituição da República de 1988, em seu artigo 5º, inciso XXXVI, e textualmente enumerado no *caput* do art. 2º da Lei Federal nº 9.784/1999. Seu conteúdo evidencia a necessidade de estabilização das relações jurídicas como condição para a paz social. Não se deve esquecer que a atividade administrativa não pode ser realizada de modo ilimitado, mesmo a de controle, expondo o cidadão a uma onipotência e supremacia estatais, tal qual já nos advertia Thomas Hobbes em sua obra clássica: *Leviatã*.

Não se pode olvidar que o Direito Administrativo e a função administrativa de controle não estão imunes às balizas erigidas pela Constituição da República de 1988, notadamente presentes no capítulo denominado "Dos direitos e deveres individuais e coletivos", no qual se adotou a prescritibilidade como regra, explicitando-se, textualmente, como excluídos desse rol os crimes consistentes na prática do racismo e na ação de grupos armados contra a ordem constitucional e o Estado democrático (art. 5º, XLII e XLIV) e as ações de ressarcimento por danos causados ao erário, em seu artigo 37, §5º.

Temos que a aplicação do instituto da prescrição é instrumento assecuratório da segurança jurídica, sendo a imprescritibilidade excepcional, nos termos do disposto no art. 5º, LXXVIII, impondo-se a atuação pública consentânea com os princípios da eficiência (art. 5º, XXXVI), todos da Constituição da República Federativa do Brasil de 1988. Sendo assim, a vetusta posição segundo a qual o exercício do controle pode ser feito a qualquer tempo, mesmo após o transcurso de décadas, hodiernamente foi compatibilizada pelo Supremo Tribunal Federal com os princípios constitucionais ora invocados, como detalhadamente demonstrado em tópico específico desta obra.

Ainda no tocante aos limites do controle, menciona-se a Lei nº 13.655/2018, que alterou a Lei de Introdução às Normas do Direito Brasileiro – LINDB (Decreto-Lei nº 4.657/1942) para estabelecer balizas para as decisões das esferas administrativa, controladora e judicial.

De acordo com o estabelecido na Constituição da República de 1988, a titularidade do controle externo pertence ao Poder Legislativo, que o exercerá em todas as esferas da federação brasileira, com o auxílio dos Tribunais de Contas, sendo certo ainda que o controle interno contribui com essa competência dentro de uma visão sistêmica de controle da administração pública, nos termos dos arts. 70 e 71. Quanto às espécies de controle externo exercidas pelo Poder Legislativo, distinguimos o controle político e o controle financeiro.

Note-se que o mérito das decisões judiciais não é abrangido por esse controle, de modo a preservar a independência do Poder Judiciário, embora os atos que digam respeito à função administrativa, reforce-se, sejam por ele abrangidos.

Uma das atribuições mais importantes conferidas ao Poder Legislativo em termos de controle político, destaque-se, diz respeito à suspensão e destituição (*impeachment*) de presidente ou de ministros, também extensível a governadores, prefeitos e seus auxiliares, o que será realizado, respectivamente, pelas Assembleias Legislativas, nos Estados; pela Câmara Distrital, no caso do Distrito Federal; e pelas Câmaras de Vereadores, no caso dos Municípios. Na esfera federal, somente por dois terços dos membros da Câmara dos Deputados será autorizada a instauração de processo contra o vice-presidente, o presidente e os ministros de Estado, os quais serão processados perante o Senado Federal, que exerce parcela da jurisdição. Tendo sido considerada culpada pelo Senado, dar-se-á a destituição da autoridade do cargo, ou seja, o *impeachment*, nos termos da CR/88.

O controle financeiro a ser exercido pelo Poder Legislativo está definido no art. 70, *caput*, da CR/88. Dentro do contexto das hipóteses de controle, encontra-se a fiscalização financeira que será exercida, assim como as demais, sob os aspectos da legalidade, economicidade, aplicação das subvenções e renúncia de receitas que abrange os atos de arrecadação da receita e de realização da despesa, o nascimento ou a extinção de direitos e obrigações, o controle de legitimidade, o controle de economicidade, o controle de fidelidade funcional dos agentes da administração responsáveis por bens e valores públicos, e o controle de resultados de cumprimento de programa de trabalho e de metas.

O Poder Legislativo é o titular do controle externo, contando com o auxílio do sistema de Tribunais de Contas, órgãos constitucionais autônomos, detentores de competências constitucionais próprias estabelecidas no art. 71 da Carta Magna. Sendo órgãos colegiados, sua composição é plural, contando com membros indicados pelos poderes Legislativo e Executivo.

Consentâneo com o regime democrático, foi estabelecido o princípio da prestação de contas, segundo o qual se impõe tal dever a todas as pessoas físicas e jurídicas, públicas ou privadas, submetidas à jurisdição dos Tribunais de Contas, no caso de utilização, arrecadação, guarda, gerenciamento ou administração de dinheiros, bens ou valores públicos ou pelos quais os entes federativos respondem ou que, em nome destes, assumem obrigações de natureza pecuniária, sendo isso o que estabelece o parágrafo único do art. 71 da Constituição da República de 1988.

Nos artigos 70 e 71 da Constituição da República de 1988 encontram-se as competências e atribuições dos Tribunais de Contas, as quais não podem ser reduzidas ou ampliadas pelo legislador infraconstitucional, sob pena de inconstitucionalidade, na esteira de sólida jurisprudência no âmbito da Suprema Corte brasileira. Ressalta-se que, observando o que for cabível, todas as competências aplicam-se indistintamente ao Tribunal de Contas da União e aos Tribunais de Contas dos demais entes federativos, a depender da origem do recurso a ser fiscalizado: se federal, estadual, distrital ou municipal.

Entre as principais competências dos Tribunais de Contas, duas se destacam. A primeira, a de apreciar, sob os aspectos dos princípios que regem a administração pública brasileira, mediante a emissão de parecer prévio, as contas prestadas anualmente pelos chefes do Poder Executivo de cada ente da federação. O parecer prévio será encaminhado ao Poder Legislativo respectivo que julgará as contas, conforme previsto no art. 49, IX, da Constituição da República de 1988, dispositivo esse extensível a governadores e prefeitos.

A segunda, de julgar as contas dos administradores e demais responsáveis, enquanto ordenadores de despesas, inclusive o chefe do Executivo, por dinheiros, bens e valores públicos da administração direta e indireta, incluídas as fundações e sociedades instituídas e mantidas pelo poder público e as contas que derem causa a perda, extravio ou outra irregularidade de que resulte prejuízo ao erário.

De acordo com a previsão constitucional, funciona junto aos Tribunais de Contas um Ministério Público especializado, composto, em regra, por um procurador-geral, subprocuradores-gerais e procuradores, nos termos do disposto no art. 73, §2º. Quanto a sua atuação e composição, o Supremo Tribunal Federal vem reafirmando a independência do órgão ministerial.

Do rol de atribuições dos Tribunais de Contas, previstas no artigo 71 da Constituição da República de 1988, a doutrina e a jurisprudência reconhecem que dele emanam algumas de suas funções, assim compreendidas como o conjunto de atividades finalísticas que desempenham, as quais podem ser assim resumidas: fiscalizadora, corretiva, opinativa, sancionadora, jurisdicional, informativa e de ouvidoria.

As decisões dos Tribunais de Contas que imputem débito ou multa aos gestores têm eficácia de título executivo (art. 71, §3º, da CR/88), reconhecendo a doutrina e jurisprudência, de forma majoritária, sua natureza de título extrajudicial (art. 783 do CPC), idêntica à certidão de dívida ativa da fazenda pública (art. 784, IX ou XII, do CPC/15), sendo desnecessária sua inscrição em dívida ativa para fins de cobrança, tornando mais célere seu procedimento, pelo fato de prescindir de processo de conhecimento para sua conformação, uma vez que este já se deu no âmbito das cortes de contas. Em regra, não há que se falar em revisibilidade pelo Poder Judiciário, exceto se tiver sido constatada a violação ao devido processo legal.

A tomada de contas especiais (TCE) é um procedimento administrativo de controle cujo objeto precípuo é a apuração de responsabilidades daqueles que deram causa a perda, extravio ou outra irregularidade da qual resultou dano ao erário ou que não cumpriu o dever de prestar contas dos recursos geridos.

Vimos que o controle externo é assim compreendido porque o órgão controlador não integra a mesma estrutura administrativa do órgão controlado. Uma das espécies de controle externo é exercida pelo Poder Judiciário, em relação aos poderes Legislativo e Executivo. Trata-se de controle preventivo, concomitante ou posterior, o que pode ser facilmente visualizado pelas tutelas jurisdicionais inibitórias, cautelares ou condenatórias. Com o advento Emenda Constitucional nº 45/2004, ganhou especial relevo o controle judicial dos atos administrativos, sejam eles emanados do Legislativo, do Executivo ou do próprio Poder Judiciário.

A administração pública em juízo recebe a categorização de fazenda pública, tem foro próprio e juízo privativo estabelecidos pelas normas de organização judiciária e pela Constituição da República. As sentenças proferidas contra a fazenda pública sujeitam-se ao duplo grau de jurisdição por meio de reexame necessário, salvo as exceções legais. Ademais, em função do regime diferenciado dos bens públicos, a fazenda pública cumpre suas obrigações pecuniárias advindas das ações em que é ré por meio do regime de precatórios, previsto no art. 100 da Constituição da República de 1988. Observa-se que referido regime sofreu alterações consideráveis por meio das Emendas Constitucionais nº 113/2021 e nº 114/2021.

É possível ao Poder Judiciário exercer controle sobre a averiguação dos fatos que ensejaram a tomada de decisão administrativa em determinada direção. Assim, tendo-se em vista que a ausência de sintonia com os motivos que o ensejaram implicaria a invalidação do ato administrativo, o Judiciário, quanto ao controle judicial dos motivos, realiza, em essência, controle de juridicidade e legalidade. Quanto à discricionariedade, o Poder Judiciário mantém o entendimento no sentido de que o ato administrativo discricionário está sujeito ao controle judicial, mais ainda, quando está desprovido de motivação.

Há diversos instrumentos de controle judicial, desde as ações ordinárias aos remédios constitucionais. Incluem-se nesses institutos o *habeas corpus*, o *habeas data*, o mandado de segurança, a ação popular, o mandado de injunção, a ação civil pública, a ação de improbidade administrativa e as ações de controle concentrado de constitucionalidade, entre outros. Ressalta-se que a Lei de Improbidade Administrativa (LIA – Lei nº 8.429/1992) sofreu expressivas alterações com a edição da Lei nº 14.230/2021, a exemplo da extinção da modalidade culposa de improbidade e da exigência de efetiva perda patrimonial para configuração dos atos de improbidade que causam prejuízo ao erário, afastando-se o dano presumido.

O controle democrático, portanto, pressupõe a participação plural no controle da administração pública, remontando à antiguidade. Com o surgimento da noção moderna de Estado e as tensões decorrentes da estratificação social rígida imposta, surgiram as primeiras noções de direitos fundamentais do homem, em face do abuso de poder tão inerente àqueles alçados à condição de soberanos.

No Brasil, a Constituição da República, promulgada em 5 de outubro de 1988, consagrou, em seu preâmbulo e no artigo 1º, o Estado como sendo democrático de direito, sendo estabelecidos como fundamentos de nossa república a soberania, a cidadania e a dignidade da pessoa humana, consagrando ainda o mais indicativo dos princípios democráticos, qual seja, o da soberania popular, segundo o qual todo poder emana do povo, que o exerce por meio de seus representantes eleitos ou diretamente, nos termos da Constituição.

O controle social interfere positivamente na aplicação escorreita dos recursos e na qualidade do gasto público atendido, uma vez que o acompanhamento da gestão se dá por estamentos democráticos locais de controle, legitimados pela própria comunidade atingida, prevenindo a ocorrência de desvios de modo muito mais eficaz e tempestivo.

Uma das principais ferramentas para a participação popular nas ações de políticas públicas é a promoção da transparência na condução da gestão pública. A informação é matéria fundamental para o desempenho eficiente e eficaz do controle social e, nesse sentido, ao longo de todo o Texto Constitucional, conforme visto, encontramos a previsão da participação popular no processo de realização do gasto público ao longo de todas as etapas da execução orçamentária, desde o planejamento de gastos até a avaliação dos resultados das políticas públicas implantadas.

Nesse sentido, a Lei de Acesso à Informação (Lei nº 12.527/2011), a Lei do Governo de Digital (Lei nº 14.129/2021) e a Nova Lei de Licitações e Contratos (Lei nº 14.133/2021) contribuem para o controle social na medida em que exigem transparência e digitalização dos processos administrativos, de modo a facilitar o acesso aos dados estatais.

O exercício do controle democrático, como visto ao longo desta obra, pode incidir especificamente sobre o orçamento público. Sua execução dar-se-á paulatinamente por meio de recursos orçamentários e financeiros disponibilizados anualmente pela Lei Orçamentária Anual, suficientes para atender aos programas governamentais e suas respectivas etapas (entre aqueles indicados como prioritários para execução no ano seguinte pela Lei de Diretrizes Orçamentárias), tendentes a minorar os efeitos dos problemas evidenciados pela sociedade.

Claro que a participação dos populares na elaboração dos instrumentos legais que permitirão enfrentar os problemas que afligem a sociedade é crucial para o atingimento de atuação administrativa estatal e atendimento para a satisfação dos anseios da coletividade. Sendo assim, cabe à população não apenas participar de reuniões de elaboração de instrumentos de planejamento (audiências públicas, reuniões do orçamento participativo, plenárias, reuniões dos conselhos e das entidades representativas da sociedade civil organizada), mas também acompanhar e fiscalizar o processo legislativo de apreciação e votação das leis orçamentárias, observando se o seu representante eleito honrou os compromissos assumidos na campanha e que foi deliberado nas reuniões com a população.

Importante aspecto relativo ao tema refere-se à iniciativa formal das leis orçamentárias, que é privativa do chefe do Poder Executivo, não estando ele obrigado a seguir, ao menos do ponto de vista estritamente legal, o que fora decidido pela população nas reuniões plenárias para discussão do orçamento.

Assim, embora o artigo 48 da Lei de Responsabilidade Fiscal imponha o incentivo à participação popular durante os processos de elaboração e de discussão dos planos, leis de diretrizes orçamentárias e orçamentos, e embora o inciso XII do artigo 29 da CR/88 determine a cooperação das associações representativas no planejamento municipal, nada disso significa a obrigatoriedade legal do Poder Executivo em atender ao que fora discutido nessas reuniões. A obrigatoriedade dá-se apenas no campo político e nos efeitos negativos de seu não atendimento por parte do chefe do Executivo.

A Lei Complementar nº 101, de 4 de maio de 2000, foi editada na esteira do plano de estabilização econômica de 1994, sendo, por isso mesmo, estabelecidas regras que resgataram as normas de planejamento e de transparência na gestão, de modo a que o alcance do equilíbrio das contas públicas seja feito de modo perene. O parágrafo 1º do artigo 1º da Lei de Responsabilidade Fiscal estabeleceu que a responsabilidade na gestão fiscal pressupõe ação planejada e transparente, de modo a prevenir riscos fiscais que abalem as finanças públicas, permitindo corrigir desvios capazes de afetar o equilíbrio das contas públicas.

O controle e a fiscalização do cumprimento das normas presentes na Lei de Responsabilidade Fiscal e, por conseguinte, da administração pública estão sob a responsabilidade do Poder Legislativo e dos Tribunais de Contas, bem como do sistema de controle interno de cada poder e, ainda, do Ministério Público.

Saliente-se que, com a edição da Lei Complementar nº 131, de 27 de maio de 2009, alguns dispositivos da Lei de Responsabilidade Fiscal atinentes à transparência, ao controle e à fiscalização, entre eles o artigo 48, sofreram mudanças para possibilitar a adoção de meios informatizados, de modo a viabilizar o controle, inclusive o social.

Infelizmente, passados mais de 20 anos da edição da Lei de Responsabilidade Fiscal, não foi criado o grande foro para discussão e alinhamento de entendimentos (o Conselho de Gestão Fiscal, de que trata o art. 67 da LRF), de modo a dar norte seguro aos jurisdicionados quanto a sua aplicação.

A Lei de Responsabilidade Fiscal, por derradeiro, impõe aos tradicionais agentes do controle interno e externo a fiscalização das regras atinentes à gestão fiscal responsável, cabendo, portanto, ao Poder Legislativo, aos Tribunais de Contas, ao sistema de controle interno de cada poder e ao Ministério Público.

Assim, são inúmeras as competências já cometidas aos Tribunais de Contas, tendo sido acrescidas novas atribuições em razão da edição da Lei de Responsabilidade Fiscal, o que mais uma vez proporcionou maiores e crescentes tensões entre essas instituições e as casas legislativas por maior participação nos recursos orçamentários destinados à sua manutenção e desincumbência de seu mister constitucional.

O objetivo do controle da administração pública é que as condutas administrativas sejam pautadas pela conformidade com as exigências da sociedade e com o ordenamento jurídico, em especial os princípios da legalidade, da impessoalidade, da moralidade, da publicidade e da eficiência (art. 37, *caput*, da CR/88).

A Lei de Responsabilidade Fiscal, portanto, é de suma importância para o controle democrático da administração pública, explorando temas tais como transparência da gestão fiscal, escrituração e consolidação das contas, relatório resumido da execução orçamentária, relatório de gestão fiscal, prestação de contas e fiscalização da gestão fiscal.

Com o advento da pandemia de covid-19, novas normas foram editadas, entre elas a Lei Complementar nº 173/2020, que estabeleceu o Programa Federativo de Enfrentamento ao Coronavírus. Posteriormente, a Lei Complementar nº 177/2021 alterou a LRF e, entre outras mudanças, modificou a natureza e as fontes de receitas do Fundo Nacional de Desenvolvimento Científico e Tecnológico (FNDCT). Por sua vez, a Lei Complementar nº 178/2021 alterou a LRF para permitir que os Estados, o Distrito Federal e os Municípios pudessem contar com recursos financeiros da União para realizar investimentos e despesas de capital mesmo que estivessem descumprindo as regras de limite de endividamento previstas na LRF.

A Emenda Constitucional nº 109/2021, entre outras modificações, revogou dispositivos do Ato das Disposições Constitucionais Transitórias e suspendeu condicionalidades para a realização de despesas com concessão de auxílio emergencial residual para enfrentar as consequências sociais e econômicas da pandemia de covid-19.

O Novo Arcabouço Fiscal é composto por um conjunto de regras cujo objetivo é indicar para a sociedade brasileira e agentes internacionais como o Estado brasileiro pretende exercer o controle das contas públicas e realizar investimentos ao longo dos anos. Proposto pelo Projeto de Lei Complementar nº 93/2023, de autoria do Poder Executivo, o Novo Arcabouço Fiscal foi previsto pelo artigo 6º da Emenda Constitucional nº 126/2022, em substituição ao teto de gastos imposto pela Emenda

Constitucional nº 95/2016. A superação da Emenda Constitucional nº 95/2016 se justifica, pois o teto de gastos não se mostrou uma "âncora" fiscal crível. Enquanto a Emenda Constitucional nº 95/2016 limitava os gastos públicos ao valor referente ao montante gasto no exercício financeiro anterior corrigido pelo IPCA, não seria possível aumentar as despesas estatais além desse limite, mesmo diante do crescimento da arrecadação ou da demanda por prestação de serviços públicos.

Em 22 de agosto de 2023, o Novo Arcabouço Fiscal foi aprovado. Entre as alterações mais relevantes feitas pelo Senado Federal estão a exclusão dos gastos da União com o Fundeb e com o Fundo Constitucional do Distrito Federal dos limites estabelecidos pela nova regra fiscal. Na qualidade de casa revisora, a Câmara dos Deputados acolheu ambas as mudanças.[725]

Contudo, na mesma sessão deliberativa, a Câmara dos Deputados retirou do Projeto de Lei Complementar nº 93/2023 emendas incluídas pelo Senado Federal, dentre as quais destacamos: a exclusão das despesas primárias da União com ciência, tecnologia e inovação dos limites da nova regra fiscal e a possibilidade de o projeto de lei orçamentária anual e a lei orçamentária anual conterem despesas condicionadas até o montante da estimativa da diferença entre o IPCA de 12 meses acumulado até junho e o acumulado para o exercício anterior ao que se refere o orçamento, que abriria espaço orçamentário para a União ampliar seus gastos. No mesmo dia, o Projeto seguiu para sanção do Presidente da República.[726]

Por fim, lançamos luzes sobre o importantíssimo tema das isenções fiscais. Pudemos verificar que no Brasil, de acordo com o artigo 150, §6º, da CR/88, somente por lei específica federal, estadual ou municipal poderá ser concedida isenção fiscal. Já o artigo 165, §6º, da CR/88 determina que o projeto de lei orçamentária será acompanhado

---

[725] PIOVESAN, Eduardo. Câmara conclui votação do arcabouço fiscal e preserva Fundeb e FCDF. *Agência Câmara de Notícias*, Brasília, 22 ago. 2023. Disponível em: https://www.camara.leg.br/noticias/989991-camara-conclui-votacao-do-arcabouco-fiscal-e-preserva-fundeb-e-fcdf/. Acesso em: 23 ago. 2023.

[726] BRASIL. Câmara dos Deputados. *Projeto de Lei Complementar nº 93*, de 18 de abril de 2023. Institui regime fiscal sustentável para garantir a estabilidade macroeconômica do País e criar as condições adequadas ao crescimento socioeconômico, nos termos do disposto no art. 6º da Emenda à Constituição nº 126, de 21 de dezembro de 2022. Brasília: Câmara dos Deputados, 2023. Disponível em: www.camara.leg.br/proposicoesWeb/ fichadetramitacao?idProposicao=2357053. Acesso em: 23 ago. 2023.

de demonstrativo regionalizado do efeito, sobre as receitas e despesas decorrentes, dentre outras, de isenções fiscais.

Na prática do controle da administração pública atualmente exercido no país, as isenções fiscais se consubstanciam em verdadeiros privilégios fiscais odiosos, assim entendidos aqueles que ofendem a igualdade e os direitos fundamentais e são proibidos pela CR/88 (art. 150, II).

Exemplificamos com a fábrica da Fiat-FCA (Jeep) instalada em 2015 no município de Goiana-PE. A análise da relação custo-benefício da implantação dessa planta fabril no estado de Pernambuco revelou que apenas a região circunvizinha ao empreendimento se beneficiou da sua instalação. Além disso, restou demonstrado que apenas no ano de 2019 a Fiat Chrysler Automóveis (FCA) foi beneficiada pela isenção fiscal no importe de R$4,6 bilhões. No mesmo período, a empresa gerou 11.258 empregos. Dessa forma, o custo mensal de cada emprego gerado foi de aproximadamente R$34 mil para os cofres públicos. Por fim, baseando-se nos achados da análise desse mesmo empreendimento, foi possível constatar que o aumento da remuneração da população da região imediatamente beneficiada foi inferior aos benefícios auferidos pela empresa, sendo, portanto, desproporcional o custo da política face ao incremento da renda da população local.

O caso das isenções fiscais analisadas na presente obra revela a importância de levar em consideração, nos debates sobre equilíbrio fiscal, não apenas propostas de revisão dos gastos governamentais com políticas sociais e de reforma da estrutura administrativa do Estado, como também a constante fiscalização dos resultados gerados pelas isenções fiscais concedidas pelo poder público a determinados setores da economia. Assim, cumpre-se o mandamento constitucional dos artigos 165, §16, e 37, §16, da CR/88, ao mesmo tempo em que se possibilita abrir espaço no orçamento público para novas receitas advindas de eventual revisão de isenções fiscais ineficientes.

Quem viver verá.

Belo Horizonte, agosto de 2023.

REFERÊNCIAS

ABRAHAM, Marcus. *Lei de responsabilidade fiscal comentada*. Rio de Janeiro: Forense, 2016.

ABRUCIO, Fernando Luiz. Uma viagem redonda: por que ainda discutimos o Plano Diretor da Reforma do Aparelho do Estado 25 anos depois? *In:* CAVALCANTE, Pedro Luiz Costa; SILVA, Mauro Santos. *Reformas do estado no Brasil*: trajetórias, inovações e desafios. Brasília, DF: Cepal; Rio de Janeiro: Ipea, 2020.

AGUIAR, Ubiratan Diniz de. *A multiplicação das ações dos tribunais de contas*. [s.d.]. Disponível em: http://controlesocial.fdr.com.br/download/saibamais/ FDR_CONTROLESOCIAL_MULTIPLICACAO.pdf.

ALECIAN, Serge; FOUCHER, Dominique. *Guia de gerenciamento no setor público*. Rio de Janeiro: Revan, 2001.

ALI, Miguel Abudo Momade. *Marcos e desafios para implantação do Orçamento Participativo no município de Nampula – Moçambique entre 2014-2017*. Tese (Doutorado) – Centro de Artes e Comunicação, Programa de Pós-Graduação em Desenvolvimento Urbano, Universidade Federal de Pernambuco, Recife, 2021.

AMORIM, Rafael Amorim de. Art. 171. *In:* FORTINI, Cristiana; OLIVEIRA, Rafael Sérgio Lima de; CAMARÃO, Tatiana (coord.). *Comentários à lei de licitações e contratos administrativos:* Lei nº 14.133, de 1º de abril de 2021. Belo Horizonte: Fórum, 2022.

ANGOLA. *Constituição da República da Angola de 2021*. Disponível em: www.ilo.org/dyn/natlex/docs/ELECTRONIC/84536/94065/F466903017/AGO84536.pdf. Acesso em: 14 jun. 2023.

ARAÚJO, Valter Shuenquener de; ZULLO, Bruno Almeida; TORRES, Maurílio. *Big data, algoritmos e inteligência artificial na administração pública: reflexões para a sua utilização em um ambiente democrático*. A&C – Revista de Direito Administrativo e Constitucional, Belo Horizonte, ano 20, n. 80, p. 241-261, abr./jun. 2020.

ARISTÓTELES. *A política*. Tradução de Silveira Chaves. São Paulo: Edipro, 1995.

BARBOSA, Oriana Piske; SARACHO, Antônio Benites. *Considerações sobre a teoria dos freios e contrapesos (Checks and Balances System)*. Disponível em: www.tjdft.jus.br/institucional/imprensa/campanhas-e-produtos/artigos-discursos-e-entrevistas/artigos.2018/consideracoes-sobre-a-teoria-dos-freios-e-contrapesos-checks-and-balances-system-juiza-oriana-piske. Acesso em: 28 mar. 2023.

BARBOSA, Rui. *Exposição de motivos de Rui Barbosa sobre a criação do TCU*. Disponível em: https://revista.tcu.gov.br/ojs/index.php/RTCU/article/view/1113. Acesso em: 24 abr. 2023.

BARROSO, Luís Roberto. *O controle de constitucionalidade no direito brasileiro:* exposição sistemática da doutrina e análise crítica da jurisprudência. São Paulo: Saraiva, 2016.

BAPTISTA, Rodrigo. Arcabouço Fiscal: inclusão do Fundeb é criticada em audiência na CE. *Senado Notícias*, Brasília, 24 maio 2023. Disponível em: www12.senado.leg.br/noticias/materias.2023/05/24/arcabouco-fiscal-inclusao-do-fundeb-e-criticada-em-audiencia-na-ce. Acesso em: 7 jun. 2023.

BATISTA JÚNIOR, Onofre Alves. *Princípio constitucional da eficiência administrativa*. 2. ed. rev. e atual. Belo Horizonte: Fórum, 2012.

BERCOVICI, Gilberto; MASSONETTO, Luís Fernando. A constituição dirigente invertida: a blindagem da Constituição Financeira e a agonia da Constituição Econômica. *Boletim de Ciências Econômicas*, XLIX, 2006.

BLIACHERIENE, Ana Carla; TEIXEIRA, Bruna de Cassia; AZEVEDO, Davi Quintanilha Failde de. Teoria do desenvolvimento e as perspectivas para um controle popular das contas públicas. *Apud* MEDAUAR, Odete. *Controle da administração pública*. Belo Horizonte: Fórum, 2020. p. 171. Disponível em: www.forumconhecimento.com.br/livro/4093/4271/27960. Acesso em: 5 jun. 2023.

BRASIL. Câmara dos Deputados. Consultoria de Orçamento e Fiscalização da Câmara dos Deputados. *Novo Arcabouço Fiscal*. 2023. Disponível em: www.camara.leg.br/internet/agencia/infograficos-html5/novo-arcabouco-fiscal/index.html#:~:text=O%20Regime%20Fiscal%20Sustent%C3%A1vel%2C%20conhecido,equil%C3%ADbrio%20entre%20arrecada%C3%A7%C3%A3o%20e%20despesas. Acesso em: 30 maio 2023.

BRASIL. Câmara dos Deputados. *Decreto nº 392*, de 8 de outubro de 1896. Disponível em: https://www2.camara.leg.br/legin/fed/decret/1824-1899/decreto-392-8-outubro-1896-540205-publicacaooriginal-40163-pl.html. Acesso em: 17 maio 2023.

BRASIL. Câmara dos Deputados. *Projeto de Lei Complementar nº 93*, de 18 de abril de 2023. Institui regime fiscal sustentável para garantir a estabilidade macroeconômica do País e criar as condições adequadas ao crescimento socioeconômico, nos termos do disposto no art. 6º da Emenda à Constituição nº 126, de 21 de dezembro de 2022. Brasília: Câmara dos Deputados, 2023. Disponível em: www.camara.leg.br/proposicoesWeb/fichadetramitacao?idProposicao=2357053. Acesso em: 30 maio 2023.

BRASIL. Câmara dos Deputados. *Resolução nº 17*, de 1989. Aprova o Regimento Interno da Câmara dos Deputados. Disponível em: https://www2.camara.leg.br/legin/fed/rescad.1989/resolucaodacamaradosdeputados-17-21-setembro-1989-320110-norma-pl.html. Acesso em: 29 jun. 2023.

BRASIL. Congresso Nacional. *Glossário de termos orçamentários*. Disponível em: www.congressonacional.leg.br/legislacao-e-publicacoes/glossario-orcamentario/-/orcamentario/lista/P. Acesso em: 19 jun. 2023.

BRASIL. Congresso Nacional. *Lei nº 8.443*, de 16 de julho de 1992. Dispõe sobre a Lei Orgânica do Tribunal de Contas da União e dá outras providências. Disponível em: www.planalto.gov.br/ccivil_03/leis/l8443.htm. Acesso em: 16 jun. 2023.

BRASIL. *Constituição da República dos Estados Unidos do Brasil*, de 24 de fevereiro de 1891. Disponível em: www.planalto.gov.br/ccivil_03/constituicao/constituicao91.htm. Acesso em: 17 maio 2023.

BRASIL. *Constituição da República dos Estados Unidos do Brasil*, de 16 de julho de 1934. Disponível em: www.planalto.gov.br/ccivil_03/constituicao/constituicao34.htm. Acesso em: 17 maio 2023.

BRASIL. *Constituição dos Estados Unidos do Brasil (1937)*. Rio de Janeiro, 10 nov. 1937. Disponível em: https://www2.camara.leg.br/legin/fed/consti.1930-1939/constituicao-35093-10-novembro-1937-532849-publicacaooriginal-15246-pl.html. Acesso em: 29 jun. 2023.

BRASIL. *Constituição da República Federativa do Brasil de 1967*. Disponível em: www.planalto.gov.br/ccivil_03/constituicao/constituicao67.htm. Acesso em: 17 maio 2023.

BRASIL. Controladoria-Geral da União. *Cadastro de Expulsões da Administração Federal (CEAF)*. Disponível em: https://portaldatransparencia.gov.br/pagina-interna/603316-ceaf. Acesso em: 14 jun. 2023.

BRASIL. Controladoria-Geral da União. *Controle social*: orientações aos cidadãos para participação na gestão pública e exercício do controle social. 3. ed. Brasília: 2012.

BRASIL. Controladoria-Geral da União. Portaria nº 1.531, de 1º de julho de 2021. Orienta tecnicamente os órgãos e entidades sujeitos ao Controle Interno do Poder Executivo Federal sobre a instauração e a organização da fase interna do processo de Tomada de Contas Especial. Disponível em: www.in.gov.br/en/web/dou/-/portaria-n-1.531-de-1-de-julho-de-2021-329484609. Acesso em: 12 jun. 2023.

BRASIL. Instituto dos Auditores Internos do Brasil. *Modelo das três linhas do IIA 2020*. Disponível em: https://iiabrasil.org.br/korbilload/upl/editorHTML/uploadDireto.20200758glob-theditorHTML-00000013-20072020131817.pdf. Acesso em: 11 abr. 2022.

BRASIL. Ministério da Fazenda. Assessoria Especial de Comunicação Social. *Novo Arcabouço/Regra Fiscal (Projeto de Lei: regime fiscal sustentável)*. Disponível em: www.gov.br/fazenda/pt-br/assuntos/noticias.2023/abril/arquivo/18-04-23-perguntas-e-respostas-arcabouco-fiscal.pdf. Acesso em: 30 maio 2023.

BRASIL. Presidência da República. *Constituição da República Federativa do Brasil de 1988*. Disponível em: www.planalto.gov.br/ccivil_03/constituicao/constituicao.htm. Acesso em: 14 jun. 2023.

BRASIL. Presidência da República. Decreto nº 3.678, de 30 de novembro de 2000. Promulga a Convenção sobre o Combate da Corrupção de Funcionários Públicos Estrangeiros em Transações Comerciais Internacionais, concluída em Paris, em 17 de dezembro de 1997. Disponível em: www.planalto.gov.br/ccivil_03/decreto/D3678.htm. Acesso em: 30 jun. 2023.

BRASIL. Presidência da República. Decreto-Lei nº 200, de 25 de fevereiro de 1967. Dispõe sobre a organização da Administração Federal, estabelece diretrizes para a Reforma Administrativa e dá outras providências. Disponível em: www.planalto.gov.br/ccivil_03/decreto-lei/del0200.htm. Acesso em: 24 abr. 2023.

BRASIL. Presidência da República. *Decreto-Lei nº 3.689*, de 3 de outubro de 1941. Código de Processo Penal. Brasília: Presidência da República, Casa Civil, 2010.

BRASIL. Presidência da República. *Decreto-Lei nº 4.657*, de 4 de setembro de 1942. Lei de Introdução às Normas do Direito Brasileiro. Disponível em: www.planalto.gov.br/ccivil_03/decreto-lei/del4657compilado.htm. Acesso em: 16 jun. 2023.

BRASIL. Presidência da República. *Emenda Constitucional nº 1*, de 17 de outubro de 1969. Disponível em: www.planalto.gov.br/ccivil_03/constituicao/emendas/emc_anterior1988/emc01-69.htm. Acesso em: 17 maio 2023.

BRASIL. Presidência da República. *Lei Complementar nº 101*, de 4 de maio de 2000. Estabelece normas de finanças públicas voltadas para a responsabilidade na gestão fiscal e dá outras providências. Brasília: Presidência da República, Casa Civil, 2000.

BRASIL. Presidência da República. *Lei Complementar nº 131*, de 27 de maio de 2009. Acrescenta dispositivos à Lei complementar nº 101, de 4 de maio de 2000, que estabelece normas de finanças públicas voltadas para a responsabilidade na gestão fiscal e dá outras providências, a fim de determinar a disponibilização, em tempo real, de informações pormenorizadas sobre a execução orçamentária e financeira da União, dos Estados, do Distrito Federal e dos Municípios. Brasília: Presidência da República, Casa Civil, 2009.

BRASIL. Presidência da República. *Lei Complementar nº 178*, de 13 de janeiro de 2021. Estabelece o Programa de Acompanhamento e Transparência Fiscal e o Plano de Promoção do Equilíbrio Fiscal. Brasília: Presidência da República, Casa Civil, 2021.

BRASIL. Presidência da República. *Lei nº 1.579*, de 18 de março de 1952. Dispõe sobre as Comissões Parlamentares de Inquérito. Brasília: Presidência da República, 1952.

BRASIL. Presidência da República. *Lei nº 4.320*, de 17 de março de 1964. Estatui Normas Gerais de Direito Financeiro para elaboração e controle dos orçamentos e balanços da União, dos Estados, dos Municípios e do Distrito Federal. Disponível em: www.planalto.gov.br/ccivil_03/leis/l4320.htm. Acesso em: 21 jun. 2023.

BRASIL. Presidência da República. *Lei nº 4.717*, de 29 de junho de 1965. Regula a ação popular. Brasília: Presidência da República, Casa Civil, 2010.

BRASIL. Presidência da República. *Lei nº 4.898*, de 9 de dezembro de 1965. Regula o Direito de Representação e o processo de Responsabilidade Administrativa Civil e Penal, nos casos de abuso de autoridade. Brasília: Presidência da República, Casa Civil, 2010.

BRASIL. Presidência da República. *Lei nº 5.869*, de 11 de janeiro de 1973. Institui o Código de Processo Civil. Brasília: Presidência da República, Casa Civil, 2010.

BRASIL. Presidência da República. *Lei nº 7.347*, de 24 de julho de 1985. Disciplina a ação civil pública de responsabilidade por danos causados ao meio ambiente, ao consumidor, a bens e direitos de valor artístico, estético, histórico, turístico e paisagístico (vetado) e dá outras providências. Brasília: Presidência da República, Casa Civil, 2010.

BRASIL. Presidência da República. *Lei nº 8.038*, de 28 de maio de 1990. Institui normas procedimentais para os processos que especifica, perante o Superior Tribunal de Justiça e o Supremo Tribunal Federal. Brasília: Presidência da República, Casa Civil, 2010.

BRASIL. Presidência da República. ~~~~~~~~, de 11 de setembro de 1990. Dispõe sobre a proteção do consumidor e dá outras providências. Brasília: Presidência da República, Casa Civil, 2010.

BRASIL. Presidência da República. ~~~~~~~~, de 11 de dezembro de 1990. Dispõe sobre o regime jurídico dos servidores públicos civis da União, das autarquias e das fundações públicas federais. Brasília: Presidência da República, Casa Civil, 2010.

BRASIL. Presidência da República. ~~~~~~~~, de 2 de junho de 1992. Dispõe sobre as sanções aplicáveis aos agentes públicos nos casos de enriquecimento ilícito no exercício de mandato, cargo, emprego ou função na administração pública direta, indireta ou fundacional e dá outras providências. Brasília: Presidência da República, Casa Civil, 2010.

BRASIL. Presidência da República. ~~~~~~~~, de 21 de junho de 1993. Regulamenta o art. 37, inciso XXI, da Constituição Federal, institui normas para licitações e contratos da Administração Pública e dá outras providências. Brasília: Presidência da República, 1993.

BRASIL. Presidência da República. ~~~~~~~~, de 10 de setembro de 1997. Disciplina a aplicação da tutela antecipada contra a Fazenda Pública, altera a Lei nº 7.347, de 24 de julho de 1985, e dá outras providências. Brasília: Presidência da República, Casa Civil, 2010.

BRASIL. Presidência da República. ~~~~~~~~, de 12 de novembro de 1997. Regula o direito de acesso a informações e disciplina o rito processual do ~~~~~~~~. Brasília: Presidência da República, Casa Civil, 2010.

BRASIL. Presidência da República. ~~~~~~~~, de 15 de maio de 1998. Dispõe sobre a regularização, administração, aforamento e alienação de bens imóveis de domínio da União, altera dispositivos dos Decretos-Lei nºs 9.760, de 5 de setembro de 1946, e 2.398, de 21 de dezembro de 1987, regulamenta o §2º do art. 49 do Ato das Disposições Constitucionais Transitórias, e dá outras providências. Brasília: Presidência da República, 1998.

BRASIL. Presidência da República. ~~~~~~~~, de 29 de janeiro de 1999. Regula o processo administrativo no âmbito da Administração Pública Federal. Brasília: Presidência da República, Casa Civil, 2010.

BRASIL. Presidência da República. ~~~~~~~~, de 10 de novembro de 1999. Dispõe sobre o processo e julgamento da ação direta de inconstitucionalidade e da ação declaratória de constitucionalidade perante o Supremo Tribunal Federal. Brasília: Presidência da República, Casa Civil, 2010.

BRASIL. Presidência da República. ~~~~~~~~, de 3 de dezembro de 1999. Dispõe sobre o processo e julgamento da arguição de descumprimento de preceito fundamental, nos termos do §1º do art. 102 da Constituição Federal. Brasília: Presidência da República, Casa Civil, 2010.

BRASIL. Presidência da República. ~~~~~~~~, de 10 de julho de 2001. Regulamenta os arts. 182 e 183 da Constituição Federal, estabelece diretrizes gerais da política urbana e dá outras providências. Brasília: Presidência da República, Casa Civil, 2001.

BRASIL. Presidência da República. ~~~~~~~~, de 10 de janeiro de 2002. Institui o Código Civil. Brasília: Presidência da República, Casa Civil, 2008.

BRASIL. Presidência da República. *Lei nº 11.079*, de 30 de dezembro de 2004. Institui normas gerais para licitação e contratação de parceria público-privada no âmbito da administração pública. Brasília: Presidência da República, Casa Civil, 2004.

BRASIL. Presidência da República. *Lei nº 12.016*, de 7 de agosto de 2009. Disciplina o mandado de segurança individual e coletivo e dá outras providências. Brasília: Presidência da República, Casa Civil, 2010.

BRASIL. Presidência da República. *Lei nº 12.527*, de 18 de novembro de 2011. Regula o acesso a informações previsto no inciso XXXIII do art. 5º, no inciso II do §3º do art. 37 e no §2º do art. 216 da Constituição Federal; altera a Lei nº 8.112, de 11 de dezembro de 1990; revoga a Lei nº 11.111, de 5 de maio de 2005, e dispositivos da Lei nº 8.159, de 8 de janeiro de 1991; e dá outras providências. Disponível em: www.planalto.gov.br/ccivil_03/_ato2011-2014.2011/lei/l12527.htm. Acesso em: 24 abr. 2023.

BRASIL. Presidência da República. *Lei nº 12.846*, de 1º de agosto de 2013. Dispõe sobre a responsabilização administrativa e civil de pessoas jurídicas pela prática de atos contra a administração pública, nacional ou estrangeira, e dá outras providências. Disponível em: www.planalto.gov.br/ccivil_03/_ato2011-2014.2013/lei/l12846.htm. Acesso em: 24 abr. 2023.

BRASIL. Presidência da República. *Lei nº 13.105*, de 16 de março de 2015. Código de Processo Civil. Brasília: Presidência da República, Casa Civil, 2017.

BRASIL. Presidência da República. *Lei nº 14.133*, de 1º de abril de 2021. Lei de Licitações e Contratos Administrativos. Disponível em: www.planalto.gov.br/ccivil_03/_ato2019-2022.2021/lei/l14133.htm. Acesso em: 4 maio 2023.

BRASIL. Presidência da República. *Medida Provisória nº 2.180*, de 24 de agosto de 2001. Acresce e altera dispositivos das Leis nºs 8.437, de 30 de junho de 1992; 9.028, de 12 de abril de 1995; 9.494, de 10 de setembro de 1997; 7.347, de 24 de julho de 1985; 8.429, de 2 de junho de 1992; 9.704, de 17 de novembro de 1998; do Decreto-Lei nº 5.452, de 1º de maio de 1943; das Leis nºs 5.869, de 11 de janeiro de 1973; e 4.348, de 26 de junho de 1964, e dá outras providências. Brasília: Presidência da República, Casa Civil, 2010.

BRASIL. Presidência da República. *Olho vivo no dinheiro público*: controle social. Brasília: Controladoria-Geral da União, 2008.

BRASIL. Presidência da República. *Plano diretor da reforma do aparelho do estado*. Brasília: Câmara da Reforma do Estado, Ministério da Administração Federal e Reforma do Estado, 1995. Disponível em: www.biblioteca.presidencia.gov.br/publicacoes-oficiais/catalogo/fhc/plano-diretor-da-reforma-do-aparelho-do-estado-1995.pdf. Acesso em: 16 jun. 2023.

BRASIL. Senado Federal. Comissão de Constituição, Justiça e Cidadania. *Parecer e Relatório à PEC nº 1.2022*. Altera a Emenda Constitucional nº 109, de 15 de março de 2021, para dispor sobre a concessão temporária de auxílio diesel a caminhoneiros autônomos, de subsídio para aquisição de gás liquefeito de petróleo pelas famílias de baixa renda brasileiras e de repasse de recursos da União com vistas a garantir a mobilidade urbana dos idosos, mediante a utilização dos serviços de transporte público coletivo, e autorizar a União, os Estados, o Distrito Federal e os Municípios a reduzirem os tributos sobre os preços de diesel, biodiesel, gás e energia elétrica, bem como outros tributos de caráter extrafiscal, p. 6-7. Disponível em: https://legis.senado.leg.br/sdleg-getter/documento?d m=9179188&ts=1660247379164&disposition=inline&_gl=1*13bxyid*_ga*OTc0NDg3NTE yLjE2ODIwMTY4OTY.*_ga_CW3ZH25XMK*MTY4NzE5OTc5NC40MS4xLjE2ODcyMD AwNDUuMC4wLjA. Acesso em: 19 jun. 2023.

BRASIL. Senado Federal. Comissão de Constituição, Justiça e Cidadania. *Parecer e Relatório à PEC nº 32 de 2022*. Altera o Ato das Disposições Constitucionais Transitórias para permitir a implementação do Programa Bolsa Família e definir regras para a transição da Presidência da República aplicáveis à Lei Orçamentária de 2023 e dá outras providências, p. 13-14. Disponível em: https://legis.senado.leg.br/sdleg-getter/documento?dm=921966 7&ts=1679936061021&disposition=inline&_gl=1*1446a9p*_ga*OTc0NDg3NTEyLjE2ODI wMTY4OTY.*_ga_CW3ZH25XMK*MTY4NTYxOTkzOC4yMS4xLjE2ODU2MTk5Nzcu MC4wLjA. Acesso em: 30 maio 2023.

BRASIL. Senado Federal. Congresso promulga emenda que institui Orçamento de Guerra. *Senado Notícias*, 2020. Disponível em: https://www12.senado.leg.br/noticias/ materias.2020/05/07/congresso-promulga-emenda-que-institui-orcamento-de-guerra. Acesso em: 13 jun. 2023.

BRASIL. Superior Tribunal de Justiça. Agravo Interno no Agravo em Recurso Especial nº 1.275.175/PB. Julg. em 11.2.2020. *DJe* 30.3.2020.

BRASIL. Superior Tribunal de Justiça. AgRg no AREsp nº 228.307/GO. Agravo Regimental no Agravo em Recurso Especial nº 2.012/0191837-3. Rel. Min. Napoleão Nunes Maia Filho. Julg. em 1º.10.2013. *DJe* 24.10.2013.

BRASIL. Superior Tribunal de Justiça. Mandado de Segurança nº 1.495/DF. Rel. Min. Hamilton Carvalhido. Julg. em 13.12.2010. *DJe* 1º.02.2011.

BRASIL. Superior Tribunal de Justiça. Mandado de Segurança nº 24.339/TO (2007/0130.492-7). Julg. em 30.10.2008.

BRASIL. Superior Tribunal de Justiça. Primeira Turma. AgInt no AREsp nº 853.247/MG. Rel. Min. Sergio Kukina. Julg. em 24.5.2016. *DJe* 2.6.2016.

BRASIL. Superior Tribunal de Justiça. Primeira Turma. AgInt no REsp nº 1.278.009/MG. Rel. Min. Sergio Kukina. Julg. em 23.5.2017. *DJe* 30.5.2017.

BRASIL. Superior Tribunal de Justiça. Primeira Turma. Agravo Interno no Recurso em Mandado de Segurança nº 62.958/MT. Julg. em 28.6.2021. *DJE* 3.8.2021.

BRASIL. Superior Tribunal de Justiça. Primeira Turma. Agravo Interno no Recurso em Mandado de Segurança nº 65.463/GO. Julg. em 2.5.2023. *DJE* 4.5.2023.

BRASIL. Superior Tribunal de Justiça. Primeira Turma. Agravo Interno no Recurso em Mandado de Segurança nº 67.473/BA. Rel. Min. Benedito Gonçalves. Julg. em 13.6.2022. *DJE* 15.6.2022.

BRASIL. Superior Tribunal de Justiça. Primeira Turma. Embargos de Divergência em Agravo nº 1.138.822/RS. Rel. Min. Herman Benjamin. Primeira Turma. Julg. em 13.12.2010. *DJe* 1.3.2011.

BRASIL. Superior Tribunal de Justiça. Primeira Turma. Recurso Especial nº 1.057.754/SP. Rel. Min. Luiz Fux. Julg. em 23.10.2010. *DJE* 14.4.2010.

BRASIL. Superior Tribunal de Justiça. Primeira Turma. Recurso Especial nº 1.315.217/DF. Rel. Min. Napoleão Nunes Maia Filho. Julg. em 21.11.2017. *DJe* 30.11.2017.

BRASIL. Superior Tribunal de Justiça. Primeira Turma. Recurso Especial nº 1.480.350/RS. Rel. Min. Benedito Gonçalves. Julg. em 5.4.2016. *DJE* 12.4.2016.

BRASIL. Superior Tribunal de Justiça. Primeira Turma. Recurso Especial nº 1.857.098/MS. Rel. Min. Og Fernandes. Julg. em 11.5.2022. *DJE* 24.5.2022.

BRASIL. Superior Tribunal de Justiça. Quinta Turma. Recurso Ordinário em Mandado de Segurança nº 25.652. Rel.: Min. Napoleão Nunes Maia Filho. Julgamento em: 16.9.2008. *DJe* 13.10.2008.

BRASIL. Superior Tribunal de Justiça. Recurso Especial nº 1.410.521/PE (2013/0345297-1). Rel. Min. Gurgel de Faria. Julg. em 27.3.2017. *DJE* 3.4.2017.

BRASIL. Superior Tribunal de Justiça. Recurso Especial nº 1.899.407/DF. Rel. Min. Assusete Magalhães. Julg. em 20.9.2021. *DJe* 13.10.2021.

BRASIL. Superior Tribunal de Justiça. Recurso em Mandado de Segurança nº 25.652/PB. Rel. Min. Napoleão Nunes Maia Filho. Julg. em 16.9.2008. *DJE* 13.10.2008.

BRASIL. Superior Tribunal de Justiça. Segunda Turma. AgInt no REsp nº 1.959.037/MG. Rel. Min. Francisco Falcão. Julg. em 22.4.2022. *DJE* 28.4.2022.

BRASIL. Superior Tribunal de Justiça. Segunda Turma. Agravo Interno no Recurso em Mandado de Segurança nº 67.363/PI. Rel. Min. Assusete Magalhães. Julg. em 24.4.2023. *DJE* 2.5.2023.

BRASIL. Superior Tribunal de Justiça. Segunda Turma. Agravo em Recurso Especial nº 1.806.617/DF. Rel. Min. OG Fernandes. Julg. em 1º.6.2021. *DJE* 11.6.2021.

BRASIL. Superior Tribunal de Justiça. Segunda Turma. Recurso Especial nº 1.408.622/SP. Rel. Min. Og Fernandes. Julg. em 20.2.2018. *DJe* 26.2.2018.

BRASIL. Superior Tribunal de Justiça. Segunda Turma. Recurso Especial nº 1.656.383/SC. Rel. Min. Herman Benjamin. Julg. em 9.5.2017. *DJE* 17.5.2017.

BRASIL. Superior Tribunal de Justiça. Segunda Turma. Recurso Especial nº 1.980.604/PE. Rel. Min. Herman Benjamin. Julg. em 21.6.2022. *DJE* 30.6.2022.

BRASIL. Superior Tribunal de Justiça. Segunda Turma. Recurso Ordinário em Mandado de Segurança nº 58.373/RS. Rel. Min. Herman Benjamin. Julg. em 16.10.2018. *DJE* 12.12.2018.

BRASIL. Superior Tribunal de Justiça. Súmula nº 628. Primeira Seção. Julg. 12.12.2018, *DJe* 17.12.2018.

BRASIL. Superior Tribunal de Justiça. Tribunal Pleno. Recurso Especial nº 1.390.993/RJ. Rel. Min. Mauro Campbell Marques. Julg. em 10.9.2013. *DJe* 17.9.2013.

BRASIL. Superior Tribunal de Justiça. Tribunal Pleno. Recurso Especial nº 1.879.563/SP. Rel. Min. Mauro Campbell Marques. Julg. em 24.11.2020. *DJe* 11.12.2020.

BRASIL. Supremo Tribunal Federal. Ação Direta de Inconstitucionalidade nº 374/DF. Rel. Min. Dias Toffoli. Julg. em 22.3.12. *DJE* 20.8.2014.

BRASIL. Supremo Tribunal Federal. Ação Direta de Inconstitucionalidade nº 916/MT. Rel. Min. Joaquim Barbosa. Julg. em 2.2.2009. *DJe-043* 6.3.2009.

BRASIL. Supremo Tribunal Federal. Ação Direta de Inconstitucionalidade nº 687/PA. Rel. Min. Celso de Mello. Julg. em 2.2.1995. *DJE* 10.2.2006.

BRASIL. Supremo Tribunal Federal. Ação Direta de Inconstitucionalidade nº 1.193/DF. Rel. Min. Maurício Corrêa. Julg. em 9.2.2020. *DJE* 17.3.2000.

BRASIL. Supremo Tribunal Federal. Ação Direta de Inconstitucionalidade nº 1.779/PE. Rel. Min. Ilmar Galvão. Julg. em 23.4.1998. *DJ* 22.5.1998.

BRASIL. Supremo Tribunal Federal. Ação Direta de Inconstitucionalidade nº 4.541/BA. Rel. Min. Cármen Lúcia. Julg. em 19.4.2021. *DJE* 4.5.2021.

BRASIL. Supremo Tribunal Federal. Ação Direta de Inconstitucionalidade nº 4.643/RJ. Rel. Min. Luiz Fux. Julg. em 15.5.2019. *DJE* 3.6.2019.

BRASIL. Supremo Tribunal Federal. Ação Direta de Inconstitucionalidade nº 5.791/DF. Rel. Min. Ricardo Lewandowski. Julg. em 5.9.2022. *DJE* 12.9.2022.

BRASIL. Supremo Tribunal Federal. Ação Direta de Inconstitucionalidade nº 6.939/DF. Rel. Min. Roberto Barroso. Julg. em 22.8.2022. *DJE* 5.9.2022.

BRASIL. Supremo Tribunal Federal. Ação Direta de Inconstitucionalidade nº 6.962/SC. Rel. Min. Roberto Barroso. Julg. em 22.8.2022. *DJE* 5.9.2022.

BRASIL. Supremo Tribunal Federal. Ação Direta de Inconstitucionalidade nº 7.236/DF. Decisão Monocrática. Rel. Min. Alexandre de Moraes. Julg. em 27.12.2022. *DJE* 10.1.2023.

BRASIL. Supremo Tribunal Federal. ADFP nº 982. Decisão monocrática. Relator: Min. Roberto Barroso. Disponível em: https://portal.stf.jus.br/processos/downloadPeca.asp?id=15355844455&ext=.pdf. Acesso em: 23 maio 2023.

BRASIL. Supremo Tribunal Federal. Agravo Interno na Suspensão de Segurança nº 5.335/RN. Decisão monocrática. Rel. Min. Dias Toffoli. Julg. em 30.6.2020. *DJE* 6.7.2020.

BRASIL. Supremo Tribunal Federal. Agravo Regimental na Petição nº 3.240. Rel. Min. Teori Zavascki. Julg. em 10.5.2018. *DJ*, 22.8.2018.

BRASIL. Supremo Tribunal Federal. Agravo Regimental em Suspensão de Segurança nº 5.179/PI. Tribunal Pleno. Rel. Min. Dias Toffoli. Julg. em 10.1.2019. *DJE* 27.11.2019.

BRASIL. Supremo Tribunal Federal. ARE nº 1.001.176 AgR/RO. Rel. Min. Dias Toffoli. *DJe 066* 3.4.2017.

BRASIL. Supremo Tribunal Federal. Arguição de Descumprimento de Preceito Fundamental nº 54 QO/DF. Questão de Ordem na Arguição de Descumprimento de Preceito Fundamental. Rel. Min. Marco Aurélio. Julg. em 27.4.2005. *DJ* 31.8.2007.

BRASIL. Supremo Tribunal Federal. Arguição de Descumprimento de Preceito Fundamental nº 272. Rel. Min. Luiz Fux. Julg. em 25.3.2021. *DJE* 12.4.2021.

BRASIL. Supremo Tribunal Federal. *Informativo nº 1083.2023*. Disponível em: http://portal.stf.jus.br/textos/verTexto.asp?servico=informativoSTF. Acesso em: 27 abr. 2023.

BRASIL. Supremo Tribunal Federal. Mandado de Segurança nº 33.751/DF. Rel. Edson Fachin. Julg. em 15.12.2015. *DJe-058* 31.3.2016.

BRASIL. Supremo Tribunal Federal. Mandado de Segurança nº 33.817 ED/DF. Rel. Min. Carmen Lucia. Julg. em 17.3.2016. *DJe-061* 5.4.2016.

BRASIL. Supremo Tribunal Federal. Plenário. Ação Direta de Inconstitucionalidade nº 4.978. Rel. Min. Marco Aurélio. Julg. em 7.12.2020. *DJE* 10.3.2021.

BRASIL. Supremo Tribunal Federal. Primeira Seção. Mandado de Segurança nº 11.749/DF (2006/0083673-8). Rel. Min. Benedito Gonçalves. Julg. em 11.6.2014. *DJE* 20.6.2014.

BRASIL. Supremo Tribunal Federal. Primeira Turma. Agravo Interno em Mandado de Segurança nº 38.592. Relator: Min. Luiz Fux. Julg. em: 22.2.2023. Publicação em: 27.2.2023.

BRASIL. Supremo Tribunal Federal. Primeira Turma. Agravo Regimental no Habeas Corpus nº 222.450/SP. Rel. Min. Luiz Fux. Julg. em 13.2.2023. *DJE* 17.2.2023.

BRASIL. Supremo Tribunal Federal. Primeira Turma. Agravo Regimental no Recurso Extraordinário nº 1156016/SP. Rel. Min. Luiz Fux. Primeira Turma. Julg. em 6.5.2019. *DJe* 16.5.2019.

BRASIL. Supremo Tribunal Federal. Primeira Turma. ARE nº 793.334 Agr/BA. Rel. Min. Luiz Fux. Julg. em 3.6.2014. *DJe-120* 23.6.2014.

BRASIL. Supremo Tribunal Federal. Primeira Turma. Mandado de Segurança nº 32.201. Relator: Min. Roberto Barroso. Julg. em 21.3.2017. Publicação: 7.8.2017.

BRASIL. Supremo Tribunal Federal. Primeira Turma. Recurso Extraordinário nº 160.811. Rel. Min. Ilmar Galvão. Rel. para Acórdão Min. Sepúlveda Pertence. Julg. em 1º.3.1994. *DJ*, 8.4.1994.

BRASIL. Supremo Tribunal Federal. Primeira Turma. Recurso Extraordinário nº 729.744. Rel. Min. Gilmar Mendes. Julg. em 10.8.2016. *DJE* 23.8.2017.

BRASIL. Supremo Tribunal Federal. Primeira Turma. Recurso Ordinário em *Habeas Data* nº 1/DF. Rel. Min. Rosa Weber. Julg. em 25.4.2017. *DJE* 17.5.2017.

BRASIL. Supremo Tribunal Federal. Questão de Ordem na Petição nº 3.923. Rel. Min. Joaquim Barbosa. Brasília, 13 jun. 2007.

BRASIL. Supremo Tribunal Federal. Reclamação nº 18.165 AgR/RR. Rel. Min. Teori Zavascki. Julg. em 18.10.2016. *DJe-097* 10.5.2017.

BRASIL. Supremo Tribunal Federal. Recurso Extraordinário nº 132.747-2/DF. Rel. Min. Marco Aurélio. Brasília, 17 jun. 1992. *DJ* 7.12.1995.

BRASIL. Supremo Tribunal Federal. Recurso Extraordinário nº 165.304/MG. Rel. Min. Octavio Gallotti. Julg. em 19.10.2000. *DJE* 15.12.2000.

BRASIL. Supremo Tribunal Federal. Recurso Extraordinário nº 609.748 AgR/RJ. Rel. Min. Luiz Fux. *DJe 175* 23.8.2011.

BRASIL. Supremo Tribunal Federal. Referendo na Medida Cautelar na Ação Direta de Inconstitucionalidade nº 4.190/RJ. Min. Celso de Mello. Julg. em 10.3.2010. *DJE* 11.6.2010.

BRASIL. Supremo Tribunal Federal. Referendo em Medida Cautelar em Mandado de Segurança nº 27.483. Rel. Min. Cezar Peluso. Brasília, 14 ago. 2008.

BRASIL. Supremo Tribunal Federal. Tribunal Pleno. Ação Direta de Inconstitucionalidade nº 2.324. Rel. Min. Alexandre de Moraes. Julg. em 22.8.2019. *DJ* 14.9.2020.

BRASIL. Supremo Tribunal Federal. Segunda Turma. Ação Cível nº 3.172 MC-AgR/DF. Rel. Min. Celso de Mello. Julg. em 19.2.2013.

BRASIL. Supremo Tribunal Federal. Segunda Turma. Agravo Regimental em Mandado de Segurança nº 344.432. Tribunal Pleno. Rel. Min. Luiz Fux. Julg. em 7.3.2017. *DJE* 23.3.2017.

BRASIL. Supremo Tribunal Federal. Segunda Turma. Agravo Regimental nos Embargos de Declaração em Mandado de Segurança nº 36.949. Rel. Min. Ricardo Lewandowski. Julg. em 8.3.2021. *DJe* 10.3.2021.

BRASIL. Supremo Tribunal Federal. Segunda Turma. Agravo Regimental no Recurso Extraordinário nº 601.215. Relator: Min. Celso de Mello. Julg. em 6.3.2012. Publicação: 21.2.2013.

BRASIL. Supremo Tribunal Federal. Segunda Turma. ARE nº 1.310.108 AgR/RS – Rio Grande do Sul. Relator: Min. Ricardo Lewandowski. Julg. em 12.5.2021. Publicação: 14.5.2021. Disponível em: https://jurisprudencia.stf.jus.br/pages/search/sjur454204/false. Acesso em: 23 maio 2023.

BRASIL. Supremo Tribunal Federal. Segunda Turma. Habeas Corpus nº 143641/SP. Rel. Min. Ricardo Lewandowski. Julg. em 20.2.2018. *DJE* 9.10.2018.

BRASIL. Supremo Tribunal Federal. Segunda Turma. HC 165.443 AgR/SP – São Paulo. Relator: Min. Gilmar Mendes. Julg. em 22.2.2019. Publicação: 28.2.2019.

BRASIL. Supremo Tribunal Federal. Segunda Turma. Recurso Extraordinário nº 131.661. Rel. Min. Marco Aurélio. Julg. em 26.9.1995. *DJ* 17.11.1995.

BRASIL. Supremo Tribunal Federal. Segunda Turma. RE: 167.137 TO, Relator: Min. Paulo Brossard. Julg. em 18.10.1994. Data de Publicação: *DJ* 25.11.1994. Acesso em: 3 maio 2023.

BRASIL. Supremo Tribunal Federal. Súmula nº 346: A Administração Pública pode declarar a nulidade dos seus próprios atos. Data de publicação: Sessão Plenária de 13.12.1963.

BRASIL. Supremo Tribunal Federal. Súmula nº 473: A administração pode anular seus próprios atos, quando eivados de vícios que os tornam ilegais, porque deles não se originam direitos; ou revogá-los, por motivo de conveniência ou oportunidade, respeitados os direitos adquiridos, e ressalvada, em todos os casos, a apreciação judicial. Data de publicação: Sessão Plenária de 10.12.1969.

BRASIL. Supremo Tribunal Federal. Súmula nº 643. *DJe* 13.4.2011.

BRASIL. Supremo Tribunal Federal. Súmula Vinculante nº 3. Sessão Plenária de 30.5.2007. *DOU* 6.6.2007.

BRASIL. Supremo Tribunal Federal. Súmula Vinculante nº 19. *DJe* 10.11.2009.

BRASIL. Supremo Tribunal Federal. Súmula Vinculante nº 41. *DJe* 30.3.2015.

BRASIL. Supremo Tribunal Federal. Tema 476 da Repercussão Geral – *Leading Case*: RE 608.482. Disponível em: www.stf.jus.br. Acesso em: 28 abr. 2023.

BRASIL. Supremo Tribunal Federal. Tema de Repercussão Geral nº 666 – *Leading Case*: Recurso Extraordinário nº 669.069. É prescritível a ação de reparação à Fazenda Pública decorrente de ilícito civil. Disponível em: www.stf.jus.br. Acesso em: 29 maio 2023.

BRASIL. Supremo Tribunal Federal. Tema de Repercussão Geral nº 897 – *Leading Case*: Recurso Extraordinário nº 852.475. São imprescritíveis as ações de ressarcimento ao erário fundadas na prática de ato doloso de improbidade administrativa. Disponível em: www.stf.jus.br. Acesso em: 29 maio 2023.

BRASIL. Supremo Tribunal Federal. Tema de Repercussão Geral nº 899 – *Leading case*: Recurso Extraordinário nº 636.886. Prescritibilidade da pretensão de ressarcimento ao erário fundada em decisão de Tribunal de Contas. Disponível em: www.stf.jus.br. Acesso em: 26 maio 2023.

BRASIL. Supremo Tribunal Federal. Tribunal Pleno. Arguição de Descumprimento de Preceito Fundamental nº 33/PA. Rel. Min. Gilmar Mendes. Julg. em 7.12.2005. *DJ* 27.10.2006.

BRASIL. Supremo Tribunal Federal. Tribunal Pleno. Arguição de Descumprimento de Preceito Fundamental nº 186/DF. Rel. Min. Gilmar Mendes. Julg. em 14.6.2018. *DJ* 22.5.2019.

BRASIL. Supremo Tribunal Federal. Tribunal Pleno. Arguição de Descumprimento de Preceito Fundamental nº 444/DF. Rel. Min. Ricardo Lewandowski. Julg. em 26.4.2012. *DJ* 3.5.2012.

BRASIL. Supremo Tribunal Federal. Tribunal Pleno. Arguição de Descumprimento de Preceito Fundamental nº 500/GO. Rel. Min. Roberto Barroso. Julg. 27.4.2022. *DJ* 3.5.2022.

BRASIL. Supremo Tribunal Federal. Tribunal Pleno. Arguição de Descumprimento de Preceito Fundamental nº 708/DF. Rel. Min. Roberto Barroso. Julg. em 4.7.2022. *DJ* 28.9.2022.

BRASIL. Supremo Tribunal Federal. Tribunal Pleno. Arguição de Descumprimento de Preceito Fundamental nº 832/SC. Rel. Min. Roberto Barroso. Julg. em 25.4.2023. *DJE* 5.5.2023.

BRASIL. Supremo Tribunal Federal. Tribunal Pleno. Ação Direta de Inconstitucionalidade nº 825/AP. Rel. Min. Alexandre de Moraes. Julg. em 25.10.2018. *DJE* 27.6.2019.

BRASIL. Supremo Tribunal Federal. Tribunal Pleno. Ação Direta de Inconstitucionalidade nº 1.140/RR. Rel. Min. Sydney Sanches. Julg. em 3.2.2003. *DJ* 26.9.2003.

BRASIL. Supremo Tribunal Federal. Tribunal Pleno. Ação Direta de Inconstitucionalidade nº 1.934/DF. Rel. Min. Roberto Barroso. Julg. em 7.2.2019. *DJE* 26.2.2019.

BRASIL. Supremo Tribunal Federal. Tribunal Pleno. Ação Direta de Inconstitucionalidade nº 2.154/DF. Rel. Min. Cármen Lúcia. Julg. em 3.4.2023. *DJ* 4.4.2023.

BRASIL. Supremo Tribunal Federal. Tribunal Pleno. Ação Direta de Inconstitucionalidade nº 2.220. Relatora Ministra Cármen Lúcia. Julg. em 16.11.2011. Publicação: 7.12.2011.

BRASIL. Supremo Tribunal Federal. Tribunal Pleno. Ação Direta de Inconstitucionalidade nº 2.258/DF. Tribunal Pleno. Rel. Min. Cármen Lúcia. Julg. em 3.4.2023. *DJ* 4.4.2023.

BRASIL. Supremo Tribunal Federal. Tribunal Pleno. Ação Direta de Inconstitucionalidade nº 3.160/CE. Rel. Min. Celso de Melo. Julg. em 25.10.2007. *DJe-053* 20.3.2009.

BRASIL. Supremo Tribunal Federal. Tribunal Pleno. Ação Direta de Inconstitucionalidade nº 3.619 ED/SP. Rel. Min. Luiz Fux. Julg. em 19.8.2015. *DJe-183* 16.9.2015.

BRASIL. Supremo Tribunal Federal. Tribunal Pleno. Ação Direta de Inconstitucionalidade nº 3.619. Relator: Min. Eros Grau. Julg. em 1º.8.2006. Publicação: 20.4.2007.

BRASIL. Supremo Tribunal Federal. Tribunal Pleno. Ação Direta de Inconstitucionalidade nº 3.715/TO. Rel. Min. Gilmar Mendes. Julg. em 21.8.2014. *DJe-213* 30.10.2014.

BRASIL. Supremo Tribunal Federal. Tribunal Pleno. Ação Direta de Inconstitucionalidade nº 4.296. Julg. 9.6.2021, *DJe* 11.10.2021.

BRASIL. Supremo Tribunal Federal. Tribunal Pleno. Ação Direta de Inconstitucionalidade nº 4.418/TO. Rel. Min. Dias Toffoli. Julg. em 15.12.2016. *DJe-040* 2.3.2017.

BRASIL. Supremo Tribunal Federal. Tribunal Pleno. Ação Direta de Inconstitucionalidade nº 5.117/CE. Rel. Min. Celso de Melo. Julg. em 13.12.2009. *DJE* 12.2.2020.

BRASIL. Supremo Tribunal Federal. Tribunal Pleno. Ação Direta de Inconstitucionalidade nº 5.384. Relator: Min. Alexandre de Moraes. Julg. em 30.5.2022. Publicação: 10.8.2022.

BRASIL. Supremo Tribunal Federal. Tribunal Pleno. Ação Direta de Inconstitucionalidade nº 5.509. Relator: Min. Edson Fachin. Julg. em 11.11.2021. Publicação: 23.2.2022.

BRASIL. Supremo Tribunal Federal. Tribunal Pleno. Ação Direta de Inconstitucionalidade nº 5.530/MS. Rel. Min. Roberto Barroso. Julg. em 22.5.2023. *DJE* 6.6.2023.

BRASIL. Supremo Tribunal Federal. Tribunal Pleno. Ação Direta de Inconstitucionalidade nº 5.647/AP. Rel. Min. Rosa Weber. Julg. em 4.11.2021. *DJ* 17.11.2021.

BRASIL. Supremo Tribunal Federal. Tribunal Pleno. Ação Direta de Inconstitucionalidade nº 5.874/DF. Redator do acórdão Min. Alexandre de Moraes. Julg. em 9.5.2019. *DJE* 5.11.2020.

BRASIL. Supremo Tribunal Federal. Tribunal Pleno. Ação Direta de Inconstitucionalidade nº 7.042/DF. Rel. Min. Alexandre de Moraes. Julg. em 31.8.2022. *DJE* 27.2.2023.

BRASIL. Supremo Tribunal Federal. Tribunal Pleno. Arguições de Descumprimento de Preceito Fundamental nºˢ 964, 965, 966 e 967. Rel. Min. Rosa Weber. Julg. em 10.5.2023. *DJE* 19.5.2023.

BRASIL. Supremo Tribunal Federal. Tribunal Pleno. Arguição de Descumprimento de Preceito Fundamental nº 986. Rel. Min. Rosa Weber. Julg. em 18.4.2023. *DJe* 25.4.2023.

BRASIL. Supremo Tribunal Federal. Tribunal Pleno. ADI 6846/PI – Piauí. Relator Min. Roberto Barroso. Julg. em 22.2.2023. Publicação em 2.3.2023. Disponível em: https://jurisprudencia.stf.jus.br/pages/search/sjur475388/false. Acesso em: 15 maio 2023.

BRASIL. Supremo Tribunal Federal. Tribunal Pleno. Agravo Interno no Mandado de Segurança nº 35.216. Relator: Min. Luiz Fux. Julgamento: 17.11.2017. Publicação: 27.11.2017.

BRASIL. Supremo Tribunal Federal. Tribunal Pleno. Agravo Interno na Suspensão de Segurança nº 5.505/MT. Rel. Min. Luiz Fux. Julg. em 8.2.2022. *DJE* 24.2.2022.

BRASIL. Supremo Tribunal Federal. Tribunal Pleno. Agravo Regimental na Ação Direta de Inconstitucionalidade nº 6.117/DF. Rel. Carmen Lúcia. Julg. em 13.10.2020. *DJ* 27.10.2020.

BRASIL. Supremo Tribunal Federal. Tribunal Pleno. Agravo Regimental na Ação Originária n. 1531. Rel. Min. Cármen Lúcia. Julg. em 3.6.2009. *DJ* 1º.7.2009.

BRASIL. Supremo Tribunal Federal. Tribunal Pleno. Agravo Regimental em Ação Rescisória n. 1.354. Rel. Min. Celso de Mello. Julg. em 21.10.1994. *DJ* 6.6.1997.

BRASIL. Supremo Tribunal Federal. Tribunal Pleno. Agravo Regimental em Mandado de Segurança nº 26.849/DF. Rel. Min. Luiz Fux. Julg. em 10.4.2014. *DJE* 21.5.2014.

BRASIL. Supremo Tribunal Federal. Tribunal Pleno. Agravo Regimental no Mandado de Segurança nº 37.083/DF. Rel. Min. Nunes Marques. Julg. em 16.8.2022. *DJE* 26.8.2022.

BRASIL. Supremo Tribunal Federal. Tribunal Pleno. Agravo Regimental na Petição nº 3240/DF. Rel. Min. Roberto Barroso. Julg. em 10.5.2018. *DJe* 21.8.2018.

BRASIL. Supremo Tribunal Federal. Tribunal Pleno. Arguição de Descumprimento de Preceito Fundamental nº 378 MC/DF. Rel. Min. Edson Fachin. Rel. p/ Acórdão Min. Roberto Barroso. Julg. em 17.12.2015. *DJe-043* 8.3.2016.

BRASIL. Supremo Tribunal Federal. Tribunal Pleno. Embargos de Declaração na Petição nº 3.388. Julg. em 23.10.2013, *DJe* 4.2.2014.

BRASIL. Supremo Tribunal Federal. Tribunal Pleno. Mandado de Injunção nº 361/RJ. Redator do acórdão Min. Sepúlveda Pertence. Julg. em 8.4.1994. *DJ* 17.6.1994.

BRASIL. Supremo Tribunal Federal. Tribunal Pleno. Mandado de Injunção nº 670/ES. Tribunal Pleno. Redator do acórdão Min. Gilmar Mendes. Julg. em 25.10.2007. *DJ* 31.10.2008.

BRASIL. Supremo Tribunal Federal. Tribunal Pleno. Mandado de Injunção nº 708/DF. Rel. Min. Gilmar Mendes. Julg. em 25.10.2007. *DJ* 31.10.2008.

BRASIL. Supremo Tribunal Federal. Tribunal Pleno. Mandado de Injunção nº 712/PA. Tribunal Pleno. Rel. Min. Eros Grau. Julg. em 25.10.2007. *DJ* 31.10.2008.

BRASIL. Supremo Tribunal Federal. Tribunal Pleno. Mandado de Segurança nº 21.623. Relator: Min. Carlos Velloso. Julga. em 17.12.1992. Publicação: 28.5.1993.

BRASIL. Supremo Tribunal Federal. Tribunal Pleno. Mandado de Segurança nº 24.510/DF. Rel. Min. Ellen Gracie. Julg. em 19.11.2003. DJe 19.3.2004.

BRASIL. Supremo Tribunal Federal. Tribunal Pleno. Mandado de Segurança nº 25.668/DF. Rel. Min. Celso de Mello. Julg. em 23.3.2006. DJE 4.8.2006.

BRASIL. Supremo Tribunal Federal. Tribunal Pleno. Mandado de Segurança nº 26.210-9/DF. Rel. Min. Ricardo Lewandowski. Julg. em 4.9.2008. DJe-192 10.10.2008.

BRASIL. Supremo Tribunal Federal. Tribunal Pleno. Mandado de Segurança nº 26.441. Rel. Min. Celso de Mello. Julg. em 25.4.2007. Publicação: 18.12.2009.

BRASIL. Supremo Tribunal Federal. Tribunal Pleno. Mandado de Segurança nº 32.033/DF. Rel. Min. Gilmar Mendes. Rel. p/ Acórdão Min. Teori Zavascki. Julg. em 20.6.2013. DJe-033 18.2.2014.

BRASIL. Supremo Tribunal Federal. Tribunal Pleno. Mandado de Segurança nº 34.635 AgR /DF. Rel. Min. Celso de Mello. Julg. em 10.10.2020. DJE 15.10.2020.

BRASIL. Supremo Tribunal Federal. Tribunal Pleno. MS-AgR nº 27.772. Rel. Min. Cármen Lúcia. Julg. em 15.4.2009. DJe-099.

BRASIL. Supremo Tribunal Federal. Tribunal Pleno. Questão de Ordem no Mandado de Injunção nº 107/DF. Rel. Min. Moreira Alves. Julg. em 23.11.1989. DJ 21.9.1990.

BRASIL. Supremo Tribunal Federal. Tribunal Pleno. RE 632.853/CE – Ceará. Recurso Extraordinário. Relator: Min. Gilmar Mendes. Julg. em 23.4.2015. Publicação: 29.6.2015.

BRASIL. Supremo Tribunal Federal. Tribunal Pleno. Recurso Extraordinário com Agravo nº 843.989. Rel. Min. Alexandre de Moraes. Julg. em 18.8.2022. DJe 12.12.2022.

BRASIL. Supremo Tribunal Federal. Tribunal Pleno. Recurso Extraordinário nº 136.861/SP. Redator do Acórdão Min. Gilmar Mendes. Julg. em 11.3.2020. DJ 22.1.2021.

BRASIL. Supremo Tribunal Federal. Tribunal Pleno. Recurso Extraordinário nº 576.920/RS. Rel. Min. Edson Fachin. Julg. em 20.4.2020. DJE 9.11.2020.

BRASIL. Supremo Tribunal Federal. Tribunal Pleno. Recurso Extraordinário nº 580.252/MS. Redator do Acórdão Min. Gilmar Mendes. Julg. em 16.2.2017. DJ 11.9.2017.

BRASIL. Supremo Tribunal Federal. Tribunal Pleno. Recurso Extraordinário nº 591.874/MS. Rel. Min. Ricardo Lewandowski. Julg. em 26.8.2009. DJ 18.12.2009.

BRASIL. Supremo Tribunal Federal. Tribunal Pleno. Recurso Extraordinário nº 608.482. Relator: Min. Teori Zavascki. Julg. em 7.8.2014. Publicação em: 30.10.2014.

BRASIL. Supremo Tribunal Federal. Tribunal Pleno. Recurso Extraordinário nº 608.880/MT. Redator do Acórdão Min. Alexandre de Moraes. Julg. em 8.9.2020. DJ 1º.10.2020.

BRASIL. Supremo Tribunal Federal. Tribunal Pleno. Recurso Extraordinário nº 636.553. Relator: Min. Gilmar Mendes. Julg. em 19.2.2020. Publicação: 26.5.2020.

BRASIL. Supremo Tribunal Federal. Tribunal Pleno. Recurso Extraordinário nº 662.405/ AL. Rel. Min. Luiz Fux. Julg. em 29.6.2020. *DJ* 13.8.2020.

BRASIL. Supremo Tribunal Federal. Tribunal Pleno. Recurso Extraordinário nº 673.707/ MG. Rel. Min. Luiz Fux. Julg. em 6.9.2017. *DJE* de 19.9.2012.

BRASIL. Supremo Tribunal Federal. Tribunal Pleno. Recurso Extraordinário nº 817.338. Relator: Min. Dias Toffoli. Julg. em 16.10.2019. Publicação em: 31.7.2020.

BRASIL. Supremo Tribunal Federal. Tribunal Pleno. Recurso Extraordinário nº 841.526/ RS. Rel. Min. Luiz Fux. Julg. em 30.3.2016. *DJ* 1º.8.2016.

BRASIL. Supremo Tribunal Federal. Tribunal Pleno. Recurso Extraordinário nº 842.846/ RS. Rel. Min. Luiz Fux. Julg. em 27.2.2019. *DJ* 13.8.2019.

BRASIL. Supremo Tribunal Federal. Tribunal Pleno. Recurso Extraordinário nº 848.826. Tribunal Pleno. Redator do acórdão: Min. Ricardo Lewandowski. Julg. em 10.8.2016. *DJE* 24.8.2017.

BRASIL. Supremo Tribunal Federal. Tribunal Pleno. Recurso Extraordinário nº 852.475. Relator: Min. Alexandre de Moraes. Redator do acórdão: Min. Edson Fachin. Julg. em 8.8.2018. Publicação: 25.3.2019.

BRASIL. Supremo Tribunal Federal. Tribunal Pleno. Recurso Extraordinário nº 1.003.433/ RJ. Rel. Min. Marco Aurélio. Julg. em 15.9.2021. *DJe* 13.10.2021.

BRASIL. Supremo Tribunal Federal. Tribunal Pleno. Recurso Extraordinário nº 1.027.633/ SP. Rel. Min. Marco Aurélio. Julg. em 14.8.2019. *DJ* 6.12.2019.

BRASIL. Supremo Tribunal Federal. Tribunal Pleno. Recurso Extraordinário nº 1.101.937/ SP. Rel. Min. Alexandre de Moraes. Julg. em 8.4.2021. *DJ* 14.6.2021.

BRASIL. Supremo Tribunal Federal. Tribunal Pleno. Recurso Extraordinário nº 1.209.429/ SP. Rel. Min. Luiz Fux. Julg. em 10.6.2021. *DJ* 20.10.2021.

BRASIL. Supremo Tribunal Federal. Tribunal Pleno. Recurso Extraordinário nº 1.297.884/ DF. Rel. Min. Dias Toffoli. Julg. em 14.6.2021. *DJE* 4.8.2021.

BRASIL. Tribunal de Contas da União. *Acórdão nº 2.853*. Processo nº 003.857.2011-5. Rel. Min. Marcos Bemquerer.

BRASIL. Tribunal de Contas da União. *Instrução Normativa nº 71.2012*. Dispõe sobre a instauração, a organização e o encaminhamento ao Tribunal de Contas da União dos processos de tomada de contas especial. Disponível em: https://portal.tcu.gov.br/contas-e-fiscalizacao/controle-e-fiscalizacao/tomada-de-contas-especial/legislacao-e-normativos-infralegais/instrucoes-e-decisoes-normativas.htm. Acesso em: 12 jun. 2023.

BRASIL. Tribunal de Contas da União. *Lista de alto risco da administração pública federal*. Brasília: TCU, 2022.

BRASIL. Tribunal de Contas da União. Plenário. Acórdão nº 113/2023. Rel. Min. Augusto Nardes. Julg. em 1º.2.2023.

BRASIL. Tribunal de Contas da União. Plenário. Acórdão nº 838/2023. Rel. Min. Aroldo Cedraz. Julg. em 3.5.2023.

BRASIL. Tribunal de Contas da União. Plenário. Acórdão nº 893/2019. Relator: André de Carvalho. Sessão de 16.4.2019.

BRASIL. Tribunal de Contas da União. Plenário. Acórdão nº 918/2023. Relator: Augusto Nardes. Sessão de 10.5.2023.

BRASIL. Tribunal de Contas da União. Plenário. Acórdão nº 1.079/2019. Relator Ministro Vital do Rêgo. Data da sessão: 15.5.2019.

BRASIL. Tribunal de Contas da União. Plenário. Acórdão nº 1.139/2022. Relator Aroldo Cedraz. Data da sessão: 25.5.2022. Ata nº 19.2022.

BRASIL. Tribunal de Contas da União. Plenário. Acórdão nº 1.756/2021. Rel. Min. André de Carvalho. Sessão de 21.7.2021.

BRASIL. Tribunal de Contas da União. Plenário. Acórdão nº 1.770/2013. Rel. Min. Benjamin Zymler. Sessão de 10.7.2013.

BRASIL. Tribunal de Contas da União. Plenário. Acórdão nº 1.830/2022. Rel. Min. Benjamin Zymler. Sessão de 10.8.2022.

BRASIL. Tribunal de Contas da União. Plenário. Acórdão nº 2.098/2019. Relator: Bruno Dantas. Sessão de 4.9.2019.

BRASIL. Tribunal de Contas da União. Plenário. Acórdão nº 2.361/2018. Relator: Augusto Sherman. Sessão de 10.10.2018.

BRASIL. Tribunal de Contas da União. Plenário. Acórdão nº 2.463/2021. Relator: Bruno Dantas. Sessão de 13.10.2021.

BRASIL. Tribunal de Contas da União. Primeira Câmara. Acórdão nº 1.288/2023. Relator: Min. Augusto Sherman. Sessão de 28.2.2023.

BRASIL. Tribunal de Contas da União. Primeira Câmara. Acórdão nº 3.516/2023. Relator: Benjamin Zymler. Sessão de 9.5.2023.

BRASIL. Tribunal de Contas da União. Primeira Câmara. Acórdão nº 4.144/2023. Relator: Min. Weder de Oliveira. Sessão de 30.5.2023.

BRASIL. Tribunal de Contas da União. Relatório de Auditoria. Processo nº 007.210.2022-1. Acórdão nº 600/2023 – Plenário. Rel. Min. Antonio Anastasia. Sessão: 29.3.2023.

BRASIL. Tribunal de Contas da União. *Resolução nº 344*, de 11 de outubro de 2022. Regulamenta, no âmbito do Tribunal de Contas da União, a prescrição para o exercício das pretensões punitiva e de ressarcimento. Disponível em: https://portal.tcu.gov.br/data/files/EE/66/BC/12/F02F3810B4FE0FF7E18818A8/Resolucao-TCU-344-2022_prescricao_punitiva_e_ressarcimento.pdf. Acesso em: 29 maio 2023.

BRASIL. Tribunal de Contas da União. Segunda Câmara. Acórdão nº 3.148/2023. Rel. Min. Augusto Nardes. Julg. em 25.4.2023.

BRASIL. Tribunal de Contas da União. Segunda Câmara. Acórdão nº 3.462/2023. Rel. Min. Marcos Bemquerer. Julg. em 16.5.2023.

BRASIL. Tribunal de Contas da União. Segunda Câmara. Acórdão nº 3.482/2023. Relator: Min. Antônio Anastasia. Sessão de 16.5.2023.

BRASIL. Tribunal de Contas da União. Segunda Câmara. Acórdão nº 3.958/2023. Relator: Min. Augusto Nardes. Sessão de 6.6.2023.

BRASIL. Tribunal de Contas da União. Segunda Câmara. Acórdão nº 3.986/2023. Relator: Min. Vital do Rêgo. Sessão de 6.6.2023.

BRASIL. Tribunal de Contas da União. Segunda Câmara. Acórdão nº 3.989/2023. Relator: Min. Vital do Rêgo. Sessão de 6.6.2023.

BRASIL. Tribunal de Contas da União. Segunda Câmara. Acórdão nº 5.498/2014. Processo nº 000.218.2011-1. Rel. Min. Raimundo Carreiro. Ata nº 38/2014, de 21.10.2014.

BRASIL. Tribunal de Contas da União. Segunda Câmara. Acórdão nº 6.259/2011. Rel.: Ministro substituto André de Carvalho. Data da sessão: 16.8.2011.

BRASIL. Tribunal Regional Federal da Primeira Região. Primeira Turma. Ação Cível nº 0026190-34.2011.4.01.3400/DF. Rel. Des. Fed. Gilda Sigmaringa Seixas. *DJF-1* 17.05.2017.

BRASIL. Tribunal Regional Federal da Primeira Região. Sexta Turma. Ação Cível nº 0000413-66.2015.4.01.3801/MG. Rel. Des. Fed. Jirair Aram Maguerian. *DJF-1* 24.10.2016.

BRASIL. Tribunal Regional Federal da Primeira Região. Sexta Turma. Ação Cível nº 2006.41.01.002420-0/RO. Rel. Des. Federal José Amilcar Machado. *DJF-1* 22.10.2012.

BRASIL. Tribunal Regional Federal da Quinta Região. Primeira Turma. Apelação em Mandado de Segurança nº 9405096370, Apelação em Mandado de Segurança nº 41.736. Rel. Des. Fed. Francisco Falcão. Julg. em 10.5.1994. *DJU* 12.8.1994.

BRASIL. Tribunal Regional Federal da Segunda Região. Sétima Turma Especializada. Agravo de Instrumento nº 200902010033130, Agravo de Instrumento nº 174.491. Rel. Des. Fed. Salete Maccaloz. Julg. em 10.6.2009. *DJU* 7.7.2009.

BRASIL. Tribunal Regional Federal. Sétima Turma. Remessa *ex officio* em Mandado de Segurança nº 0047253-52.2010.4.01.3400/DF. Rel. Des. Fed. Luciano Tolentino Amaral. *DJF1* 20.9.2013.

BRASIL. Tribunal Regional Federal da Terceira Região. Sexta Turma. Apelação Cível nº 5020285-73.2019.4.03.6100. Rel. Des. Federal Paulo Sérgio Domingues. Julg. em 26.9.2022. Publicação: 4.10.2022.

BRASIL. Tribunal Superior Eleitoral. Recurso Especial Eleitoral nº 25.092 – Iacanga/SP. Rel. Min. Edson Fachin. Julg. em 12.5.2020. *DJe* 15.5.2020.

BRITTO, Carlos Ayres. O regime constitucional dos tribunais de contas. *Interesse Público – IP*, ano 4, n. 13, jan./mar. 2002. Disponível em: www.forumconhecimento.com.br/periodico/172/133/1893. Acesso em: 25 abr. 2023.

BUENOS AIRES. BA Elige – Ideas que transforman la ciudad. ¿Qué *es BA Elige?* Disponível em: https://baelige.buenosaires.gob.ar/ba_elige. Acesso em: 19 jun. 2023.

CAMMAROSANO, Márcio. O elemento subjetivo dolo para configuração de improbidade administrativa e o reconhecimento de sua ocorrência por Tribunais de Contas. *In*: MOTTA, Fabrício; VIANA, Ismar (coord.). *Improbidade administrativa e tribunais de contas*: as inovações da Lei nº 14.230.2021. Belo Horizonte: Fórum, 2022.

CARVALHO FILHO, José dos Santos. *Manual de direito administrativo*. 12. ed. Rio de Janeiro: Lumen Juris, 2005.

CARVALHO FILHO, José dos Santos. *Manual de direito administrativo*. 19. ed. rev., atual. e ampl. Rio de Janeiro: Lumen Juris, 2008.

CARVALHO FILHO, José dos Santos. *Manual de direito administrativo*. 27. ed. rev. ampl. e atual. São Paulo: Atlas, 2014.

CARVALHO FILHO, José dos Santos. *Manual de direito administrativo*. 37. ed. Barueri (SP): Atlas, 2023.

CARVALHO, Raquel Melo Urbano de. LINDB – artigo 22: O início de uma nova teoria das nulidades para os atos administrativos viciados? *Direito administrativo para todos*, 2019. Disponível em: http://raquelcarvalho.com.br/2019/10/08/lindb-artigo-22-o-inicio-de-uma-nova-teoria-das-nulidades-para-os-atos-administrativos-viciados/. Acesso em: 23 maio 2023.

CASTRO, Rodrigo Pironti Aguirre de. A Lei de Responsabilidade Fiscal como fator determinante para a consolidação do sistema de controle interno: definição do entendimento da separação de poderes e o princípio da eficiência no "modelo gerencial" de estado. *In*: CASTRO, Rodrigo Pironti Aguirre de (coord.). *Lei de Responsabilidade Fiscal*: ensaios em comemoração aos 10 anos da Lei Complementar n. 101.2000. Belo Horizonte: Fórum, 2010.

CASTRO, Rodrigo Pironti Aguirre de. Sistema de controle interno: perspectiva gerencial e o princípio da eficiência. *A&C – Revista de Direito Administrativo & Constitucional*, Belo Horizonte, ano 7, n. 30, p. 63-72, out./dez. 2007.

CAVALCANTI, Themístocles Brandão. *Teoria dos atos administrativos*. São Paulo: Revista dos Tribunais, 1973.

COELHO, Mario Drumond. *Federalismo*. Introdução ao estudo dos seus princípios. Belo Horizonte: Del Rey, 2023.

COMMITTEE OF SPONSORING ORGANIZATIONS OF THE TREADWAY COMMISSION – COSO. *Gerenciamento de riscos corporativos* – estrutura integrada. Disponível em: https://auditoria.mpu.mp.br/pgmq/COSOIIERMExecutiveSummaryPortuguese.pdf. Acesso em: 4 maio 2023.

CONTI, José Maurício. *Moralização da administração pública*: chegou a vez dos tribunais de contas. Disponível em: www.conjur.com.br.2017-abr-04/contas-vista-moralizacao-administracao-publica-vez-tribunais-contas. Acesso em: 17 maio 2023.

CONTI, José Maurício. Novo 'arcabouço' e expectativas que não seja 'calabouço' da gestão fiscal responsável. *Jota,* 2023. Disponível em: www.jota.info/opiniao-e-analise/colunas/coluna-fiscal/novo-arcabouco-e-expectativas-que-nao-seja-calabouco-da-gestao-fiscal-responsavel-04052023. Acesso em: 15 jun. 2023.

CONTI, José Maurício. O "Novo Arcabouço Fiscal": o que podemos esperar? *OrbisNews,* 2023. Disponível em: www.orbisnews.com.br/itens-39/o-%E2%80%9Cnovo-arcabou%C3%A7o-fiscal%E2%80%9D%3A-o-que-podemos-esperar%3F-. Acesso em: 15 jun. 2023.

CORDEIRO, Renato Sobrosa. Prescrição administrativa. *Revista de Direito Administrativo,* Rio de Janeiro, n. 207, jan./mar. 1997.

COSTA, Danielle Martins Duarte. Vinte anos de Orçamento Participativo: análise das experiências em municípios brasileiros. *Cadernos Gestão Pública e Cidadania,* São Paulo, v. 15, n. 56, 2010. Disponível em: https://bibliotecadigital.fgv.br/ojs/index.php/cgpc/article/view/3190. Acesso em: 19 jun. 2023.

COUTO E SILVA, Almiro do. O princípio da segurança jurídica (proteção à confiança) no direito público brasileiro e o direito da administração pública de anular seus próprios atos administrativos: o prazo decadencial do art. 54 da Lei do Processo Administrativo da União (Lei nº 9.784/99). *Revista Eletrônica de Direito do Estado,* Salvador, n. 2, abr./jun. 2005.

COUTO E SILVA, Almiro do. Prescrição quinquenária da pretensão anulatória da administração pública com relação a seus atos administrativos. *Revista de Direito Administrativo,* Rio de Janeiro, n. 204, abr./jun. 1996.

CRETELLA JÚNIOR, José. *Do ato administrativo.* São Paulo: José Bushatky, 1972.

CRETELLA JR., José. Prescrição da falta administrativa. *Revista Forense,* São Paulo, n. 275, jul./ago. 1981.

DI PIETRO, Maria Sylvia Zanella. O papel dos tribunais de contas no controle dos contratos administrativos. *Interesse Público – IP,* Belo Horizonte, ano 15, n. 82, p. 1548, nov./dez. 2013.

DI PIETRO, Maria Sylvia Zanella. *Direito administrativo.* 17. ed. rev. e atual. São Paulo: Saraiva, 2004.

DI PIETRO, Maria Sylvia Zanella. *Direito administrativo.* 36. ed. Rio de Janeiro: Forense, 2023.

DROMI, Roberto. *Derecho Administrativo.* Buenos Aires; Madrid: Hispania Libros, 2009.

FERNANDES, Bernardo Gonçalves. *Curso de direito constitucional.* Salvador: Juspodivm, 2018.

FERNANDES, Bernardo Gonçalves. *Curso de direito constitucional.* 13. ed. Salvador: Juspodivm, 2021.

FERNANDES, Jorge Ulisses Jacoby. Contas públicas: novo paradigma. *Revista do Tribunal de Contas do Município do Rio de Janeiro,* ano XXI, n. 26, abr. 2004.

FERNANDES, Jorge Ulisses Jacoby. *Tomada de contas especial:* desenvolvimento do processo na administração pública e nos tribunais de contas. Belo Horizonte: Fórum, 2017.

FERNANDES, Jorge Ulisses Jacoby. *Tribunais de Contas do Brasil*: jurisdição e competência. Belo Horizonte: Fórum, 2003.

FERNANDES, Jorge Ulisses Jacoby. *Tribunais de Contas do Brasil*. Belo Horizonte: Fórum, 2016.

FERRAZ, Luciano; GODOI, Marciano Seabra de; SPAGNOL, Werther Botelho. *Curso de direito financeiro e tributário*. 3. ed. Belo Horizonte: Fórum, 2020. Disponível em: www.forumconhecimento.com.br/livro/1297. Acesso em: 15 jun. 2023.

FERRAZ, Luciano; MOTTA, Fabrício. Controle das contratações públicas. *In:* DI PIETRO, Maria Sylvia Zanella (coord.). *Licitações e contratos administrativos:* inovações da Lei 14.133/21. Rio de Janeiro: Forense, 2021.

FERREIRA, Pinto. *Curso de direito constitucional brasileiro*. 10. ed. São Paulo: Saraiva, 1999.

FIGUEIREDO, Lúcia Valle. *Controle da administração pública*. São Paulo: Revista dos Tribunais, 1991 *apud* CASTRO, Rodrigo Pironti Aguirre de. Sistema de controle interno: perspectiva gerencial e o princípio da eficiência. *A&C – Revista de Direito Administrativo & Constitucional,* Belo Horizonte, ano 7, n. 30, p. 63-72, out./dez. 2007.

FORTINI, Cristiana; BARRAL, Daniel. Art. 141. *In:* FORTINI, Cristiana; OLIVEIRA, Rafael Sérgio Lima de; CAMARÃO, Tatiana (coord.). *Comentários à lei de licitações e contratos administrativos:* lei n. 14.133, de 1º de abril de 2021. Belo Horizonte: Fórum, 2022.

FRANÇA. Assembleia Nacional Constituinte. Déclaration des Droits de l'Homme et du Citoyen de 1789.

FREITAS, Juarez. *O controle dos atos administrativos e os princípios fundamentais*. 3. ed. São Paulo: Malheiros, 2004.

FUNDEB E FUNDO Constitucional do DF não entrarão no Arcabouço, diz Omar. *Senado Notícias,* Brasília, 15 jun. 2023. Disponível em: https://www1.folha.uol.com.br/mercado.2023/06/relator-do-arcabouco-quer-fundeb-fora-do-limite-e-ajuste-para-evitar-corte-de-ate-r-40-bi.shtml. Acesso em: 15 jun. 2023.

FURTADO, J. R. Caldas. *Elementos de direito financeiro*. Belo Horizonte: Fórum, 2009.

FURTADO, José de Ribamar Caldas. Os regimes de contas públicas: contas de governo e contas de gestão. *Interesse Público – IP,* ano 9, n. 42, mar./abr. 2007. Disponível em: www.forumconhecimento.com.br/periodico/172/21318/48035. Acesso em: 2 maio 2023.

FURTADO, Lucas Rocha. *Novas perspectivas para o controle externo*. Disponível em: www.tcu.gov.br file://D:o_Di_logo_P_blico_Florian_polis_Lucas%20(2).pdf. Acesso em: 4 maio 2023.

GABARDO, Emerson. Princípio constitucional da eficiência administrativa. Barueri: Manole, 2002.

GARCIA, Fábio Henrique Falcone. Apontamentos sobre a (ir)racionalidade jurídica e a reforma da Lei de Introdução às Normas do Direito Brasileiro. Lei de Introdução às Normas do Direito Brasileiro – Anotada. Decreto-Lei nº 4.657, de 4 de setembro de 1942. In: CARVALHO, Raquel Melo Urbano de. LINDB – artigo 22: O início de uma nova teoria das nulidades para os atos administrativos viciados? *Direito administrativo para todos*, 2019. Disponível em: http://raquelcarvalho.com.br.2019/10/08/lindb-artigo-22-o-inicio-de-uma-nova-teoria-das-nulidades-para-os-atos-administrativos-viciados/. Acesso em: 23 maio 2023.

GASPARINI, Diogenes. *Direito administrativo*. 13. ed. rev. e atual. São Paulo: Saraiva, 2008.

GASPARINI, Diogenes. *Direito administrativo*. 17. ed. São Paulo: Saraiva, 2012.

GRAU, Eros Roberto. *A ordem econômica na Constituição de 1988*. 14. ed. São Paulo: Malheiros Editores, 2010.

HARADA, Kiyoshi. *Direito financeiro e tributário*. 31. ed. São Paulo: Dialética, 2022.

HOBBES, Thomas. *Leviatã*. São Paulo: Martin Claret, 2006.

INTERNATIONAL ORGANISATION OF SUPREME AUDIT INSTITUTIONS – INTOSAI. *Auditorias em biodiversidade*: orientações para as entidades de fiscalização superiores, nov. 2007. Tradução do Tribunal de Contas da União.

INTERNATIONAL ORGANISATION OF SUPREME AUDIT INSTITUTIONS – INTOSAI. *Declaração de Lima sobre diretrizes para preceitos de auditoria*. Disponível em: https://portal.tcu.gov.br/biblioteca-digital/declaracao-de-lima.htm. Acesso em: 22 maio 2023.

INTERNATIONAL ORGANISATION OF SUPREME AUDIT INSTITUTIONS – INTOSAI. *Declaração do México sobre independência*. Disponível em: https://portal.tcu.gov.br/lumis/portal/file/fileDownload.jsp?fileId=8A8182A2561DF3F5015623294032784D. Acesso em: 22 maio 2023.

JAYME, Fernando G. A competência jurisdicional dos tribunais de contas no Brasil. *Revista do Tribunal de Contas do Estado de Minas Gerais*, Belo Horizonte, n. 4, out./nov./dez. 2002. Disponível em: https://revista2.tce.mg.gov.br.2002/04/-sumario9bdb.html?next=5. Acesso em: 22 maio 2023.

JUND, Sergio. *Administração, orçamento e contabilidade pública*. 3. ed. Rio de Janeiro: Elsevier, 2008.

JUSTEN FILHO, Marçal. *Comentários à lei de licitações e contratações administrativas:* lei 14.133.2021. São Paulo: Thomson Reuters Brasil, 2021.

JUSTEN FILHO, Marçal. *Curso de direito administrativo*. 2. ed. rev. e atual. São Paulo: Saraiva, 2006.

JUSTEN FILHO, Marçal. *Curso de direito administrativo*. 13. ed. rev., atual. e ampl. São Paulo: Thomson Reuters Brasil, 2018.

LEITE, Harrison. *Manual de direito financeiro*. Salvador: Juspodivm, 2021.

LIMA, Luiz Henrique. *Controle externo:* teoria e jurisprudência para os tribunais de contas. Rio de Janeiro: Forense; São Paulo; Método, 2019.

LIMA, Luiz Henrique. *Crimes na Nova Lei de Licitações*. Disponível em: https://irbcontas.org.br/artigos/crimes-na-nova-lei-de-licitacoes/#:~:text=Os%20anteriores%20dez%20tipos%20penais,em%20licita%C3%A7%C3%A3o%3B%20afastamento%20de%20licitante%3B. Acesso em: 22 maio 2023.

LOS ANGELES. *L.A. Repair Participatory Budgeting*. Disponível em: https://repair.lacity.gov/. Acesso em: 19 jun. 2023.

MACIEIRA, Leonardo dos Santos. Auditor constitucional dos tribunais de contas. Natureza e atribuições. *Jus Navigandi*, Teresina, ano 14, n. 2.364, 21 dez. 2009. Disponível em: http://jus2.uol.com.br/doutrina/texto.asp?id=13986. Acesso em: 29 dez. 2009.

MARRARA, Thiago. Cap. XV – Do recurso administrativo e da revisão. *In*: NOHARA, Irene Patrícia; MARRARA, Thiago. *Processo administrativo:* Lei 9.784.1999 comentada. São Paulo: Thomson Reuters Brasil, 2018.

MARQUES NETO, Floriano de Azevedo. Os grandes desafios do controle da administração pública. *Apud* MEDAUAR, Odete. *Controle da administração pública*. Belo Horizonte: Fórum, 2020. p. 171. Disponível em: www.forumconhecimento.com.br/livro/4093/4271/27960. Acesso em: 5 jun. 2023.

MARQUES NETO, Floriano de Azevedo; ZAGO, Marina Fontão. Decadência da autotutela administrativa: a proteção do ato administrativo e de seus efeitos jurídicos. *Revista de Direito Administrativo*, Rio de Janeiro, v. 281, n. 3, p. 117-142, set./dez. 2022.

MATHIAS, Igor Reis Moreira. *Orçamento Participativo*: uma nova abordagem para Belo Horizonte – MG. Dissertação (Mestrado Profissional) – Instituto de Ciências Humanas e Sociais, Universidade Federal Fluminense, Volta Redonda, 2017.

MATTOS, Mauro Roberto Gomes de. *Da prescrição intercorrente no processo administrativo disciplinar*. COAD – ADV: Seleções Jurídicas, mar. 2002.

MEDAUAR, Odete. *Controle da administração pública*. São Paulo: Revista dos Tribunais, 1993.

MEDAUAR, Odete. *Controle da administração pública*. Belo Horizonte: Fórum, 2020. Disponível em: www.forumconhecimento.com.br/livro/4093/4271/27960. Acesso em: 5 jun. 2023.

MEDAUAR, Odete. *Direito administrativo moderno*. 13. ed. rev. e atual. São Paulo: Revista dos Tribunais, 2009.

MEDAUAR, Odete. *Direito administrativo moderno*. 18. ed. rev. e atual. São Paulo: Revista dos Tribunais, 2014.

MEDAUAR, Odete. *Direito administrativo moderno*. Belo Horizonte: Fórum, 2023. Disponível em: www.forumconhecimento.com.br/livro/1553. Acesso em: 18 maio 2023.

MEIRELLES, Hely Lopes. *Direito administrativo brasileiro*. 29. ed. São Paulo: Malheiros, 2004.

MEIRELLES, Hely Lopes. *Direito administrativo brasileiro*. 32. ed. atual. por Eurico de Andrade Azevedo, Délcio Balestero Aleixo e José Emmanuel Burle Filho. São Paulo: Malheiros, 2006.

MEIRELLES, Hely Lopes. *Direito administrativo brasileiro*. São Paulo: Malheiros, 2013.

MEIRELLES, Hely Lopes; WALD, Arnold; MENDES, Gilmar Ferreira. *Mandado de segurança e ações constitucionais*. São Paulo: Malheiros, 2013.

MELLO, Celso Antônio Bandeira de. *Curso de direito administrativo*. 15. ed. rev., atual. e ampl. São Paulo: Malheiros, 2003.

MELLO, Celso Antônio Bandeira de. *Curso de direito administrativo*. 34. ed. rev. e atual. até a Emenda Constitucional 99, de 14.12.2017. São Paulo: Malheiros, 2019.

MELLO, Celso Antônio Bandeira de. Função controlada do Tribunal de Contas. *Revista de Direito Administrativo e Infraestrutura*, São Paulo, v. 7, n. 24, p. 451-458, 2023. Disponível em: www.rdai.com.br/index.php/rdai/article/view/563. Acesso em: 27 abr. 2023.

MENDES, Gilmar Ferreira de; BRANCO, Paulo Gustavo Gonet. *Curso de direito constitucional*. 14. ed. rev. e atual. São Paulo: Saraiva, 2019.

MILESKI, Hélio Saul. A transparência da administração pública pós-moderna e o novo regime de responsabilidade fiscal. *Revista Técnica dos Tribunais de Contas – RTCC*, Belo Horizonte, ano 1, p. 119-120, set. 2010.

MINAS GERAIS. *Lei Complementar nº 120/11*, de 15 de dezembro de 2011. Altera a Lei Complementar nº 102, de 17 de janeiro de 2008, que dispõe sobre a organização do Tribunal de Contas, e dá outras providências. Disponível em: https://leisestaduais.com.br/mg/lei-complementar-n-120-2011-minas-gerais-altera-a-lei-complementar-n-102-de-17-de-janeiro-de-2008-que-dispoe-sobre-a-organizacao-do-tribunal-de-contas-e-da-outras-providencias. Acesso em: 29 jun. 2023.

MINAS GERAIS. *Lei Complementar nº 133*, de 5 de fevereiro de 2014. Altera a Lei Complementar nº 102, de 17 de janeiro de 2008, que dispõe sobre a organização do Tribunal de Contas, e dá outras providências. Disponível em: https://leisestaduais.com.br/mg/lei-complementar-n-133-2014-minas-gerais-altera-a-lei-complementar-n-102-de-17-de-janeiro-de-2008-que-dispoe-sobre-a-organizacao-do-tribunal-de-contas-e-da-outras-providencias. Acesso em: 29 jun. 2023.

MINAS GERAIS. Tribunal de Contas do Estado. Segunda Câmara. Tomada de Contas Especial nº 112.034. Relator: Conselheiro substituto Licurgo Mourão. Data da sessão: 25.4.2023. Publicação em: 19.5.2023.

MINAS GERAIS. Tribunal de Contas do Estado. Tribunal Pleno. Consulta nº 1.088.954. Rel. Cons. Durval Ângelo. Julg. em 29.3.2023. *DOC*. 19.4.2023.

MINAS GERAIS. Tribunal de Justiça do Estado de Minas Gerais. Ação Direta de Inconstitucionalidade nº 1.0000.17.045934-1/000. Relator: Des. Armando Freire, Relator para o acórdão: Des. Edgard Penna Amorim. Órgão Especial. Julg. em 5.12.2018. Publicação em: 13.2.2019.

MORAES, Alexandre de. *Direito constitucional*. 12. ed. São Paulo: Atlas, 2002.

MORAES, Alexandre de. *Direito constitucional*. 20. ed. São Paulo: Atlas, 2006.

MORAES, Alexandre de. *Direito constitucional*. São Paulo: Atlas, 2016.

MORAES, Alexandre de. *Reforma administrativa*: Emenda Constitucional nº 19/98. 4. ed. São Paulo: Atlas, 2001.

MOREIRA NETO, Diogo de Figueiredo. Mutações do direito público. *In:* MILESKI, Hélio Saul. A transparência da administração pública pós-moderna e o nome regime de responsabilidade fiscal. *Revista Técnica dos Tribunais de Contas – RTCC*, Belo Horizonte, ano 1, p. 118, set. 2010.

MOREIRA NETO, Diogo de Figueiredo. O parlamento e a sociedade como destinatários do trabalho dos tribunais de contas. *Revista Eletrônica sobre a Reforma do Estado*, Salvador, n. 4, dez. 2005/jan./fev. 2006. Disponível em: www.direitodoestado.com.br/codrevista.asp?cod=79. Acesso em: 18 maio 2023.

MOREIRA NETO, Diogo de Figueiredo. *Curso de direito administrativo*. 13. ed. Rio de Janeiro: Forense, 2003.

MOREIRA, Egon Bockmann. *Processo administrativo*: princípios constitucionais e a lei 9.784.1999. São Paulo: Malheiros, 2003.

MOTTA, Carlos Pinto Coelho *et al*. *Responsabilidade fiscal*. Belo Horizonte: Del Rey, 2000.

MOTTA, Fabrício. *Alterações na LINDB valem para todos, não só para o controle*. Publicado em 14.6.2018. Disponível em: www.conjur.com.br.2018-jun-14/interesse-publico-alteracoes-lindb-valem-todos-nao-controle. Acesso em: 29 jun. 2023.

MOURÃO, Licurgo. Dez anos de gestão fiscal responsável: experiências para a efetividade do controle governamental como instrumento de responsabilidade fiscal. *In:* CASTRO, Rodrigo Pironti Aguirre de (coord.). *Lei de Responsabilidade Fiscal*: ensaios em comemoração aos 10 anos da Lei Complementar n. 101.2000. Belo Horizonte: Fórum, 2010.

MOURÃO, Licurgo. Prescrição e decadência: emanações do princípio da segurança jurídica nos processos sob a jurisdição dos tribunais de contas. *Revista do Tribunal de Contas do Estado de Minas Gerais*, ano XXVII, v. 71, n. 2, p. 29-62, abr./jun. 2009.

MOURÃO, Licurgo; ELIAS, Gustavo Terra; FERREIRA, Diogo Ribeiro. A imprescindibilidade da assinatura eletrônica, da assinatura mecânica e da certificação digital para a administração pública brasileira. *Revista do Tribunal de Contas do Estado de Minas Gerais*, v. 73, n. 4, p. 29-44, out./dez. 2009.

MOURÃO, Licurgo; FERREIRA, Diogo; CASTRO, Rodrigo Pironti Aguirre de. Capítulo 15 – Controle da administração pública. *In:* MOTTA, Carlos Pinto Coelho (coord.). *Curso prático de direito administrativo*. 3. ed. rev., atual. e ampl. Belo Horizonte: Del Rey, 2011.

MOURÃO, Licurgo; FILHO VIANA, Gélzio Gonçalves. Matriz de risco, seletividade e materialidade: paradigmas qualitativos para a efetividade das entidades de fiscalização superiores. *Revista do Tribunal de Contas do Estado de Minas Gerais*, v. 74, n. 1, jan./mar. 2010.

MOURÃO, Licurgo; SHERMAM, Ariane; RESENDE, Mariana Bueno. Ressarcimento do dano ao erário: a prescrição e a desmistificação do "direito administrativo do medo". *Fórum Administrativo – FA*, ano 22, n. 251, jan. 2022. Disponível em: www.forumconhecimento.com.br/periodico/124/52137/104522. Acesso em: 19 maio 2023.

MOURÃO, Licurgo; SHERMAM, Ariane; SERRA, Rita Chió. *Tribunal de contas democrático*. Belo Horizonte: Fórum, 2018.

NEVES, Daniel Amorim Assumpção. *Ações constitucionais*. Salvador: Juspodivm, 2020.

NEW YORK. New York City Council. *Participatory Budgeting*. Disponível em: https://council.nyc.gov/pb/. Acesso em: 19 jun. 2023.

NIEBUHR, Joel de Menezes. *Licitação pública e contrato administrativo*. 6. ed. Belo Horizonte: Fórum, 2023. p. 89. Disponível em: www.forumconhecimento.com.br/livro/1250. Acesso em: 18 maio 2023.

NOHARA, Irene Patrícia. Cap. I – Das disposições gerais. *In:* NOHARA, Irene Patrícia; MARRARA, Thiago. *Processo administrativo:* Lei n. 9.784.1999 comentada. 2. ed. rev., atual. e ampl. São Paulo: Thomson Reuters Brasil, 2018.

NOHARA, Irene Patrícia. Cap. XIV – Da anulação, revogação e convalidação. *In:* NOHARA, Irene Patrícia; MARRARA, Thiago. *Processo administrativo:* Lei n. 9.784.1999 comentada. 2. ed. rev., atual. e ampl. São Paulo: Thomson Reuters Brasil, 2018.

NOHARA, Irene Patrícia. *Controle da administração pública*. Disponível em: https://direitoadm.com.br/controle-da-administracao-publica/. Acesso em: 17 abr. 2023.

NUNES, António José Avelãs; COUTINHO, Jacinto Nelson de Miranda (coord.). *O direito e o futuro* – o futuro do direito. Coimbra: Almedina, 2008.

NUNES, Felipe. PEC: entenda o que está por trás da proposta que quer destravar programas sociais. *Folha de São Paulo,* 30 jun. 2022. Disponível em: https://www1.folha.uol.com.br/mercado.2022/06/pec-kamikaze-entenda-o-que-esta-por-tras-da-proposta-que-quer-destravar-programas-sociais.shtml. Acesso em: 19 jun. 2023.

NUNES, Selene Peres Peres *et al. Programa nacional de treinamento*: manual básico de treinamento para municípios. 2. ed. Brasília: Ministério do Planejamento, 2002.

OLIVEIRA, Guilherme Arruda de. O instituto da convalidação do ato administrativo e a ausência de lesividade do princípio da legalidade à luz do art. 55 da Lei 9784/99. Disponível em: www.direitonet.com.br/artigos/exibir/2180/O-instituto-da-convalidacao-no-ato-administrativo-e-a-ausencia-de-lesividade-ao-principio-da-legalidade-a-luz-do-artigo-55-da-Lei-9784-99. Acesso em: 18 maio 2023.

OLIVEIRA, Gustavo Henrique Justino de. *O contrato de gestão na administração pública brasileira*. 2005. 522 p. Tese (Doutorado) – Universidade de São Paulo, São Paulo, 2005.

OLIVEIRA, Rafael Carvalho Rezende. *Curso de direito administrativo*. Rio de Janeiro: Método, 2023.

OLIVEIRA, Régis Fernandes de. *Curso de direito financeiro*. São Paulo: Revista dos Tribunais, 2015.

OLIVEIRA, Régis Fernandes de. *Manual de direito financeiro*. São Paulo: Revista dos Tribunais, 2002.

OSÓRIO, Fábio Medina. O novo conceito de sanção administrativa e o regime jurídico da improbidade administrativa. *In:* MOTTA, Fabrício; VIANA, Ismar (coord.). *Improbidade administrativa e tribunais de contas*: as inovações da lei nº 14.230.2021. Belo Horizonte: Fórum, 2022.

PARANÁ. Controladoria-Geral do Estado do Paraná. *Cartilha da LGPD*. Abril, 2020. Disponível em: www.cge.pr.gov.br/Pagina/Cartilhas-da-Lei-Geral-de-Protecao-de-Dados-LGPD. Acesso em: 12 jun. 2023.

PASCOAL, Valdecir. *Direito financeiro e controle externo*. Rio de Janeiro: Forense; São Paulo: Método, 2019.

PEREZ, Marcos Augusto. *Controle da administração pública no Brasil:* um breve resumo do tema. Publicado em 18/7.2018. Disponível em: www.editoraforum.com.br/noticias/controle-da-administracao-publica-no-brasil-um-breve-resumo-do-tema/. Acesso em: 13 abr. 2023.

PINTO, Élida Graziane. (Ir)responsabilidade na gestão das renúncias de receitas: um estudo sobre o frágil dever de avaliação de impacto fiscal e das correspondentes medidas compensatórias e contrapartidas. *In:* FIRMO FILHO, Alípio Reis; WARPECHOWSKI, Ana Cristina; RAMOS FILHO, Carlos Alberto de Moraes (coord.). *Responsabilidade na gestão fiscal:* estudos em homenagem aos 20 anos da lei complementar nº 101.2000. Belo Horizonte: Fórum, 2020.

PINTO, Élida Graziane. PLP 93.2023 frustra federalismo fiscal e custeio dos direitos fundamentais. *Conjur*, 2023. Disponível em: www.conjur.com.br.2023-mai-30/contas-vista-plp-932023-frustra-federalismo-fiscal-custeio-direitos. Acesso em: 14 jun. 2023.

PINTO, Élida Graziane. "Retrato de Dorian Gray fiscal" mudou 17 vezes o ADCT por DRU e teto. *Conjur*, 2022. Disponível em: www.conjur.com.br.2022-nov-29/contas-vista-dorian-gray-fiscal-alterou-17-vezes-adct-dru-teto. Acesso em: 30 maio 2023.

PINTO, Élida Graziane; MACIEL, Caroline Stéphanie Francis dos Santos; DA MATA, Paula Carolina de Oliveira Azevedo. Um ensaio sobre a cegueira orçamentária de 2021: Improviso patrimonialista e precário planejamento marcam execução do orçamento de guerra de 2020. *Jota*, 2020.

PINTO, Élida Graziane; SARLET, Ingo Wolgang; PEREIRA JÚNIOR, Jessé Torres. *PL 7.448 desequilibra equação entre custos e riscos da escolha pública*. Disponível em: www.conjur.com.br.2018-abr-24/contas-vista-pl-7448-desequilibra-equacao-entre-custos-riscos-escolha-publica. Acesso em: 16 jun. 2023.

PIOVESAN, Eduardo. Câmara conclui votação do arcabouço fiscal e preserva Fundeb e FCDF. *Agência Câmara de Notícias*, Brasília, 22 ago. 2023. Disponível em: https://www.camara.leg.br/noticias/989991-camara-conclui-votacao-do-arcabouco-fiscal-e-preserva-fundeb-e-fcdf/. Acesso em: 23 ago. 2023.

PONDÉ, Lafayette. Controle dos atos da administração pública. *Revista de Informação Legislativa*, Brasília, ano 35, n. 139, jul./set. 1998. Disponível em: https://www2.senado.leg.br/bdsf/bitstream/handle/id/393/r139-10.pdf?sequence=4&isAllowed=y. Acesso em: 29 maio 2023.

PONTES DE MIRANDA, Francisco Cavalcanti. *Comentários* à *Constituição de 1946.* Vol. II. Rio de Janeiro: Henrique Cahen, 1947.

PONTES DE MIRANDA, Francisco Cavalcanti. *Tratado de direito privado*: parte geral. Tomo VI. 4. ed. São Paulo: Revista dos Tribunais, 1974.

PORTUGAL. *Constituição da República Portuguesa de 1976*. Disponível em: www.parlamento.pt/Legislacao/Paginas/ConstituicaoRepublicaPortuguesa.aspx. Acesso em: 14 jun. 2023.

PREFEITURA MUNICIPAL DE BELO HORIZONTE. *Orçamento Participativo Digital 2008*. Disponível em: https://prefeitura.pbh.gov.br/urbel/orcamento-participativo. Acesso em: 30 jun. 2023.

PREFEITURA MUNICIPAL DE OLINDA. Secretaria do Orçamento Participativo. *O que é Orçamento Participativo*. Olinda: PMO, 2002.

QUEIROZ, Giovane Duarte de. O sistema de precedentes no Processo Administrativo Tributário. *Blog do Instituto Brasiliense de Direito Público (IDP)*. Disponível em: https://direito.idp.edu.br/blog/direito-tributario/sistema-precedentes-processo-administrativo-tributario/. Acesso em: 13 jun. 2023.

RIO GRANDE DO SUL. *Lei Complementar nº 133*, de 5 de fevereiro de 2014. Estabelece o Estatuto dos Funcionários Públicos do Município de Porto Alegre. Disponível em: https://leismunicipais.com.br/a/rs/p/porto-alegre/lei-complementar.1985/14/133/lei-complementar-n-133-1985-estabelece-o-estatuto-dos-funcionarios-publicos-do-municipio-de-porto-alegre. Acesso em: 29 jun. 2023.

RODRIGUES JUNIOR, Manuel Salgueiro; SALGUEIRO, Vanessa Aragão de Goes. Transparência na gestão fiscal nos municípios do estado do Ceará. *Revista Controle*, Fortaleza: Tribunal de Contas do Estado do Ceará, ano 1, 1998.

SANTANA, Jair Eduardo. Sistema de custos e avaliação de metas na administração pública: SAG – Um caso de sucesso na administração judiciária do Tribunal de Justiça de Minas Gerais. *In:* CASTRO, Rodrigo Pironti Aguirre de (coord.). *Lei de Responsabilidade Fiscal*: ensaios em comemoração aos 10 anos da Lei Complementar n. 101.2000. Belo Horizonte: Fórum, 2010.

SANTANA, Jair Eduardo; MELO, Verônica Vaz de. Considerações acerca da natureza jurídica das decisões emanadas dos tribunais de contas. *Revista Negócios Públicos*, ano VII, abr. 2010.

SANT'ANNA, Juliana S. B. de Melo. *Nova lei de improbidade*. Apontamentos acerca do impacto da nova redação da lei de improbidade administrativa na análise dos processos administrativos disciplinares regidos pela Lei nº 8.112, de 1990. Publicado em 8.3.2022. Disponível em: www.gov.br/infraestrurura/pt-br/assuntos/conjur/nova-lei-de-improbidade. Acesso em: 12 abr. 2023.

SANTOS, Inês de Alexandre. *A importância do controle na gestão pública*. Disponível em: www.nucleodoconhecimento.com.br/administracao/importancia-do-controle. Acesso em: 9 maio 2023.

SANTOS, Rita de Cássia Leal Fonseca dos; BITTENCOURT, Fernando Moutinho Ramalho. Novo Arcabouço Fiscal – Avaliação da Proposta do Poder Executivo (PL nº 93/2023 – Complementar). *Orçamento em Discussão*, nº 50, Senado Federal, Consultoria de Orçamentos, Fiscalização e Controle, Brasília, maio 2023.

SANTOS, Rodrigo Callou da Silva. *Do Orçamento Participativo ao Recife Participa*: uma avaliação comparativa dos processos de participação no planejamento e gestão urbanos do Recife. Dissertação (Mestrado) – Centro de Artes e Comunicação, Universidade Federal de Pernambuco, Recife, 2017.

SANTOS, Rodrigo Valgas dos. *Direito administrativo do medo*: risco e fuga da responsabilização dos agentes públicos. São Paulo: Thomson Reuters Brasil, 2020.

SCAFF, Fernando Facury. A correlação entre o teto de gastos e o orçamento secreto. *Conjur*, 2022. Disponível em: www.conjur.com.br.2022-dez-20/contas-vista-correlacao-entre-teto-gastos-orcamento-secreto. Acesso em: 30 maio 2023.

SCAFF, Fernando Facury. Do seu bolso para a urna: o imposto como cabo eleitoral. *Conjur*, p. 1, 2022. Disponível em: www.conjur.com.br.2022-out-11/contas-vista-bolso-urna-imposto-cabo-eleitoral. Acesso em: 19 jun. 2023.

SCAFF, Fernando Facury. O estado de emergência financeira e o orçamento de guerra. *Revista do Advogado*, São Paulo, n. 148, dez. 2020.

SCAFF, Fernando Facury. *Orçamento republicano e liberdade igual*. Belo Horizonte: Fórum, 2021. Disponível em: www.forumconhecimento.com.br/livro/4234. Acesso em: 6 jun. 2023.

SCAFF, Fernando Facury. República, tributação e finanças. *In*: NUNES, António José Avelãs; COUTINHO, Jacinto Nelson de Miranda (coord.). *O direito e o futuro* – o futuro do direito. Coimbra: Almedina, 2008.

SCHRAMM, Fernanda Santos; ASSIS, Luiz Eduardo Altenberg de. *Consequências da anulação dos atos e contratos administrativos sob a perspectiva da LINDB*. Disponível em: www.mnadvocacia.com.br/consequencias-da-anulacao-dos-atos-e-contratos-administrativos-sob-a-perspectiva-da-lindb/. Acesso em: 8 maio 2023.

SEVILLA. Portal de Transparencia. *Presupuestos y Participación*. Disponível em: www.sevilla.org/transparencia/relaciones-con-los-ciudadanos/2-compromiso-ciudadania/presupuestos-y-participacion. Acesso em: 19 jun. 2023.

SICCA, Gerson dos Santos; PINTO, Élida Graziane. Banalização da exceção na EC 123.2022: em busca de algum controle. *Conjur*, 2022. Disponível em: www.conjur.com.br.2022-jul-26/contas-vista-banalizacao-excecao-ec-12322-busca-algum-controle. Acesso em: 19 jun. 2023.

SILVA, José Afonso da. *Comentário contextual à Constituição*. 2. ed. São Paulo: Malheiros, 2004.

SILVA, José Afonso da. *Comentário contextual à Constituição*. 3. ed. São Paulo: Malheiros, 2007.

SILVA, José Afonso da. *Comentário contextual* à *Constituição*. São Paulo: Malheiros, 2014.

SILVA, José Afonso da. *Curso de direito constitucional positivo*. 14. ed. São Paulo: Malheiros Editores, 1997.

SILVA, José Afonso da. *Curso de direito constitucional positivo*. 23. ed. São Paulo: Malheiros, 2004.

SILVEIRA, Júlio César Costa. *Da prescrição administrativa e o princípio da segurança jurídica*: significado e sentido. 2005. 412 p. Tese (Doutorado em Direito) – Setor de Ciências Jurídicas, Universidade Federal do Paraná, Curitiba, 2005.

SIQUEIRA, Carol; PIOVESAN, Eduardo. PEC da Transição é promulgada pelo Congresso. *Câmara dos Deputados*, Brasília, 21.12.2022. Disponível em: www.camara.leg.br/noticias/931149-PEC-DA-TRANSICAO-E-PROMULGADA-PELO-CONGRESSO. Acesso em: 20 jun. 2023.

SUNDFELD, Carlos Ari; CÂMARA, Jacintho Arruda. Competências de controle dos tribunais de contas – possibilidades e limites. *In*: SUNDFELD, Carlos Ari (org.). *Contratações públicas e seu controle*. São Paulo: Malheiros, 2013.

TÁCITO, Caio. O princípio da legalidade: ponto e contraponto *apud* NIEBUHR, Joel de Menezes. *Licitação pública e contrato administrativo*. 6. ed. Belo Horizonte: Fórum, 2023. p. 89. Disponível em: www.forumconhecimento.com.br/livro/1250. Acesso em: 18 maio 2023.

TORRES, Heleno Taveira. *Direito constitucional financeiro*: teoria da constituição financeira. São Paulo: Revista dos Tribunais, 2014.

TORRES, Ricardo Lobo. *Curso de direito financeiro e tributário*. 18. ed. Rio de Janeiro: Renovar, 2011.

TORRES, Ronny Charles Lopes de. *Leis de licitações públicas comentadas*. São Paulo: Juspodivm, 2021.

VELLOSO, Carlos Mário. As novas garantias constitucionais. *Revista de Direito Administrativo*, Rio de Janeiro, n. 177, p. 14-28, jul./set. 1989.

VIANA, Ismar. *Fundamentos do processo de controle externo*: uma interpretação sistematizada do texto constitucional aplicada à processualização das competências dos tribunais de contas. Rio de Janeiro: Lumen Juris, 2019.

ZYMLER, Benjamin; ALVES, Francisco Sérgio Maia. *A nova lei de licitações como sedimentação da jurisprudência do TCU*. Disponível em: www.conjur.com.br.2021-abr-05/opiniao-lei-licitacoes-jurisprudencia-tcu. Acesso em: 12 abr. 2023.